中国软科学研究丛书

丛书主编：张来武

“十一五”国家重点图书出版规划项目

国家软科学研究计划资助出版项目

技术对外依存与创新战略

罗文　孙星　何颖　等　著

科学出版社

北京

内 容 简 介

本书来自国家财政部、工业和信息化部（原信息产业部）共同设立的重大软科学课题“我国信息技术领域对外技术依存度调查及提高产业创新能力的战略研究”相关成果。

当前，技术创新已成为我国发展的国家战略，在国民经济“十二五”规划中更是将技术创新摆在了突出位置。本书从我国电子信息产业技术对外依存状态和创新能力建设的角度切入，分析国内外目前已有的对外技术依存度的测度方法和理论，结合产业的发展特点，提出更适合产业对外技术依存度的评价方法；同时，针对我国产业发展的现状提出目前提升我国信息产业创新能力的战略选择，最终提出若干政策建议以辅助政府部门的下一步决策。

本书可供我国各级政府和企事业单位的决策管理部门领导者与科技工作者、各大高校和研究院所的师生，以及关注我国创新战略发展与研究的社会公众参考阅读。

图书在版编目（CIP）数据

技术对外依存与创新战略/罗文等著．—北京：科学出版社，2013.9
（中国软科学研究丛书/张来武主编）
ISBN 978-7-03-038530-7

Ⅰ．①技…　Ⅱ．①罗…　Ⅲ．①信息技术-高技术产业-研究-中国
Ⅳ．①F49

中国版本图书馆 CIP 数据核字（2013）第 210955 号

丛书策划：林　鹏　胡升华　侯俊琳
责任编辑：樊　飞　于　红/责任校对：郑金红
责任印制：吴兆东/封面设计：黄华斌　陈　敬
编辑部电话：010-64035853
E-mail：houjunlin@mail.sciencep.com

科学出版社 出版
北京东黄城根北街 16 号
邮政编码：100717
http://www.sciencep.com
北京厚诚则铭印刷科技有限公司印刷
科学出版社发行　各地新华书店经销
*
2013 年 9 月第　一　版　开本：720×1000　1/16
2025 年 3 月第六次印刷　印张：21 3/4
字数：400 000

定价：148.00 元

“中国软科学研究丛书”编委会

总 序 PREFACE

软科学是综合运用现代各学科理论、方法，研究政治、经济、科技及社会发展中的各种复杂问题，为决策科学化、民主化服务的科学。软科学研究是以实现决策科学化和管理现代化为宗旨，以推动经济、科技、社会的持续协调发展为目标，针对决策和管理实践中提出的复杂性、系统性课题，综合运用自然科学、社会科学和工程技术的多门类多学科知识，运用定性和定量相结合的系统分析和论证手段，进行的一种跨学科、多层次的科研活动。

1986 年 7 月，全国软科学研究工作座谈会首次在北京召开，开启了我国软科学勃兴的动力阀门。从此，中国软科学积极参与到改革开放和现代化建设的大潮之中。为加强对软科学研究的指导，国家于 1988 年和 1994 年分别成立国家软科学指导委员会和中国软科学研究会。随后，国家软科学研究计划正式启动，对软科学事业的稳定发展发挥了重要的作用。

20 多年来，我国软科学事业发展紧紧围绕重大决策问题，开展了多学科、多领域、多层次的研究工作，取得了一大批优秀成果。京九铁路、三峡工程、南水北调、青藏铁路乃至国家中长期科学和技术发展规划战略研究，软科学都功不可没。从总体上看，我国软科学研究已经进入各级政府的决策中，成为决策和政策制定的重要依据，发挥了战略性、前瞻性的作用，为解决经济社会发展的重大决策问题作出了重要贡献，为科学把握宏观形势、明确发展战略方向发挥了重要作用。

20多年来，我国软科学事业凝聚优秀人才，形成了一支具有一定实力、知识结构较为合理、学科体系比较完整的优秀研究队伍。据不完全统计，目前我国已有软科学研究机构2000多家，研究人员近4万人，每年开展软科学研究项目1万多项。

为了进一步发挥国家软科学研究计划在我国软科学事业发展中的导向作用，促进软科学研究成果的推广应用，科学技术部决定从2007年起，在国家软科学研究计划框架下启动软科学优秀研究成果出版资助工作，形成“中国软科学研究丛书”。

“中国软科学研究丛书”因其良好的学术价值和社会价值，已被列入国家新闻出版总署“‘十一五’国家重点图书出版规划项目”。我希望并相信，丛书出版对于软科学研究优秀成果的推广应用将起到很大的推动作用，对于提升软科学研究的社会影响力、促进软科学事业的蓬勃发展意义重大。

科技部副部长

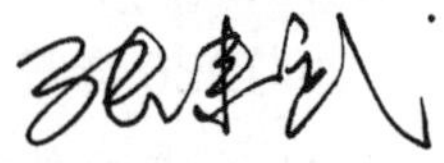

2008年12月

前言 FOREWORD

全球化进程的加快深化了国际分工，同时也增强了世界各国在经济、科技等方面的相互依赖。2008年爆发的国际金融危机扫荡全球，再次向人们揭示了世界经济全球化进程中的利弊得失，也考验了各国在相互依赖的国际关系中的相对地位。处于国际产业链中彼此联系的各国，为了维护自身利益，一直在全球化竞争中不断抢夺技术制高点和产业主导权。在这种态势下，过度依赖别国的资源必然威胁本国的国家安全和利益。

改革开放以来，我国越来越深入地参与到国际分工体系之中，不断地引进、消化、吸收世界先进技术和先进经验，经济外向度大幅提高，对世界科技的依赖性也提高到前所未有的程度。占据国际市场与倚靠国际市场、利用国际资源与依赖国际资源，这是一个矛盾的两个方面，一把剑的两面利刃。当我们敞开大门并迈开大步走向世界的时候，不妨多角度冷静地审视和思考我们在这个快速发展的世界中应当采取怎样的战略。

本书是财政部和原信息产业部（现工业和信息化部）下达的重大软科学课题“我国信息技术领域对外技术依存度调查及提高产业创新能力的战略研究”的研究成果，承担单位是中国电子信息产业发展研究院。该课题主要做了两个方面的有益探讨：一是探索产业对外技术依存度的评价方法，对我国电子信息产业对外技术依存现状进行评估；二是寻找提高我国在世界科技分工中地位的途径，提出增强我国技术创新能力的对策。

当前，我国科技部门的对外技术依存度评价方法采用了经济合作与发展组织（OECD）评价其成员国对外技术依存度的方法。在研究过程中，我们发现当前全球流行的科技经费投入比重对外技术依存度评价方法用于产业测度时，不能准确反映其对外技术依存的真实状态。通过分析国内外已有方法的不足之处，我们立足于产业运行实践，创新性地提出技术资源投入比重的对外技术依存度评价方法。

本书共分十二章：第一、二章主要介绍对外技术依存的观念起源、形成原因和当前主流的对外技术依存度评价方法；第三章提出基于技术应用的生产要素投入比重对外技术依存评价方法；第四、五章主要以我国电子信息产业六大领域为例，进行对外技术依存度的统计测度；第六、七章探讨我国电子信息产业过度依赖外国技术的原因及追赶型国家产业发展的经验与教训；第八、九章重点聚焦政府在产业技术创新活动中的作用与影响；第十至十二章提出提升我国电子信息产业创新能力的战略杠杆理论，战略支点的选择与相关的对策建议。

衷心希望本书能为读者展示一种全新的视野，为管理者和相关研究人员提供新颖、实用的对外技术依存度评价方法和技术创新的对策。由于时间仓促，水平有限，书中难免存在不当之处，恳请指正。

罗　文

2013年1月于北京

目录 CONTENTS

第一章 对外技术依存的观念起源及形成原因

第一节 产业技术的界定和特征

一 产业技术的界定

众所周知，工业产业是以“技术”为手段创造物质财富的社会部门。现代技术描述的是西方工业化过程中形成的技术模式的“技”与“术”。第一次工业革命源于英国，英国人称大工业生产技术为“technology”，普遍认为这个单词源自古希腊词汇“techne”（技艺的意思）。汉语将其对应译成“技术”，是“技”与“术”的组合。按其内涵分析，在大工业生产中，既需要有肢体技巧的体力劳动，也需要有思维技巧的脑力劳动，使用“技”与“术”的组合表达“technology”倒也十分贴切。当第一次工业革命扩展到法国时，法国新兴资产阶级代表，著名科学家狄德罗主持编撰了反映大工业生产力的法国《百科全书》，其中给技术下了一个简明定义：“技术是为某一目的共同协作组成的各种工具和规则体系。”

这个定义提出了技术的五个要点。

（1）技术是有目的的。

（2）技术是依靠社会协作来完成的。

（3）技术是工具体系，即工器具、工装夹具、机器等硬件体系。

（4）技术是规则体系，即工艺、方法、制度等软件体系。

（5）技术是成套的知识系统。

狄德罗的这个定义，基本上指出了现代技术的主要特点，即目的性、社会性和多元性。从狄德罗至今，各类学者出于不同的研究需要，如技术史学、技术哲学、技术社会学、技术人类学、技术经济学、技术教育学等交叉学科，对技术做出了各式各样的解读和定义，但仍是狄德罗定义的延伸。除了学者从各个研究视角对技术所作的各种定义之外，社会各界对技术概念的理解和使用也在不断地延伸与展宽，当前对技术最具影响力的诠释来自《美国国家技术教育标准》：“‘技术’，这个词包含有很多种意义和内涵。它可以指人类发明的产品和人工制品——盒式磁带录像机是一项技术，杀虫剂也是一项技术。它可以表示创造这种产品所需的知识体系。它还可以表示技术知识的产生过程以及技术产品的开发过程。有时，人们非常广义地使用技术这个词，表示的是包括产品、知识、人员、组织、规章制度和社会结构在内的整个系统，比如，谈到电力技术或因特网技术时便是这种广义的含义。”

而另一份重要的科学教育文献《面向全体美国人的科学》，将技术的本质诠释为：“技术是发展人类文明的强大动力，特别是技术与科学的紧密联系。技术与语言、宗教、社会准则、商业和艺术一样，是人类文化系统不可分割的一部分，并且，它还塑造和反映了这个系统的价值。在当今世界，技术变成了一项复杂的社会事业，不仅包括研究、设计和技巧，还涉及财政、制造、管理、劳动力、营销和维修。”

由此可见，技术概念与文化概念一样，被现代社会使用得十分宽泛而又边界模糊。依据上述解读，我们将现代技术的主要表现形态整理如下：

（1）技术是发明人造物工作原理、制造原理的知识、能力构成的研究系统。其目的是为新产品开发提供新知识、新能力，其成果是知识产权。

（2）技术是将人造物由原理变成结构的知识、能力构成的设计系统。其目的是形成概念产品或解决方案，其成果是原理样机、工程图纸与模型、材料配方等。

（3）技术是将人造物结构由概念变成实体的知识、能力等构成的生产系统。其目的是形成经济规模，其成果是标准化的物质产品。

（4）技术是将标准化的物质产品组织成物理网络的知识、能力等构成的集成系统。其目的是形成社会应用，其成果是各种物流网、信息网、能源网等社会基础设施。

总之，技术是人类发明、创造、应用人造物的知识和能力体系。其中，能力包括人类技巧能力和工具作业能力，而工具作业能力是人类技巧劳动所赋予的。所以，从本质上说，技术是人类直接展现的技巧劳动或通过无形、有形的方法、工具展现的技巧劳动。劳动具有两重性，抽象劳动创造了价值，具体劳动创造了使用价值。技术既然是劳动，也就能创造价值和使用价值。需要特别强调的是：人是各种技术体系中唯一可创造价值的要素，掌握技巧的人可生产知识、承载知识、集成知识和转化知识，是技术体系运行的引擎。

简单地说，“产业技术”是为实现某一工程目的通过社会协作集成在一起的技术系统，可以概略地划分为“产品技术”和“工艺技术”两大子系统①。产品

---

① 揭示了物质规律的活动是基础研究，将物质规律转化为人造物原理的活动是应用研究，将人造物原理转化为人造物实体的活动是产品设计。尽管设计技术也是产业部门必须掌握的技术系统，但毕竟产品设计是科技活动而不是生产活动，所以这里只说产业技术有产品技术和工艺技术两大子系统。但任一产业部门都会从事新产品设计活动，所以后面章节会把工艺技术和设计技术一起论述。

技术是有关人造物原理、结构的技术系统，工艺技术是大批量制造人造物的技术系统。后面章节会多次描述产品技术，这里先以工艺技术为例来阐述产业技术。不论哪个现代化产业，都有非常复杂的技术系统，我们可以将其层层分解为初始技术、技术群和技术集群。

（一）初始技术

初始技术就是最基本的技艺和方法。以加工一根有卯榫孔的木质构件为例：加工这根构件需要木匠在木料上画线、下料、平整、凿孔等工艺流程。画线就是用墨斗在木料上画出切割线；下料就是用锯子沿切割线将木料锯成毛坯；平整就是用刨子将毛坯刨平；凿孔就是用凿子在平整后的毛坯上凿出卯榫孔。而这每一步的加工都是最基本的技艺，是不能再分解的，再分解就不能称为技艺而要称为动作要领了。所以，画线、下料、平整、凿孔等都是初始技术。工艺技术的初始技术在工业中可以用一台机器替代，如下料的电锯、平整的刨床、凿孔的钻床等，而木匠的动作要领就成了这些机器的工艺原理。

（二）技术群

技术群是为了实现某一工程目的、功效各异、配合密切的一组初始技术的集合。例如，为了制作木器就需要木工技术，掌握木工技术就需要掌握画线、下料、平整、凿孔、粘板、组装等一系列功效各异、配合密切的初始技术，所以木工技术是技术群。同理，泥瓦技术、油漆技术、给排水技术、输配电技术等也都是一些初始技术的集合，它们也都是技术群。技术群在工业中表现为生产线的工艺阶段，即在同一个工件上实施不同加工步骤的若干机器和人工技艺的组合。例如，由电锯、刨床、钻床等机器和粘板、组装等人工技艺组成的木器加工工段。

（三）技术集群

技术集群是为了实现某一工程目的、功效各异、配合密切的一组技术群的集合。例如，建造一座大厦，需要挖掘、泥瓦、钢筋、起重、木工、油漆、给排水、输配电等功效各异、配合密切的技术群的集合，所以建造大厦的技术是一个技术集群。技术集群在工业中表现为完整的生产线，即若干配合密切、功效各异的，用以大批量制造人造物的一组工艺阶段的组合。

（四）产业技术

仍以建筑产业为例。建筑产业除了建造大厦，还要建造桥梁、涵洞、道路等各种社会需要的建筑物、构筑物，需要配备挖掘、推土、运输、盾构、起重、压路等大型施工机械，所以建筑产业的产业技术是由若干技术集群集合而成的复杂的技术系统。产业技术在工业中表现为完整的产业链，即若干功效各异、配合密切的，用以大批量制造人造物的一组生产线的组合。

以上我们用建筑产业的工艺技术为例解读了产业技术，选择建筑产业为例的好处是这些技术直观易懂。现代信息技术产业的产业技术可以说是当今世界上最复杂的技术系统，其产品技术包括计算、通信、广播电视和其他应用等复杂的技术集群。它像我国的江河水系一样，不仅有几大干流（技术系统），还有向干流供水的众多一级支流（整机）、二级支流（电子元器件）和三级支流（电子功能材料）。不论位处哪一干流哪级支流的人造物，要将其由概念转变成物质，都需要一套复杂的工艺技术，也就是由一组初始技术组成工艺阶段，再由一组工艺阶段组成的生产线来实现。全流域的产品线和生产线的集合就是信息技术产业的产业技术。

掌握大批量制造信息技术上游产品的工艺技术是十分艰难的。例如，制造数十纳米级集成电路芯片的光刻技术就代表了一个国家的科学技术水平。从后面的描述中我们会逐步加深对其理解。

二 技术的特性

在解读了影响对外技术依存度测度的技术的内涵之后，还需要解读影响对外技术依存度测度的技术的属性。

（一）技术的观念性

所谓观念性，是指某种事物具有意识的形态，看不见摸不着，但可以用语言传播，用符号记录，用物质承载。文化就是典型的意识形态，我们以此为例解读‘观念性’。任何文化都有一个核心，这就是价值观。将该价值观社会化[①]就形成该文化的风俗与制度；将该价值观物质化[②]就形成该文化的物品与物貌。价值观及其社会化产物、物质化产物就构成文化的向心状三层结构。其中，价值观及其社会化产物具有意识的形态，物质化产物具有物质的形态。当我们来到异国他乡时，扑面而来的文化气息是奇异的建筑风格，我们就以此为例进一步解读。

> 从人类的基本需求来说，建筑的本来目的是用物质和技术构成的避风雨、御寒暑的封闭空间。但是，人是文化动物，人具有伦理的、

---

① 社会化是指一种观念在社会中建立、固化和传播的过程与状态。

② 物质化是指人造物由概念到实物的转化过程与状态。

宗教的、审美的、技术的价值观念，这种价值观社会化就形成了建筑规范，物质化就形成了具有时代特色、民族特色的建筑物。

例如，古希腊建筑物化了古希腊人对人体美的崇尚，附带大量人体雕塑的柱廊、双面披坡屋顶、建筑前后的山花墙装饰都反映出人的风度、仪态、容颜和举止，表现了人作为万物之灵的自豪与高贵。

哥特式建筑物化了欧洲文艺复兴追求古典的人文精神。基于对中世纪神权至上的批判和对人道主义的肯定。哥特式建筑继承了古罗马建筑中的柱式系统，由骨架券和飞扶壁组成高大的结构体系，其艺术风格是内部厅堂高耸，外部尖顶林立，有一股刺破苍穹的抗争精神。

巴洛克式建筑物化了后文艺复兴时期人们追求思想解放的价值观念。其特点是外形流动、装饰华丽、色彩强烈，常用穿插的曲面和椭圆形空间。这种风格在反对僵化的古典形式，追求自由奔放的格调和表达世俗情趣等方面起了重要作用，对城市广场、园林艺术都产生重大影响。

中式建筑物化了中国人淡泊宗教，崇尚自然的社会伦理思想。中国历史上的城市、宫殿、坛庙、民居、寺观、坊表、园林建筑以及斗栱、门坊、屋顶、台基和装饰形式等无一不是或强烈、或平和、或显明、或隐约地体现一定的伦理主题。就连在思想比较自由、审美情趣比较浓郁的园林建筑中，也往往渗透着一定的伦理因素。

从建筑文化中，我们看到了价值观、价值观的社会化产物——建筑规范、价值观的物质化产物——古希腊式、哥特式、巴洛克式和中式建筑中的文化元素组成的三层向心结构体系。尽管建筑物是物质的而不是观念的，但该物质形态不同于其他物质形态的深层原因却是价值观的差异。所以，建筑文化具有观念性。

至此，我们解读了文化的观念性。科学也具有观念性，因为科学是人类对物质规律的真实认知，这种认知可用语言传播，用符号记录，用试验演示。技术则比较特殊，技术的观念性不像文化、科学那样直观。

技术的观念性不那么直观的原因是其有“技据人身”的特殊性。依据我们上一节的研究，技术可分为两类；一类可脱离‘人’这个特殊载体，可社会化形成工程方法，可物质化形成人造物品，说这类技术具有观念性容易理解。不易被理解的是不能脱离‘人’这个特殊载体的技术。例如，一个优秀的木匠必定具有高超的技术，做出漂亮木器活的是木匠的肢体而不是木匠的思维，由此就说木匠技术具有物质性而不具有观念性？其实不然，任何行为都需要大脑控制，大脑不工作就是植物人，再优秀的植物人木匠也做不了木匠活。所以，人对自身思维活动、肢体活动的熟练控制需要大脑的指令信息，这也是一种技术。

但是掌握这种技术的人自己运用自如，如科学家、工程师的聪慧思维，艺术家、高级技师的精湛技艺等，但是谁也无法用语言将自己掌握技术的感悟准确地表达出来，最多是总结几条经验。任何想掌握某种熟练行为技巧的人都需要自己长期的历练与领悟，绝不可能仅通过传授就能实现。

一种技艺若不能被社会化，必将随着个体的消亡而消亡。例如，许多古代的精湛技艺已经失传，许多非物质文化遗产即将消亡。因此我们敢肯定这种不能用符号记载和传播，只能随着个体消亡而消亡的技术是一种意识。否则它就是物质，是物质就不会随着人的消亡而消亡，二者必居其一。

我们把大脑对思维、肢体熟练控制的指令称为潜意识，它不同于可以用语言传播，用符号记录的显意识。前者具有隐性的意识形态，后者具有显性的意识形态。也就是说，技术的意识形态分为两类：一类是显性的，如标准规则、解决方案、工艺流程、操作要领等；一类是隐性的，是无法用语言、符号表达的个体大脑的控制指令。不论是可社会化的显性意识形态还是不可社会化的隐性意识形态，都可以被物质化成人造物。

这就是技术的观念性。

（二）技术的目的性

人类为了生存需要不断地获取生存物质。人类获取生存物质的方法是通过技术改变自然物质的性状、形态，生产出满足人类生存需要的人造物。人类创造、生产人造物的目的也不仅仅是为了维持简单的繁衍生息，而是不断追求生存的质量和水平。

从古至今，人类每一次生存质量和水平的大飞跃都是技术大进步的结果。人类追求技术进步的唯一目的是为了生存质量和水平（在资本时代就是追求利润）的提高，这就是技术的目的性。

2400年前，中国古人就明白了这个道理。《庄子·列御寇》说："朱泙漫学屠龙于支离益，单千金之家，三年技成而无所用其巧。"这个故事是讲朱泙漫向支离益学习屠龙，并为此耗尽千金家财，耗费三年光阴，尽管技术学得十分精湛，但终因世上没有龙这种动物，只能空怀一身绝技而无用武之地。这个故事后来被提炼成一个成语"泙漫屠龙"（或"屠龙之技"），数千年来警示世人掌握技术一定要掌握实用技术，实用的目的是为了立业谋生。

在当今市场经济条件下，尽管多数人掌握的不是直接谋取衣食住行的民生技术，但所有的实用技术都有一个共同点，那就是必须具有市场需求。只有具有市场需求的技术才能在市场上交换货币，用以购买维持自己衣食住行的物质。

这就是技术的目的性。

（三）技术的社会性

自古以来，制造一件精美的人造物都需要一群人进行分工与协作。即使在仰韶文化时期，精美的彩陶也不可能由一人制成。需几人协作已无从考证，但在今天高仿彩陶的制造中[①]，需要选料、配土、研细、沉淀、过滤等练泥工艺，盘条、修整、晾干等制坯工艺，选料、稀释、调彩、勾勒、填色、修正等彩绘工艺，装窑、焙烧等烧造工艺，前后共 30 多道工序，每道工序都需要专门的技艺。由此可推测，古人制陶技术即使比现代仿制技术简单，参与的人也少不了。在青铜文化时期，制造一件精美的青铜器需要更多的技术，可以粗略地分为采矿、制范、冶炼、浇铸、铸接等几个大的工艺阶段。每道工艺阶段又可分为若干工序，每道工序都需要专门的技艺。以复制商王祖庚（或祖甲）为祭祀其母戊而作的大方鼎为例[②]，南京博物院的实验室考古复制过程分为制作泥范、冶炼青铜、浇铸鼎身、铸接鼎耳四大步骤。光制作 18 个泥范就有泥范成型、纹饰和铭文成形、泥范加固、焙烤等工序。据推测，当年铸造这个大方鼎需要数百人同时操作。1000 多公斤的青铜合金溶液需要多个坩埚同时冶炼。铸造时有人负责冶炼，有人负责烧火，有人负责传输，有人负责浇铸。场面壮观，但分工明确，配合默契。所以，制造青铜器是社会分工协作的结果。

随着人类的技术进步，技术的社会协作不断向深度（分工的细化）和广度（分工的领域和地域）发展。在工业文明时代，技术协作已经覆盖全球。而进入信息文明时代，技术分工可以精细到每个工艺阶段都由专业公司承担。

这就是技术的社会性。

（四）技术的多元性

技术的多元性表现在多个方面。

一是生产同一个人造物需要多种技术的密切配合，如前面描述的彩陶和青铜器的生产。

二是生产同一种人造物可以有多种技术路线和方法。这又可以分两种情况：第一种情况是工艺流程相同但技术细节不同。例如，我国北宋时期的瓷器生产，全国各窑口的主要工艺流程是相同的，但在配料、练泥、制坯、装饰、配釉、挂釉、焙烧等技术细节上各有专长，因此南瓷灵秀，北瓷雄浑，官窑素雅，民窑繁缛，呈现百花齐放的艺术魅力。第二种情况是工艺流程完全不同，现代人造物的生产多有这种特点。例如，生产信息技术产业的核心材料——高纯多晶

① 农民企业家杨拴朝历时 9 年艰苦探索，恢复了远古的彩陶技艺，并创办了“仰韶彩陶坊”。

② 据 2006 年新浪网和中国文化传媒网报道，南京博物院都把复制这件青铜国宝作为实验室考古课题。

硅，就有闭环式三氯氢硅氢还原法（改良西门子法）、硅烷热分解法（硅烷法）、流化床法等多种工艺技术。

三是为满足人类多样化的生存需要，人造物必然呈现多样性，并且随着时代的进步，人造物越来越多样，发明和制造这些人造物的技术方法也变得数不胜数。例如，彩陶文化时期氏族社会生存方式很简单，满足族群繁衍生息的人造物只有打制的石器，烧制的陶器，磨制的骨器，缝制的皮衣，种植的谷物，养殖的家禽家畜，建造的窝棚等有限的几类。到了信息文明时期，满足人类社会生存发展需求的人造物品种与数量就数不胜数了，同时发明和制造这些人造物的技术种类更是十倍、百倍、千倍于这些人造物。

这就是技术的多元性。

（五）技术的财产性

马克思说生产力由生产工具、生产对象和生产者三要素组成，依据我们对技术的解读，可以说这三要素都是技术的物质化。生产工具是人类肢体能力的物质化；生产对象是上游技术①的物质化；生产者是控制肢体技巧的大脑指令②的物质化。因生产力可创造社会财富，因而生产力也是社会财富，因此我们说技术具有财产性。

我们之所以强调技术具有财产性，是因为技术具有观念性，特别是具有显性意识形态的技术，极易被传播和非法使用。在私有制制度下，社会保护财产所有权。技术是财产，当然也在保护之列，并有专门的法律术语——知识产权。从法律视角看，技术有两种：一是烙上知识产权印记的私有财产，如法律认可并保护的专利技术、版权、著作权和作为商业秘密的专有技术；二是历史遗留给全人类的公有财产，如造纸术、印刷术等。

对于显性形态的技术，可以由专利保护法限制他人非法使用。对于“技据人身”的隐性形态的技术，法律可采取限制个体行为的办法——择业禁止来保护知识产权所有者的合法权益。

这就是技术的财产性。

（六）技术的商品性

技术的本质只是创造人造物的知识和能力，本无商品性。但在市场经济条件下，一切财产都可以成为商品，技术具有财产性，自然就具有了商品性。

马克思指出商品具有价值和使用价值两重性，技术可以成为商品也就具有

① 请参阅第二章“科技经费测度方法在我国国情中的偏差所在”相关内容。

② 请参阅本章“技术的观念性”内容。

两重性。技术具有使用价值是显而易见的，要解读技术的价值则需要学习一点马克思主义。按马克思的理论，技术的价值是研发它时所消耗的抽象劳动，包括两部分：一是消耗的各种资源形态的历史劳动量，二是消耗的研发人员的现实劳动量。所以技术的价值是可以从理论上计算的，并且在市场交换时用价格来度量。在市场交换中，技术的价值和价格是可以背离的，其背离程度取决于供求关系，也就是价值规律。

技术不同于一般商品，在市场经济条件下，一般商品总是具有两重性，但技术可以有三种情况，解读如下。

1. 只有使用价值而没有价值的技术

世界上任何技术都是"人造物"，都需要投入抽象劳动才能获得。按理说有抽象劳动投入就会形成价值，但价值只有参与市场交换才能显现。由于许多技术是全社会共有的传统技术，使用传统技术不需要支付使用费用，所以就只有使用价值而没有价值了。例如，中国古代发明的火药、造纸、印刷、茶叶、瓷器、丝绸技术等，已经成为全人类的文化遗产，只有使用价值，没有价值。即使是现代新技术，由于技术具有观念性，其传播不受时空限制，在新技术失去专利保护后，即成为全人类的文化遗产，凡是成为全人类文化遗产的技术就只有使用价值而没有价值了。

2. 既有使用价值又有价值的技术

新技术采取知识产权保护措施后，该技术就被发明人所独占。当这项独占技术有市场需求时，就既有使用价值又有价值。技术转让价格只是技术价值的货币表现，我们先看两种极端情况：第一种情况是新技术受到市场热捧，而该技术又被垄断，其价格将远远高于其价值；第二种情况是新技术受到市场冷遇，或可替代技术又层出不穷，其价格将远远低于其价值；一般情况是其价格在其价值上下波动。这就是为什么外国人垄断的技术可对我国漫天要价，一旦发现中国人自己研发出同类技术后就大幅降价的原因了。

3. 只有价值而没有使用价值的技术

按理说没有使用价值的东西是没有人会费钱费时费力地去创造它的，但现代新技术的研发却常常会出现这种情况，因为现代新技术的市场风险极高。我们且不谈那些半路夭折的研发项目，即使是研发成功的技术，也存在失去市场的可能。由于满足同一种市场需求可以有多种人造物，而制造同一种人造物也可以有多种工艺方法，所以现代技术争夺市场的竞争异常激烈和残酷，能在市场上站住的技术只是少数，多数新技术"英年早逝"了。这就出现了市场竞争失败的技术虽有价值却没有使用价值的情况。我们在后面章节会谈到还有其他情况可以使新技术失去使用价值而只具有价值。

这就是技术的商品性。

（七）技术的时效性

任何技术都有其发生、发展和消亡的过程，技术随社会需求而兴衰的特性就是技术的时效性。有的技术兴衰过程极长，如农业生产的犁铧技术。据考古发现，4000 年前黄河、长江下游和西辽河流域的原始农业就已经应用了石犁技术，到商周时期发展成铜犁，到战国时期发展成铁犁，到如今铁犁又发展成钢犁。4000 年来犁铧技术的发展只是材料和形状上的变化，耕作原理却亘古未变。可以预见，在粮食生产的大田作业方式未消亡之前，犁铧技术将一直发展下去。有的技术则兴衰过程很短，如无线寻呼技术。1948 年，无线寻呼技术诞生于美国贝尔试验室，1984 年传入我国，20 世纪 90 年代在我国得到了最大的发展。但进入 21 世纪后，寻呼技术被短信技术所替代，前后不过 50 年的兴衰过程。

总的说来，某种技术的发生是源于人类的某种应用需求，其发展也是源于该需求质和量的扩张。原有技术不一定能继续满足扩张后的需求，这时就会有满足需求的新技术出现，老技术也就消亡了。所以，任何技术的生命都不是无限的，而是有一定的时效性。

人类社会步入信息文明后，国家间的科技竞争日益加剧，新技术的寿命呈现出短周期和不确定性，一项新技术若不能及时推广应用，很快会被更新的技术所取代，从而失去应用机会而夭折。例如：在半导体集成电路领域有一个著名的摩尔定律，即在同样尺寸的芯片上可容纳的元器件数目，约每隔 18 个月便会增加一倍，性能也将提升一倍。1965 年，在摩尔定律刚提出时，一块芯片上顶多集成 50 只微型元器件。2005 年，在摩尔定律提出 40 周年之际，英特尔工业实验室的高端芯片集成度已经高达 17.2 亿只微型元器件。摩尔定律像一个跨国界的发展规划，激励着世界信息技术产业迅猛发展，数十年内把人类社会由工业文明引领进信息文明。在这种发展速度下，许多投资数十亿美元，但工艺技术又被物理极限约束的超大规模集成电路（VLSI）生产线刚建成就开始技术落伍，若其产品不能及时进入市场销售，很可能会血本无归。因此，一项新技术发明若束之高阁数年，也就成了历史陈迹。

这就是技术的时效性。

第二节　经济全球化必然导致各国技术的相互依存

优质的产品[①]，其所需资源也是最优的。最优资源往往来自偏远地区。例如，中国古代殷商至明清的精美玉器，其优质玉料产自西域和田；元明时期景

① 为叙述方便，从本节起也称“人造物”为“产品”。

德镇的精美青花瓷，其关键呈色技术源自河南的北宋名窑，其优质呈色原料来自西亚的波斯。

再进一步抽象，优质产品也是最优技术的集成。因为除了资源的天然形态外，凡经人类加工的资源都蕴含技术，都是技术的社会化和物质化的产物①，因此说优质产品是最优技术的集成。如果说，在英国工业革命前，使用远方的最优技术制造奢侈品只是历史的偶然现象；那么在英国工业革命后，采用远方的最优技术供应大工业生产就是历史的必然规律了。

英国工业革命是以机械技术为核心内容的社会生产方式的变革，它在创造机器大生产的同时也创造了机器运输工具，快捷的物流促进国际要素市场的形成，并掀起第一次经济全球化高潮。英国纺织产业率先实现了全球化配套，其纺纱厂需美国提供优质皮棉，其毛纺厂需澳洲提供优质羊毛，其丝绸厂需中国提供优质生丝。这些来自异国他乡的优质产品，不仅仅是一种原材料，而且是世界先进技术的物质化。

例如，美国原本不产棉花，但其南部沃野千里，气候温润，特别适宜棉花生长。美国引进棉花后，不断改良品种，探索规模种植技术，终使美国成为世界上最先进的棉花资源基地。1815～1860 年，英国纱厂 70％的皮棉来自美国。

澳洲原本不产绵羊，但有天然的优质草场。1793 年引进西班牙美利奴羊，经过三年改良养殖，于 1796 年成功培育出适应澳洲气候、可产优质羊毛的澳洲美利奴羊。10 年后，澳洲优质羊毛开始为英国毛纺厂配套。到 1840 年，澳洲成为世界上最先进的羊毛资源基地。

中国丝绸作为奢侈品，自古罗马前就享誉世界。数千年来，中国生丝以杭嘉湖地区为佳。元明清时期，又以南浔镇辑里村的生丝最优，名曰“辑里湖丝”。杭嘉湖地区除了得天独厚的自然条件外，主要是拥有精湛的植桑、养蚕、剿丝传统技术。辑里湖丝只不过是这些传统技术的承载物。工业革命后，上海开埠通商，辑里湖丝开始为伦敦、里昂的丝绸厂配套。便捷的国际贸易通道大大促进了杭嘉湖地区植桑、养蚕技术的集约化和剿丝技术的机械化，使其成为世界上最先进的生丝资源基地。

由此可见，经济全球化激活了世界各国的比较优势，使社会生产在全球范围内实现了资源最佳配置，因而大大促进了社会生产力的发展。

19 世纪末 20 世纪初，电气化推动了第二次经济全球化高潮；20 世纪下半

① 请参阅第一章“技术的观念性”内容。

叶至今，电子信息化又推动了第三次经济全球化高潮。毫无例外，每一次经济全球化高潮都使技术的多元性、社会性①向更深、更广、更细的生产层面发展。一方面不断把社会生产力提升到新的历史高度；另一方面使各国经济更加相互依存，共生共荣。下面，我们以波音 787 飞机的开发为例来说明当今的全球化态势。

> 长期以来，波音公司的开发模式是由自己进行总体设计，由全球各地的合作伙伴提供零部件。零部件运至西雅图的装配工厂后，再对所有零部件进行校验、装配、测试和改善。对于波音 787 飞机，波音公司实施了全新的开发模式：所有的零部件依然是由全球合作伙伴制造，但通过一个由波音公司维护的计算机模型进行虚拟装配。由于不同的部件均产生相应的数据，利用这些数据，部件的组装和校验工作可以实时进行。最后，组装完的各机体部分被放入三架波音 747 专机，运送至波音公司的埃弗雷特工厂。由于采用了在线制造模型，波音公司可以放心地将整个制造流程交给其全球伙伴完成，包括从最初的设计创意到最终的机体制造。所以波音 787 飞机是波音公司全球化程度最高的机型，也是波音公司历史上完工最快、造价最低的机型。波音 787 飞机的发明、定型、转化、融资几乎都通过全球网络实现。整机设计由美国、日本、俄罗斯和意大利共同完成。零部件开发由美国、日本、法国、英国、意大利、瑞典、加拿大、韩国、澳大利亚和中国的 40 多家合作伙伴分担。在 400 万个零部件中，波音公司只负责尾翼生产和整机组装。机翼在日本生产，碳复合材料机身在意大利和美国其他地方生产，起落架在法国生产，方向舵等则在中国生产。全球化协作使波音 787 飞机缩短了 33%的开发时间，节省了 50%的开发费用。

由此可见，经济全球化是技术进步的产物，而技术上相互依存是经济全球化的产物。从这个意义上说，技术资源的全球配置是历史的进步。

第三节　维护自身利益各国必然要在全球化中抢夺技术制高点和产业主导权

随着社会生产方式历经机械化、电气化和信息化三次技术革命，经济全球化不断深入发展，新技术开发的国际化程度越来越深，社会生产的全球化范围越来越广。也就是说，在当今全球化态势下，开发链条在全球布局，由信息网

---

① 请参阅第一章“技术的多元性”“技术的社会性”内容。

络整合成一个完整的技术链；生产链条在全球布局，由现代商流、物流维系成一个完整的产业链。如此一来，社会生产力必将提升到一个崭新的历史高度。

存在的问题是：技术链、产业链各个环节创造的价值是不同的，各国分工不同其收益也差异极大。以信息技术产业为例，我国信息技术产业经过近30年改革开放的发展，其经济规模位列世界信息技术产业第二，但经济规模在逐年增长的同时，销售利润率却在逐年下降，如表1-1所示。值得注意的是，表1-1数据还包括三资企业的贡献，若删除这些数据，中资企业的销售利润率更低。

表1-1　2000～2006年我国信息技术产业效益变化情况　单位：亿元

指标	2000年	2001年	2002年	2003年	2004年	2005年	2006年
销售收入	9889.3	11876.3	14000	18800	26531.7	38417	47500
利润	600	563	600	750.3	1120.4	1408	1473
利润率	6.07%	4.74%	4.29%	3.99%	4.22%	3.67%	3.10%

与此对照，美欧日企业却有很强的盈利能力，如2006年微软、英特尔销售利润率分别达到28.5%和24.6%，飞利浦、诺基亚也达到24.1%和10.5%，远高于我国企业，见表1-2、表1-3。

表1-2　2006年我国电子信息企业与美国企业效益比较　单位：亿美元

指标	IBM	惠普	戴尔	微软	英特尔	联想	海尔	华为
销售收入	914.2	916.6	559.1	442.8	353.8	178.1	138.5	84.0
利润	94.0	62.0	35.0	126.0	87.0	1.7	2.1	7.2
利润率	10.3%	6.8%	6.3%	28.5%	24.6%	1.0%	1.5%	8.6%

表1-3　我国电子信息企业与日本、韩国和欧洲企业效益比较　单位：亿美元

指标	松下	索尼	三星	诺基亚	飞利浦	联想	海尔	华为
销售收入	765.4	703	636.7	493.2	350.74	178.1	138.5	84
利润	18.24	10.71	84.5	51.7	84.5	1.7	2.1	7.2
利润率	2.38%	1.5%	13.3%	10.5%	24.1%	1.0%	1.5%	8.6%

我国信息技术产业利润微薄的根源是生产能力过度集中在国际产业链的下游，从事的都是劳动密集型组装。而今电子产品的技术附加值远远大于劳动附加值。由于电子信息技术向上游产品富集，信息技术产业成为上游主导型产业。而上游的技术密集型、资金密集型产品几乎都被发达国家垄断，定价权自然掌握在发达国家手中，导致上游产品售价占终端产品售价的60%～70%，致使我国信息技术产业成为发达国家核心技术变现的工具。

在当今技术发展态势下，一国产业在国际产业链中的位置是由国际市场调控的，而国际市场调控机制是建立在各国比较优势基础之上的自由竞争机制。发达国家历经数百年的工业发展，在技术创新、科研组织、财力保障、商业开发、成果保护等方面积累了深厚的经验与实力，是发展中国家所不能企及的。

所以，发达国家总能依靠综合国力在国际产业链分工竞争中抢占最有利的位置，从而控制国际产业的发展与收益分配，获取最大利润。例如，当今3G移动通信网采用的码分多址（CDMA）技术。该技术发源于二战期间，后美国高通公司将其更新并应用于现代移动通信，申请专利并将其提升为国际标准。基于这个上位标准，美国、欧洲和中国分别开发了CDMA2000、WCDMA和TD-SCDMA等移动通信技术，并各自申请专利也将其提升为国际标准。如此一来，处在更下位的通信芯片、通信软件等都受到上位标准中的专利权控制，凡涉及3G的芯片设计、软件设计都得向CDMA2000、WCDMA和TD-SCDMA的专利持有人缴纳使用费。而这三家专利持有人也得向美国高通公司缴纳专利使用费，如此一个缴费链条，使美国实际控制住国际3G产业的发展。

由此可见，如今技术链、产业链是全球化的，而生产收益却是国别化的。在这种规则下，各国必然拼命发展科技，抢占产业技术制高点，以争夺产业主导权，获取最大的国家利益。生产的全球化和收益的国别化成为当今国际社会的主导性矛盾。

第四节　国际政治、经济的矛盾运动必然产生对外技术依存度观念

可以预见，生产全球化和收益国别化的主导矛盾将引发21世纪的诸多国际矛盾：多极化和单极化的政治冲突，全球化和各国利益的经济冲突，西方价值观和欠发达地区各民族思想的文化冲突。并在此基础上衍生出诸多国际性矛盾：社会安全与恐怖袭击，人类生存与环境破坏，社会发展与资源枯竭等。在这种态势下，过度依赖别国的资源必然威胁国家安全和国家利益。各国都想摆脱对其他国家的资源依赖。由于技术也是一种资源，对外技术依存度的观念也必然由此提出。因此说，对外技术依存度是一个政治观念，而不是一个经济观念、技术观念。

第二章 基于技术预期的科技经费投入比重对外技术依存评价方法

第一节 基于科技经费投入比重的对外技术依存度评价方法及困惑

一 基于国家科技经费投入比重的科技经费测度方法

我们把科技部官方网站提供的测度方法称为科技经费测度方法，科技经费测度方法选择科技经费在国内外的投入比作为一国对外技术依存度的考量指标。其观点如下：一个国家的技术获得可以分别通过内生和外源两个基本途径，内生是自主研发，外源是技术引进。不管走哪条途径，获得技术都是需要资金投入的，这个投入在国家层面可解读为技术研发费投入和技术引进费投入，基于这两项经费投入，可演化出以下投资比率：

获得技术的投资比率 1＝技术引进费 / 技术研发费，0≤比值≤∞ (2-1)

获得技术的投资比率 2＝技术引进费/（技术研发费＋技术引进费），0≤比率≤1 (2-2)

获得技术的投资比率 3＝技术研发费/技术引进费，0≤比值≤∞ (2-3)

获得技术的投资比率 4＝技术研发费/（技术研发费＋技术引进费/），0≤比率≤1 (2-4)

式（2-1）、式（2-2）关注的是获得外源性技术的投入，式（2-3）、式（2-4）关注的是获得内生性技术的投入。由于这些比率是同一事件的不同表达方式，科技经费测度方法就把这个比率或其中一项所占的比重用作考量一国技术自主率或对外技术依存度的指标。例如，OECD 使用公式（2-3）作为测度各成员国对外技术依存度的指标，认为该比率大于 1 则说明该国的技术以自主研发为主，比率越高技术自主率越高，对外技术的依存度越低。从 2003 年的统计数据来看，大部分发达国家的比率达到 3，其中，日本达到 28，美国为 15。

我国科技部选择了公式（2-2）[①]作为我国对外技术依存度的测度方法。《国家

---

① 高昌林文章采用了“技术依存度（%）＝技术引进经费/（R&D 经费＋技术引进经费）”计算公式，在注解中说明原始公式为：技术依存度（%）＝技术引进经费/（R&D 经费＋技术引进经费－技术出口经费）。由于目前我国没有技术出口经费的统计数据，且我国技术出口量很少，所以在规划的测度公式中将技术出口经费忽略为零。

中长期科学和技术发展规划纲要（2006—2020 年）》（以下简称为《规划纲要》）发布后，对外技术依存度作为科技发展的考核指标，必然引起全国各部门各地方的关注和效仿。科技部为了统一各地测度当地对外技术依存度的需要，特在分母上增加“使用国内技术支出”一项，于是公式（2-2）演变成公式（2-5）：

获得技术的投资比率 5＝使用国外技术支出 /（国内研发支出＋使用国内技术支出＋使用国外技术支出），0≤比率≤1　（2-5）

二 基于现有统计数据和科技经费测度方法的困扰

方法和数据确定后，按常理剩下的工作就很容易了。从公布相关统计数据的官方网站查询相关数据，代入公式（2-2）计算一下就行了。但问题是，不论谁来计算，都面对一个困扰。例如，表 2-1、表 2-2 是课题组从我国科技部、原商务部官方网站查询的相关数据，公式（2-6）、公式（2-7）是将相关数据代入公式（2-2）的计算结果。

表 2-1　科技部网站数据　单位：亿元

登记注册类型	2000 年	2001 年	2002 年	2003 年	2004 年
科技经费支出	823.72	977.94	1 164.07	1 467.77	2 002.05
中资企业	666.3	794.5	934.9	1 137.75	1 498.93
港、澳、台商投资企业	56.9	63.9	79.6	100.75	160.59
外资投资企业	100.6	119.5	149.5	229.28	342.53

表 2-2　原商务部网站数据（2004 年技术引进按企业性质统计表）　单位：万美元

企业性质	合同数量	合同金额	技术费
总计	8 605	1 385 557.64	962 527.53
国有企业	2 369	621 229.12	247 066.65
集体企业	64	5 910.74	3 701.08
民营企业	425	28 076.56	26 380.86
外资企业	5 057	669 219.27	632 488.85
其他	690	61 121.95	52 890.09

注：按当时汇率 1 美元＝8.3 元人民币折算。

我国 2004 年度对外技术依存度（含外资和其他企业）
＝［技术引进费支出 /（技术研发费支出＋技术引进费支出）］×100%
＝［799.0 亿元 /（2002.1 亿元＋799.0 亿元）］×100%
＝28.5%　（2-6）

我国 2004 年度对外技术依存度（不含外资和其他企业）
＝［技术引进费支出 /（技术研发费支出＋技术引进费支出）］×100%
＝［230.0 亿元 /（1498.9 亿元＋230.0 亿元）］×100%
＝13.0%　（2-7）

计算结果表明：我国当前对外技术依存度已经低于《规划纲要》提出的30%以下的目标值。是不是早几年我国的技术引进费支出较高，可以得出大于30%的计算值呢？如果选用商务部科技司《2001年技术引进情况分析》给出的如下数据，我国2000年技术引进费87亿美元，2001年技术引进费91亿美元。由此数据计算得到：

我国2000年度对外技术依存度

＝[技术引进费支出/（技术研发费支出＋技术引进费支出）]×100%

＝[282亿元/（824亿元＋282亿元）]×100%

＝25%　(2-8)

我国2001年度对外技术依存度

＝[技术引进费支出/（技术研发费支出＋技术引进费支出）]×100%

＝[365亿元/（978亿元＋365亿元）]×100%

＝27%　(2-9)

2001年，约有30%的技术引进费属于跨国公司内部的技术转移。爱立信、西门子、壳牌等公司设在中国的机构从国外引进了大量技术。若将各年度统计数据中跨国公司的技术转移价值滤除，则测度值还将降低。

由于实际计算值与《规划纲要》确定的目标值存在很大的矛盾，社会各界必然会提出各种异议。对此，承担我国中长期科技发展战略研究的同志特撰文做了说明，摘录如下。

> 这是通过技术引进占技术获取全部途径的比重来反映国家的对外技术依赖程度，比重超过50%说明国家对外技术依赖程度较高。但由于技术引进经费难以统计，我国又没有建立符合国际规范的国际技术收支统计，因此要准确计算我国的对外技术依存度是一件十分困难的事。根据商务部统计的技术引进经费计算，2004年我国对外技术依存度为37%。由于目前统计的技术引进经费数据存在低估的可能性较大，因此我国实际的对外技术依存度比这一数值要高。
>
> 依据《国家中长期科学和技术发展规划纲要（2006—2020年）》中对外技术依存度的测度公式：1995年我国高技术产业的对外技术依存度高达62.0%，“九五”后期该指标急剧下降，1999年降到历史最低点，达到25%。“十五”以来，高技术产业的对外技术依存度虽然略有波动，但基本维持在30%上下，2003年和2004年连续两年保持下降趋势，达到目前的27.7%。

第二节　困惑源自科技经费测度方法与对外技术依存概念不匹配

本书研究认为：千方百计修正不合情理的测度结果是解决不了方法不当造成的困扰的，因为科技经费测度方法与对外技术依存度概念根本不匹配。

在阐述作者的观点之前，首先需要搞清楚：一国之内依存外国技术的主体是谁？科技经费测度方法把这个主体用“国家”名义给虚化了，若不落实这个被测度对象究竟是谁，就不可能知道要用什么数据什么方法来测度其对外技术依存度。

这个主体只能是一国的技术消费部门。因为不消费技术就不会对技术产生依赖。就好像不吸烟者不会对尼古丁成瘾一样，总不能说种植烟草的人有烟瘾吧，这是个常识问题。所以这个主体只能来自一国的经济社会，因为只有经济社会才有大量消费技术，并将其转化成社会财富的部门。那么，《规划纲要》又是指谁在依存外国技术？尽管没有明说，但从总体目标中可做出判断，依赖外国技术的主体仍然来自我国经济社会。

那么，谁又是我国经济社会中的技术消费主体呢？无论怎么分析，只能是工业产业。依照我国工业产业的运行实践，可以这样解读对外技术依存度；对外技术依存度是我国经济社会的主体，或者说是工业产业，维持正常运行时对外国技术资源的依赖程度。

按照科技经费测度方法的观点：一国所需的技术可以从国内研发主体获得，也可以从国外研发主体获得。不论从谁那里获得，都需要支付研发费用，从国外获得技术的费用占全部费用支出的比重就是一国的对外技术依存度。

依据我国工业产业的运行实践，作者对这个观点不能苟同。支持这个观点的方法指向的不是我国工业产业对外技术依存度。因为这个方法远远不能概括我国工业产业对外技术依存的全部内容。它强调了许多不能被强调的内容，也忽略了更多不能被忽略的内容。例如：

（1）科技费用支出后能否获得技术？当花了钱而又买不到技术时，这笔支出就不能用以计算对外技术依存度，因为这笔支出与工业产业运行没有关系。

（2）获得的技术能否促进工业产业运行？当获得的技术不能促进工业产业运行时，这些技术就是无效的。支付给无效技术的费用也不能用以计算对外技术依存度，因为这笔支出与工业产业运行没有关系。

（3）促进工业产业运行的技术获得是否都需要支出科技经费？在当前市场竞争态势下，我国工业产业运行很难直接获得外源性技术，而只能通过物资配套间接获得外源性技术。这种对外源性技术的间接依存已成为当前我国工业产业获取技术的主要形态。但这笔费用不在科技经费列支，而是在生产经费列支。

（4）获得工业产业运行的外源性技术是否都要从国外进口？在当前经济全球化态势下，外国资本在我国建立的生产基地已经形成较为完善的供应链条，我国工业产业运行所需的外源性技术在国内就可配套。这种对外源性技术的隐性依存已成为当前我国工业产业消费技术的主流形态。但这笔费用不在科技经费列支，而是在生产经费列支。

以上四个问题是评价我国工业产业对外技术依存时无法回避的现实。把以上四个问题都考虑到了的方法才能表征我国工业产业对外技术依存的实际状态。科技经费测度方法显然做不到，所以它不能表征我国工业产业对外技术依存度。

既然外国人使用这种方法，那么这种方法在什么条件下可以百分之百地表征一国的对外技术依存度呢？作者认为至少应具备这样的研发和产业化实力，即当期科技经费投入都能在当期全部转化成社会生产力，并且经济社会运行时只依靠这些生产力。换句话说，就是一国经济社会运行需每期都用当期科技经费投入获得的产业技术全部置换掉上期遗留的产业技术。照此科技经费测度方法才能百分之百地表征一国经济社会运行时当期对外技术依存度与当期科技经费投入相关。显然这是不可能的，但只要把科技经费测度方法和经济社会运行实践一挂钩，就只能得出这样的结论。世界最发达国家也不可能做到当期科技经费投入就提供当期经济社会运行所需的全部技术资源。即使当期可获得新技术，也需要以技术集成方式吸纳许多老技术。所以说，科技经费测度方法只能在一定程度上表征一国的对外技术依存状态。研发与产业化实力越强其表征的误差就越小，研发与产业化实力越弱其表征的误差就越大。在我国当前国情下，这个误差已经大到指鹿为马的程度了。

既然如此，科技经费测度方法表征的是什么指标呢？作者认为是一种企盼，是一国获取新技术的企盼。资金投向国内，就企盼获得内源性技术；投向国外，就企盼获得外源性技术。而两种资金投向在总支出中的比重表征的是企盼的权重，即对国内、国外科技主体的企盼程度。对谁的企盼权重高，投给谁的金额就大。企盼只是一种观念，不是现实，因为它离经济社会实际运行对技术资源的现实需求还有很远的距离。

不论是投资国内研发主体还是投资国外研发主体，都只是为获取新技术所做的努力，能否成功获得新技术还是一个未知数。而一国经济社会运行所实际依赖的技术，是一个已知数。已知数的产生不仅仅取决于科技实力，同时也取决于政治、经济、文化等诸多因素。换句话说，不是主观意愿，而是社会实践在决定一国经济社会的对外技术依存度。若仅仅依靠主观意愿就可以改变一国对外技术依存状态，问题就简单了，只要实施技术进口管制政策就可以改变对外技术依存度。但这显然是不可能的。所以，用公式（2-1）和公式（2-2）的计算来测度我国当前的对外技术依存度引出的社会困扰，是方法与概念不匹配造成的。

第三节　科技经费测度方法在我国国情中的偏差所在

本节要深入讨论科技经费测度方法为什么不适应我国当前国情，并建立“有效技术获得”和“无效技术获得”，“直接技术形态”和“间接技术形态”，“显性技术进口”和“隐性技术进口”三组概念。

当前我国研发主体产出的技术成果中无效成分占了相当比重，造成我国生产主体对间接形态的外源性技术产生严重依赖。依存方式是外源性高端技术以显性引进为主，中低端技术以隐性引进为主，并且跨国公司在我国境内有扩大高端技术供给的趋势（隐性引进比重有扩大的趋势）。这些都是选择我国经济社会对外技术依存度测度方法必须予以考虑的因素。

下面深入分析用科技经费测度方法测度我国工业产业对外技术依存状态的偏差。

一　科技经费投入有两种结果，产业关注的是能够形成生产力的有效技术获得

依据唯物史观，人类活动的第一要务是社会生产，自人类学会使用工具、驯化物种、发明器物起，科学技术就成为社会生产的第一要素。

在古代中国，五千年的主导产业是农业，农事需要历法，历法需要天文，天文需要筹算，所以农、医、天、算等科学知识和畜、犁、耕作等技术体系成为华夏民族发展的第一要素。先进实用的中国古代科技体系造就了恢宏的中国古代农耕文明，直至英国工业革命，数千年来中国一直是世界上最伟大的经济体。反过来，以农为本也决定了中国人对待科技的态度，与社会生产无关的科学被斥为“玄学”，与社会生产无关的技术被斥为“奇技”，与社会生产无关的制品被斥为“淫巧”，都被华夏民族所不容。

在古代希腊，主导产业是手工业和海外贸易，海外贸易需要航海知识与造船技术，随之兴起的是天文学、几何学、静力学和机械学，西方古代的科学技术也是在社会生产的推动下发展的。

如果说古代社会使用工具从事生产对科学技术的依赖是不自觉的，那么自第一次工业革命起，近代社会使用机器从事生产对科学技术的依赖就成了自觉

行为。这种自觉源自对瓦特蒸汽机的深刻认知。瓦特蒸汽机是近代科学与传统技术的第一次完美结合，其结合所释放的巨大生产力颠覆了整个传统世界。换句话说，是科学与技术的完美结合造就了大工业生产、现代化城市、工业化国家和全球化经济。自瓦特之后，社会生产总是自觉运用最新的科学成就和先进技术。几十年后，电磁学又成功地转化为发电机、电动机等电力技术，掀起了第二次工业革命；又几十年后，电子学、信息学、固体物理学再一次成功转化为微电子、计算机和互联网技术，掀起了第三次工业革命。

上面概述了科学技术对生产力的巨大推动作用，是不是说只要是科学技术就能推动经济社会发展呢？绝对不是，在科技尚不发达的古代中国就有“奇技淫巧”等与生产力毫无关系的技术存在，那么在科技十分发达的现代社会，当然会有更多的与生产力没有关系的技术出现。当然，时代变了，刻意研发一些取悦个别人的“奇技淫巧”现象肯定是没有了，主要是两种技术获得与社会生产力无关。

(1) 缺乏实用性的技术获得。在我国当前，处在这种状态的技术获得不在少数，特别是使用国家科技经费研发的技术获得不少是在取得理论性成果，发表完论文后就终结了使命；或者是形成实验室产品后就终结了使命。原因是多方面的，需要专题探讨，但有一点可以肯定，这些技术获得虽然都具有理论价值，但都缺乏使用价值。说白了就是不具工艺性（不好造）、实用性（不好用），因而不被产业和市场接受。

(2) 没有竞争力的技术获得。在西方国家，这种情况时有发生。满足同一种需求，往往有多种技术选择，例如，高清 DVD 在研发时就出现了两种主流技术：蓝光 DVD 和 HD－DVD，两种可替代性技术对峙了数年。后终因影音内容提供商和软件提供商的态度，决定了蓝光 DVD 的胜出。东芝产业联盟投巨资研发的 HD－DVD 技术获得也就不能形成生产力了。

将上述议论概括起来就是：科学技术是第一生产力，这句话在哲学层面百分百正确；但在实践层面，一样的经费支出却有两样的技术获得。辩证地说就是有些技术获得可以促进生产力的发展，是“有效技术获得”；有些技术获得却不能促进生产力的发展，是“无效技术获得”。

所以说，仅凭经费支出就计算对外技术依存度是形而上学的方法。若是能把技术研发费中的无效技术获得减去，再把技术引进费外的有效技术获得加上，我国高技术产业的对外技术依存度就不是 20％～30％，而是 60％～70％。为了更清晰地论证这个观点，特绘制的获得内生技术资源的投入产出流程图如图 2-1 所示。

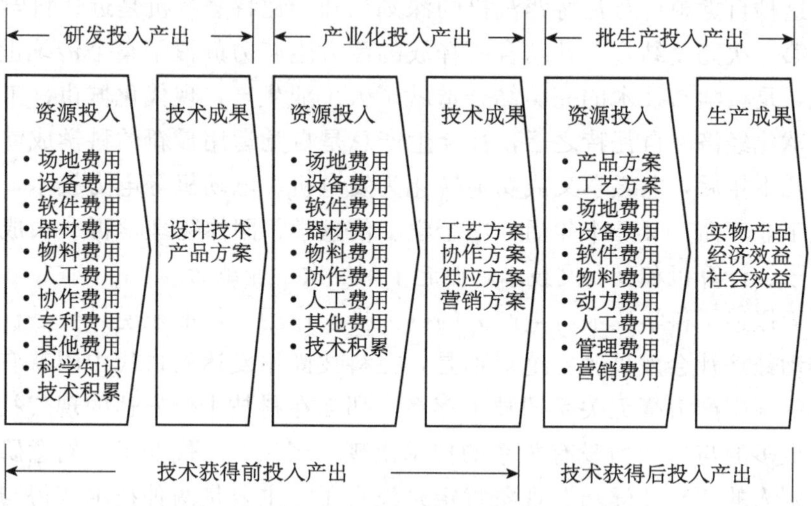

图 2-1　获得内生技术资源的投入产出流程

图 2-1 显示，研发经费的投入，最终要产出一个产品方案。也就是以图像、数据、标准和原理等符号和理论描述的概念产品，或称产品技术获得。产业化资源的投入，是要获取把概念产品转化成物质产品的方法。产出的是一个工艺方案，也就是以工艺流程、装备、方法和环境描述的大生产技术，或称工艺技术获得。批生产阶段是工业产业的建设和运行阶段。批生产资源的投入分为固定资产投入和流动资产投入，固定资产投入以工艺方案为原则，流动资产投入以产品方案为原则，其产出的是物质产品。

在图 2-1 所示流程中，产品技术、工艺技术获得都是技术成果，一项技术成果只需输出一次。物质产品是生产成果，生产成果需要重复大批量的输出，就是决定了前者不需要持续稳定的资源供应，而后者则需要持续稳定的资源供应。

图 2-1 仅是从研发视角描述了技术与产业的关系。但一项技术最终能否被产业采纳，其成功的关键不是技术因素而是市场因素，即这项技术的实用性和竞争性如何？只有实用性、竞争性兼备的技术获得才是新产业孕育的胚胎，或是老产业造血的器官。

由于人类社会再生产是不能停歇的，若国内科研部门不能向产业部门提供实用性、竞争性兼备的产品技术，产业就只能寻求“外国米”下锅。若不能向产业提供实用性、竞争性兼备的工艺技术，产业就只能寻求“外国锅”煮米。归根结底，人类发展科学技术的目的是为了发展社会生产。在市场经济条件下，只有能形成生产力的科学技术才具有价值和使用价值，才能被产业接纳。

二 从产业视角看，科技经费测度方法的时间范围偏窄

考察任一高新技术产品，其所需技术获得都是历史的积淀，如考察现代电子计算机的技术获得。用电子计算机代替人脑处理数据的原始创意来自 17 世纪法国科学家帕斯卡发明的机械计算机，而帕斯卡用机器代替人脑的灵感来自中国古代算筹和算盘的启迪。电子计算机的算法来自 17 世纪德国数学家莱布尼茨的二进制，而莱布尼茨发明二进制的思想又受中国《易经》先天图（伏羲六十四卦图）的启迪。现代电子计算机的技术原理直接继承了 1946 年美国物理学家莫奇利团队发明的电子管计算机，而电子管计算机又受到 1944 年美国科学家霍华德·艾肯发明的全电子计算器的启迪。现代计算机的核心部件 CPU 直接继承发扬了 1947 年美国科学家巴丁、布莱顿、肖克力等发明的晶体管技术和 1958 年美国科学家杰克·基尔比发明的集成电路技术，而这两项技术的获得又基于更多科学家对半导体物理的研究。

由此可以说：现代高新技术产品绝不可能在毫无历史积淀的状态下，仅靠投入一大笔资金雇用一大批科学家、工程师在一年或数年之内就能开发完成。我们可以观察到的高新技术产品的技术获得都是历史演进的结果。科技经费测度方法对技术获得的界定则略去了历史因素，只考虑当期因素，而恰恰是历史因素实际影响着我国工业产业的对外技术依存状态。

观察研发和生产实践就会发现：工业产业运行不一定就需要当期的技术获得，而当期的技术获得不一定就能成为有效的技术获得。因为，当科技经费按照计划支出时，技术成果还没有形成。即使在产业化阶段的支出，也只是为了形成潜在的生产能力，离形成批生产的现实生产力还有较远的距离。例如，我国信息技术产业引进俄罗斯的“改良西门子法”高纯硅生产线，5 年多没有实现批量生产。所以说，流行方法测度的只是当期科技经费投入的内外比例，并不是当期经济社会运行对外国技术资源的依赖程度。影响当期经济社会对外技术依存状态的是已经形成生产力的技术获得，也就是历史的积淀。

所以，用“当期经费投入”取代“历史技术积淀”来测度经济社会的对外技术依存度，测度值和实际值会出现很大的时间偏差，与社会各界的价值观差距太远，自然引起社会各界的重重困惑。

三 从产业视角看，科技经费测度方法的价值判断失准

两大高清 DVD 技术阵营激烈竞争的案例说明在市场经济条件下，并不是所有的技术获得都能实现其价值，这取决于市场的选择。只有通过市场选

择的技术才能形成生产力，才能实现技术价值，才能回收研发投资并赚取利润，才是有效技术获得。我们可以找到很多案例来支持这个观点。

> 20 世纪 90 年代中，国务院批准实施录像机“一条龙”工程，总投资 20 亿元在全国部署 9 条整机生产线，在大连部署一条机芯生产线，拟形成产业链完善的录像机大生产技术。这是一项年产 150 万台录像机的轰轰烈烈的国家工程，开局与进展十分顺利，但是结局却令人沮丧。项目失败是因为安徽合肥几个年轻人开发出录像机的替代技术——VCD。VCD 丰富的片源和低廉的使用成本十分受中国消费者青睐。在市场选择下，不被政府主管部门和技术专家看好的 VCD 轻而易举就击败了录像机，致使国家投巨资获得的录像机技术成为无效技术。再如，国家半导体集成电路 909 工程，规划愿景是使我国集成电路产业技术跨进世界先进行列，但终因市场急剧衰退和技术飞速进步，获得的技术很快落伍，最终与世界先进水平无缘。

所以说，只有被市场认可的技术才能被产业选择，只有被产业认可的技术才是有效技术获得，不能被产业认可的都与社会生产力无关。

在我国当前的科研、生产二元体制下，太多的无效技术获得已经成为制约我国经济社会技术进步的一个不容忽视的问题，并引起社会各界的广泛关注。例如，上海大学法学院研究生郑宏彩在其论文中收集整理了一些数据，将其摘要如下。

(1) 近年来我国每年取得的国家级重大科技成果达 3 万多项，而每年受理的具有较高技术水平的发明专利申请只有 1 万多件，还有 2 万项左右的成果因没有专利保护，通过发表论文、成果鉴定、学术研讨、公开使用等方式向国内外公开而被无偿地“奉献”给了世界。

(2) “863”计划，1997 年仅在生物、信息、能源等各领域取得成果 1250 项，发表论文 2 万多篇，而当时申请专利的仅有 242 项，论文与专利比为81∶1。

另华南理工大学知识产权学院研究生高晓奇在其论文中写道：我国专利成果转化率仅有 20%左右，专利产业化率为 5%左右。而发达国家专利转化率在 80%左右。我国高校的专利实施及成果转化率还不到 10%，国外发达国家为 60%。

以上是在校大学生对我国当前技术获得的评价。社会各界无论是官员还是学者，对我国当前技术获得的有效性评价都不高，一致认为专利的转化率仅在 10%～20%。当然，专利并不能代表全部的技术获得，有许多是作为专有技术被悄悄保护了起来。但总的看来，有效技术获得不高却是不争的事实。下面我们以电子元器件为例进行阐述，这个观点可以拓展至我国整个科研、生产体系。产生太多无效技术获得的社会根源如下。

改革开放前，在当时历史条件下，我国元器件科研和生产形成了二元体系，两个系统再由指令性计划连接成技术链。产品技术由研究所开发，工艺技术由工厂开发。在这种体制下，形成了较为完整的分立元器件产品谱型。由于当时消费电子产品只有收音机一个品种，且产量很小，形成电子战线几十万员工力保产量更小的军用产品的局面，就像现在航天战线几十万员工力保一个“神舟”、一个“嫦娥”一样。尽管技术条件有限但依靠精挑细捡，也能为国家重点工程，如两弹一星和军用装备提供关键元器件。改革开放后，随着国外先进技术的大量涌入，民用消费类、投资类电子产品的需求呈现排浪式扩张，现代高科技战争也对军用电子装备提出了更高的要求，我国原有元器件产品谱型和科研、生产体系无法适应新形势的需要。

我国当前的元器件科研生产体系是在改革开放后形成的，目前还很不完善。我国的大环境虽然在 30 年内实现了计划体制向市场体制的转变，但科研、生产两个分立体系在短期内却无法整合出适应市场体制的研发主体——既掌握科学知识又掌握生产知识，可从事基础研究、应用研究但主要从事技术研究的现代工业实验室。目前我国的元器件科研、生产体系依然是两个分立系统，而且在市场竞争中各自为战，难以形成合力。

先看科研系统，科研系统主要是由过去中央部委直属的元器件研究所和中国科学院（中科院）、大专院校的有关元器件实验室构成。

不少科研机构已经拥有较为强大的科研队伍和相当先进的研制条件，并能承接国家重点工程个别品种的关键元器件的研发与制造任务。例如，由原电子工业部直属的 46 家研究所为核心组建的中国电子科技集团（电科集团），是我国目前实力最强的元器件科研机构，现有 19 个元器件研究所，其专业分工基本涵盖高端元器件领域。从事元器件研制的技术人员约 1 万人，基本形成了以工程院院士为领军的老中青人才梯队。科研条件也得到很大改善，基本上完成了向现代高科技公司的转型。除了应用研究和技术研究以外，也都建成了较为先进的生产线。例如，电科集团重庆光电技术研究所，建有大面积超净厂房，拥有半导体激光器、光纤通信用光电器件、电荷耦合器件、集成光学器件等多条生产线，有较强的光电子器件的研制生产能力。这样的科研系统，很明显是不想依赖产业部门而自谋技术成果的出路。

科研脱离产业部门出现的问题是：没有应用推介和规模生产的能力，能力缺失决定了科研机构及其高科技公司难以保障国家技术安全。科研机构多以争取国家科技经费，承担国家重点工程任务为主。例如电科集团各研究所，主要是承接国防科研项目，其运行模式是多品种、小批量、定向服务，没有规模经济能力使其关键元器件开发只具有战略意义。另一个问题是，研制最关键的元器件，如高速芯片、高分辨探测器件、超小型微波功率模块，除了知识和方法的积累，还需要精密的功能材料和精密的测试仪器、工艺装备和超级净化设施等硬件条件。例如，当前市场流通的超大规模集成电路系统级芯片（SoC），不论是MP3芯片还是通信芯片，其光刻线宽一般都优于130纳米，要求高的选择90纳米，要求不高的也不会低于180纳米。而电科集团的最高光刻技术也就是350纳米，很难胜任SoC级芯片的开发。改善硬件条件需要大量的经费投入，仅依靠有限的国家科技计划经费是远远不够的。由于科研机构没有市场盈利能力，不可能从金融市场筹措到巨额经费来购置先进装备。所以，现阶段要求我国关键元器件科研机构提供满足电子整机产业需求的技术获得尚缺乏物质条件。

再看生产系统，生产系统主要由原中央部委直属企业转型的有限公司，中方控股的合资公司，以及依靠某项技术起家的民营公司构成。

前两类企业的核心技术是建立在外国技术基础上的。依赖外国技术有两种形式：第一种形式是承接国际产业的梯次转移，技术尽管很先进，但产品并不关键，我国绝大部分元器件企业都是这种状况。例如，原电子工业部贵州083基地改制为中国振华集团，引进技术形成了分立的电阻、电容、电感、二极管、三极管等新型片式元器件；继电器、接插件等新型超小型元件；厚薄膜电路、低端半导体集成电路等系列产品。尽管这些技术达到国际先进水平，但在电子装备中永远只能充当配角。第二种形式是我国为掌握关键元器件的核心技术，从国际市场采购设备，自行设计自行建设的生产线，或引进的外国公司转让的生产线。这些生产线建成时还算先进，但在技术发展中很快落伍。例如，国家下大决心投资的“909”工程①，2000年批生产时世界主流技术已经发展到180纳米。到2008年，世界主流技术已经发展到90纳米，其中存储器主流技术达到70纳米，CPU主流技术达到65纳米。相比之下，“909”工程的技术已经落后六七代了。再如，上海广电信息产业股份有限公司（上广电）和京东方科技集团股份有限公司（京东方）引进的第五代TFT-LCD制程技术，引进时还算先进，但现在TFT-LCD制程的主流技术已经是第十代了，结果是各花费六七十亿元巨资建成的两条五代线只能生产22英寸以

---

① 国家电子工业部遵照八届人大四次会议批准的《中华人民共和国国民经济和社会发展“九五”计划和2010年远景目标纲要》中“对集成电路的发展实行优惠政策，继续实施集成电路专项工程，‘九五’期间，6英寸、0.8微米集成电路形成工业化大生产。建成8英寸、0.5微米集成电路专项工程，投入工业性生产。研究开发0.3微米技术”的要求，启动实施了“909”集成电路工程。项目总投资98亿元，建成一条技术水平500纳米，月投8英寸硅片2万片的制程线。

下的显示屏，根本无力参与彩电显示屏的市场竞争。建设先进的生产线只能保证拥有制造高端产品的能力，却无法保证有高端产品可供制造，从实际效果看，新中国成立以来我国投资规模最大的关键元器件项目都没有达到预期目标。

第三类企业是依靠某项核心技术起家的民营企业，这些企业往往取得某些技术原理的突破，或取得某些关键工艺的突破。尽管这些企业具有很强的技术创新精神和创新机制，但企业规模都太小，开发经费无处筹措。民营企业分散的弱小的技术开发活动近期很难有所作为。

产业脱离科研机构出现的问题是：我国产业还没有实力像西方产业那样萌生出足够数量的造血机构——现代工业实验室。目前只能守着引进的老龄化、边缘化的产品维持生计。一些企图依靠外国技术实现跨越式发展的关键元器件项目，因为没有造血能力，也在美国、日本、欧盟国家、韩国和中国台湾等国家和地区企业的挤压下日趋边缘化。所以，现阶段我国大企业开发关键元器件尚缺乏知识条件，小企业尚缺乏物质条件。

总的看来，我国科研和产业部门“各人自扫门前雪”的态度决定了我国在短期内很难突破关键元器件核心技术。例如，我国激光技术虽然在各个方面都与国外同步研究并在某些方面有自己的优势，但由于产品开发完全依赖科研院所，与企业脱节，又缺乏中试环节，许多科研成果因缺乏可制造性、可使用性而被束之高阁，无法转化为生产力。

由于上述诸多原因的存在，我国每年科研经费投入巨大但有效技术获得却很少。更成问题的是，不少科研经费从国家层面投入后，却从机构层面流失了。例如，国家审计署公布的数据显示：2004 年度，科研系统 2 个部门和 45 个科研单位转移、挤占、挪用科研经费 6.69 亿元，3.27 亿元的科研经费被违规出借、对外投资甚至投入股市。作者的研究认为，这些只是审计中查出的问题，审计中查不出的问题更不在少数。

综上所述，作者认为仅从科技经费支出就断定其必有技术获得是不客观的，而对此不加区分的科技经费测度方法显然在价值判断上失准。

四　从产业视角看，科技经费测度方法的统计内容缺项

统计内容缺项主要指对外源性技术的统计有遗漏。要搞清遗漏所在，就需要搞清“技术表现形态”和“外源性技术范畴”两个问题。为搞清第一个问题，需要引入“直接技术形态”和“间接技术形态”两个概念；为搞清第二个问题，又需要引入“显性技术进口”和“隐性技术进口”两个概念。

下面，我们依次论述产生外源性技术统计遗漏的两个问题。

（一）统计外源性技术遗漏了间接技术形态[①]

如图 2-2 所示，那些直接从科学理论和经验理论转化而来，处在初始状态的技术是最本原的，我们称其为初始技术。初始技术包括：

（1）产品原理，如液晶显示屏复现图像的原理，汽油发动机将汽油热能转换成曲轴动能的原理。

（2）产品性状，如各种专用材料的微观机理和理化特性。

（3）产品形态，如电视机、计算机的物质结构与形状。

（4）设计和制造产品的方法（工具、量具、设备、仪器等是设计和制造方法的物质基础）。

前三类初始技术形成产品的使用价值，我们称其为产品技术；后一类初始技术形成设计线[②]和生产线的使用价值，我们称其为设计技术和工艺技术。不论是产品技术还是设计技术和工艺技术，都是思维技巧的劳动成果，是用语言和符号描述的概念产品。使用初始技术可以开发实体性产品，实体性产品有概念产品和物质产品两种形态（软件只有概念形态）。概念产品是设计技术和产品技术的集成，是中间状态的技术——中间技术，也是思维技巧的劳动成果；物质产品在概念产品基础上又集成了工艺技术，物质产品是目标状态的技术[③]——目标技术，是肢体技巧的劳动成果。

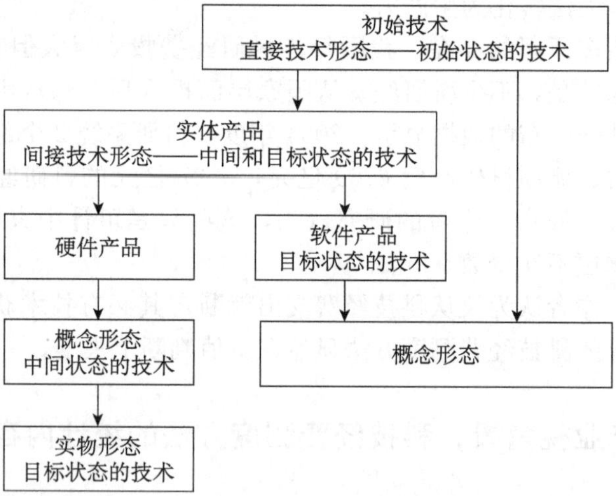

图 2-2　技术的演进状态及其表现形态

① 阅读本节时请参阅第一章“技术的观念性”内容。
② 为描述方便，我们称整个设计的流程、方法、规则及其物质基础为设计线。
③ 请参阅第一章“技术的目的性”内容。

产品链各环节的初始技术、中间技术和目标技术都具有商品性[①]，例如：

（1）初始技术可以出售专利权，技术资料和设计、工艺软件。

（2）中间技术可以出售设计图纸。

（3）目标技术可以出售组建设计线、生产线的设备、仪器；维持再生产的原材料、基础件、元器件；满足社会需求的各类应用产品。

初始技术和中间技术是技术的社会化产物，因其是指导产品设计与生产的规则，所以被社会公认为是技术。而目标技术是技术的物质化产物，有的成为再生产资料，有的则成为生活资料。成为再生产资料的目标技术也有两类：一类是生产力要素中的生产工具，如工艺装备、测试仪器，这些目标技术是构成设计、工艺技术的物质基础，所以也属于社会公认的技术；而另一类是生产力要素中的生产对象，如原材料、基础件和元器件，说这一类目标技术也属于技术范畴则很难被社会公认。

按社会对技术的认知程度，把初始技术、中间技术称为直接技术形态，把目标技术称为间接技术形态。一般认为间接技术形态中的原材料、基础件和元器件肯定属于技术范畴。下面以信息技术为例进行详细论证。

任何信息技术系统[②]，不论其复杂度如何，其系统都是可分的[③]，如最复杂的军用 C^4I（communication，command，control ，computer and intelligence systems）、C^3I（communication，command，control and intelligence systems）的系统可分，最简单的电子计算器、MP3 的系统也可分，大体上这些系统可分解为 3 层、4 层，如图 2-3 所示。

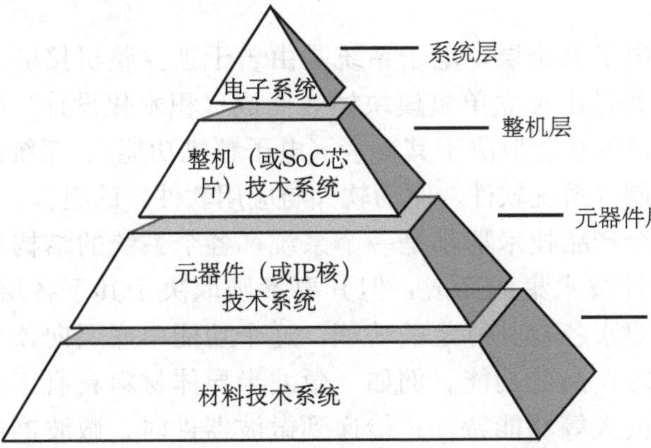

图 2-3　信息技术的系统与结构

① 请参阅第一章“技术的商品性”内容。

② 系统论认为：按一定规则组合在一起的“要素”形成了系统，这种组合规则就是“结构”，要素间相互作用的方式就是“机制”，系统对外表现出一种“功能”。而每个要素又是一个次一级的系统，也有其要素、结构和功能，所以要素是无限可分的。

③ “功能”对应于“使用价值”。前者是站在系统论立场观察研究对象所使用的概念，后者是站在政治经济学立场观察研究对象所使用的概念。产品原理是对功能或使用价值的技术说明。

在图 2-3 所示的系统模型中，从横向观察，每层又存在若干产品技术群：每个产品技术群都可设计出一类独立产品，每个独立产品也都可视为一个系统。如系统层存在机载、星载、舰载、车载、背负、地基等军用电子系统产品技术群；整机层存在发射、接收、计算等产品技术群；元器件层存在半导体芯片、微波器件、光电器件等产品技术群；材料层存在电介质、磁性、光电、微波、半导体、压电、铁电、敏感材料等产品技术群。从纵向观察，每一层的产品技术群既是构成上层产品技术群的要素又是统领下层产品技术群的系统。把顶层的各产品技术群和其下各层为其配套的产品技术群串联起来就构成了产品技术链。

各层产品技术群的功能与其要素、结构和机制的关系如下。

（1）第一层为电子功能材料层，由单质物质或化合物质组成。电子材料的功能取决于材料要素（原子或化合物分子的理化性能）、结构（由配方和工艺形成的晶格）和机制（固体物理机理）的组合。

（2）第二层为元器件层，元器件由电子功能材料、结构材料做成的零件组装而成。元器件的功能取决于其要素（材料功能）、结构（元器件设计）和机制（物理原理）的组合。要强调的是，由于信息技术的芯片化趋势，许多元器件功能已经被 IP 核①功能取代。

（3）第三层为整机层，电子整机由元器件组装而成。电子整机的功能取决于其要素（元器件功能）、结构（电路设计）和机制（软件和物理原理）的组合。要强调的是，由于信息技术的芯片化趋势，许多整机功能已经被 SoC 芯片②功能取代。

（4）第四层是电子系统层，电子系统是由若干独立整机接驳而成的具有综合功能的系统，或者是由独立单机模块插装而成（积木化设计）的具有综合功能的系统。电子系统的功能取决于其要素（电子整机功能）、系统结构（系统拓扑设计）和系统机制（系统软件、驱动软件与应用软件）的组合。

总的来说，每个产品技术群都是一个系统，各个系统的结构和机制都由本层的产品技术、设计技术集成而成，但其要素则取决于其下各层的产品技术、设计技术，而每个要素各有其特定的功能，这个功能由底层向顶层一层层的传递，最终组合成末端产品的功能。例如，微波半导体材料具有工作频率高，电流密度大、耐压强度大等功能特性；传递到微波器件时，微波器件就具有了产生、放大、控制微波信号的功能；传递到雷达时，雷达就具有了发射探测信号并接收反射信号的功能；传递到 C^3I 系统时，C^3I 系统就具有了预警的功能。由此可见，从最前端产品到最末端产品之间实际上存在一个功能传递链或技术链。

---

① 知识产权内核，详情请阅第三章的核心技术上游化趋势之二——电路芯片化内容。

② 系统级芯片，详情请阅第三章的核心技术上游化趋势之二——电路芯片化内容。

由此可见，原材料、基础件和元器件是技术链条中不可或缺的环节，在第三章我们将会论证它们是信息技术产业的核心技术。但是，以上描述的还只是一个个的概念产品，要转化成物质产品，各层还需要配以工艺技术，而在当今信息技术产业中，制造原材料、元器件的工艺技术更是核心技术中的核心，如图 2-4 所示。

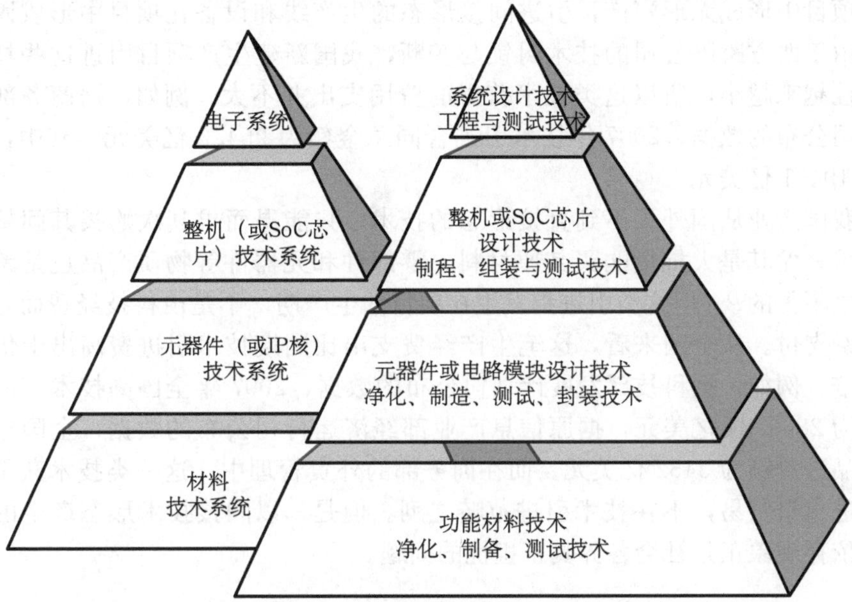

图 2-4　信息技术集群的设计和工艺技术结构

因此，间接技术形态的技术肯定属于技术，不论是购买直接形态的还是购买间接形态的技术，都属于技术获得。

科技经费测度方法对应的是国家科技经费的支出，在我国，科技经费向国外支出属于技术进出口贸易，由商务部归口管理。依据《中华人民共和国对外贸易法》，商务部制定有《技术进出口管理条例》①。依据该条例和相关配套文

① 该条例界定的技术贸易范畴是“专利权转让、专利申请权转让、专利实施许可、技术秘密转让、技术服务和其他方式的技术转移”。在配套文件《技术进口合同申请表和数据表》填写说明中，进一步将技术引进合同分为 8 类：

A. 专利技术的许可或转让（包括专利申请权的转让）；

B. 专有技术的许可或转让；

C. 技术咨询、技术服务；

D. 计算机软件的进口；

E. 与 A、B 内容之一相关联的商标许可；

F. 涉及 A、B、C 内容之一的合资生产、合作生产、合作设计、合作开发、合作研究；

G. 为实施 A～G 项内容而进口的成套设备、生产线、关键设备等；

H. 其他方式的技术进口。

件，商务部界定的技术引进范畴主要指直接形态的技术，间接形态中只列有成套的、关键的生产设备。

从产业视角观察商务部技术引进范畴的技术，就可以发现这个范畴刚好与生产项目建设投资中的无形资产范畴和固定资产范畴重合，引进直接形态的技术在项目中形成无形资产，引进间接形态的生产线和设备在项目中形成固定资产。由于西方跨国公司的技术封锁与垄断，我国新建生产项目引进这些技术的可能性越来越小，所以这类技术获得的费用支出并不大。例如，据商务部服务贸易司公布的数据，2007 年技术引进合同总金额为 254.2 亿美元，其中，技术费为 194.1 亿美元。

我国产业从国外买不到直接形态的技术，只能退而求其次购买其间接形态的技术。尤其是大批量购买其原材料、零部件和元器件等物质产品也是跨国公司求之不得的①。但这类引进都发生在项目的生产期，不是由科技经费而是由生产经费支付。从全国来看，这笔生产经费支出比同期技术引进费高出十倍甚至数十倍。例如，据科技部发展计划司公布的数据，2007 年全国高技术产品进口费用为 2869.84 亿美元，据原信息产业部经济运行司公布的数据，全国电子信息产品进口额为 3452 亿美元。而在商务部的外贸管理中，这一类技术获得属于货物进出口贸易，不在技术引进范畴之列。但是，以间接技术形态产生的对外技术依存现象正是社会各界真正担忧的问题。

（二）外源性技术获得遗漏隐性技术引进

在当前经济全球化态势下，外源性技术获得的地点与国界无关。可在境外获得，也可在境内获得，而且在境内获得的趋势越来越强。由于我国产业很难获得直接形态的上游产品技术，产业主体基本上呈现下游化趋势。而下游环节尽管获利不高，但往往经济规模巨大，容易形成龙头企业，成为上游技术的大市场。垄断上游技术的跨国公司为降低成本，争夺市场，肯定会把生产线建在下游企业周边。于是在我国东部地区形成大片大片的供应链完善的产业聚集区。尽管这些上游高技术企业是在中国注册的，但不要忘了，这些企业的技术依然是外国人的。从表面上看，国外采购变成了国内采购，但对外技术依存的本质并没有改变。

我们把以外贸路径获取外源性技术的方式称为显性技术进口，把以内贸路径获取外源性技术的方式称为隐性技术进口。以电子元器件为例，2006 年，外资电子元器件制造企业在广东有 857 家，江苏有 562 家，浙江有 382 家，上海有 231 家，其他地区 1057 家。其中，长江三角洲地区是跨国公司在华投资的集中

---

① 有些可以使用在军用装备上的物质产品，美国政府也不轻易出口。

地区，分别来自欧美、日本、韩国、中国台湾、中国香港等国家和地区，其中来自日本和中国台湾的公司数量尤为众多。世界主要电子元器件生产企业大都在此地区有投资企业，如 NEC、日立、东芝、西门子、英特尔、三星、台湾中芯国际、台湾国巨电子等。跨国公司在长江三角洲地区投资的企业集中度比较高，主要集中在上海、南京、无锡、苏州、杭州、宁波等城市及周边地区。图 2-5 是以计算机显示器产业链为纽带聚集的福州马尾开发区企业集群。从贸易视角看，中资企业实达、新大陆、福日所需显示管技术全是国内配套；但从权属视角看，则全是外源性技术。

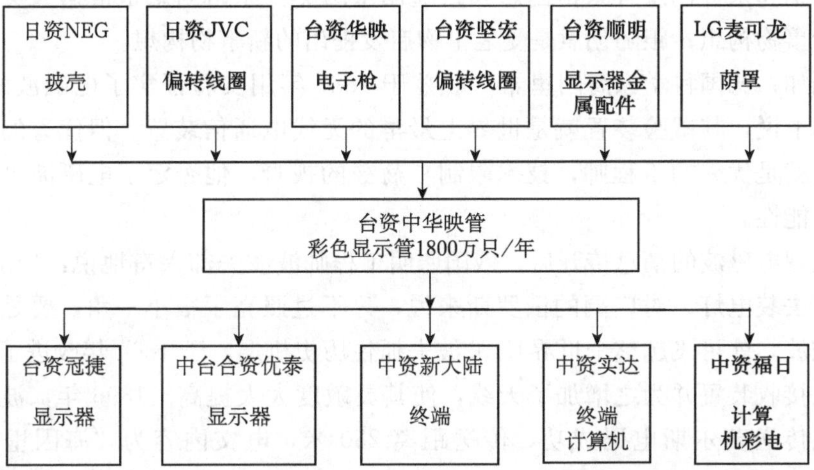

图 2-5　福州马尾以中华映管（福州）有限公司为核心的产业聚集群

概括一下，科技经费测度方法不考虑间接技术形态和隐性技术进口造成的对外技术依存，而这两种形态的技术依存正是我国经济社会运行对外源性技术依存的主要形式，所以使用科技经费测度方法不论如何解释也无法消除社会各界的心理困扰。

第四节　产业需要的是可形成生产力的技术

一国开发新技术的目的是为了发展社会生产力，这本是常理性问题。但在我国当前研、产二元体制下，却存在有悖常理的倾向。国家科技计划的许多新技术开发项目事实上难以形成社会生产力，任务承担单位只是向国家提交了一大堆技术理论。本节将以信息技术产业技术开发为例深入解读什么是有效技术获得。如图 2-1 所示。

一 产业需要的是具有实用性和竞争性的产品技术

前面已经解读过产品技术的实用性和竞争性[①]，在当今经济全球化态势下，新技术是否具有实用性、竞争性成为其能否形成社会生产力的决定性因素。新技术是否具有实用性、竞争性，取决于创意与研发两个环节。

（一）创意与研发的诠释

归纳起来，创意有原始创意和跟随创意两类：原始创意是根据人类需求提出的新事物构想；跟随创意是受老事物启发提出的新事物构想。

例如；德国科学家海因里希·赫兹于1887年用实验证实了电磁波的存在。从技术上说，其试验装置就是世界上最早的无线电通信装置。但优秀的科学家不一定就是优秀的工程师，技术限制了赫兹的视野，他否定了电磁波可用于通信的可能性。

发现电磁波的消息传开后，俄国照明工程师波波夫却兴奋地说："用我一生的精力去装电灯，对广阔的俄罗斯来说，只不过照亮了很小一角，要是我能指挥电磁波，就可飞越整个世界!"波波夫抓住历史机遇，于1894年改进了赫兹的无线电接收装置并为之增加了天线，使其灵敏度大大提高。1896年，波波夫用无线电传送莫尔斯电码成功，传送距离250米，电文内容为"海因里希·赫兹"。1897年，英国工程师马可尼，进一步改进了无线电收发装置，把信息传送了12千米。1898年，英国举行了一次游艇赛，终点设在离岸20英里[②]的海上。《都柏林快报》特聘马可尼为信息员。他在赛程的终点用自己发明的无线电报机向岸上的观众及时通报了比赛的结果，引起了很大的轰动。这被认为是无线电通信的第一次实际应用。

在上例中，赫兹用于验证电磁波存在的试验装置是现代无线电技术的最原始创意。其后波波夫、马可尼都是在赫兹试验启发下的跟随创意。在社会生活中，跟随创意还可进一步分成三类：第一类是发展创意，第二类是模仿创意，第三类就是既有模仿又有发展的创意。波波夫和马可尼的跟随创意都是发展创意阶段。

---

① 请参阅第一章"技术的目的性"、第二章"科技经费投入有两种结果，产业关注的是能够形成生产力的有效技术获得"内容。

② 1英里＝1.609 34千米。

再如个人计算机（PC）的技术结构源于 IBM 公司的创意，由于 IBM 的开放政策[①]，造成模仿技术——IBM PC 兼容机的大发展。全世界的 PC，除少量是 IBM 原产以外，早期惠普、戴尔、康柏等所有国际知名品牌 PC 都是模仿创意（Macintosh 计算机除外）。后随着计算机技术的迅猛发展，惠普、戴尔、康柏的 PC 进入发展创意阶段。

研发有新技术开发和新产品设计两个环节，新技术开发是开发新产品所需的初始技术[②]。新产品设计是用若干初始技术集成一个概念产品，有两种情况：第一种是所集成的初始技术都是老技术；第二种是集成部分老技术，集成部分新技术。例如，电子整机产品的设计就是用若干初始技术集成一个用图纸描述的概念产品：机械部分用零件图、部件图和装配图描述；电路部分用方框图、电原理图和装配图描述。初始技术就包含在零件、部件、电子元器件的连接、组装方式中，代表这些物质产品的概念符号都是设计元素。当设计元素齐备时，用符号直接绘制图纸就行了；当设计元素欠缺时，就需要研发尚欠缺的初始技术。

现将上述分析总结于图 2-6，图 2-6 给出 4 条新产品开发技术路线。前 3 条分别对应当前流行的技术创新 3 种模式，第 4 条对应我国许多安于技术引进，不思进取的工业项目的技术模式。

(二) 创意者与研发者的立场与水平

创意总是为了满足某种应用需求，或为活动，或为工程，或为民生等等需求创意。对工业产业来说，创意总是为了发展生产力，或为开发新品，或为降低成本，或为提高产能。创意目的取决于创意者立场，创意优劣取决于创意者水平。水平则来自创意者对客观形势的把握，把握失准会导致创意失败，把握正确才能达到预期效果。例如我国录像机“一条龙”工程就是一个失败的模仿创意。该规划的规划师事后沉痛地说：“国家录像机工程失败的根源是小觑了 VCD 在我国国情下的旺盛市场力和竞争力。”

例如，用计算机技术开发大程控交换机就是一个非常成功的原始创意。20 世纪 80 年代，我国电话市场急需大容量程控交换机。由于国内程控交换技术落后，欧、美、日 8 家跨国公司乘机完成了大程控交换机在我国市场的开局，

---

① 1981 年，IBM 推出了 IBM PC。1982 年，IBM 公开了除 BIOS 之外的 IBM PC 全部技术资料，从而形成了 PC 的“开放标准”，使不同厂商的标准部件可以互换。开放标准聚拢了大量板卡生产商和整机生产商，大大推进了 PC 机的产业化进程。到 20 世纪 90 年代初，PC 市场上仅剩下 IBM PC 兼容机和 Macintosh 计算机两个主要系列，并且 IBM PC 兼容机数量占据了绝对主导地位。IBM PC 兼容机成为事实上的 PC 标准过程，为微软、英特尔，以及大量兼容机部件商、兼容机厂商提供了市场机会，甚至 IBM 自己在 PC 市场上的份额都不是第一位。

② 请参阅第一章第一节“技术的界定”内容。

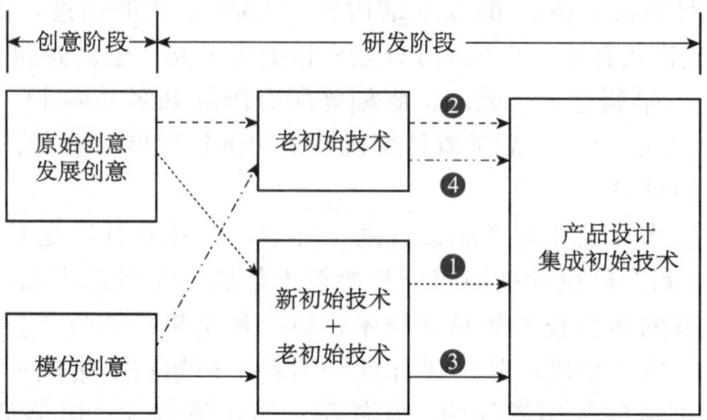

路线 1 是原始创新；路线 2 是集成创新；路线 3 是引进消化吸收再创新；路线 4 是只引进不创新

图 2-6　新产品开发的 4 条技术路线

1992 年累计销售 1000 万线。按照欧、美、日“用计算机控制电话交换机”的设计思路，他们认为我国不可能掌握大程控交换技术。解放军信息工程学院邬江兴项目组却创新性地把大型计算机设计思路移植到大程控交换机的设计上，避开了大程控交换的技术壁垒，用计算机初始技术集成了“可完成电话交换功能的计算机”。与国外同功能技术相比生产更为容易，成本更为低廉，性能更为先进。1991 年，HJD－04 程控交换机通过国家鉴定，很快就在国内 8 家企业完成产业化。HJD－04 机在短短 3 年之内，销售就超过 1300 万线，迫使国外产品从每线 500 美元持续降价至 30 美元，最后不得不退出我国市场。我国最终以自己的技术，完成了世界最大电话网建设（高峰时 3.65 亿户）的收官。

研发的目的是得到一个概念产品。这个概念产品的实用性、竞争性也取决于开发者立场：追求论文效应的追求新技术的先进性；追求专利效应的追求新技术的独创性；追求经济效应的追求新技术的实用性和竞争性。

实用性强的技术易于产品化。例如，CDMA 技术的实用性就强，欧洲人用其集成了 WCDMA，美国人集成了 CDMA2000，中国人集成了 TD－SCDMA 等不同制式的 3G 移动通信网。再如 MPEG（音视频压缩）技术的实用性也强，被广泛集成进时下最流行的数码产品。

竞争性强的技术易于产业化。例如，邬江兴项目组开发的大程控电话交换机技术的竞争性就大大强过西方跨国公司的技术。其优异的产品性价比迫使“七国八制[①]”退出中国市场。

---

① 20 世纪 80 年代，我国电话网使用进口设备，行业内流传所谓“七国八制”，是指引进七个国家的八个公司的制式：日本的 NEC 和富士通、美国的朗讯，瑞典的爱立信，德国的西门子，比利时的 BTM、法国的阿尔卡特和加拿大的北电。

一项新技术若先进性、独创性、实用性和竞争性兼备当然是最理想的，但实际上往往鱼与熊掌难以兼得。站在工业产业立场上，当技术的先进性、独创性与实用性、竞争性发生矛盾时，首先保证新技术的实用性和竞争性。这个道理很好理解，因为适销对路，规模经济的产品不一定需要最先进、最独特的技术。

（三）创意与研发的立场取决于体制

存在决定意识，利益决定态度。在我国当前研、产二元体制下，科研院所、大专院校是国家科技部门依赖的社会基础，而新技术的创意、开发也主要依托这些机构，这就形成了国家科技项目追求论文效应的倾向。所以不能不说国家科技计划项目难以产业化是体制弊端造成的深层矛盾。当前我国科研部门开发的新技术的实用性和竞争性都很差，很难被产业接受，形成大量无效技术，只得寄希望于成果转化、技术推广等后续工作，这种虎头蛇尾的局面成为当前我国科技主管部门的一种无奈。

那么如何解决体制问题呢？西方发达国家几百年的社会实践给出了答案：那能够从事少量基础研究、适量应用研究、大量技术开发的工业实验室制度。这些工业实验室隶属于大企业集团，这就有效统一了技术开发者和使用者的立场。工业实验室必须为本企业参与市场竞争开发技术，这就要求新技术具有竞争性；它必须让本企业能大批量制造，这就要求新技术具有实用性。工业实验室是一个集产品技术、工艺技术开发于一身的综合性研发部门。企业向这个部门输入信息和资金，这个部门向本企业生产部门输出产品技术和工艺技术，全过程一气呵成，不存在研、产间的转化环节，因而成为西方发达国家技术开发的主流模式。下面，我们以美国 IBM 工业实验室开发计算机硬盘为例解读这个开发过程。

我们先看硬盘技术的创意。计算机有指令和数据两类二进制信息需要长期存储。初期采用穿孔纸带和磁带保存信息，但这些介质不仅存储容量小，而且需要脱机保管，使用非常不便，很难适应计算机推广的需求。硬盘原始创意是 IBM 圣何塞研究中心在 1956 年提出的，该创意源于对计算机技术和市场发展趋势的卓越洞察力，其创意的实用性、竞争性是纸带和磁带无法抗衡的。40 多年来，在 IBM 原始创意基础上，美国、日本几家跨国公司的发展创意长盛不衰，至今仍是信息存储的主力设备。

我们再看硬盘技术的开发。开发过程中，科学以工作原理形式物化在硬盘中，而技术则以物理结构形式物化在硬盘中。开发过程可划分为两步。

第一步，提出工作原理。

工作原理是人造物系统各要素间的工作机制，取决于技术方案。而技术方案的选择也必须考虑其实用性和竞争性。技术方案受科技发展水平的制约，当支撑创意的科技发展可以提出多种技术方案时，那就必须进行实用性、竞争性的选择。计算机发展初期，采用磁芯内存，一个磁芯只能存放一个代码，1Kb内存就需要1024支磁芯，可见其体积庞大无法适应计算机小型化的趋势。随着科技的发展，出现半导体和磁泡两种可替代磁芯的技术方案。英特尔公司选择了后者，但终被易于大规模生产的半导体技术击败。若不是英特尔转向快，当今计算机世界的霸主就可能是别人了。硬盘创意提出时，除了与同时代穿孔纸带技术、磁带技术竞争之外，激光技术和闪存技术还未诞生，其技术方案具有很强的实用性和竞争性。

硬磁盘的工作原理如下：首先是对电磁运动规律、铁磁材料微观机理的消化继承；其次是提出将这些物质规律集成一个信息存储系统的设计思想：用布满磁颗粒的磁盘做存储介质，紧贴磁盘表面悬置一读写磁头，当磁盘做旋转运动磁头做径向运动时，磁头就可到达磁盘表面的任一地点进行读写操作。当磁头励磁线圈通过信号电流时就激发磁头磁场，驱使其下方的磁颗粒有序排列，在磁盘表面形成一个个磁极，其极性随磁头磁场的方向变化，或是N或是S。因磁头磁场在磁盘表面高速移动，这样就把随时间变化的0和1代码变换成随空间变化的N或S代码。因磁颗粒磁场可长期保留，因而达到长期保留信息的目的。反之，当磁头在磁颗粒磁场上高速移动时，磁颗粒磁场就在磁头感应出信号电流，因磁极分布的规律记录了写入的信息，因而磁头也就读出了写入的信息。

第二步，研发、设计与试制。

研发、设计和试制各阶段很难清晰划分。以硬盘核心技术——磁盘为例，磁盘是一个由基片和磁膜（聚集了大量磁颗粒的薄膜）两个零件组成的部件。制作基片需要基片材料配方与制备技术，基片加工技术；制作磁膜需要磁膜材料配方与制备技术，在基片上生成磁膜的技术。只有这些初始技术都解决了，能做出合格的磁盘时，磁盘的性状和形态才能成为硬盘的设计元素。硬盘的其他零部件如旋转电机、伺服电机、磁头、主轴等，与磁盘一样都需要各自产品的与工艺的初始技术，当所有零部件都具有硬盘设计所需的性状与形态时，才能依据所有实用零部件的性状与形态绘制硬盘的设计图纸。

IBM提出第一代硬盘技术方案时，因受材料制备、精密加工、基础电路等初始技术发展水平的制约，磁盘直径达24英寸，50张磁盘穿在一根轴上，总重量达到1吨。唯一的一个磁头既要在50张磁盘间做升降运动，又要在所有盘面做径向运动。其硬盘装置的体积相当于今天两台大型家用冰箱。IBM将这台硬盘装置命名为IBM 350 RAMAC（Random Access Method of Accounting and Control）Disk File，容量只有5MB①（图2-7），但在当时却是绝对的海量，因为那时的应用程序都是字节级的。

---

① 1B（yte）=8b（it）。

图 2-7　世界上第一块硬盘 IBM 350 RAMAC Disk File

随着初始技术的进步，1968 年 IBM 又提出“温彻斯特”设计思路，其精髓是：密封系统，磁盘高速旋转，磁头悬浮。其核心技术有二：其一是磁盘、磁头、主轴等运动部件密封在一个壳体中，形成一个头盘组合件（HAD），与外界环境隔绝，避免了灰尘的污染。其二是磁头浮动块，采用小型化轻浮力的磁头浮动块，磁盘表面涂润滑剂，实行接触起停。即平常磁盘不转时，磁头停靠在磁盘上，当磁盘转速达一定值时，磁头浮起并保持一定的浮动间隙。这个设计思路奠定了现代硬盘的结构基础。1973 年，IBM 制造出了第一台温式硬盘 IBM 3340（图 2-8），采用两个直径 14 英寸，单片容量为 30MB 的磁盘，总容量为 60MB，成功实现初始技术到产品的转换。

图 2-8　第一台温式硬盘 IBM 3340

沿着“温彻斯特”设计思路，硬盘初始技术的发展创意被不断刷新。市场对硬盘的发展要求是小体积、大容量，这两个要求都指向硬盘的存储密度，而决定存储密度的是磁头灵敏度和磁膜稳定性两项指标。

为提高磁头灵敏度，其初始技术被不断创新：在20世纪80年代前，采用金属夹层（metal in gap）技术，存储密度仅为每平方英寸20MB；80年代末，采用磁阻（magnetoresistive）技术，磁阻技术和其他初始技术配合，最终将存储密度提高到每平方英寸1GB。1998年，发明巨磁阻（giant magnetoresisive）技术，当年就实现了每平方英寸3GB的存储密度。

同时，磁膜技术也在不断发展，初期都集中在磁膜材料和成膜技术方面。磁颗粒平躺在基片上，磁颗粒的磁极是最小存储单元，为提高存储密度，磁颗粒越做越小，最终遇到了“居里温度”这一无法逾越的物理障碍。当发展磁膜材料受到物理极限制约时，又转向发展磁膜结构，试图突破这一制约。垂直记忆技术（perpendicular recording）被提出。2001年，发明了垂直记忆的反铁磁耦合介质（antiferromagnetically coupled media）技术，并借用成熟的半导体光刻技术，在磁盘上实现了这一初始技术的产品化和实用化，巧妙地绕过了“居里温度”障碍。

同时，基片初始技术也在不断进步，早期使用铝镁合金基片，后发展了化学强化玻璃基片、微晶玻璃基片和纳米微晶玻璃基片等材料。

所有初始技术的进步，共同为硬盘的小型化、大容量化做出了贡献。截至2009年，商品化的3.5英寸硬盘容量已经达到了1.5TB，售价仅100美元左右。

从上例可解读出遵从实用性和竞争性是西方工业实验室开发技术的基本原则，而驱使人们遵循这些原则的动力是追求技术附加值。技术附加值就是研发投资的回报，凡能在市场中获取丰厚投资回报的技术一定是产品化、产业化能力很强的技术。具有这种能力的新技术获得就是有效技术获得，否则这项新技术再先进、再独特也无法实现投资回报，从产业视角看就是无效技术获得。

二 产业需要的是具有实用性和竞争性的工艺技术

随着计算机技术的发展，许多研发部门都采用了CAD设计技术。尽管CAD可以使用各种虚拟技术实现新产品的技术集成、仿真实验和工程制图，但再完善的虚拟技术也不可能替代对物质样品、样机的设计验证。也就是说，即使概念产品设计得再完美，也要加工出供设计验证的物质产品。

但我们绝不能把这种设计阶段的物质产品等同于生产阶段的物质产品，两者在工艺上有着极大的差异。当前社会上有一种浮躁倾向：只要某研发机构开发出一两件原理性样品、样机，就欢呼雀跃，认为掌握了核心技术。其实不然，从产业视角观察，这很可能是一项无效技术获得。

不论是设计、中间性试验（中试），还是生产，把概念产品转化成物质产品都需要工艺技术。我们已反复说过了：所谓工艺技术就是把概念产品转化为物质产品所需的知识和能力体系，包括工艺流程、装备、方法和环境。工艺流程是改变物质材料性状、形态的步骤，一个物质产品从原材料到产成品需要经过多道有序的加工环节。工艺装备是各个加工环节所使用的机器与工具体系，按照工艺流程布置的机器与工具体系就构成了生产线。工艺方法是对人员如何操控机器、使用工具等要领的具体规定，装订成册的操作要领就构成工艺文件。工艺环境是保证物质产品生产所需的场地条件。

研发部门的试制工艺和生产部门的生产工艺首先差别在工艺装备上，装备精度不一样，前者高，后者低；装备产能不一样，前者低，后者高。再有就是工艺方法不一样，前者无生产节拍，后者有生产节拍；前者无操作标准，后者有操作标准。在资金投入上，前者不计成本，不计效率；而后者对成本、效率有严格的要求。所以，前者能做出来的产品，后者很可能做不出来。总之，试制工艺和生产工艺是不一样的。试制工艺只能制造样品、样机。尽管样品、样机具有先进的原理、性能和完美的物质形态，并可以据此写出优秀的论文，但由于许多试制工艺不能在生产线上复现，导致其科研成果无法产业化。

我们说过，实现同样功能的新产品往往有多种技术方案。在选择技术方案时，研发人员必须考虑用实验室装备开发的产品能否用工业装备低成本、高效率地复制出来，或能否开发出这样的工业装备。对于当今高技术产业来说，工艺装备的投资非常高昂，工艺方法的摸索也是非常艰难的，甚至可以说有一代装备一代方法才能有一代产品。这都需要研发人员在选择产品技术方案时予以缜密考虑。若能用现有工业装备复制或能开发出这样的工业装备，这项技术才可能成为有效技术获得。

产业在投产一项新产品之前，必须有一个产业化过程，也就是对新产品设计图纸、设计配方实施工艺落地和产能放大。需要对新产品结构中的各组成要素进行工艺设计：绘制工艺图纸，选择工艺装备，编制工艺流程和工艺规则。

工艺设计的核心是选择工艺装备（包括设备和仪器）。与所有的社会产品一样，工艺装备也有其内在的技术原理，不一样的是装备还要实现一个外在的工艺原理。工艺原理赋予装备使用价值，其实用性、竞争性越强，使用价值就越高，就越容易形成社会生产力。

例如，某电容薄膜生产企业，长期面临薄膜附着力检测的难题，原打算采用真空镀膜法，即按照下游生产工艺购置一台真空镀膜机进行实际镀膜检测。但采用该项技术既费钱费工，生产线还得停工数小时等待检测结果。后在一日本工程师建议下采用了蒸汽嘘膜法检测技术，该法只需一杯开水，生产线不需停工，只要在拉制中的薄膜下方用一杯开水嘘一嘘，凡是能均匀凝结一层水膜的，附着力就满足要求。两项工艺技术相比较，显然后者实用性、竞争性强得多。

例如，西门子公司于1958年就发布了用三氯氢硅还原提纯多晶硅的工艺原理。该技术虽历经三次更新换代，集成了闭环、自动、节能、防腐、防漏、环保和副产品再利用等辅助技术，达到千吨级产能，但核心技术（工艺原理）实用性差，全世界只有八家跨国公司可实现千吨级产能。总共数万吨产能除满足半导体产业需求外，可提供给其他产业的富余量很少。当太阳能发电市场急需数万吨、数十万吨高纯多晶硅产能时，就是垄断千吨级产能技术的跨国公司继续扩大产能也非易事。因核心技术的实用性差，产能扩大面临极高的投资风险。三氯氢硅还原法实用性为什么这么差？因为原理上的缺陷。我国材料学家闻天时院士认为：三氯氢硅还原法核心流程的反应转化效率很低，会产生大量的氯化氢、氢气、三氯氢硅、四氯化硅等副产品。为降低材耗，要把副产品一次次地送回去再反应，需要数次循环才能反应完一批投料，这就导致能耗翻番，当前每制取1千克高纯硅耗电130～300千瓦时。二是设备复杂进而导致投资增大，当前每扩大100吨产能需要1亿～2亿元的投资。

若是制造新产品所需工艺是产业的成熟工艺，问题就简单一些。产业可依照已有工艺技术将新产品落地，通过几次试车稳定工艺流程和工艺规则后就可实现批生产了。若制造新产品需要采用新工艺，问题就困难了，因为这个工艺落地和产能放大过程绝不是简单地将实验室装备做大或用实验室装备拼盘，尤其是选择新型材料、新型元器件和零部件的工艺装备就更为困难。例如，高纯硅提纯的化学反应工艺（三氯氢硅还原法）对反应釜内的温度、压力、氛围等工艺参数要求很高，但反应釜容积不同其参数分布会发生很大的变化。为实现同样的反应，化学工艺有一个从实验室、小规模、中规模、大规模的逐级放大过程，每一级放大都需要摸索经验形成工艺规则。我国1960年就开始研究三氯氢硅还原技术，上海的实验室在1964年就用此法得到10 N级的高纯硅，纯度水平达到国际先进。但上海的实验室工艺只实现了小规模放大，年产能只达到吨级。尽管十分努力地进行了扩产，但到项目停产时，20年间也只累计生产了数百吨高纯硅料。20世纪90年代，我国四川一家企业从俄罗斯引进了千吨级硅提纯成套设备，但国内只有十吨级的工艺规则，在使用俄罗斯的千吨级设备时，国内十吨级的工艺规则也有一个放大的过程，也足有五六年时间形成不了产能。截至2008年，国内6N级[①]高纯硅的单线产能也只达到

① 6N指纯度达到99.9999%，但也只能满足制造太阳能电池的需要，制造半导体集成电路则要11N～12N，即99.999999999%～99.9999999999%的纯度。

百吨级，全国总产能也不过才 4410 吨。这个案例很典型，但也不要以偏概全将其推广到所有产业技术领域。一般来说，流程工业放大产能很困难，组装工业放大产能比较容易。

所以，新产品开发出来不是简单地向生产部门移交设计资料就完成产业化了，还必须为生产部门开发制造新产品的工艺技术，也就是为每一项新产品量身定制工艺流程、装备和方法。例如，当前半导体集成电路工艺已经进入纳米级工艺，许多工艺原理已经逼进物理极限，集成电路的精细程度每前进一步，都需要研究全新的光刻原理和研制全新的光刻设备。

由于生产工艺的实用性、竞争性直接影响一国的产业竞争力，即使是十分成熟的工艺技术，也会在市场竞争的驱动下被不断地推陈出新，那些实用性、竞争性更强的新工艺总是不断地替代老工艺。

例如，制造计算机、电视机用液晶显示屏需要在两片玻璃基板做成的矩形容器中密封液晶材料，如图 2-9 所示。

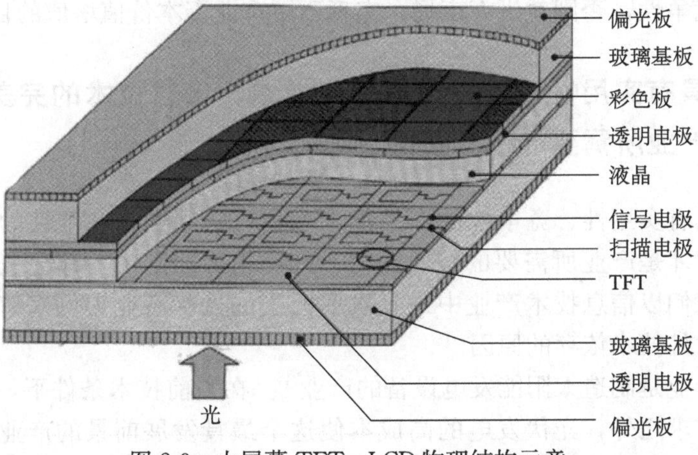

图 2-9　大屏幕 TFT - LCD 物理结构示意

注入液晶材料目前至少有两种工艺方法：先发展起来的是真空吸注工艺，即用玻璃基板和边框做成“瓶子”，并留有一个瓶口，将瓶内抽真空，依靠瓶内负压将液晶材料从瓶口吸入，最后密封瓶口；后发展的是滴注工艺，即在一片玻璃基板上先粘接边框，做成“盆子”，在盆内滴灌液晶材料，然后黏合另一片玻璃基板将其密封。后一工艺成为当前生产大屏幕液晶面板的主流工艺，原因是其更具实用性、竞争性。因为制造液晶面板不是一块一块地做，而是在一块更大的 ITO 玻璃基板上同时制作几块甚至十几块液晶面板，然后进行切割，请参考表 2-3。在这种情况下，切割完再抽真空灌注液晶材料显然没有灌注完液晶材料再切割的方法简、工效高、成本低。

表 2-3 TFT-LCD 世代线的主要技术经济参数

世代线	可加工基板尺寸/毫米	16∶9 宽屏经济切割尺寸
5 代	1250×1100	12 片 17 英寸、6 片 24 英寸
6 代	1900×1500	8 片 32 英寸、6 片 37 英寸
7 代	2200×1900	8 片 42 英寸、6 片 46 英寸
8 代	2400×2200	8 片 46 英寸、6 片 52 英寸
9 代	2800×2400	60 英寸
10 代	3000×2800	15 片 42 英寸、8 片 57 英寸、6 片 65 英寸

再如，液晶面板中装有一片用来还原彩色画面的彩色板，其上有数十万个像素，每个像素由红、绿、蓝三个微小的透光色点组成。制作彩色板也有两种工艺方法，目前在用的是光刻工艺，就像制造集成电路的情形一样；正在发展的是喷墨工艺，显然喷墨工艺更加简单、工效高、成本低，因而更具实用性、竞争性。

至此，本书用两节篇幅详细解读了产业要求产品技术、工艺技术必须具有实用性、竞争性，否则就没有市场，实现不了产业资本价值增值的目的。

三 具有实用性、竞争性的产品技术、工艺技术的完美组合才是产业所需要的技术获得

只有具有实用性、竞争性的产品技术和具有实用性、竞争性的工艺技术的完美组合，才是产业所需要的技术获得。凡有组合缺陷的，都会变成产业发展的瓶颈。我们以信息技术产业中最具发展前景的光伏产业为例来解读这个推论以及形成对外技术依存的原因。

光伏产业是制造太阳能发电设备的产业①。在当前技术条件下，除了孤立场合的用电需求之外，光伏发电的高成本使这个最具发展前景的产业很难进入国家电网，无力与风力发电、生物质发电等其他新能源竞争。究其根源是其核心部件——光伏电池使用了高成本的原材料，而其高成本则来自产品技术和工艺技术的组合缺陷，以及技术垄断。

当前，制作光伏电池的主要功能材料是 6N 级高纯硅及其深加工产品——硅片。硅片用单晶硅材料或多晶硅材料切割而成。单晶硅材料是将高纯硅料置入单晶炉内，用提拉法制备；多晶硅材料是将高纯硅料置入铸锭炉内用熔铸法制备。多晶硅光伏电池的产业链如图 2-10 所示，其中硅料、硅锭、硅片为上游产品，电池芯片为中游产品，电池组件为下游产品。

① 太阳能发电又称光伏发电，该产业又称光伏产业。

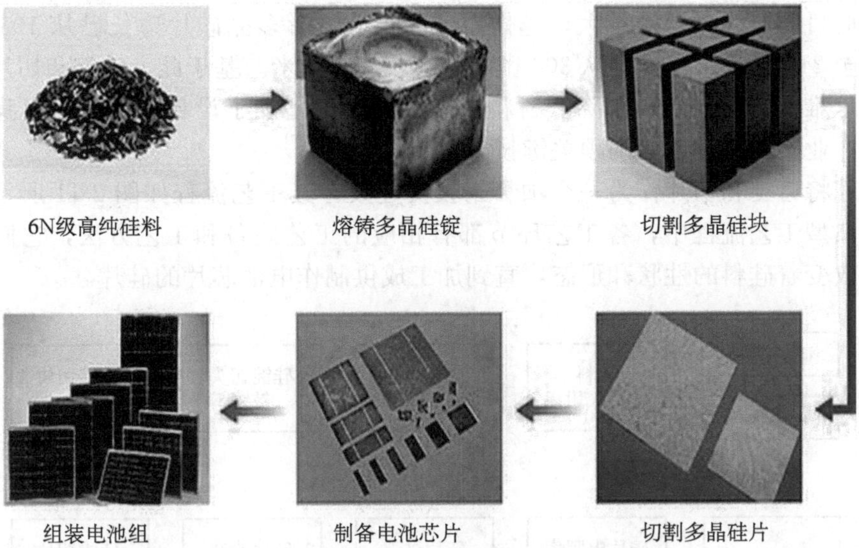

图 2-10 从高纯硅料到光伏电板制造的产业链

图 2-10 的产业技术为以下产品技术和工艺技术的组合。

产品技术：上游技术较简单，主要是对高纯硅料和硅锭、硅片的晶格结构、几何形状的物理认知。中游技术较复杂，主要是对电池芯片 PN 结势垒原理和增强电子受光激发机理的认知。下游技术最复杂，主要是对光伏发电设备的电流控制、电能储存、电流变换等电路原理及机械结构原理的认知。

工艺技术：上游技术最复杂，主要是原材料的制备工艺原理复杂，其中“6N～11N 级高纯硅料”和“三氯氢硅还原提纯技术”组合得不完美，造成高耗能低产能，大大抬高了高纯硅料的制造成本。其中，“硅锭”、“硅片”和“多晶硅铸锭技术”、“金刚石线多线切割技术”的组合比较完美，但由于装备技术被少数西方公司垄断，造成我国光伏产业对外国工艺技术的依赖，这种依赖大大抬高了硅片的制造成本。中游技术较复杂，主要是制备电池芯片 PN 结的外延、扩散工艺原理和制备增强光能利用效率、减少芯片材料缺陷的各种附加薄膜的工艺原理较复杂，中游产品技术和工艺技术组合的比较完美。下游技术较简单，主要是对电池组件、蓄电池、控制器、换流器等元器件、零部件实施各种机械的、电子的组装工艺，下游产品技术和工艺技术组合的比较完美。

我们在前面的论述中曾列举过硅料大规模提纯是当今世界最尖端的技术之一，是西方跨国公司的核心商业机密，对此不再赘述。本节将以多晶铸锭和切片为例进一步解读光伏产业上游的其他关键技术。

当前，提高发电效率和资源利用率是降低光伏发电成本的重要途径之一，为达此目的，硅片越做越大，越做越薄。当前方形多晶硅片边长已从103毫米扩大至210毫米；厚度则从300微米减薄至180微米。基于此，铸锭和切片的工艺技术难度越来越高，在降低材料成本的同时又增加了设备成本。下面我们立足于产业实践来解读这两项关键技术。

若将铸锭和切片作为一个项目来投资建设，其工艺流程如图2-11所示。在这个典型工艺流程中，各工艺环节都有相应的工艺装备和工艺方法，它们一步步地改变着硅料的性状和形态，直到加工成供制作电池芯片的硅片。

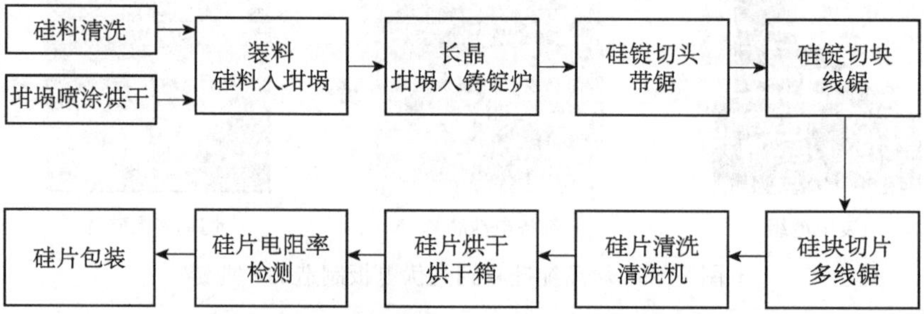

图2-11　从高纯硅料准备到硅片包装发货的工艺流程

在如图2-11所示的流程中，有两个环节是关键技术，其一是铸锭技术，其二是切片技术。这两项技术都物化在工艺装备中，解读如下。

1）铸锭技术

铸锭技术完全物化在工艺装备——铸锭炉中。为保证高纯硅料在熔炼中不吸附空气中的杂质，并能按需要结晶成结构完美的大晶粒，铸锭炉熔炼采用氩气保护、定向凝固的工艺原理。为实现其原理，铸锭炉由结构平台、真空炉体、加热保温、真空、充气、水冷和电控等工作系统组成。在工业计算机控制下，炉内硅料的形态、性状变化流程如图2-12所示。除此之外，为降低硅片的制造成本，铸锭时要求硅锭越大越好，能耗则越小越好，这就要求铸锭炉炉内容积要足够大，并采取多种节能技术。

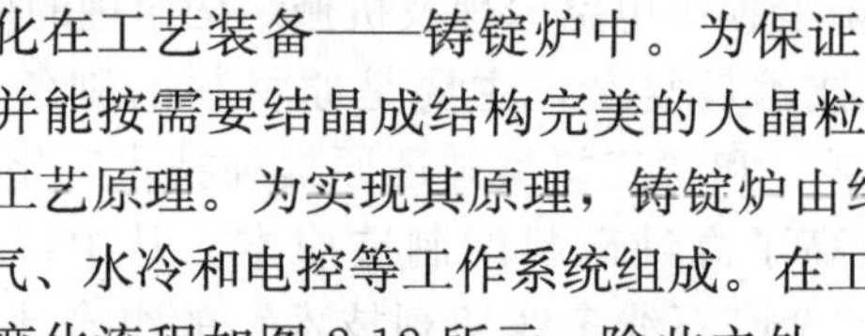

图2-12　多晶硅铸锭炉工作流程

当前世界铸锭炉技术属美国GT公司和法国ECM公司最先进，每锭投料240～300千克，功耗150千瓦左右。为防止熔融硅与坩埚内壁粘连，铸锭前坩埚内壁需预喷涂一层涂料，GT 公司收购了两项氮化硅坩埚涂料专利，只授权购买 GT 公司铸锭炉的客户使用，这就更加巩固了其垄断地位。

引进国外铸锭炉每台需花费 70 万美元左右，其高昂的装备投资直接阻碍着我国光伏产业的自主发展。为打破技术垄断，在国家 863 计划、电子发展基金的支持下，电科集团第二研究所于 2008 年成功设计出 DDL－240 多晶硅铸锭炉样机，如图 2-13 所示。若其能成功产业化，必将为我国光伏产业降低对外技术依存度做出贡献。

图 2-13　电科集团第二研究所开发的 DDL－240 多晶硅铸锭炉

2）切片技术

切片技术完全物化在工艺装备——金刚石线多线锯中。金刚石线多线锯是硅片生产的又一关键技术。切片除要满足电池芯片的几何尺寸，表面状态等技术参数外，还要有最小的材耗，最大的产能。这就要求作为刃具的金刚石线的排线间隙密到 180 微米，切缝小于 160 微米（金刚石线的直径小于 160 微米），表面损伤层小于 5 微米，加工尺寸大于 210 毫米（金刚石线的工作长度大于 210 毫米），年产能达 500 万片（金刚石线的根数在数百根，一次切割数百片）。由此可见，多线锯是一台精密数控机床。近几年来，金刚石线多线锯成为光伏产业主力装备。目前，瑞士 HCT 公司的多线锯居国际领先水平，国内还没有任何单位掌握此项技术，我国引进的多线锯每台需花费 120 万美元。

我们将对外依存铸锭、破锭、切片三项关键技术对我国光伏产业发展的影响总结如下。

若按每 10 兆瓦光伏电池产能配套 4 台铸锭炉，1 台破锭机和 1 台多线锯估算，投资达500万美元，那么，发展到5000兆瓦产能时，仅这三类关键设备的投资就需要25亿美元。若按10年折旧，年折旧费就高达2.5亿美元。高昂的折旧费必然造成硅片的高成本，可见对外依赖高价技术是我国光伏产业发展的桎梏。

至此，本书已经详细解读了产业技术是产品技术和工艺技术的组合。而当前各类国家科技计划项目，偏重于产品技术开发，冷落了工艺技术开发，这就造成科技成果难以产业化的后果，形成大量的无效技术获得。结合这段论述，将当前我国信息技术产业对外技术依存的状况梳理一下，得出以下几种对外技术依存状态。

（1）产品技术简单，工艺技术复杂，但我国产业可以从国外买到工艺技术，如生产多晶硅硅锭、硅片的技术，生产大尺寸液晶显示屏的工艺技术。

（2）产品技术简单，工艺技术复杂，我国产业从国外买不到工艺技术，只能买到相关工艺技术制造的产品，如高纯多晶硅料。

（3）产品技术和工艺技术都复杂，我国产业可以从国外买到工艺技术，但设计不了也买不到产品技术，只能购买国外的产品，如许多大规模集成电路芯片。

由此可见，在多数情况下，我国产业是通过购买上游产品间接依赖国外的产品技术和工艺技术的。

第三章 基于技术应用的生产要素投入比重对外技术依存评价方法

第一节　工业产业对外技术依存度定义

人类社会最基本的活动是不断地进行物质资料的再生产。若把社会生产视为一个系统，要维持再生产，输入端需要不断地输入生产资源（包括技术资源和自然资源），输出端才能不断地输出人造物质。在经济全球化环境下，最优配置的生产资源来自世界各地，但由于世界形势受强权政治、强势文化的影响，一旦形势有变，一国再生产所需的资源就可能受阻，再生产将无法延续。例如，我国输美彩色电视机就被美国联邦通信委员会（FCC）以专利费名义阻止。于是一个形为科学技术实为政治经济的概念——"对外技术依存度"被提了出来。从上述意义出发，对"对外技术依存度"的定义，从经济维度（价值量）描述比从技术维度（专利量）描述更为合情合理。所以，作者认同科技经费测度方法以价值量定义对外技术依存度。

一　对外技术依存度定义

本书将对外技术依存度定义如下：一个国家，在核算期内的经济社会发展对外国技术资源的依赖程度，包括依赖外国拥有知识产权的技术和其物化形态。

根据对外技术依存度的定义，确定对外技术依存度计算公式如下：

$$\text{技术对外依存度 K}=\frac{\text{使用国外技术资源创造的价值}}{\text{使用国外技术资源创造的价值}+\text{使用国内技术资源创造的价值}}\times 100\% \tag{3-1}$$

式中，

使用国外（内）技术资源创造的价值

$$=\sum_{1}^{n}\text{设计环节转移的国外(内)技术价值}+\sum_{1}^{n}\text{上游环节转移的国外(内)技术价值}+\sum_{1}^{n}\text{生产环节转移的国外(内)技术价值}+\sum_{1}^{n}\text{销售环节转移的国外(内)技术价值} \tag{3-2}$$

二 有关边界问题的界定

(一) 国外技术资源和国内技术资源界定

要按照定义式（3-1）完成测度，首先要从输入的技术资源中区分哪些是外国的？哪些是中国的？在测度试验中，我们发现这是一个说起来明白，做起来却很模糊的概念，所以必须予以明确界定。

先从科研视角看这个问题。由于当今世界科技的迅速发展，科研难度越来越高，许多大型研发项目，已非一国科技力量所能独立承担，研发分工也像生产分工一样日趋国际化。例如，TFT－LCD显示屏世代线的发展，总是由一家TFT－LCD显示屏制造公司率先提出新线技术方案，然后选择世界上最优秀的设备商按照新线方案研制工艺装备。中标的设备商再提出设备技术方案，然后再选择世界最优秀的基础件供应商按照新设备方案研制配套基础件，如此往上游一直延伸到材料供应商。

这里出现一个问题，既然是世界性的研发配套，你中有我，我中有你，知识产权权属如何界定？当前世界上约定俗成的做法是：谁做的产品技术集成，这项成果的知识产权就归谁。例如，在TFT－LCD世代线研发中，日本佳能、尼康两家公司做了光刻设备的技术集成，即使使用了大量欧美拥有知识产权的基础件，光刻设备的知识产权也是佳能、尼康的。这就是说，我们不需要考虑这个技术成果中集成了多少其他人的知识产权，只看这个技术成果是谁集成的，知识产权就是谁的。

我们再从生产视角看这个问题。尽管生产项目既输入中国技术又输入外国技术，但只要其产品能合法地上市销售，其产品技术的知识产权就必然属于项目投资人，这是一个法律常识。所以，任一生产项目的对外技术依存状态对下游项目没有任何影响。就是说：谁为我提供技术资源谁就拥有该资源的知识产权，如图3-1所示。

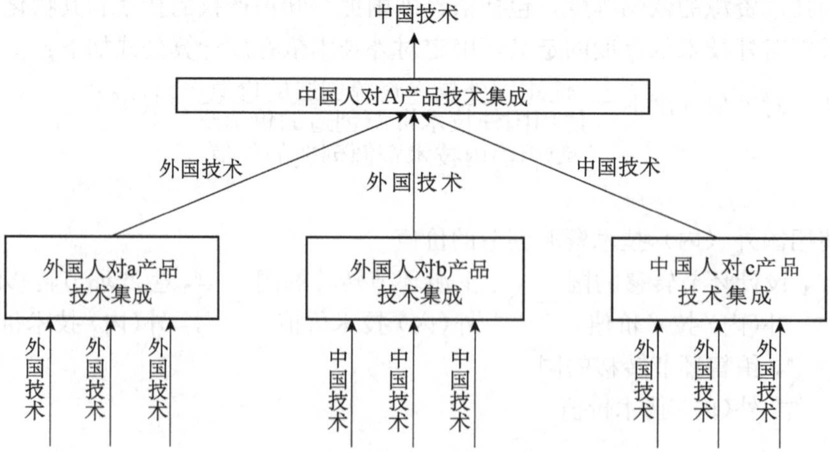

图3-1　完全国际化的产业存在复杂的技术链条

根据这个道理，国外技术资源和国内技术资源可以如下界定：来自中国资本独资或控股项目提供的技术资源是国内技术资源；来自外国资本和中国台湾地区资本独资或控股项目提供的技术资源是外部技术资源。

（二）测度时间范围的界定

定义中的“核算期”可以是一年，也可以是几年。总之，应选择技术资源的权属分布状态相对稳定的一段时期。从理论上讲，当知识产权的分布态势没有重大变化时，按一年期测度或按几年期测度的对外技术依存度数值相差不大。

（三）测度空间范围的界定

定义中的“国家”以知识产权权属为边界，而不以地理国界为边界，包括这个国家的投资人在境外的权属。例如，在我国内地建设的欧、美、日、韩、台资项目生产的上游产品，其知识产权是属于外部的，即使是从苏州、东莞地区配套，也是外部技术资源。

第二节　产品层对外技术依存度的测度方法

从社会生产系统考察，产生对外技术依存的主体是生产项目，其载体是产品。也就是说，测度对外技术依存的数据来自企业产品层面，进而汇集至小行业层面、大行业层面，最后汇集至国家层面。因此，产品层对外技术依存度的测度是国家层对外技术依存度测度的基础。我们在第二章给出的对外技术依存度的定义式和计算式是理论层面的，它不适合在产品层面直接使用，我们需要找到可在产品层面直接使用的测度方法。

一　产品层对外技术依存度的定义式

我们可将信息技术产品谱型划分为产品门类层、产品品种层和产品规格层三个子层，以下简称门类层、品种层和规格层。例如，从对经济总量的贡献考量，当前我国信息技术主导产品有电视机、通信机和计算机三大门类。每大门类又有若干品种，如电视机有PDP①、TFT－LCD②和CRT③三大品种。每个品种又有若干规格，如TFT－LCD电视又有15英寸、17英寸、22英寸、26英寸、32英寸、37英寸、40英寸、46英寸、52英寸、65英寸等画幅规格。而大画幅和小画幅电视的技术附加值是不一样的，如TFT－LCD电视的画幅规格中，26英寸以下和以

---

① 等离子显示屏电视机，英文plasma display panel的缩写。
② 薄膜晶体管液晶显示屏电视机，英文thin film transistor－liquid crystal display的缩写。
③ 阴极射线显像管电视机，英文cathode ray tube的缩写。

上的技术附加值大不一样，前者的 TFT - LCD 可以用 5 代线进行经济规模生产，如用我国上广电、京东方的 5 代线生产，而后者则需要用日本、韩国和台湾地区公司的 5.5、6、7、8 代线进行经济规模生产，世代线系数越高生产设备的技术含量就越高，转移到 TFT - LCD 的技术价值自然就越高。

一个产品的技术附加值是该产品在形成过程中不同来源不同形态的技术资源向其转移价值的结果。下面，我们来具体分析这个技术附加值是如何形成的。

首先，需要向拟制造的物质产品转移概念产品的价值。概念产品是一种用符号、线条、数据描述的设计图纸和工艺图纸，其集成了外源的专利与专有技术、内生的专利与专有技术、设计方法与设计工具以及设计者智慧等技术资源的价值。当安排产品生产计划时，产品图纸与生产指令同时下达给生产线，物质产品按图索骥在生产过程中逐步形成，概念产品的技术价值也在这个过程中转移到物质产品中。在财务上，概念产品价值以无形资产摊销方式分摊到每件物质产品的成本中。

其次，在物质产品形成过程中，各生产环节向物质产品转移的生产技术的价值。生产技术是以工艺设备、工艺环境和工艺规程等技术资源集成的生产线。生产技术虽然不是组成产品的物质元素，但却是物质产品形成的必要手段。按照产品图纸投放到生产线中的上游物料在加工过程中逐步形成物质产品，生产技术的价值也在这个过程中转移到物质产品中。在财务上，生产技术的价值以固定资产折旧费方式分摊到每件物质产品的成本中。

第三，在物质产品的形成过程中，按照产品图纸有序地转移到物质产品中的上游技术的技术价值。上游技术是以原材料、基础件、元器件等形态存在的上游物料，其承载的是产业链上游所有环节的技术价值的累加。上游物料是组成产品的物质元素。在财务上，上游技术的价值以材料费方式转移到物质产品的成本中。

最后，在物质产品进入市场时转移进来的技术价值，这里有两种情况：其一是设计概念产品时使用了别人的专利技术需要在销售时支付使用费，如我国输美高清电视机在进入美国市场时需要缴纳的专利费；其二是计算机类产品，在市场销售时需要安装操作软件，拥有知识产权的软件公司要在这个环节征收版权费。

综合以上因素，我们可以给产品层对外技术依存度下一个定义：在核算期内，物质产品的技术附加值中外国技术贡献所占的比重。

以电视机生产为例，PDP、TFT - LCD 和 CRT 三个品种电视的技术原理和工艺结构不同，电视机企业一般会建三个生产项目分别生产。但同品种不同规格的电视，其技术原理相同，只是工艺结构有些变化，所以同一生产项目的技术弹性可生产同品种不同规格的产品。每个生产项目都各自有公摊费用，以品种层测度对外技术依存度不需要拆分公摊费用，而以规格层测度就需要拆分生产项目的公摊费用，这就太繁琐了，完全没有必要。所以，产品层对外技术依存度的大规模测度以品种层为宜，即测度某企业 PDP 电视机生产项目对外技术依存度、TFT - LCD 电视机生产项目对外技术依存度和 CRT 电视机生产项目对外技术依存度。

二 产品层对外技术依存度的计算式

产品品种层对外技术依存度的测度可以从生产项目的财务台账中选择与技术附加值相关的数据。为了清楚地描述这些复杂的逻辑关系，我们建立了一个品种层对外技术依存度的计算式：

公式中：

$$K_{生产项目}=\frac{\sum_{i=1}^{i=n} q_{规格产品i}p_{外i}}{\sum_{i=1}^{i=n} q_{规格产品i}p_{总i}}\times 100\% \qquad (3\text{-}3)$$

式中：$q_{规格产品_i}$ 表示规格 i 的销售量（以最低销售单位为计量单位）；$p_{外i}$ 表示规格产品 i 最低销售单位中外源技术创造的技术附加值；$p_{总i}$ 表示规格产品 i 最低销售单位中技术附加值总和；$K_{生产项目}$ 表示某企业生产项目品种层对外技术依存度。

对外技术依存度是一个宏观考核指标，分解到企业层面没有任何实际意义。因为决定企业对外技术依存度高低的除了技术因素之外，更重要的是市场竞争等非技术因素。从本质上讲，测度对外技术依存度是为了了解国家的技术发展状态而不是为了分析企业对国内技术的态度。但企业产品品种层对外技术依存度数据是国家层对外技术依存度的落脚点，不得不从生产项目采集数据。

只要得到各环节企业产品品种层的数据，就足以了解国家的技术发展状态。从工业管理部门的角度考量，全国同品种产品的生产项目组成了小行业，同门类产品的小行业组成了大行业，所以，对工业管理部门而言，以产品品种层为基础实施全国的对外技术依存度测度也是合理的。

三 产品层对外技术依存度测度统计报表的设计

虽然将产品层对外技术依存度的内容分解为设计、生产、上游物料和销售四个环节的输入，公式（3-3）也将其落实到规格产品，但仍属理论性探讨，公式（3-3）仍不便于统计操作，还需进一步将其转换为统计报表。

（一）产品品种层对外技术依存度统计报表的设计

为了在我国信息技术产业全领域实施对外技术依存度的测度，我们需要设计标准规范的统计报表。报表的设计原则是：种类越少越好，科目越简越好。也就是说，要用最少最简的统计报表覆盖信息技术产品所有品种。

为实现这个设计原则，需要在产品品种层的基础上进一步概括归纳。按照产品谱型的技术特点可以将信息技术产品进一步概括为电子材料、电子元器件、电子整机、电子应用系统、计算机软件五个大门类，五大门类的对外技术依存度测度报表分别设计如下。

1）电子材料对外技术依存度统计报表的设计

	设计	上游	制造	合计
	研发费摊销	初级材料费	关键工艺设备折旧	
技术附加值				合计数 1
其中外源技术附加值				合计数 2
对外技术依存度	（合计数 2/合计数 1）×100%＝			

2）电子元器件对外技术依存度统计报表的设计

	设计	上游	制造	合计
	研发费摊销	关键材料费	关键工艺设备折旧	
技术附加值				合计数 1
其中外源技术附加值				合计数 2
对外技术依存度	（合计数 2/合计数 1）×100%＝			

3）电子整机对外技术依存度统计报表的设计

	设计	上游		制造	销售及服务	合计
	研发费	软件	工艺设备折旧	软件、专利费		
技术附加值						合计数 1
其中外源技术附加值						合计数 2
对外技术依存度	（合计数 2/合计数 1）×100%＝					

4）电子应用系统对外技术依存度统计报表的设计

	设计	上游采购			工程	合计
	研发费	整机	软件	关键材料及配件	设备折旧	
技术附加值						合计数 1
其中外源技术附加值						合计数 2
对外技术依存度	（合计数 2/合计数 1）×100%＝					

5）软件产品对外技术依存度统计报表的设计

	研发			上游采购	合计
	人工费	开发工具	硬件折旧	配套软件	
技术附加值					合计数 1
其中外源技术附加值					合计数 2
对外技术依存度	（合计数 2/合计数 1）×100%＝				

（二）产品层对外技术依存度测度统一报表的设计

设计五大门类对外技术依存度统计报表只是为了总结规律，作者在第一次实验性测度时使用了上述五类统计报表，基本完成了测度任务。但要实施大规模测度，为便于指导企业填报，还需要将五类报表统一起来。在设计统一报表时，以下两种情况必须予以考虑。

1. 从技术维度考虑科目设置的细化问题

对外技术依存度的统计调查不仅仅是为了得到一个宏观数据，对决策者来说，把握具体的依存内容比了解抽象的依存数据更为重要。现代高技术产业的社会分工越来越精细，协作关系越来越复杂，科目设置过粗，很难搞清对外技术依存度是否处在合理范围内。以手机行业为例，如图 3-2 所示，手机产品换代频繁，为了能快速响应市场需求，手机制造业垂直分工越来越精细，甚至精细到手机品牌与设计、制造、销售全部分家的程度，当今许多手机企业甚至只是一个拥有资金的品牌企业。仅在几年前，高技术产业能够快速适应市场变化的垂直分工模式还是哑铃形（单纯设计与营销）和纺锤形（单纯生产）的分工，而今则完全是链条型分工，这样的产业今后会越来越多。在这样的产业分工模式下，手机技术附加值的形成会非常复杂，对外技术依存度调查表的科目设置若不适当细化，就很难科学地反映这种复杂关系，而把握这些复杂关系有时比掌握一个精确数据更为重要。下文仍以手机为例进行科目细化。

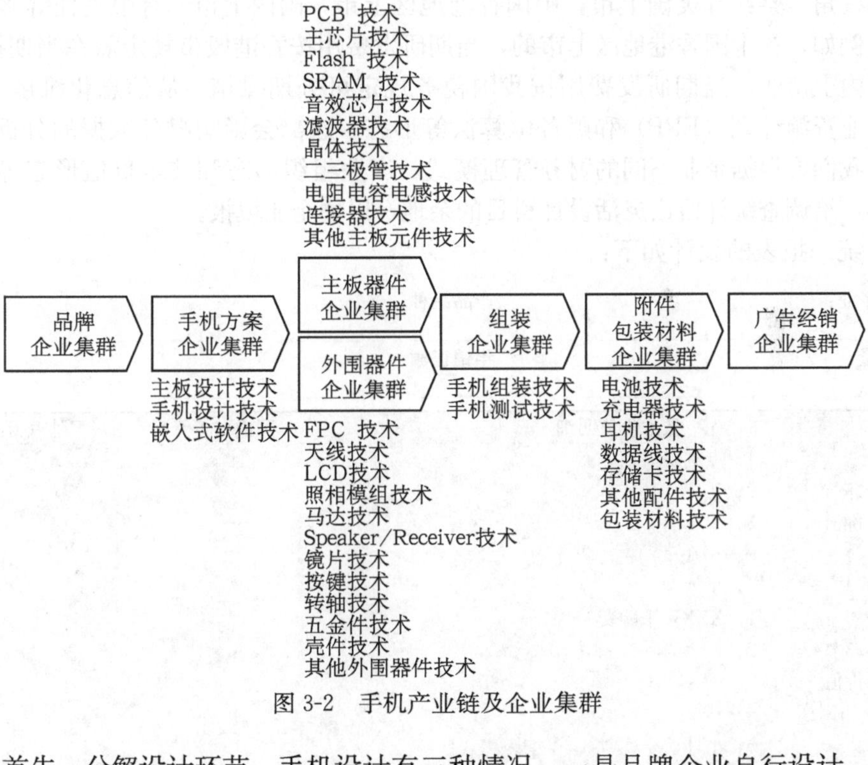

图 3-2　手机产业链及企业集群

首先，分解设计环节，手机设计有三种情况：一是品牌企业自行设计，二是购买专业设计公司的设计，三是委托原始设计者（ODM）设计。不论哪种设计都需要投入费用。设计设备折旧、设计软件摊销、设计人员工资、设计物资与器材采购、设计协作支付等以及购买专利、技术咨询等的投资。若是自行设计，统计报表应列出较详细的统计科目；若是委托设计或购买设计，问题就简单多了，只需列出购买费用的摊销。

其次，分解上游环节，若是自行组装手机，则需列出各项关键物资；若是委托原始设备制造商（OEM）企业采购物资无法分解的，则不需要分解，只需列出总支出。

第三，分解制造环节，若是自行组装，则需列出关键设备折旧费，若是OEM加工，只需列出总支出。

第四，分解销售环节，若出厂产品还需安装其他公司编制的软件，或向其他公司缴纳专利费，则按实际支出列支。

2. 从财务维度考虑科目设置的细化问题

对外技术依存度的原始数据统计，要尽可能地利用现有财务数据，但由于现有的财务数据不区分资金是使用在国外还是国内，这就需要从现有数据中分离出购买国外技术资源的部分。另外，我国企业的财务管理模式已呈多元化。从公共管理视角考察：有美国上市，中国香港地区上市，国内上市，有限责任等多种形态。例如，在中国香港地区上市的，当期研发费用按香港股市规定需在当期摊销；在国内上市的，当期研发费用按我国税务规定可分期摊销。从信息化维度考察：有企业资源计划（ERP）和财务电算法等形态。这都会影响财务数据的分拆。因此，我们要根据企业不同的财务管理模式，产业组织形态和技术价值形态等多种因素，给调查统计留出灵活设计科目的余地，以便企业填报。

统一报表的设计如下：

填表企业：______________________　　产品品种：______________________

年产量：______________________　　年销售额：______________________

技术价值明细		国内（万元）	国外（万元）
设计环节转移价值科目	1、专利费摊销		
	2、		
	3、		
	…………		
	n、小计		
上游环节转移价值科目	1、XXXX采购费		
	2、		
	3、		
	…………		
	n、小计		
生产环节转移价值科目	1、关键设备折旧		
	2、		
	3、		
	…………		
	n、小计		

续表

技术价值明细		国内（万元）	国外（万元）
销售环节	1、支付专利费		
转移价值	2、支付软件费		
科目	3、小计		
合计（设计小计＋上游小计＋生产小计＋销售小计）			
对外技术依存度＝国外合计 ÷（国内合计＋国外合计）×100％＝			

第三节　产业层对外技术依存度指标体系设计及计算方法

在“产业层对外技术依存度”的概念中，有两个关键词需要提前解读与界定，一个是“产业”，另一个是“对外”。

先解读产业。产业是按产品特性分类的生产项目集合，但产品特性分类却富有弹性，所以产业可以按测度的需要来组合生产项目。例如，可以单独设置一个 TFT－LCD 电视机产业，也可以和 PDP、CRT 一起设置一个电视机产业，也可以和通信机、计算机一起设置一个电子整机产业；也可以和电子材料、电子元器件、软件一起设置一个信息技术产业；也可以和机床、汽车、发电设备一起设置一个机电产品产业；也可以和服装、烟酒、玩具一起设置一个工业产业。

再解读对外。对外的言外之意是在产业中按产权属性对生产项目进行再集合。若只看产品特性不看产权属性，我国许多地区已经形成了完善的产业链，如苏州昆山的集成电路产业链、北京亦庄的手机产业链。若按“产权属性”这个“筛子”把产业链中、外资项目过筛后，属于中资的项目就只剩产业链的个别环节了。所以，产业对外技术依存度的测度对象不可能以产业链为对象而只能以中资项目为对象。这就是说，中资项目不是集合成产业而是集合成行业。

将以上描述的内容概括一下，就是产业可根据需要按产品特性逐层分类，这就形成了若干细分层。各个细分层对外技术依存度的测度都以“中国产权”为边界，即不看地域只看权属。第五章论述的产品层对外技术依存度的测度是在中国产权的前提下以生产项目为边界的。

在界定了产业分层的概念之后，我们需要进一步界定“对外技术依存度指标体系”。

一 产业层对外技术依存度指标体系定义

（一）通常意义下的目标、指标与指标体系

人们从事任何事业，都有一个愿景①。愿景是期望的发展状态，往往是抽象描述，要清晰表达这个高度抽象的描述，则需要从多个视角对其进行具体描述。若这些多视角的描述仍然抽象，则继续称它们为愿景，不过把全方位的愿景称为多维愿景，单视角的愿景称为单维愿景。

目标是可考核的，若对愿景的描述是可量化，可考核的，就称其为目标。描述同一个事业愿景的一组目标就构成了该事业的目标体系。人们为目标设置了目标值，而考核的量尺就是指标。目标值是量尺上的一个特殊刻度，指标值则是对事业成效的实测。由于每一个目标都伴随一个指标量尺，所以目标体系自然就伴随着一个指标体系。

例如：《规划纲要》的愿景是："自主创新能力显著增强，科技促进经济社会发展和保障国家安全的能力显著增强，为全面建设小康社会提供强有力的支撑；基础科学和前沿技术研究综合实力显著增强，取得一批在世界具有重大影响的科学技术成果，进入创新型国家行列，为在本世纪中叶成为世界科技强国奠定基础。"

《规划纲要》将以上愿景称为"总体目标"，由此可见，抽象的愿景是无法考核的，我们称其为多维愿景。为了具象化，《规划纲要》将愿景细分为八方面的目标（略），但这八方面的描述还是偏于抽象，我们仍然称它们为愿景，是单维愿景。

对应多维愿景，《规划纲要》设计了一个可考核的指标体系和目标体系，如下："到 2020 年，全社会研究开发投入占国内生产总值的比重提高到 2.5%以上，力争科技进步贡献率达到 60%以上，对外技术依存度降低到 30%以下，本国人发明专利年度授权量和国际科学论文被引用数均进入世界前 5 位。"

这里"研发投入占国内生产总值 GDP 比重、科技进步贡献率、对外技术依存度、专利年度授权量、科学论文年度被引用数"五项组成指标体系，而"2.5%、60%、30%、世界前 5 位、世界前 5 位"组成目标体系。

---

① 这里说的"愿景"，也可以理解为"总体目标"，但这个总体目标表示事业想要达到的状态，可以理解为多维度的目标，往往只能是定性描述，不可考核的。为了不与下文的单维度的、可考核的目标混淆，称其为愿景。

（二）产业层对外技术依存度指标体系

由上面的界定可推知，目标是对愿景的定量描述，而指标是对目标的测度。为了清晰地描述愿景，可对愿景进行多维观察并设计出一个可考核的目标体系。为了考核这个目标体系，人们同时设计出一个指标体系。是不是由此得出结论，只有对愿景的描述才能设计出目标和指标体系？对外技术依存度不是愿景，它只是《规划纲要》的发展目标和考核指标，对外技术依存度是不是就不能构建一个指标体系了呢？

在回答这个问题之前，我们先来分析信息技术产业的技术结构。信息技术产业是一个技术结构非常复杂的庞大产业：其技术面极广，使用的原材料规格数以万计，元器件规格数以千计，设备规格数以百计。其技术链极长，以计算机产品中的核心器件CPU技术链为例，最前端是优质石英矿开采，中间经过原料硅、工业硅、高纯硅、单晶硅、硅外延片、晶圆、CPU芯片、CPU器件、计算机主板核心器件、计算机整机核心器件十大工艺阶段。而前八道工艺阶段又需再细分为几十道工序，其中存在许多关键工序，许多关键工序上都需要技术含量极高的关键设备。而每次对硅材料进行物理的、化学的加工，都有许多其他关键材料参与其中，而其他关键材料也都经历了和硅一样的加工过程。

现在我们再来研究“对外技术依存度”是否需要建立一种指标体系。首先，我们进一步研究目标的数学意义。目标值有绝对值和相对值两类，绝对值目标在层层分解后是可以累加复原的，而相对值目标有的在分解后可以累加复原，有的不能累加复原。我们把前一种目标称为累加型目标，后一种目标称为平均型目标。

1. 累加型总目标

如“全社会研究开发投入占国内生产总值的比重提高到2.5%以上”这个目标，其计算式如下：

$$\frac{\mathrm{GERD}}{\mathrm{GDP}}100\%=\left(\frac{\mathrm{ERD}_1}{\mathrm{GDP}}+\frac{\mathrm{ERD}_2}{\mathrm{GDP}}+\cdots+\frac{\mathrm{ERD}_n}{\mathrm{GDP}}\right)\times100\%$$

$$\mathrm{GERD}=\mathrm{ERD}_1+\mathrm{ERD}_2+\cdots+\mathrm{ERD}_n$$

式中，GERD代表全国总的研发经费投入；GERD_1、GERD_2、GERD_n代表各个领域的研发经费投入。

由此可见，2.5%的目标可层层分解到各个领域去分别完成。从数学上看，尽管分子GERD_1、GERD_2、GERD_n不同，但有一个共同的分母GDP，所以各个百分点可以累加。我们把这个目标称为累加型总目标，累加型总目标和各领域各层面的分目标组成了目标体系和指标体系。

2. 平均型总目标

国家对外技术依存度就是一个平均型总目标，如对外技术依存度30%的目标。若分解到各个领域，从数学上看，分解后的项没有共同的分母，各领域的百分点不能累加。所以，这个总目标不能分解，各产业层需要执行同一个总目标，因而总目标也就是分目标。我们把这个目标称为平均型总目标，平均型总目标和各领域各层面的分目标也组成了目标体系和指标体系。

平均型总目标可以不设置分目标，如中国科学技术发展战略研究院在测度我国对外技术依存度时，就是先累加全国所有的同类项，再计算出全国总的对外技术依存度。但这种方法无法解读我国对外技术依存状态的行业分布，找不到解决问题的切入点，一个笼统的数据对国家产业管理部门科技政策决策的意义不大。要排查解决问题的切入点，就必须层层测度对外技术依存度，而各领域各层面的对外技术依存度的集合，也就构成了一个整体，而这个整体的测度值是各领域各层面测度值的平均值。

所以，我们不仅需要，而且必须建立起一个信息技术产业对外技术依存度指标体系。对外技术依存度指标体系可以这样构建：如图 3-3 所示，指标体系可以按区域或按领域逐层展开。按区域展开时，可以展开两层，即国家层和省、自治区、直辖市层，再往下分层意义不大。按领域展开实际上是在全国范围内按产品品种展开，一般来说可以展开为四个大层，即材料层、基础件（元器件、零部件等）层、设备层和应用系统层。但对于一个技术结构复杂的产业来说，领域中嵌套着领域，层面中嵌套着层面，为便于采集数据和统计处理，如何分层分领域应视统计操作的可行性而定。

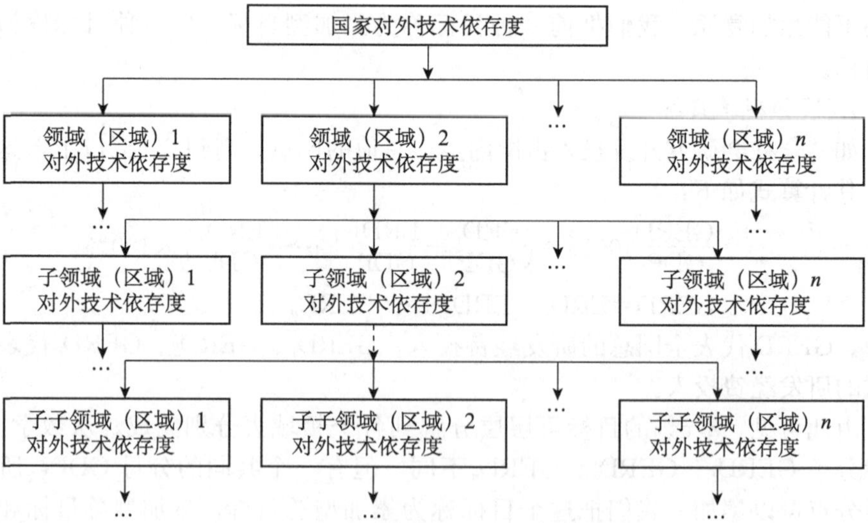

图 3-3 对外技术依存度指标体系结构

二　基于行业层对外技术依存度指标体系建立的加权平均测度方法

式（3-3）是最基础的数据，而各行业层的测度则是在式（3-3）的基础上的平均，由低往高测度到哪一层就平均到哪一层。由于对外技术依存度反映的是产业创造的社会经济量中外源技术附加值占总技术附加值的比重，但技术的实用性、竞争性不同创造的社会经济量也是不同的。对外技术依存度高的产品，可能创造的社会经济量并不高，反之，对外技术依存度低的产品可能创造很高的社会经济量。为反映技术贡献的差异性，行业层对外技术依存度的平均应该选择加权平均，而反映经济量的数据，如销售额、工业增加值等可以作为平均的权数。

（一）小行业对外技术依存度测度的加权平均方法

小行业对外技术依存度是式（3-3）生产项目对外技术依存度的加权平均：

$$K_{\text{小行业}}=\frac{\sum_{i=1}^{i=n} w_{\text{生产项目}i} K_{\text{生产项目}i}}{\sum_{i=1}^{i=n} w_{\text{生产项目}i}} \tag{3-4}$$

式中，$w_{\text{生产项目}i}$为权数，分别为相关企业生产项目的经济数据；$K_{\text{生产项目}i}$为企业生产项目品种层对外技术依存度。

（二）大行业对外技术依存度测度的加权平均方法

大行业对外技术依存度，如计算机、电视机、通信机的对外技术依存度，由相关小行业对外技术依存度的加权平均计算：

$$K_{\text{大行业}}=\frac{\sum_{i=1}^{i=n} w_{\text{小行业}i} K_{\text{小行业}i}}{\sum_{i=1}^{i=n} w_{\text{小行业}i}} \tag{3-5}$$

式中，$w_{\text{小行业}i}$为权数，分别为相关小行业的经济数据。

（三）超大行业对外技术依存度测度的加权平均方法

超大行业的对外技术依存度，如电子材料、电子元器件、电子整机、计算机软件产业的对外技术依存度，用相关大行业对外技术依存度的加权平均计算：

$$K_{超大行业}=\frac{\sum_{i=1}^{i=n}w_{大行业i}K_{大行业i}}{\sum_{i=1}^{i=n}w_{大行业i}} \tag{3-6}$$

式中，$w_{大行业i}$为权数，分别为相关大行业的经济数据。

（四）产业对外技术依存度测度的加权平均方法

行业是横向的社会关系，产业则是纵向的社会关系。而超大行业各处在产业链的不同环节上，将所有超大行业加权平均，实际上是在进行纵向的统计操作，所以我们说加权平均到这一层面就得到了产业的对外技术依存度，如信息技术产业、生物技术产业、汽车产业对外技术依存度，就用相关超大行业对外技术依存度加权平均计算：

$$K_{产业}=\frac{\sum_{i=1}^{i=n}w_{超大行业i}K_{超大行业i}}{\sum_{i=1}^{i=n}w_{超大行业i}} \tag{3-7}$$

式中，$w_{超大行业i}$为权数，分别为相关超大行业的经济数据。

（五）国家对外技术依存度测度的加权平均方法

国家对外技术依存度，用所有的产业对外技术依存度加权平均计算：

$$K_{国家}=\frac{\sum_{i=1}^{i=n}w_{产业i}K_{产业i}}{\sum_{i=1}^{i=n}w_{产业i}} \tag{3-8}$$

式中，$w_{产业i}$为权数，分别为相关产业的经济数据。

（六）由小行业对外技术依存度直接推演任一高层的对外技术依存度的加权平均方法

其实，当我们只关心某一高层的对外技术依存度数据时，并不需要去逐层加权平均，只需准备好统计口径内相关小行业的数据，将其加权平均即可：

$$K_{任一层面}=\frac{\sum_{i=1}^{i=n}w_{小行业i}K_{小行业i}}{\sum_{i=1}^{i=n}w_{小行业i}} \tag{3-9}$$

式中，$w_{小行业i}$为权数，分别为相关小行业的经济数据。

三 有关产业层测度问题的界定与说明

（一）统计方法的界定

我们在分析产品的技术依存关系时，是以产业链为分析对象的，这样可以建立起清晰、完整的技术依存纽带，并找到薄弱环节。但在统计对外技术依存度时，却不能以产业链为统计对象，因为产业链各个环节的生产项目可能属于不同国别，产业链反映的只是生产协作关系，而非经济隶属关系。逐层统计产业对外技术依存度，我们必须以具有中国产权的经济实体为统计对象。

由图 3-3 指示的方向，对外技术依存度的统计可以选择两种方式。

1）方式 1

合并下层同类项，最后计算依存度。这是不分产品、行业，把所有的同类项，如把所有外源技术转移的价值都加总，把所有的内生技术转移的价值都加总，然后计算对外技术依存度。

2）方式 2

底层计算依存度，逐层加权求平均。各生产项目分别统计计算对外技术依存度，往上逐层加权平均求得各层的对外技术依存度，最后加权平均得到国家层对外技术依存度。

按照方式 1 计算，只能得到一个宏观数字。按照方式 2 计算，可以得到从微观到宏观的一组数据，对全产业的情况有一个透彻的解读，但需要建立一个多层指标体系，作者倾向选择方式 2。

（二）统计权数的界定

在生产项目层面，权数可采用被测度产品的产值，在产业层面，权数可采用被测度行业的产值。

（三）产业与行业的界定

研究产业往往以生产为对象，生产活动是纵向组织的。研究行业往往以销售活动为对象，销售活动是横向协调的。也就是说，有生产协作关系的生产项目组成了产业，有同业竞争关系的生产项目组成了行业，如图 3-4 所示。例如，所有制备高纯硅的生产项目的集合就是硅原料行业；所有制备单晶硅的生产项目的集合就是硅材料行业；所有集成电路（IC）设计项目的集合就是IC设计行业；所有制备IC晶元的生产项目的集合就是IC制程行业。把这些横向集合的生产项目再纵向集合起来就是集成电路产业。

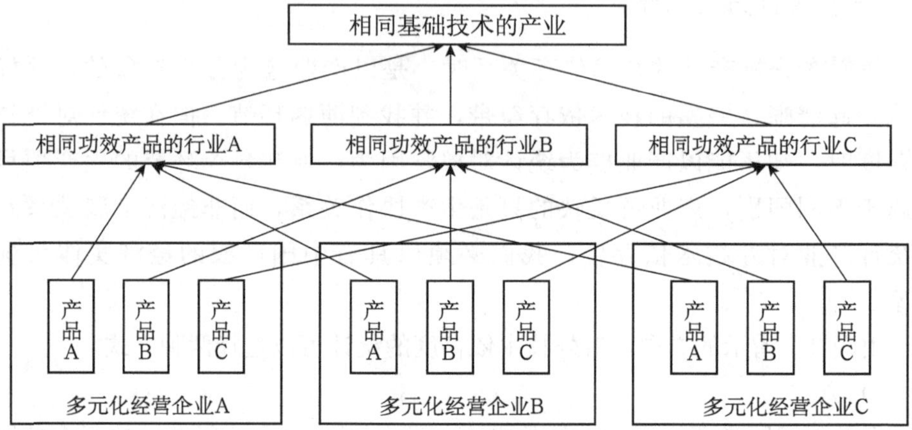

图 3-4　产业组织纽带

四　产业层对外技术依存度测度网络设计思路

（一）以产业管理为参照系设计测度网络

从全国范围看，我国信息技术产业虽然形成了门类相对齐全，流程相对完整的产业体系，但由于信息技术更新换代速度极快，国际科技竞争异常激烈，而我国的研发实力，尤其是上游技术的研发实力还相当薄弱，在国际化环境中，我国相对完整的产业体系存在被外部技术分割歼灭之安全隐患。例如，经过近30年的发展，我国彩色电视机产业已经形成从CRT玻壳到电视整机的完整的产业体系，产能也达到世界第一，但由于TFT－LCD技术快速发展，TFT－LCD电视呈现替代CRT电视的趋势，我国以CRT技术为主体的完整的彩色电视机产业体系面临被日、韩以及中国台湾的企业集群携TFT－LCD新技术的围歼，最后可能只剩下几个电视整机组装企业之风险。

对外技术依存度，既是测度我国技术创新能力的指标，也是测度我国技术安全的指标。因此，为了客观地反映新、老技术交替的规律和我国信息技术产业面临的技术安全隐患的具体部位，我们选择了以产业链为参照系部署测度点，这就叫纵向选点，如图3-5所示。纵向选点将形成对外技术依存度指标体系。

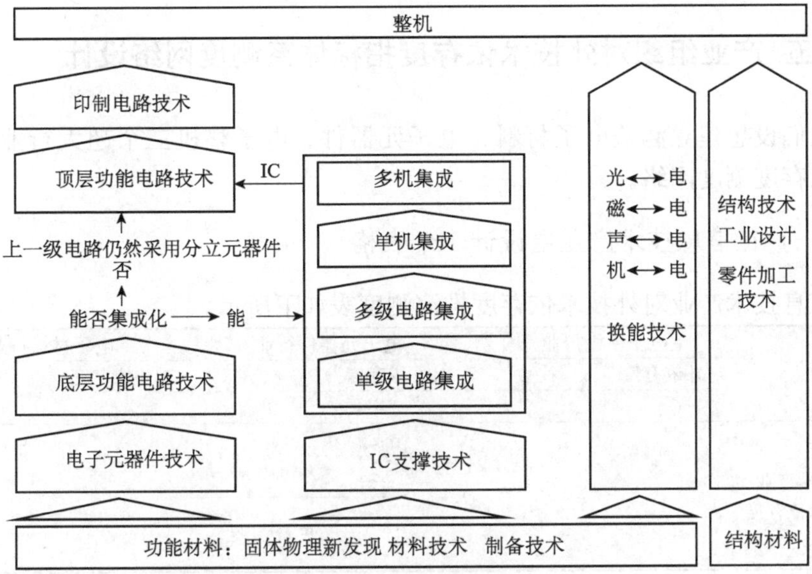

图 3-5　由产业的技术链选择测度点（纵向选点）

（二）以行业管理为参照系设计统计路径

国家对外技术依存度是全国工业产品对外技术依存度的平均值。但我们的目的不是要计算一个宏观数据，而是要找到对外技术依存度在各级产品中的分布态势。以信息技术产业为例，要得到这个空间分布，从产业管理视角考虑，至少要建立生产项目层、小行业层、大行业层、超大行业层四层对外技术依存度测度，如图 3-6 所示。在具体实施统计操作时，我们将按照行业管理渠道由下而上逐层加权平均，形成先横向再纵向的统计路径。

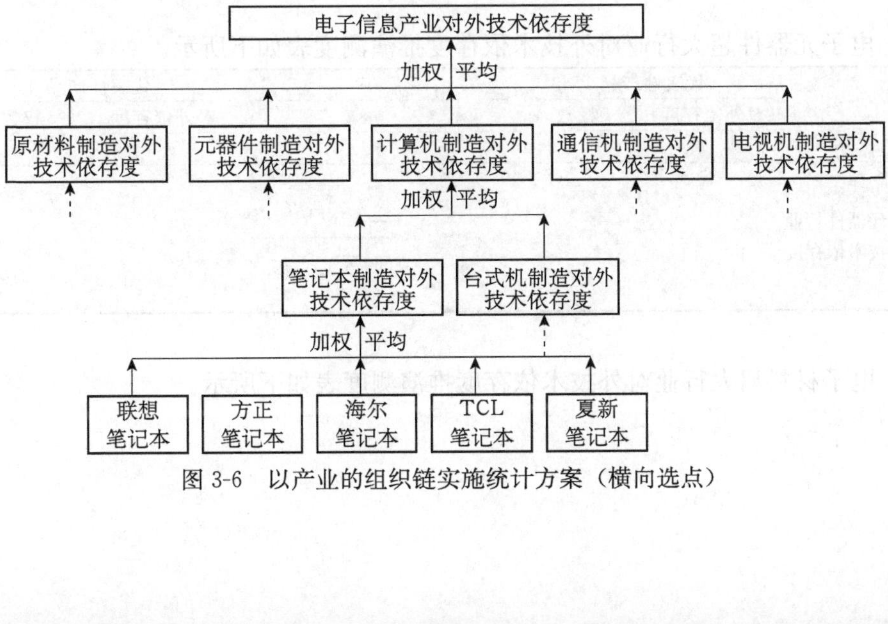

图 3-6　以产业的组织链实施统计方案（横向选点）

五 产业组织对外技术依存度指标体系测度网络设计

我们设想建立涵盖电子材料、电子元器件、电子整机三个超大行业的对外技术依存度测度网络。

（一）在信息技术产业层设计1个表格

信息技术产业对外技术依存度推演测度表如下所示。

	电子整机行业		电子元器件行业		电子材料行业	
	对外依存度	权数	对外依存度	权数	对外依存度	权数
	…					
信息技术产业对外技术依存度	$K_{产业}=\frac{\sum_{i=1}^{i=n} w_{超大行业i} K_{超大行业i}}{\sum_{i=1}^{i=n} w_{超大行业i}}$					

（二）在大行业层面设计3个表格

电子整机超大行业对外技术依存度推演测度表如下所示。

	代表性产品1		…	代表性产品 n	
	对外依存度	权数	…	对外依存度	权数
	…				
电子整机行业对外技术依存度	$K_{超大行业}=\frac{\sum_{i=1}^{i=n} w_{大行业i} K_{大行业i}}{\sum_{i=1}^{i=n} w_{大行业i}}$				

电子元器件超大行业对外技术依存度推演测度表如下所示。

	代表性产品1		…	代表性产品 n	
	对外依存度	权数	…	对外依存度	权数
	…				
电子元器件行业对外技术依存度	$K_{超大行业}=\frac{\sum_{i=1}^{i=n} w_{大行业i} K_{大行业i}}{\sum_{i=1}^{i=n} w_{大行业i}}$				

电子材料超大行业对外技术依存度推演测度表如下所示。

	代表性产品 1		…	代表性产品 n	
	对外依存度	权数	…	对外依存度	权数
			…		
电子材料行业对外技术依存度	$$K_{超大行业}=\frac{\sum_{i=1}^{i=n} w_{大行业i}K_{大行业i}}{\sum_{i=1}^{i=n} w_{大行业i}}$$				

（三）产品层面设计调查统计节点

1. 电子整机产品

电子整机小行业对外技术依存度推演测度表如下所示。

代表性产品	调查统计节点
台式计算机	选 3 家行业排头兵企业
笔记本计算机	选 3 家行业排头兵企业
通信手机	选 3 家行业排头兵企业
液晶电视	选 3 家行业排头兵企业
等离子电视	选 3 家行业排头兵企业

2. 电子元器件产品

电子元器件小行业对外技术依存度推演测度表如下所示。

代表性产品	调查统计节点
液晶显示屏	选 3 家行业排头兵企业
专用 IC	选 3 家行业排头兵企业
	选 3 家行业排头兵企业
	选 3 家行业排头兵企业
	选 3 家行业排头兵企业

3. 电子材料产品

电子材料小行业对外技术依存度推演测度表如下所示。

代表性产品	调查统计节点
多晶硅	选 3 家行业排头兵企业
单晶硅	选 3 家行业排头兵企业
液晶材料	选 3 家行业排头兵企业
	选 3 家行业排头兵企业
	选 3 家行业排头兵企业

对各代表性产品使用式（3-3）、式（3-4）进行处理。

第四章 我国电子信息产业重点领域对外技术依存度的实测结果

第一节 液晶显示大屏产品对外技术依存度

液晶大屏指12英寸以上TFT-LCD液晶显示屏。液晶大屏是液晶显示产品的核心部件，成本高、技术复杂，液晶大屏制造水平是目前显示产业发展水平的标准。

一 基于企业调研数据的产品层对外依存度测度值

从国内液晶大屏产能情况来看，拥有5代线的上广电和京东方占据主导地位（调研时昆山龙腾光电有限公司（昆山龙腾）的5代线刚开始量产），它们所反映的对外依存状况基本上代表了全行业的对外技术依存度。

在两家企业的调研中，发现液晶大屏对外技术依存状况基本相同，只不过存在企业经营战略和市场策略的不同，各使用了一些国产部件，使得对外技术依存度计算结果略有差异。基于调研得到的数据，我们运用公式（3-3）分别得到两家企业液晶大屏产品的对外技术依存度，即

上广电液晶屏对外技术依存度＝98.3％

京东方液晶屏对外技术依存度＝90.5％

二 国产液晶大屏小行业对外技术依存度推演测度

2006年，国产10英寸以上显示屏产值约为138亿元①，其中，京东方约为57.3亿元②，占41.5％，上广电约为60.1亿元③，占43.5％，昆山龙腾约为11.2亿元④，占8.1％，其余的6.9％为国内其他低世代线的总产值。

---

① 根据“2007海峡两岸产业合作发展论坛（昆山）”所发表论文中数据推算。

② 数据来源：2006年京东方财务报表。

③ 根据《中国光学光电子行业协会液晶分会2007年鉴》中给出的设计产能推算。

④ 根据《中国光学光电子行业协会液晶分会2007年鉴》中给出的设计产能按4个月试生产和2个月正式量产推算。

根据对上广电和京东方的调研情况，作者认为，2006 年在国内产业链上游配套率不足 30%的大环境，以及昆山龙腾主要处于试生产阶段的实际情况，龙腾光电 5 代线的对外依存度应不低于 90%。从上游主要原材料（如玻璃基板、彩色滤光片等）的来源情况来，国内 5 代线以下的大屏显示模块产品对外依存度仍不会低于 80%。

根据公式（3-4），对我国计算机用显示屏面板产品的对外技术依存度测算如下：

$$K_{max}=98.3\%\times0.435+90.5\%\times0.415+100\%\times0.15=95.3\%$$

$$K_{min}=98.3\%\times0.435+90.5\%\times0.415+90\%\times0.081+80\%\times0.069=93.1\%$$

式中，K_{max}表示我国 10 英寸以上显示屏全行业对外技术依存度可能的最大值；K_{min}表示对外依存度可能的最小值。对K_{max}的计算中假定龙腾光电 5 代线以及占 6.9%的其余企业对外依存度都为 100%，而对K_{min}的计算中则假定龙腾光电 5 代线的对外依存度为 90%，其余的对外依存度为 80%。由此，可以得出国产 10 英寸以上显示屏全行业对外技术依存度$K_{小行业}$的可能区间：

$$93.1\%\leqslant K_{小行业}\leqslant 95.3\%$$

三 国产液晶大屏大行业对外技术依存度测度

为了计算国产液晶大屏大行业的对外技术依存度，我们需要知道计算机屏和电视机屏这两个小行业的权重，这里选择这两个小行业的销售额做权重。

2006 年个人计算机国内市场出货量约为 2000 万台，包括笔记本计算机（笔记本），对液晶显示屏的需求约为 1800 万片，其中台式计算机（台式机）液晶显示屏约 1300 万片，笔记本显示屏约 500 万片①。2006 年国内三条 5 代线的总产量约为 2326 万片，其中京东方 1035 万片，上广电 1089 万片，昆山龙腾 202 万片②。可以看出，2006 年国产计算机显示屏基本能满足国内计算机市场需求，该领域的对外技术依存度基本上与$K_{小行业}$相同。

2006 年国内液晶电视销售量为 330.2 万台，销售额为 325.1 亿元。液晶屏在液晶电视整机成本中的比重占 65%左右，而其对外技术依存度估略为 100%。

由此估算，2006 年国产计算机用液晶显示屏折算销售额约为 106 亿元，电视机用液晶显示屏折算销售额约为 211 亿元。

计算 2006 年国产液晶大屏大行业的对外技术依存度$K_{大行业}$：

---

① 数据来源：根据网络资料整理。

② 根据《中国光学光电子行业协会液晶分会 2007 年鉴》中给出的设计产能，按 90%的良品率推算。

$$K_{\max}=\frac{106}{317}\times 95.3\%+\frac{211}{317}\times 100\%=98.4\%$$

$$K_{\min}=\frac{106}{317}\times 93.1\%+\frac{211}{317}\times 100\%=97.7\%$$

即，我们得到了 2006 年我国液晶大屏大行业对外技术依存度的一个范围：

$$97.7\%\leqslant K_{大行业}\leqslant 98.4\%$$

第二节　半导体集成电路产品对外技术依存度

IC 是机器之“魂”，IC 产业是现代国防和信息社会的基础。随着全球信息化、网络化和知识经济的到来，IC 产业已成为事关国民经济、国防建设、人民生活和信息安全的战略性产业。我们分别从以下五个企业对我国 IC 行业的技术对外依存度进行测度。

(1) 大唐微电子技术有限公司（大唐微电子）是我国最早进入手机 SIM 卡市场的 IC 设计公司，也是指定的第二代居民身份证 IC 卡芯片设计及模块加工企业。

根据调研数据，大唐微电子反馈的对外技术依存度为 72.8%。大唐微电子制程环节支出占全部技术支出的 60%以上；由于大唐微电子将这部分环节外包给境外公司，所以对外技术依存度主要部分来源于该环节。假设制程使用境内代工企业，对外技术依存度将变成 12.2%。

(2) 北京清华同方微电子有限公司（清华同方微电子）是目前我国完全以智能卡为核心的设计公司。第二代居民身份证专用芯片于 2004 年向我国公安部批量供货，销售额已经超过 1 亿美元。

从清华同方微电子调研的情况可知，该公司产品的对外技术依存度为 20%。

(3) 北京九方中实电子科技有限责任公司（九方中实电子）的主要产品是支持一种国际 DVB－C 标准的有线数字电视信道接收解调芯片。九方中实电子致力于完全自主知识产权的有线、地面传输调制解调 SoC 芯片设计和相关的专用集成电路（ASIC）设计的研发及市场推广。

根据调研数据得出，九方中实电子的对外技术依存度为 10%。

(4) 上海高清数字科技产业有限公司（上海高清）是国内最早从事数字电视核心技术研发的队伍，是国内地面数字、高清晰数字电视领域最主要的国标系统及芯片研发基地和主导力量。

根据调研，上海高清的对外技术依存度为 30.31%。

(5) 芯邦科技股份有限公司（芯邦科技）是一家致力于消费电子产品中的移动存储和多媒体相关控制芯片设计及其整体解决方案开发的创新型科技企业。

从 2003 年创立到 2007 年，累计销售额达 5000 多万美元，累计出货量超过 1 亿片，成为 U 盘控制芯片全球最大供货商。

我们以芯邦科技的一件 USB 控制芯片产品的开发进行测算，其对外技术依存度为 94.28%。

通过以上调研得到的数据发现，我国 IC 设计企业若选择国外流片制程企业负责代工，则 IC 产品对外技术依存度在 10%～30%，即

$$10\% \leqslant K_{\text{小行业}} \leqslant 30\%$$

若选择国内流片制程企业负责代工，则 IC 产品依存度在 70%～95%，即

$$70\% \leqslant K_{\text{小行业}} \leqslant 95\%。$$

第三节　个人计算机产品对外技术依存度

一 基于企业调研数据的产品层对外依存度测度值

计算机属于整机产品，在计算机产业对外技术依存度调研与测度中，本书主要是根据行业的集中度和企业规模及市场占有率来选择典型企业，而对于被调研产品，主要是根据产品的产量、销量及其对我国计算机产业安全、技术安全及经济安全的角度来选择典型产品。因此，作者主要选择联想的台式机、笔记本，方正的台式机、笔记本，同方的台式机、笔记本。根据调研得到的依存度测度结果如下：

联想台式机产品的对外技术依存度＝75%
方正台式机产品的对外技术依存度＝80%
同方台式机产品的对外技术依存度＝80%
联想笔记本产品的对外技术依存度＝70%
方正笔记本产品的对外技术依存度＝85%
同方笔记本产品的对外技术依存度＝85%

二 个人计算机产品小行业对外技术依存度推演测度

2007 年，联想、方正、同方的台式机产品的国内市场份额分别是 36.1%、13.4%和 10.3%，结合调研数据估算我国笔记本行业对外技术依存度为

$$\text{台式机小行业对外技术依存度}=\frac{36.1}{36.1+13.4+10.3}\times 75\%+\frac{13.4}{36.1+13.4+10.3}\times 80\%+\frac{10.3}{36.1+13.4+10.3}\times 80\%=76.9\%$$

2007 年，联想、方正、同方的笔记本产品的国内市场份额分别是 30%、9%和 5%，结合调研数据估算我国笔记本行业对外技术依存度为

$$\text{笔记本小行业对外技术依存度}=\frac{30}{30+9+5}\times70\%+\frac{9}{30+9+5}\times85\%+\frac{5}{30+9+5}\times85\%=74.7\%$$

三 个人计算机产品大行业对外技术依存度测度

2007 年，我国计算机产业中台式机的销售额为 810 亿元，笔记本的销售额为 675 亿元，结合前面计算出的台式机、笔记本小行业的对外技术依存度进行估算，可得出我国计算机产业对外技术依存度：

$$\text{计算机产业对外技术依存度}=\frac{810}{810+675}\times76.9\%+\frac{675}{810+675}\times74.7\%=75.9\%$$

第四节 手机产品对外技术依存度

海尔在手机成本方面的投入如下（一季度内费用统计）：支付给外资和港澳台企业的技术资源的费用为 6.17 亿元，支付给中国企业（包括本企业研发投入等）的技术资源的费用为 4.54 亿元。

$$\text{海尔手机产品总的对外技术依存度}=\frac{4.54}{6.17+4.54}=57.56\%$$

随着 3G 进入市场对终端的需求和国内众多手机相关技术企业的快速发展，我国手机产业对外技术依存度会逐渐降低。在未来 3～5 年时间，我国手机产业依存度会由目前 60%左右降到 40%左右，从而保证我国手机产业在国内外的竞争力。

第五节 电视机产品对外技术依存度

我国是电视机生产大国，电视机产业是我国的支柱产业之一，近几年平板电视的快速发展使电视机产业格局发生巨大变化，我国平板显示技术发展较慢，平板电视产业尚不掌握核心资源，产业发展处于转折阶段。电视产品根据显示技术的不同，分传统 CRT 电视机、平板电视机（TFT-LCD、PDP）、背投（DLP、LCD、LCOS）电视机等。本书选择目前主流的 CRT 电视机和 TFT-LCD 液晶电视机作为研究对象。

一　基于企业调研数据的产品层对外依存度测度值

海信集团有限公司（海信）是我国典型的电视机生产制造企业，通过调研我们得到企业的相关数据，根据公式（2-8）得到的企业产品层的对外技术依存度的测度值为：

海信 CRT 电视产品的的技术对外依存度

=国外合计 ÷（国内合计+国外合计）×100%

=10 295 ÷（249 526）×100%=4.13%

海信 CRT 电视产品的的技术对外依存度

=国外合计 ÷（国内合计+国外合计）×100%

=176470 ÷（738 509）×100%=76.10%

二　我国 CRT 和 TFT－LCD 电视产品子类对外技术依存度推演测度

在行业数据采集中，我们采用了海信提供的产业数据，海信作为国内电视机企业的代表性很强，国内电视机企业供应链状况基本相同，技术来源和上游资源成本也相近，我们对海信的电视产品依存度数据和其他渠道收集的公开数据比较，获得我国电视行业对外依存度的近似值。

国产 CRT 电视产品的技术对外依存度为：3%～5%。

国产 TFT－LCD 电视产品的技术对外依存度为：70%～80%。

三　我国电视产品大行业对外技术依存度推演测度

根据 2008 年 1～6 月统计数据，全国彩色电视机产量 3906.6 万台，其中，CRT 电视机 2797.2 万台，TFT－LCD 电视机 1030.6 万台，PDP 电视机 78.3 万台、背投电视机 0.5 万台。我们计算 CRT 电视机为 2797.2 万台，平板电视机为 1108.9 万台。由此计算全国电视机产值比重：

$$w_{\text{CRT}}=\frac{\text{产值}_{\text{CRT}}}{\text{产值}_{\text{CRT}}+\text{产值}_{\text{平板}}}\times 100\%\approx 40\%$$

$$w_{\text{平板}}=\frac{\text{产值}_{\text{平板}}}{\text{产值}_{\text{CRT}}+\text{产值}_{\text{平板}}}\times 100\%\approx 60\%$$

根据大行业计算公式有

$$K_{\max电视产业}=\frac{\sum w_i K_{小行业i}}{\sum w_i}=w_{\mathrm{CRT}}K_{\max\mathrm{CRT}}+w_{平板}K_{\max平板}$$
$$=40\%\times5\%+60\%\times80\%=50\%$$
$$K_{\min电视产业}=\frac{\sum w_i K_{小行业i}}{\sum w_i}=w_{\mathrm{CRT}}K_{\min\mathrm{CRT}}+w_{平板}K_{\min平板}$$
$$=40\%\times3\%+60\%\times70\%=43.2\%$$

由此，我国电视产品对外依存度在43.2%～50%。

第六节 软件产品对外技术依存度

由于我国应用软件产业上游技术资源多依赖国外，研发阶段基本为自主研发，各企业情况雷同，在开发过程中对外依存状况基本相同，对几家企业的调研结果所反映的状况基本上代表了全行业的对外技术依存度。在此，本书选择中国软件与技术服务有限公司（中软）作为重点调研企业，作为中国软件产业链形成的标志，它生产从操作系统、中间件、安全产品到通用软件、行业软件等全方位的应用软件产品。

（一）基于企业调研数据的产品层对外依存度测度值

中软是国家规划布局内重点软件企业，是国内唯一可以为用户提供系统软件、安全软件、平台软件、政府信息化软件、企业信息化软件和全方位服务的综合性软件公司，根据调研得到的数据测度：

中软应用软件对外技术依存度＝780÷42872×100%＝1.82%

万达信息股份有限公司（万达信息）是国内最早专业从事城市信息化领域服务的企业之一，公司在大型应用软件开发、复杂系统集成和先进软件架构等方面占据领先地位。根据调研，我们发现万达信息软件产品的特点是对于已经成熟的传统项目，对外技术依存度为10%；新开发的机场信息导航项目，对外技术依存度为20%。由于投入多发生在新开发的项目上，技术对外依存度通过计算，更接近于20%。

（二）我国软件行业对外技术依存度推演测度

通过对重点企业的调研结果，可以看出在企业进行应用软件开发中，技术对外依存度在嵌入式软件与传统应用软件中区分明显。传统应用软件普遍在10%左右，甚至在一些成熟的大型开发企业中远低于10%，只有部分创新研发产品的依存度达到20%。

嵌入式软件作为当前最热门最有发展前景的 IT 应用领域之一，在我国由于人才匮乏，国有嵌入式软件测试条件不完善，以及嵌入式软件与电子产品的联系紧密型导致的技术问题，使得嵌入式软件产品开发环节中，估算 2008 年技术对外依存度是传统的应用软件产品的 2 倍，接近于 40%。

第五章 我国电子信息产业对外技术依存度的统计测度

第一节　基于技术应用的测度方法对我国电子信息产业对外技术依存度的测度值

信息技术产业是一个产业集中度、技术标准化非常高的产业。由于市场竞争充分，几乎所有技术领域中同类生产项目的技术结构、价值结构都差不多。窥一斑而知全豹，即使只有一家数据做参考，用这家数据代表行业数据也不会有太大的偏差。

一 代表性行业对外技术依存度实验测度

子报告测度的 2007 年度小行业对外技术依存度数据如表 5-1 所示。

表 5-1　我国核心技术及主导产品领域对外技术依存度

小行业	对外技术依存度	均值	备注
TFT-LCD 屏幕	$93\% \leqslant K_{小行业} \leqslant 95\%$	$K_{小行业}=94\%$ *	
IC	$10\% \leqslant K_{小行业} \leqslant 30\%$		采用中资项目流片
IC	$70\% \leqslant K_{小行业} \leqslant 95\%$	$K_{小行业}=83\%$ *	采用外资项目流片
行业应用软件		$K_{小行业}=20\%$	
台式机		$K_{小行业}=77\%$	
笔记本		$K_{小行业}=75\%$	
手机		$K_{小行业}=58\%$	
CRT 电视机		$K_{小行业}=4\%$	
TFT-LCD 电视机		$K_{小行业}=76\%$	

* 上下限的算术均值。

二 手机、计算机、电视机三大支柱行业对外技术依存度推演

采用公式（3-9）推演对外技术依存度，需要得到两个数据，一是由公式（3-3）式（3-4）得到的小行业对外技术依存度数据（表 5-1），二是表征小行业的经济总量，用这个经济总量作为加权平均的权重。

(一) 三大支柱行业统计权重的选择

在工业和信息化部的统计中，小行业的经济总量是我国境内信息技术产业的数据，现有的统计数据必须将中资信息技术产业的数据剥离出来。按现有数据采取以下剥离方法：

(1) 中资销量=(总销量—外销量)×中资内销占比+外销量×中资外销占比。

(2) 内销占比是指在国内市场中所占比例。

(3) 外销占比是指在出口市场中所占比例。

(4) 出口均价=出口额÷出口量。

(5) 权重=按美元折算的中资总销售额=中资销量×出口均价。

以 TFT－LCD 电视机的数据剥离为例予以说明：

2007 年度，中资信息技术产业内销 705 万台，外销 1000 万台：

总销量=705 万台×48%+1000 万台×50%=838 万台

外销均价=661904 万美元÷2228 万台=297 美元

权重=297 美元×838 万台=25 亿美元

其他产品的数据剥离见表 5-2。

表 5-2　我国信息技术产业三大主导产品对外技术依存度统计权重选择

	总销量/万台	出口量/万台	中资比例/%	中资销量/万台	出口额/万美元	均价/美元	权重/亿美元
手机	54 344	48 341	内销占比 48 外销占比 0	2 881	3 559 540	74	21
TFT-LCD 电视机	1 705，其中内销 705	2 228 含往年产品	内销占比 48 外销占比 50	838	661 904	297	25
PDF 电视机(外资始退出)	102	56	内销占比 33 外销占比 50	43	45 184	807	3
CRT 电视机(外资仅三洋电机)	6 689	2 481	内销占比 99 外销占比 100	6 647	191 761	77	51
笔记本	8 602	7 303	内销占比 39 外销占比 8	1 091	5 308 861	727	79
台式机	3 386	875	内销占比 66 外销占比 8	1 727	584 934	669	116

注：① 总销量、出口量、出口额等数据由信息产业统计年鉴整理。

② 中资比例根据国家信息中心、国务院发展研究中心、电信研究院、*DisplaySearch* 等市场调查与研究机构在互联网发布的相关报告及数据分析整理。

③ 不论外资还是中资，手机和计算机企业基本只作设计和品牌，制造则由台湾厂商 OEM。据台湾市场研究公司 DigiTimes Research 报告，2007 年台湾 OEM 厂商的笔记本发货量达到全球出货量的 91%。

(二) 包括 CRT 电视机的对外技术依存度推演

为便于读者了解演算过程，特用列表方式演算。全过程由表 5-3 演示，表

5-3 演算结果为：

包括 CRT 电视机的中资三大支柱行业对外技术依存度＝63％。

表 5-3　我国信息技术产业三大主导行业（含 CRT 电视机）对外技术依存度推演

	$K_{小行业i}$	$w_{小行业i}$	$w_{小行业i}K_{小行业i}$
手机	58	21	1 218
TFT－LCD 电视机	76	25	1 900
PDF 电视机	90	3	270
CRT 电视机	4	51	204
笔记本	75	79	5 925
台式机	77	116	8 932
合计		295	18 449
$K_{手机、电视机、计算机三大产业}=(\sum w_{小行业i}K_{小行业i}\div\sum w_{小行业i})\%=63\%$			

（三）不包括 CRT 电视机的对外技术依存度推演

为便于读者了解演算过程，也用列表方式演算。全过程如表5-4所示，表 5-4 演算结果为：

不包括 CRT 电视的中资三大支柱行业对外技术依存度＝75％

表 5-4　我国信息技术产业三大主导行业（不含 CRT 电视机）对外技术依存度推演

	$K_{小行业i}$	$w_{小行业i}$	$w_{小行业i}K_{小行业i}$
手机	58	21	1 218
LCD 电视机	76	25	1 900
PDF 电视机	90	3	270
CRT 电视机			
笔记本	75	79	5 925
台式机	77	116	8 932
合计		244	1 8245
$K_{手机、电视机、计算机三大产业}=(\sum w_{小行业i}K_{小行业i}\div\sum w_{小行业i})\%=75\%$			

三　我国信息技术产业对外技术依存度推演

（一）各行业统计权重的选择

工业和信息化部统计的主营业务收入依然是针对境内产业的，已经无法剥离。所以我们以 2007 年度的中资电子百强企业、中资元件百强企业的数据为基准，再考量这些百强企业业务收入占全部中资企业业务收入的比重。由中资电子百强企业、中资元件百强企业的业务收入除以占比得到中资产业业务收入的数据，并以此数据作为计算对外技术依存度的权数。详细推算见表 5-5。

表 5-5　我国信息技术产业各大行业对外技术依存度统计权重的选择　单位：亿元

	境内产业*	中资电子百强企业	中资元件百强企业	中资产业百强占比	中资产业
电子整机	27462	5 612	50%		11 224
其中：					
通信设备	7 727				
广电设备	274				
计算机设备	14 499				
家用视听设备	3 455				
电子测量仪器	407				
专用设备	1 100				
电子器件	5 207	1 584		70%	2 262
其中：液晶大屏		150		100%	150
电子元件	8 058	3 840	1 082	90%	5 469
全产业主营业务收入	40 727				18 955

*境内产业的收入只供参考，计算权重以中资电子百强企业、中资元件百强企业的数据为依据。

（二）我国信息技术产业对外技术依存度

由于信息技术产业核心技术存在上游化趋势，而主导核心技术上游化趋势的又都是外国企业，所以中资企业的电子整机产品都存在对国外核心部件、高端芯片和基础软件的依赖，并且依赖的程度都差不多。而非核心技术的上游产品的价值下降也都差不多。在实测数据的基础上，为简单计，我们设定了一组行业对外技术依存度的规范数据：

（1）对外技术依存度最高的行业，K 值设定在 90%。

（2）对外技术依存度居中的行业，K 值设定在 75%。

（3）对外技术依存度最低的行业，K 值设定在 5%。

为便于读者了解演算过程，特用列表方式演算，全过程如表5-6所示。表 5-6 演算结果为：

中资产业对外技术依存度＝47%

表 5-6　我国信息技术产业对外技术依存度推演

	设定 $K_{大行业i}$/%	$w_{大行业i}$	$w_{大行业i}K_{大行业i}$	备注
电子整机	75	11 224	841 800	参照三大主导行业
电子器件	5	2 112	10 560	参照 CRT 电视机
液晶大屏	90	150	13 500	参照调研数据
电子元件	5	5 469	27 345	参照 CRT 电视机
合计		18 955	893 205	
$K_{中资信息技术产业}=(\sum w_{大行业i}K_{大行业i}\div\sum w_{大行业i})\%=47\%$				

第二节　基于技术预期的测度方法对我国电子信息产业对外技术依存度的测度值

为了说明方法选择的偏差，本节特地用科技经费测度公式（5-1）再计算一次 2007 年的我国信息技术产业对外技术依存度。适用公式如下：

$$\text{对外技术依存度}=\text{技术引进费}/(\text{技术研发费}+\text{技术引进费}) \tag{5-1}$$

一 2007 年我国信息技术产业对外技术依存度

（一）数据考证

按照国家统计局、科技部、财政部三部委的《2007 年全国科技经费投入统计公报》的数据，通信设备、计算机及其他电子设备制造业研发经费投入为主营业务收入的 1.15%。按表 5-5 的推算数据，2007 年中资信息技术产业主营业务收入为 18955 亿元。用这个数据乘以三部委统计公报的数据 1.15%，得到 2007 年中资信息技术产业研发费支出为 284 亿元。

但该数据大大低于同年中资电子百强企业 434 亿元的研发费支出。考虑到外资产业在我国设立了大量的研发中心，其研发费支出强度决不会低于中资电子百强企业，所以境内信息技术产业研发费总支出应达到千亿元才合乎常理。

所以，作者认为三部委使用的统计数据之间的关联性有问题。合理的解释是：三部委使用的主营业务收入数据肯定是境内产业的（因为工业和信息化部的统计只能提供境内产业的数据），而研发经费支出又是中资产业的（因为科技部、财政部不会去统计外资产业的研发费支出①），用中资产业的研发费除以境内产业主营业务收入得到了 1.15%的比率。所以，我们还得沿原路返回去。

根据表 5-5 数据，2007 年，我国境内信息技术产业的主营业务收入为 40727 亿元，其 1.15%为 469 亿元。也就是说，三部委的 1.15%的数据是用中资信息技术产业的 469 亿元的研发费支出除以境内产业的 40747 亿元的主营业务收入得到的。469 亿元的数据较为合理，所以，作者取 469 亿元作为计算中资信息技术产业对外技术依存度的分母。

据商务部统计，2007 年，境内电子及通信设备制造业技术引进金额为 41.2 亿美元，因数据中包括了外资产业，这个数据不能直接使用，需剥离外资产业引进经费数据。该文也公布了外资产业引进技术金额占全国技术引进总额的

---

① 因为地方统计的经济数据就不区分内、外资，上报到中央部委自然就更无法区分了。

47.4%，但没有把信息技术产业细分出来，这个数据也不能直接使用。

据商务部统计，电子及通信设备制造业的技术引进金额自2006年起，连续4年排在全国各行业技术引进榜首。这可能是为迎接我国即将启动的3G移动通信网建设高潮，各通信设备商在做技术准备。2007年外资信息技术产业从境外母公司向境内转移的技术不会少。因此作者认为取中资信息技术产业引进费占比40%较为合理。由此推算中资信息技术产业技术引进费用约为16.5亿美元，折合人民币124亿元。

（二）2007年中资信息技术产业对外技术依存度计算

将上述两个数据带入公式（5-1），计算得到：

我国信息技术产业对外技术依存度≤（124÷469）%＝26%

为了印证这个数据取值范围的合理性，作者选取了2007年度我国中资信息技术产业经济实力最强的山东、广东、北京进行测度。

二 2007年山东省中资信息技术产业对外技术依存度

2007年，山东省登记技术引进合同额4.64亿美元。其中：中资企业技术引进合同额1.24亿美元。引进合同中，山东电子及通信设备制造业为1.3亿美元，这个数据是山东境内电子及通信设备制造业的合计，包括山东外资电子及通信设备制造业的数据，所以取山东中资企业的1.24亿美元，折合人民币9.3亿元的费用作为分子。

山东中资信息技术产业集中度很高，入围中资电子百强企业的4家企业基本上就能代表山东中资信息技术产业，取其合计数为分母，见表5-7。

表5-7　山东电子百强企业研发费支出

百强排序	企业名称	研发支出/亿元
2	海尔	67.3
7	海信	19.0
14	浪潮	7.7
79	澳柯玛	1.6
	合计	95.6

由此计算得到：

山东中资信息技术产业对外技术依存度≤（9.3÷95.6）%＝9.3%

要说明的是，计算式中分子取值范围放大了，而分母取值范围缩小了。这两种取值方法都将使计算结果大于实际值。这证明山东省中资信息技术产业对外技术依存度大大低于30%。

三 2007 年广东省中资信息技术产业对外技术依存度

2007 年 1～9 月，广东省电子及通信设备制造业共登记技术引进合同 101 份，合同金额 6.49 亿美元。其中，国有企业登记技术进口合同 57 份，合同金额 2.47 亿美元。民营企业登记技术进口合同 38 份，合同金额 0.65 亿美元。

两类中资企业技术引进总额为 3.12 亿美元，折合人民币 23.4 亿元。做一个最大胆的假设，4 季度引进费用相当于前三季度的总和，达到 23.4 亿元，全年引进费用达到 46.8 亿元。

我们仍取 2007 年中资电子百强企业中广东企业支出的研发经费做分母，合计为 164 亿元，见表 5-8。

表 5-8 广东电子百强企业研发费支出

百强排序	企业名称	研发支出/亿元	主要产品
3	华为	58.7	程控交换机
5	美的	17.8	空调、冰箱、洗衣机、小家电、压缩机、电机
6	TCL	19.0	彩电、手机、计算机、空调
11	中兴	28.3	程控交换机、移动基站、手机
16	创维-RGB	5.2	彩电、DVB 、激光视盘机、手机、小家电
17	格兰仕	2.2	微波炉、空调、电饭锅、电磁炉
18	华强	3.1	激光拾音头、微型马达、彩电、GPS 车载终端
19	德赛	5.9	电话机、激光视盘机、汽车多媒体、电池、激光头及机芯
20	比亚迪	3.9	镍氢电池、镍镉电池、锂离子电池、塑胶壳、液晶显示屏
21	康佳	6.2	彩电、手机、冰箱
24	万宝	2.8	空调、冰箱、冰箱 / 空调压缩机、小家电
26	华阳	0.8	汽车音响、汽车 / 家用音响机芯、激光头、精密冲压件
29	赛格	0.3	集成电路、半导体分立器件、彩管玻壳、彩色显像管
33	桑达	1.1	手机、行输出变压器、模块电源、商业收款机
34	侨兴	0.2	电话机、手机、传真机、复读机、对讲机、无线上网卡
37	万利达	0.5	激光视盘机、手机、聚合物锂电池
50	志高	1.7	空调
55	东菱凯琴	1.3	智能小家电、电子元器件
66	生益	0.0	覆铜箔、黏结片
68	七喜	0.5	计算机、手机
84	广无	2.0	通信组合电台、通信发射接收机、通信导航定向设备、ATM
96	新天下	0.6	台式机、笔记本、计算机周边设备
98	超声电子	1.9	印制电路板、液晶显示器、液晶显示器模块、覆铜板
	合计	164.0	

由此计算得到：

广东中资信息技术产业对外技术依存度≤（46.8÷164）%=28.5%

要说明的是，计算式中分子取值范围放大了，而分母取值范围缩小了。这两种取值方法都将使计算结果大于实际值。这证明广东省中资信息技术产业对外技术依存度小于30%。

四 2007年北京市中资信息技术产业对外技术依存度

2007年北京市电子及通信设备制造业技术引进金额为8.31亿美元。而在3种3G标准中，北京的大唐电信集团（大唐电信）主攻TD－CDMA，而其2007年的研发经费也只有1.1亿元，不可能也没有必要大投资引进国外技术。2007年，北京中资企业只有京东方可能有大投资动作，做TFT－LCD投资项目的前期研究和技术准备①，即使其研发经费全部用于引进技术，也不过10亿元。而中资电子百强企业中其余的北京企业，排在前5位都是计算机及其配套部件企业，这都是一些成熟度很高的技术，这些企业不可能也没有必要大投资引进自己能够开发的技术。除此之外，非电子百强企业的中资信息技术企业也没有实力大量引进国外技术。

因为数据缺失，我们无法确定北京市电子及通信设备产业技术引进金额的中、外比例。但有一点可以肯定，2007年北京市电子及通信设备产业除了京东方，其余没有大的引进项目。所以，8.31亿美元的技术引进，多半属于外企北京研发中心与国外母公司间的技术转移。作者认为2007年北京市中资信息技术产业的技术引进费没有理由超过20亿元。

我们仍取2007年中资电子百强企业中北京企业支出的研发经费做分母，合计为63.4亿元，见表5-9。

---

① 2007年，TFT－LCD显示屏市场回暖，而此前两年连续亏损超过15亿元的京东方开始扭亏，上半年盈利4.5亿元。由于跨国公司都把主要精力放到7代线以上的高世代线上，造成中小屏供货不足，这就为京东方提供了发展空间。于是，京东方开始谋划两个投资项目：

一是投资31.1亿元在成都兴建TFT－LCD 4.5代线，设计产能54万片玻璃基板，主要切割笔记本、数码相框、液晶显示器、手机屏等小型面板，该项目于2008年3月开工，于2009年年底投产。

二是投资175亿元在合肥兴建TFT－LCD 5.5代线，设计产能108万片，包括阵列、彩膜、成盒和模组4个工艺阶段，主要生产37英寸以下的中型面板。该项目于2009年4月开工建设，于2010年四季度投产。

至此京东方形成了以北京为中心，成都和合肥为分中心的TFT－LCD产业布局。

表 5-9　北京市电子百强企业研发费支出

百强排序	企业名称	研发支出/亿元	主要产品
1	联想	28.0	计算机、手机
4	京东方	9.9	液晶显示器件、彩色显像管、彩色显示器、荧光数码显示屏
8	方正	11.7	电子出版系统、计算机、服务器
13	长城	2.4	计算机磁头、硬盘、盘基片、显示器
22	同方	6.7	计算机、威视核技术检查系列产品、激光视盘机、片式元器件
60	航天信息	1.0	防伪税控系统、IC 卡、读卡器具
61	大恒	1.9	电视网络播出设备、半导体器件、电子医疗设备
63	紫光	1.0	扫描仪、笔记本、台式机
91	大唐电信	1.1	交换机、SIM 卡
93	华旗资讯	0.5	MP3、移动式闪盘存储器、MP4、车载 DVD、数码相机
	合计	63.4	

由此计算得到：

北京中资信息技术产业对外技术依存度≤（20÷63.4）%＝31.5%

要说明的是，计算式中分子取值估大了，而分母取值范围缩小了。这两种取值方法都将使计算结果大于实际值。这证明北京市中资信息技术产业对外技术依存度小于 31.5%。

第三节　两种测度方法的比较

用科技经费测度方法测度我国中资信息技术产业对外技术依存度，最悲观数值不会高于 30%。即使有高于 30%的年份出现，那也是因为国家有大的投资项目启动，如近两年国家支持京东方在合肥建设 TFT－LCD 5.5 代线、在北京建设 TFT－LCD 8 代线，两个项目的总投资将超过 400 亿元人民币，而高世代线的工艺设备当前还不能国产化，只能全套引进。

用本书的方法测度我国中资信息技术产业对外技术依存度，最乐观的数值不会低于 45%。这是因为我国中资信息技术产业不掌握核心技术。而核心技术都聚合在核心部件、高端芯片和基础软件上，这些承载核心技术的产品是以间接技术形态、隐性技术进口的方式输入我国中资信息技术产业的。科技经费测度方法测度不到这些最重要的依存内容。

第六章 我国电子信息产业过度依赖外国技术的原因及对产业的影响

第一节　当前国际电子信息产业的技术结构

电子信息产业的技术结构呈矩阵分布，纵向可分为电子材料、电子元器件、电子整机和电子应用系统 4 个技术层级，横向划分则比较多样，为论述简单，我们将其划分为 5 个技术领域，如表 6-1 所示。

表 6-1　电子信息产业的技术结构

技术层级	技术领域				
电子应用	互联网	通信网	广电网	其他网	独立应用系统
电子整机	各类计算设备	各类通信设备	各类广电设备	各类其他设备	独立应用设备
元器件	各技术领域专用高端芯片及专用、通用电子元器件				
电子材料	半导体、光电、压电、磁性、电介质、敏感等功能材料及导电材料、结构材料				

基于产业水平分工和垂直分工的整合，形成了纵横交织的电子信息产业技术体系结构模型，如图 6-1 所示。图中横轴为产业的水平分工，即电子信息产业的各专业领域，纵轴为产业的垂直分工，即产业关键技术的四层架构。

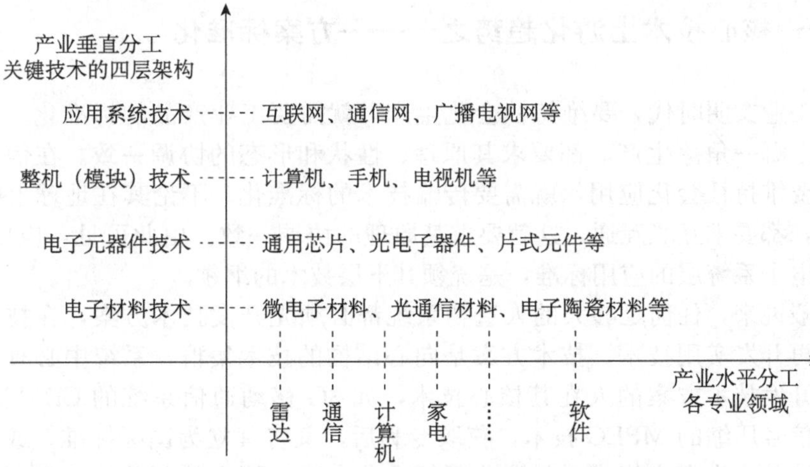

图 6-1　纵横交织的电子信息产业技术体系结构模型

第二节　当前国际电子信息产业核心技术的上游化趋势

信息技术的本质是电子电路技术。从发展阶段考察，信息技术经历了电子管电路、晶体管电路和 IC 三个阶段。从技术形态考察，电子管电路是以接线架为支撑平台，在其上用电装工艺组装电子元器件和线扎互联线的电路，可以称之为架上系统。晶体管电路是以带铜箔互联线的印制板为支撑平台，在其上用电装工艺组装电子元器件的电路，可以称之为板上系统。集成电路是以硅片为支撑平台，在其上用平面工艺直接制作并组装电子元器件和互联线的电路，被称为片上系统。前两种形态的电路，是由信息技术产业的下游环节设计和制作的；第三种形态的电路，由于其极强的专业性和复杂性，只能由信息技术产业的上游环节来完成。这种趋势称为核心技术芯片化。作者对信息技术的各种存在形态做了全面梳理分析，认为其核心部位的存在形态共有四种发展趋势，即方案标准化、电路芯片化、部件模块化和功能软件化，而这四大趋势共同推动核心技术向上游聚集，并覆盖了信息技术产品的所有领域。因此这四种趋势统称为核心技术上游化。

近两年来，引起工业和信息化部以及社会各界广泛关注的手机“山寨机”现象，就是信息技术上游化趋势的必然结果。由于手机核心技术全部整合在高端芯片、显示模块等集成度很高的上游产品中，下游企业只需实施简单组装就可制造手机。所以我国南方涌现出大量的山寨机生产企业。山寨机现象表明，上游化趋势这只无形的手在调控着全球信息技术产业的产业结构和国际分工。

一　核心技术上游化趋势之一——方案标准化

在工业文明时代，要维持社会化生产，就需要工业产品的标准化。不论其在地球上哪一角落生产，都要求其原理、性状和形态的协调一致。在信息文明时代，要维持社会化应用，就需要传输技术的标准化。不论其在地球上哪一角落应用，都要求互联互通，这就要求其原理的协调一致。由此可见，应用标准，尤其是电子系统层的应用标准，是统领其下层技术的纲领。

一般说来，任何足够大的人造物系统都必须先开发技术方案，在技术方案基础上再开发实用技术。技术方案是向心结构的技术集群，系统中必有一核心技术。开发技术方案的人在其核心技术，如 3G 移动通信系统的 CDMA 技术、音视频信号压缩的 MPEG 技术，获取专利后，又将其立为国际标准，或通过市场战略使其成为事实标准，就形成了标准化方案。那么其下游的产品开发，都绕不开这个标准。而使用这个标准又得给技术专利人缴费，这就使拥有该方案核心技术的国家控制住整个下游产业。抢夺并利用这个机会获取高额垄断利润成为当今国际电子信息技术的主要发展趋势——方案标准化趋势。

一些大的电子产品技术方案，如宽带移动通信传输方案、高清电视传输方案、音视频信息压缩方案等，都是电子产品技术链条的源头。它为上游产品——芯片、模块和软件提供了设计依据。一旦某个获取专利的技术方案成为国际标准，发明人必将控制这个产业的发展。由于我国信息技术产业没有最上位的原创技术方案，现有产品几乎都是对外国技术方案的移植或跟随，这就难免进入别人张网以待的专利陷阱，造成我国信息技术企业众多的专利官司。

2003年1月22日，美国思科公司（思科）向美国得克萨斯州东区联邦地方法院起诉中国华为公司（华为）在四个方面侵犯其知识产权：盗用IOS源代码，盗用思科技术文件，盗用命令行接口，侵犯专利权等。思科公司1984年才成立，1990年上市，得益于因特网的大发展，到1997年就进入《财富》全球500强。但是随着网络经济泡沫的破灭，思科业务大幅退缩，2001年亏损达10亿美元。与此同时，华为开始进军亚洲路由器市场。而亚洲市场占思科路由器全球销售的四分之三，是其核心利益所在。尽管华为目前并没有对思科公司构成实际威胁，但它最终将影响思科的利润率。所以思科要趁华为羽翼未丰之时就将其压制并消灭，此举凸显出思科利用方案标准化控制中国产业发展的意图。

2004年12月30日，日立全球存储科技公司（HGST）（日立）在美国加利福尼亚州北区联邦地方法院起诉中国南方汇通微硬盘科技股份有限公司及其中国母公司南方汇通世华微硬盘有限公司（南方汇通）和在美国的研发机构，指控它们侵犯了数项专利，要求法院永久性地禁止南方汇通生产、使用、进口，或者在美国销售侵犯其专利的产品。另外，还要求被告赔偿经济损失。南方汇通微硬盘科技股份有限公司主要生产1英寸硬盘，其技术是美国磁源公司入股的技术。而南方汇通在投资微硬盘项目前，对当时掌握微硬盘技术的IBM所拥有的383项专利技术进行了检索分析，结果显示美国磁源提供的微硬盘核心技术拥有完全的自主知识产权，才下决心投资微硬盘项目。南方汇通认为日立是从IBM那里购买的全部技术，所以不存在侵权问题。南方汇通的微硬盘产品在深圳高交会上获得了总额1.88亿美元的订单，并将参加2005年1月6～9日在美国拉斯维加斯举办的国际电子消费展（CES），这对在中国投下巨资，正在建设微硬盘基地的日立来说，无疑是巨大的竞争威胁。南方汇通认为日立此时提起专利诉讼，有明显的市场压制意图。

频繁发生的知识产权事件严重制约了我国企业的发展。例如，德国汉诺威日报2007年3月18日报道，在汉诺威CeBIT2007国际展会上，由于涉嫌侵犯意大利Sisvel公司的MPAG技术专利，德国海关对一些主要的中国参展商进行搜查，并扣押了数车使用MPAG压缩技术的数码相机、导航设备、手机、

MP3、电子钟、DVD 播放器，DVB－T（数字电视接收器）等设备。

换位思考一下：当今信息技术产品的创新与研发是需要巨额投入的，有时一个创新的资源投入之巨远远超出了一家跨国公司，甚至一国财政的承受能力，这就需要整合全世界之优势资源共同开发，如 IC 制程技术、TFT－LCD 制程技术、3G 移动通讯网技术、蓝光 DVD 技术等。高投入就期盼高回报，在当今私有制占主导地位的社会制度下，谁也不愿意向不出钱出力者提供免费午餐。为了保护自己的劳动成果并使投资回报最大化，世界信息技术产业出现了形形色色的产业联盟，在世界各国申请专利。为了投资回报最大化，产业联盟千方百计把专利成果挤进国际标准。

有时，国际标准中的专利持有人甚至借助强权政治、强势文化等因素的干预，把这种标准变成谋取高额利润的工具。例如：美国联邦通信委员会规定：自 2007 年 3 月 1 日起，输美电视必须是数字电视，14 英寸以上的电视必须符合美国先进制式委员会（ATSC）标准。要符合 ATSC 标准就不得不使用 ATSC 联盟企业申请了专利的技术。而每台高达 20～30 美元的专利费用远远超出我国输美彩电每台 2～3 美元的利润，迫使我国彩电企业放弃美国市场，直接后果是我国 2007 年电视出口同比大幅下降 44.6％。

以上做法，可概括为“创新技术—申请专利—挤进标准—垄断市场”的模式，这已经是世界信息技术产业的通行模式。可想而知，当源头技术都被专利化、标准化、垄断化之后，不掌握上游核心技术的国家的处境是多么窘迫了。

二 核心技术上游化趋势之二——电路芯片化

20 世纪七八十年代，芯片电路还只能替代部分功能电路，在印制电路板上的众多元器件中，芯片电路也只是一个大个头的器件。但进入 90 年代后，芯片由简单到复杂逐步整合了大部或全部的分立元器件电路，使电子整机由一台设备演进成一块组装有若干芯片的功能板卡，再进一步演进成一块制造有全部电路的系统芯片。当今电视芯片整合了嵌入式微机、解码、接口、模数转换、晶振锁相环、缩放控制、屏幕视控等基础电路。手机芯片整合了嵌入式微机、射频、电源管理等基础电路。DVD 芯片整合了 CPU、存储、解码、数字信号处理（DSP）等基础电路。MP3 芯片整合了解码、控制、录音等基础电路。

同时，在整合过程中基础电路也得到了优化升级，许多电路优化升级后以全新原理出现并形成了固定的功能模块。这些功能模块也被程序化并申请专利形成了 IP 核。IP 核的出现简化了芯片设计和制程工艺，大大促进了电路芯片化进程。

电路芯片化源于微加工工艺技术的发展，尤其是成膜工艺①、平面工艺②和微组装工艺③的发展，以这些技术为基础形成了被称为第三次工业革命引擎的微电子技术。其中，最具革命性的是微电子技术中的高端芯片，高端芯片是利用深亚微米、纳米级微加工技术在一块硅片上实现复杂电子系统 SoC。自美国英特尔于 1971 年开发了世界上第一块 SoC 芯片——计算器芯片 4004 之后，集成电路以摩尔规律飞速发展④，并掀开了电路芯片化的历史进程。

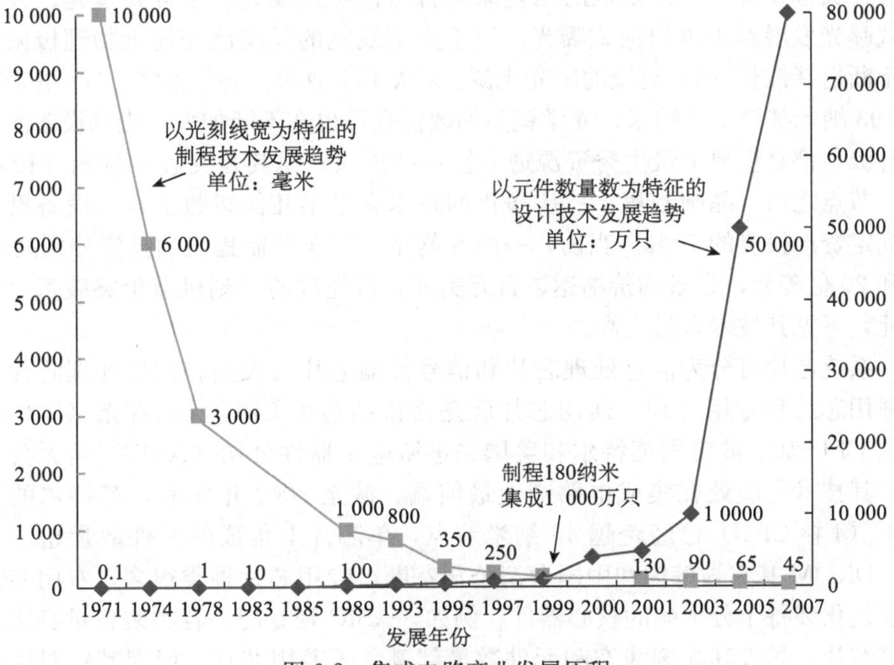

图 6-2 集成电路产业发展历程

图 6-2 记录了电路芯片化的历史轨迹，曲线表明：进入 21 世纪以来，制程技术跨过 100 纳米，设计技术跨过 1000 万只元件大关，尤其是近几年内，制程技术迅速跨过 90 纳米、65 纳米、45 纳米技术节点，设计水平也迅速跨过 1 亿、

---

① 蒸发、溅射、沉积、涂敷、印刷等工艺技术。

② 氧化、扩散、光刻、外延、成膜等工艺过程。

③ 熔焊、压焊等工艺技术。

④ 1958 年集成电路诞生，发展到 1965 年时，芯片上最多还只能集成 30 只元件。后来参与创建英特尔公司的戈登·摩尔总结了几年来集成电路发展进程后撰文预测：芯片上集成的元件数量将会以每年翻一番的速度发展（后来修订成每两年翻一番，也有每一年半翻一番的说法），这就是著名的摩尔定律。40 多年来，集成电路的发展历程验证了摩尔定律的正确性。

5亿、10亿只元件关口。今后20年内，按照RCG约定的路线图[①]，芯片技术将踏着37纳米、32纳米、28纳米、22纳米、16纳米节点，遵从摩尔定律继续走向物理极限，设计水平也将突破50亿、100亿只大关。

芯片技术是一个复杂的巨系统，由芯片设计、设备研制、材料开发、软件编写、晶圆制程、芯片测试和电路封装七大子系统构成，子系统之间只有配合默契，最终芯片产品才有希望达到期望的性能和成品率。每跨越一个节点，都需要子系统进行大量的研发资源投入，都是一次重大的技术革新。例如，晶元制程的关键设备——光刻机的工艺原理就由接触式曝光、接近式曝光、分步重复式曝光发展到步进扫描式曝光。由于光刻线宽的尺度已经逼近物理极限，需要不断选择波长（λ）更短的曝光光源：λ从436纳米、365纳米、248纳米发展到193纳米甚至157纳米；光学镜头的数值孔径也在不断加大。光刻设备的每一次升级，都是世界上最优秀资源通力协作的成果，尤其是突破1微米（1000纳米）节点之后，晶圆制程，厂房净化的技术含量呈几何级数上升，设备投资已占固定资产投资的70%。当前，一条8英寸、12英寸制程线的投资分别高达10亿和20亿美元，设备均价高达数百万美元，最先进的光刻机造价突破每台千万美元，可见其技术含量之高。

系统芯片可分为信息处理芯片和信号传输芯片两大类。信息处理芯片又分为通用芯片和专用芯片。通用芯片就是常说的通用CPU及内存条（DROM）；通用CPU基本被美国英特尔和美国先进微电子器件公司（AMD）两大公司垄断，其技术发展处在集成电路产业最前端。截至2007年年底，英特尔的通用CPU（4核CPU）已经跨越45纳米节点，单芯片上集成的元件数量超过8亿只。DROM基本被韩国和中国台湾公司垄断。专用芯片种类很多，专用芯片都是现代化装备十分依赖的核心器件。例如，ASIC是专门为各类装备量身定制的计算芯片，尽管其光刻线宽和元件数量都逊色于通用芯片，但因其针对性强而被广泛用于各类军用武器装备、工业生产设备（尤其是数控数显机床）、大型交通工具（尤其是干线飞机，如波音、空客等大飞机）、大型基础设施的自动控制和精准控制。ASIC技术主要被美国公司垄断。信号传输芯片被广泛使用在通信装备中。信号传输芯片技术主要被欧洲、美国公司垄断。

三 核心技术上游化趋势之三——部件模块化

毫无疑问，芯片技术是人类科学技术史上的一次革命。但是，寸有所长，

---

① 国际半导体技术发展路线图（the international technology roadmap for semiconductors，ITRS）。由路线图协作组（Roadmap Coordinating Group，RCG，1992年成立于美国的旧金山）召集业界专家进行研讨编撰成的用以协调材料、设计、工艺各方行动的指导性文件。

尺有所短，或受物理极限限制，或由人机界面需要，总有一些新型的元器件不能被芯片化。这就出现了在芯片电路旁外挂新型元器件的二次集成形成的组合，人们把这些二元或多元成分形成的电路组合叫做模块①。

模块化也是电子产品的发展趋势。为了便于大家理解模块化形态及发展趋势，以下给出几个典型案例。

（一）微波功率模块

微波功率模块（microwave power module，MPM），是美国国防部于1989年提出的新概念器件。由一个行波管（电真空器件）、一个固态放大器（微波芯片）和其他固态控制电路（计算芯片）组成的微波功率放大器。它可在一个器件中同时实现真空器件大功率、高效率以及固态器件低噪声、小体积的优点，克服二者单独工作时的缺点，其合成的功率可超过兆瓦，为军用雷达的有源相控阵天线的发展提供了优良的阵元。自第一个样品由美国诺思罗普公司研制成功后，其优势在海湾战争中得到了证实并成为新一代电子系统的核心技术。

作为一种新概念器件，MPM具有高功率、高效率、低相位噪声、小体积、轻质量的优点。在军用方面，MPM可使相控阵雷达②探测到横截面非常小的目标（如战术反弹道导弹），使电子干扰系统能发射更大的干扰功率。在民用方面，随着MPM体积、价格、可靠性方面的改进，在需要大功率微波的装备中将有广阔的应用前景。更具革命意义的是MPM使微波功率器件避免继续走非标准化的技术路线（按型号研发），使微波放大器能规模生产，降低成本，实现使用的标准化、通用化，从而促进电子系统的迅速发展。

（二）液晶显示模块

液晶显示模块（LCD module，LCM），是一种将液晶显示器件、连接件、显示驱动芯片、背光源、结构件等紧密装配在一起的组件。

LCM是应用最为广泛的人机交互技术，小到电子手表、电子计算器、手机，中到计算机、数控数显装置，大到液晶电视。其中技术难度最大的，当属22英寸以上的TFT-LCD大屏幕制程技术，这也是液晶电视的核心技术。近年来，由于TFT-LCD大屏幕技术的迅速发展，其在电视机领域具有了替代

---

① 根据我国有关国家标准：不可拆分的一体化部件称为“模块”，可拆分的称为“组件”。本书只考虑集成化趋势，所以统称模块。

② 相控阵天线就是由成千上万的辐射单元（每个单元需要一个MPM）排成阵列构成的定向天线，各单元之间的辐射能量和相位是可以控制的。典型的相控阵就是利用计算机控制移相器改变天线孔径上的相位分布来实现波束在空间的扫描。澳大利亚产的有源相控阵雷达和以色列“费尔康”预警机是MPM技术在国外军事设备上的典型应用。

CRT，主导电视市场的地位。TFT－LCD大屏幕设计环节的技术含量相对较低，但材料和制程的技术含量决不逊于90纳米高端芯片的材料和制程技术。技术含量最高的是ITO玻璃基板[①]、彩色板和TFT的制程。

TFT－LCD大屏幕技术的发展，也主要体现在彩色板和TFT的制程线上，也就是人们常说的“世代线”。日本夏普商贸有限公司（夏普）是世代线升级的领军企业，每升级一代，基板面积约放大1.3倍。自1代线问世以来，到2006年夏普的8代线批量生产，以每1～2年升级一代的速度发展。

（三）微机电系统

微机电系统（micro－electro－mechanic system，MEMS），是以超精密机械加工工艺结合硅平面工艺发展起来的一种跨物理学、化学等多学科的技术集群，是继芯片电路之后的又一大集成技术。MEMS实现了电子电路和微机械元件在芯片上的集成，尺寸通常在毫米或微米级，自20世纪80年代中后期崛起并迅速发展。基于MEMS技术制造的器件具有以下共同特点。

（1）微型化：MEMS器件体积小、重量轻、耗能低、惯性小、谐振频率高、响应时间短，一致性和重复性能远远高于宏观机械器件。

（2）集成化：可把不同功能的部件集成于一体，完成机械上的执行或电子传感以及电子逻辑的运算。

（3）适宜大批量生产：用硅平面工艺在一片硅片上可同时制造成百上千个微型机电装置，而同一批次可以同时加工十几个硅片。MEMS这种批量生产能力是空前的。

当前，MEMS器件已经发展出微传感器、微执行器、微型构件、微机械光学器件、真空微电子器件、电力电子器件等主要品种。

（四）其他关键模块技术

以上介绍了三种模块化技术：MPM是当今军用信息技术产业的核心器件技术，LCM是民用信息技术产业的核心器件技术，MEMS则展现了更为广阔的模块化前景，它和芯片电路的配合将把除壳体和人机交互技术之外的大部分技术都集成起来，由此可见其核心性。

除此之外，我们还可以列举许多案例，如计算机硬盘是磁记录盘片、机械

---

① 在钠钙基或硅硼基玻璃基片上，利用磁控溅射的方法镀上一层氧化铟锡（indium tin oxides，ITO）膜加工制作而成。液晶显示器专用ITO导电玻璃，还会在镀ITO层之前，镀上一层二氧化硅阻挡层，以阻止基片玻璃上的钠离子向盒内液晶扩散。高档液晶显示器专用ITO玻璃在溅镀ITO层之前基片玻璃还要进行抛光处理，以得到更均匀的显示控制。液晶显示器专用ITO玻璃基板一般属超浮法玻璃，所有的镀膜面为玻璃的浮法锡面。

寻址机构和控制芯片等组装成的模块；数码摄像机用摄像头，航空航天用遥感遥测摄像头是精密光学镜头、可见光或红外 CCD、制冷装置（红外遥感遥测在低温工作状态下需要）等组装成的模块。

四 核心技术上游化趋势之四——功能软件化

集成技术不仅直接推动了芯片化趋势，还间接推动了电子产品的软件化趋势。计算技术最先开启芯片化进程，反过来芯片化又大大推动了计算技术的发展。这个互动过程大大降低了各应用领域对计算技术的使用门槛，从而使处理器、控制器成为各应用领域的核心技术。

如今我们可从所有应用领域的专用芯片中找到计算模块，而计算模块也毫不客气的喧宾夺主。例如，通信手机传统的主电路是收、发讯通道电路，而今通道电路的射频部分演变成射频芯片，音频部分被集成进基带芯片，成了配角，唱主角的是基带芯片中的计算模块。再如相控阵雷达，传统主电路也是收、发讯通道电路，而今在一部雷达中通道电路演进成数万个 R/T 模块，成了一群配角，唱主角的是基带芯片中的高速计算模块。

再进一步分析，计算机硬件只是一个运行平台，应用功能必须依靠软件实现。随着芯片中计算模块的性能越来越强，软件的作用也越来越大。在许多领域，已经由软件替代硬件承担相应的功能，如通信领域的数字信号处理、软交换等，探测领域的相控阵雷达天线的扫描控制等。

第三节 我国信息技术产业被边缘化与下游化

由于本书研究的是对外技术依存度，所以在分析历史资料时不注重过程只注重结果。也就是说不关注钱如何花，只关注获得的技术是有效还是无效。例如，不关注国家录像机工程如何严密组织，如何成功建设，只关注市场上只有光盘机而没有录像机这一客观事实。不关注国家半导体集成电路 908、909 工程如何科学规划，如何择优引进，只关注当前我国整机产业采购的高端芯片全是国外产品这一客观事实。

一 改革开放 30 多年我国信息技术产业的主流发展模式

从技术获得视角看，我国信息技术产业的技术获得大体上可分成两个阶段：改革开放开始以前 30 年为第一阶段，以获得内生技术为主；改革开放开始以后 30 年为第二阶段，以获得外源技术为主。为叙述方便，本书称第一阶段为老产业，称第二阶段为新产业。两个阶段没有技术传承关系，就好像印度、埃及的现代文明与其古代文明没有传承关系一样。

说到此，我们还需要界定在改革开放中形成的“我国境内信息技术产业”和“我国信息技术产业”两个概念。

“我国境内信息技术产业”是指各种资本在我国境内投资形成的信息技术企业集群。其中包括欧、美、日、韩、台等资本形成的外资企业和台资企业集群，也包括我国公、私资本形成的中资企业集群。

“我国信息技术产业”特指“中资企业集群”。具体地说：在1979年之前，是老产业；在1980～1995年是新、老产业并存的过渡产业，在1996年之后是新产业。本书的研究对象是新产业的对外技术依存度。

（一）改革开放前30年的创新发展模式

老产业的创业有两个技术源头：一是随国民党资源委员会起义的电信企业①和工程师；二是苏联、前东欧国家援建项目②和援华专家③。以这两个技术获得为基础，老产业基本上走的是独立自主、自力更生的发展道路，并在文化大革命以前的17年（1949～1966年）取得卓绝的成就。

在建国伊始极端困难的条件下，我国电子管领域率先自主创新，为支援抗美援朝战争、国民经济恢复和国防建设开发了急需的电子管。在此基础上，各整机领域相继开发了通信、雷达、计算机和广播发射机等一批国家急需的重大技术装备。

> 率先起步的是通信技术。1950年，为支援抗美援朝战争，以随国民党资源委员会起义的12家电信企业，4000多技术员工为班底，不分昼夜地修复、研制志愿军急需的战术电台，迈开了新中国信息技术产业跨越式发展的第一步。短短两年时间，完全依靠自己的力量，天津

---

① 1948年10月，孙越崎领导的国民党资源委员会起义，为新中国保留了赖以起步的产业资源。其所属工厂后来成为新中国电子工业的核心——南京电子管厂（772厂）、南京无线电厂（714厂）、天津无线电厂（712厂）、中原无线电厂（710厂）等骨干企业。

② 1952年起，前民主德国在北京援建了华北无线电器材联合厂（798厂、718厂、797厂、707厂、706厂、751厂和电子11所）、苏联援建了北京电子管厂（774厂），形成了北京地区电子企业集群。1954年起，苏联在成都、绵阳地区援建了锦江电机厂（784厂）、新兴仪器厂（719厂）、西南无线电器材厂（715厂）、红光电子管厂（773厂）、国光电子管厂（776厂）、成都电机厂（906厂）、四川无线厂（780厂，今四川长虹电子集团有限公司，简称长虹），形成了成都地区的电子企业集群。

③ 1960年7月16日，苏联政府突然照会中国政府，单方面决定召回苏联专家。25日，没等中国政府答复，苏方又通知中国政府，自7月28日至9月1日将撤回全部在华专家1390人。31日，中国外交部复照苏联政府，希望苏联政府重新考虑并改变召回苏联专家的决定。但苏方无视中方的抗议和力争，最终还是撤回了在华的全部专家并带走了技术资料。

无线电厂开发出军师级 91 型 100W 短波电台，师团级 81 型 15W 短波电台，营连级 702 型超短波电台；并由南京无线电厂开发出团营级 71 型 2W 短波电台。从而构成完整的仿美战术电台系列。1953 年 4 月，各厂开始引进、仿制苏联产品，虽然仿苏电台未被解放军采用，但各厂却更新了技术和工艺，使得自行设计的 71 型、81 型电台的稳定性、可靠性大大提高，成为解放军列装数十年的主要装备。

其次，是雷达技术，也是战争所迫。1953 年，南京第一电信技术研究所仅以一部没有天线的美式雷达作参考，在技术环境很差、没有任何图纸资料的情况下，四十多人的研制小组开始了国产雷达的自行研制之路。历时一年，完全依靠自己的力量开发成功我国第一台中程警戒雷达，各项性能指标均达到国际水平。

第三、是电子计算机技术，这也是为了国防科研需要。1958 年，我国第一台电子管式小型通用数字计算机（103 机）由中科院计算技术研究所（计算所）、北京有线电厂等有关单位合作制成。

第四、是电视机技术，是政治形势的需要。1958 年 1 月，天津无线电厂试制出我国第一台电子管式黑白电视机——“北京牌”820 型 35CM 电子管黑白电视机，并于 3 月 17 日实地接收信号试验成功。1970 年又成功开发了电子管式彩色电视机。

随之，我国半导体领域开始自主创新。1956 年，紧跟国际电子器件发展进程，国务院把发展半导体技术列为国家四大紧急措施之一。在西方国家联手对新中国的严密技术封锁下，除了有苏联专家的短暂指导之外，我国发展半导体技术完全依靠老一辈归国学者和他们培养的技术队伍。1957 年北京研制出锗单晶和锗晶体管；1959 年天津研制出硅单晶；1963 年河北研制出平面型硅晶体管，翌年又研制出外延平面型硅晶体管。在这期间，为国防装备小型化开发了放大管、开关管等系列晶体管。尤其值得一提的是在没有任何参考资料的情况下完全自主创新开发了战术电台急需的高频大功率晶体管。

在掌握了硅平面工艺技术之后，我国半导体技术随之进军集成电路：1965 年北京、河北各自研制出 DTL 电路；1966 年上海研制出 TTL 电路。20 世纪 60 年代末 70 年代初，上海、北京、四川等地又相继开发了 PMOS、NMOS 和 CMOS 电路。在此基础上，我国各整机技术开始或快或慢或多或少地由电子管向晶体管过渡。

在民品方面，国产晶体管收音机迅速进入市场，成为居民消费的“四大件”之一。在军品方面，战术电台率先实现了晶体管化。电子管电台体积大、能耗高，如 81 型电台的主机和电池净重 26 千克，另配一部手摇发电机和各式天线，往往需要一个通信班来背负行军和使用，严重制约了部队的机动能力。在我国半导体技术大发展之时，第四机械工业部（四机部）王铮部长及时提出了研制全晶体管战术电台的重大任务。经过两年的技术创新，在最后攻克了高频大功率晶体管关键技术后，1966年，全晶体管的小81型电台投入批量生产。

伴随着晶体管和集成电路的开发进程，我国计算机开发也及时吸纳了半导体技术最新成果。1963年我国开发了每秒运算1万次的109型锗晶体管计算机。其后开发的DJS－320型硅晶体管计算机，运算速度达到每秒28万次。1968年开发了基于DTL电路的我国第三代电子计算机。此后，国产集成电路成为国产计算机的发展基础。1975年研制成功基于TTL电路的150型计算机，运算速度达到每秒百万次。1976年研制成功基于ECL电路的大型电子计算机，每秒运算速度达到1000万次。

由上述资料可鉴，老产业的自主发展与世界基本保持了同步，虽有差距但差距不大，一般估计在10年以内。客观地说，我国之所以能在国际产业体系之外形成独立、完整的产业体系有其主、客观两方面的因素。主观原因是得不到外援，只能自力更生；客观原因则可以归结为三条：

第一，产品技术原理还比较简单。电子管及其电路、晶体管及其电路、小规模集成电路都是一些教科书式的经典结构，容易掌握。

第二，工艺技术还比较简单，普通通用设备及通用工艺，普通专用设备及专用工艺也都是一些简单原理与方法，设备容易制造、工艺容易摸索。

第三，技术开发虽都是跟随创意，但因为闭关锁国，不受外国技术专利限制。研制第一部战术电台模仿了日、美和苏式电台；研制第一部雷达模仿了美式雷达；研制第一部计算机也获取了苏联的图纸。由于早期的产品技术和工艺技术易于模仿，使得跟随创意易于实现。

但从1966～1979年，我国老产业与国际差距迅速拉大。这也有其主、客观两方面的原因：主观原因是文化大革命事件对老产业发展起到减速作用；但更重要的却是客观原因，这就是十几年间国际信息技术的发展已进入加速运动阶段①。产业技术日趋复杂，首先是科技发展与积累促进工艺装备的高精尖化、高效能化，而制造这样的装备已经超出了我国装备制造能力。其次是科技发展与积累促进工业产品的高精尖化，而制造这样的产品也已经超出了我国普通装备的规模生产能力。我国可以开发全系列的小规模集成电路，但近乎作坊式的生

① 1965年4月19日，时任美国仙童半导体公司研究开发实验室主任的摩尔应邀为《电子学》杂志35周年专刊写了一篇观察评论报告，题目是《让集成电路填满更多的元件》。据他推算：到1975年，在面积仅为四分之一平方英寸的单块硅芯片上，将有可能密集65 000个元件。他是根据器件的复杂性（电路密度提高而价格降低）和时间之间的线性关系作出这一推断的。这就是后来被人称为“摩尔定律”的最初原型。

产线却从来没有真正意义上实现过大工业生产，到20世纪70年代末期，我国集成电路产能最高的生产线也只达到500万块。

不论是文化大革命事件对国内产业的减速作用，还是科技进步对国际产业的加速作用，两因素只要有其一就会扩大我国与世界的差距。但哪个因素起决定性作用呢？搞清这个问题对我们的研究很重要。文化大革命事件是领导者个人意志造成的，是偶然事件，可能发生也可能不发生；但科学技术对产业发展的加速作用却是必然事件，是历史发展的客观规律。所以说科技进步对国际产业的加速作用是造成我国与国际扩大差距的主要原因。就是说在严密封闭的环境中，缺乏自然科学底蕴和工业技术积淀的中国社会此时再也无力为进入集成电路发展阶段的老产业提供更多的发展支撑了。客观地说：落后造成的差距扩大是一种历史的必然，只不过恰好此时爆发了文化大革命，社会动乱恰好掩饰了科技落后与体制弊端对产业发展的阻碍作用。

（二）改革开放后30年的引进发展模式

长期以来，我国老产业主要是军工电子产品，消费电子产品只有收音机。文革后期才开始产业化的黑白电视机，到改革开放前夕也只发展到12in晶体管电视机。此时，受文革压抑的民众文化欲求急剧爆发，作为文化媒介的音视频产品自然成了市场热点。1979年，国门洞开，日式音视频产品顺应我国市场需求趁势而入，当基于集成电路、小型元器件的设计精美、工艺精湛的收录机、电视机、录像机摆在国人面前时，其热烈反响预示了一个虽然自主但技术落伍的老产业即将完成使命；一个虽不自在但技术先进的新产业即将破土而出①。

我们前面说过老产业和新产业之间没有技术传承关系，意思是说新产业的产业技术完全是从国外一揽子引进的，而不是从老产业内生的，二者之间的唯一纽带是老产业为新产业输送了隐性技术②。老产业向新产业过渡的驱动力来自企业、地方和中央三个层面。

在企业层面，大批日式音视频产品以SKD、CKD形态经由深圳特区进入内地组装。为迎接SKD、CKD产品组装，内地企业无一例外地都建设了音视频产品插件组装线。

---

① 20世纪80年代初，日本电视技术已经在大规模集成电路基础上实现彩色技术。当时国内没有彩管技术，也没有大规模集成电路技术，其他电子元器件如小体积电阻、小体积电容、小体积电解电容、大容量大电流薄膜电容、声表滤波器、延时线、高压电容、高压包、高压晶体管、高频头等依靠国内普通装备都不能生产。想依靠自己的力量在短期内仿制集成电路时代的电子产品已是不可能的了。因此，技术引进是使我国信息技术产业尽快跨进集成电路时代的唯一途径。从1979年引进第一条彩电生产线起，到1985年引进最后一条彩电生产线止，7年间国内引进的彩电生产线超过百条。可以这么说：彩电产业是我国信息技术产业转向的开路先锋，换句话说也是我国信息技术产业对外技术依存的始作俑者。

② 请参阅第一章“技术的观念性”内容。

在地方层面，纷纷安排“六五”计划竞相引进音视频产品插件组装线。这些组装线所需的电子元器件、零部件模具及原材料几乎都依赖进口[①]。

两个层面一哄而上的局面引发了两个尖锐的社会矛盾：一是技术标准混乱，造成不少质量问题；二是成为我国过渡产业经济支柱的音视频产品只能用国外上游产品配套。而此时老产业赖以生存的军品订单又大幅削减，国产上游产品几乎没有销路。过渡产业的对外技术依存度从0%陡然逼近100%。

1984年，为扭转混乱局面，中央开始实施引进上游技术的彩电国产化“一条龙”工程[②]。要注意，彩电上游产品的工艺技术和多数电子元器件技术都是通用技术，不仅仅能为彩电配套，完全可以用于计算机、通信机等其他领域的电子产品，可以说彩电“一条龙”工程完成了新、老产业交替的铺底工作。

1984年，继音视频产品引进高潮之后，日式移动通信产品[③]又以SKD、CKD形态大量涌入我国，各组装企业也随SKD、CKD引进了通信产品组装线。由于移动通信产品多为手持、车载形态，体积比音视频产品小得多，电路板卡需用微型电子元器件高密度组装[④]。虽然彩电“一条龙”工程已基本解决了小型电子元器件国产化问题，但面对超小型元器件、片式元器件和频率合成、射频功率等集成电路仍然无能为力。

移动通信产品SKD、CKD引进，让国内企业见识了电路板卡贴片组装技术。1985年之后，贴片生产线又开始在“七五”期间大量引进。顺应电路板卡贴片化需求，国内电子原材料、元器件企业在“八五”期间又大量引进了片式技术。

经过“六五”、“七五”、“八五”几个波次的技术引进浪潮，至“九五”初基本完成了我国信息技术产业的新、老交替。此时，新产业能引进的差不多都引进了，不能引进的也以“间接技术形态”、“隐性技术进口”搭成了供应链。至此，我国信息技术产业已具备了设计、生产符合国际标准的小型、超小型通

① 由于缺乏核心元器件研、产能力，国产电视机大大落后于美、日等国。1973年国家曾计划引进美国康宁公司彩管技术，但被“蜗牛事件”阻止。1977年，国务院批准引进彩色显像管成套技术，并于1978年成立陕西彩色显像管总厂（4400厂）。同时，国家计划委员会（国家计委）和四机部先后组织了两批人员到日本考察彩色电视机及其配套元器件的生产技术。通过考察一致认为生产现代彩色电视机不仅要引进彩色显像管和集成电路生产技术，而且要引进电视机整机、新型元器件、专用元器件和若干种通用元器件的生产技术。1980年引进彩色和黑白电视机用集成电路生产线，部署在无锡江南无线电器材厂（742厂），主要生产双极型消费电子类线性电路（东芝四片机和二片机集成电路系列）。

② 在整机层面安排1亿元投资引进4个CAD项目，其余安排元器件、原材料、仪器仪表工艺设备（含工装模具）项目。“一条龙”专项资金安排并不多，其余项目安排在“七五”计划中。

③ 公安、矿山、公交等调度使用的专业通信设备，现发展为集群通信。

④ 彩电使用有引线元器件，组装过程为插装、波峰焊；移动通信机大量使用无引线片式元器件，组装过程为贴装、再流焊。

用元器件，零配件以及电路板卡的技术能力，并融入国际信息技术产业链。由于内部配套能力增强，我国信息技术产业的对外技术依存度比之改革开放初期有所下降。

我国之所以能用短短 15 年时间通过改革开放完成新、老产业交替也有其主、客观两方面的因素：主观因素是国内引进新技术发展经济的成功运作；客观因素可以归结为：

第一，跨国资本的技术退出战略。这些生产环节的产品技术较低，也没有专利制约，关键是掌握工艺技术。这里有两种类型的工艺技术：其一工艺设备是关键要素，只要拥有设备就能掌握工艺技术；其二工艺规范是关键要素，有了设备没有工艺规范也不能掌握工艺技术①。我国能引进的是前一种技术，因为这些技术容易扩散，其竞争优势取决于非技术因素。当竞争优势取决于人工时，因人工成本低廉是我国的优势，所以这类技术引进后能成功落地②，如插件式、贴片式电路板卡技术，片式电阻、片式电容技术等。

第二，跨国资本的海外投资战略。这些生产环节的工艺技术容易扩散，关键是掌控产品技术。这类技术通常是只卖产品不卖图纸。由于我国市场的巨大诱惑力，跨国公司并不满足仅向我国输入产品，还输入资本、技术直接注册中国公司，就地产销。例如，英特尔除向我国计算机产业输入在境外制造的 CPU 外，还向大连转移了 CPU 芯片制程技术，向成都转移了芯片封装与测试技术，在境内产销 CPU。要注意，这种技术转移只是变换了生产地点，并没有改变知识产权关系。但是，在我国境内发展的外资产业毕竟补充完善了我国信息技术产业缺失的环节，对于我国信息技术产业来说也是一种间接技术获得。

总之，我国境内信息技术产业在改革开放后 30 年的发展中以直接、间接两种技术获得方式完成了新、老产业的交替。

二 发展模式的负面作用导致我国产业边缘化与下游化

“没有什么事物是不包含矛盾的，没有矛盾就没有世界。”我国信息技术产

---

① 工艺设备掌握在设备商手里，他们总是要卖设备的。工艺规范即设备操作技术则掌握在材料商、元器件商手里，他们往往只卖产品（间接技术形态）不卖技术（直接技术形态）。此时设备只是一个物理平台，而形成何种物理条件则其取决于工艺规范，所以关键要素不是设备技术而是设备操作技术。这种设备操作技术的获得需要多年的技术积累，不可能一蹴而就。尽管我们可以买到设备但仍然掌握不了工艺技术。例如能买到磁控溅射设备但买不到 LED 外延片生产方法，能买到改良西门子法成套设备但买不到多晶硅提纯的工艺规范。没有工艺规范就发挥不了设备效能，买到设备也做不出产品来，这类技术买不来。

② 这类技术引进也有两种情况：一种是竞争优势取决于人工优势，这种技术引进了容易成功落地；另一种是竞争优势取决于品牌优势，这种技术即使引进了也很难落地，如国家集成电路 909 工程，京东方和上广电的第 5 代 TFT－LCD 制程技术。

业60年的发展历程，就是一个矛盾转化的过程：前30年是“技术创新”与“技术落伍”的矛盾，初期“技术创新”起主导作用，发展到20世纪70年代，“技术落伍”逐渐起主导作用。后30年是“技术引进”与“技术依赖”的矛盾，初期“技术引进”起主导作用，进入21世纪，“技术依赖”逐渐起主导作用。前30年矛盾性质转化的原因已在上节说明，后30年矛盾性质转化的原因可概括为：

第一，我国引进的上游技术基本都是夕阳技术。用这些技术设计生产的产品都是低值产品。尽管在整机中使用数量很大，但其价值占整机价值的比重不会超过10%，是当代整机中的边缘技术。尽管引进主体非常努力地利用廉价劳动力取得了骄人业绩，许多产品产量达到世界第一。但因其工艺设备专业化程度极高而无法用于生产其他产品，而可生产的产品又没有多少创新空间，又由于低值产品只能靠薄利多销维持生存，难以积累研发资金，所以引进主体只能维持引进时的技术水平。

第二，跨国公司发展的上游技术都是朝阳技术，并且在方案标准化、电路芯片化、部件模块化和功能软件化四个方向不断集成技术、创新技术。用这些技术设计生产的产品不断蚕食着分立元器件的生存空间，其技术附加值逐年升高，在整机产品中的价值比重达到了60%～70%①。例如，计算机中芯片、硬盘、显示屏和系统软件的价值，平板电视中芯片和显示屏的价值，手机中芯片和系统软件的价值，其比重都达到了整机价值的60%以上。当前，计算机产业的核心技术基本被美国垄断；通信产业的核心技术基本被美、欧垄断；音视频产业的核心技术基本被日本、韩国、中国台湾垄断。

第三，改革开放30年内，我国一直试图在核心技术领域有所突破。在方案标准化方面开发了TD-CDMA 3G国际标准；在电路芯片化方面也开发了不少中低端芯片。但与国际先进水平相比，这些突破还很稚嫩。国内芯片设计水平最高只达到了集成5200万只晶体管的规模②，而英特尔的单内核处理器集成的晶体管数超过8亿只，双内核处理器集成的晶体管数达到17亿只，四内核

---

① 例如，高端芯片是构建电子电路的核心，其价值远远大于我国的分立元器件。2008年，英特尔的计算机处理器芯片销售了344.9亿美元，三星的计算机内存及消费电子类芯片销售了202.7亿美元，得克萨斯仪器公司的投资电子类芯片销售119.7亿美元，东芝的消费电子类芯片销售110.6亿美元。仅这4家芯片创造的价值就远远超过同期我国4家最大信息技术企业创造的价值。

② 北京中星微的数字多媒体芯片集成规模为数百万只晶体管；华为的通信芯片集成规模为5000万只晶体管；中科院计算所的计算机芯片集成规模为5200万只晶体管。当代的芯片设计就像搭积木，芯片的系统设计提供了图样，而长期积累的可供设计反复调用的电路模块（IP核）则是积木，IP核的种类和规模越大搭积木的能力就越强，集成的晶体管数就越多。谁也没本事用一只只晶体管去设计高端芯片。IP核是需要时间去积累的，从中科院计算所和华为的行业地位和资源积累分析，他们的芯片无疑是我国当前芯片设计的最高水平。

处理器芯片集成的晶体管数超过 20 亿只。当前，我国微电子技术总体水平落后 2～3 代；光电子技术总体水平落后 2 代；真空电子技术总体水平落后 10～15 年。一些关键的尖端的元器件如抗辐射微处理器、微控制器、高位高速转换器、大功率微波毫米波功率模块、高性能光电子器件、高精度高可靠智能化传感器等领域的差距更大。总之，我国信息技术产业在当前核心技术领域几无立锥之地。

上述各国的比较优势构成了国际分工的基础。在下游产品中，不论是跨国公司的高、中端整机，还是我国产业的中、低端整机，既离不开美国、欧盟、日国、韩国、中国台湾产业的上游核心产品，也离不开我国产业的上游边缘产品。这“你中有我，我中有你”的技术纽带，就构成了当代国际信息技术产业链，如图 6-3 所示。

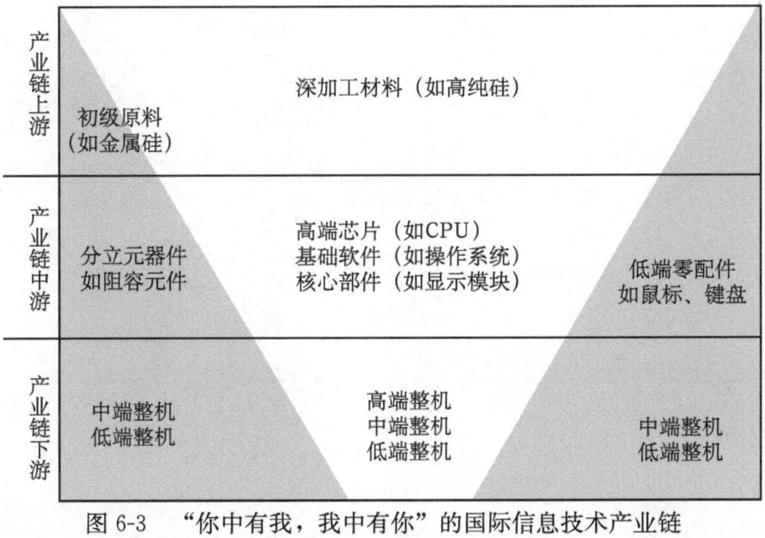

图 6-3　“你中有我，我中有你”的国际信息技术产业链

在图 6-3 的产业链结构中，我国境内产业构成了国际产业主体①，在境内产业中，外资产业又构成主体②，中资产业只处在边缘地带，而且下宽上窄极不协调③。我国下游产业所需的核心元器件全部由跨国公司的境外、境内工厂配

① 例如，2008 年，我国境内产业生产手机 5.6 亿部，彩电 9033 万台，微型计算机 1.37 亿部，均为世界产量第一。

② 例如，2008 年，境内外资产业生产手机 4.46 亿部、彩电 3542 万台，计算机 1.16 万部，经济规模明显高于我国产业。

③ 例如，2008 年电子百强企业中，几乎见不到上游企业的身影，仅排名前 4 位的下游企业的销售额就大大超过上游产业的销售额。华为 1227.4 亿元，海尔 1220.2 亿元，联想 1152.1 亿元，海信 488.8 亿元，中兴 442.9 亿元。

套。说到此，我国信息技术产业的发展现状就很明晰了，概括起来就是：产业结构空心化，上游产业边缘化；产业重心下游化，下游产业低端化。在这种状态下，我国信息技术产业的重心——平板电视、个人计算机和手机三大产品，其价值的60%、70%依赖跨国公司配套，其对外技术依存度之高就可想而知了。

第七章 追赶型国家产业发展的经验与教训

第一节 变革机会——后进国家完成技术追赶的必要条件

一部世界强国史就是一部核心技术演进史。16世纪，葡萄牙掌握了航海核心技术成为第一个世界强国，其后，荷兰掌握了造船核心技术，英国掌握了机械核心技术，德国、美国掌握了电气、冶金核心技术而先后成为世界强国。技术的发展对人类文明社会的演进起到重要作用。

这部历史同时也表明，一个落后国家要想超越先进国家，必须发展自主核心技术。成功与否，则需要客观和主观两个条件。新理论、新技术的出现是最关键的客观因素，因为落后国家要想跟随并超越先进国家发展，必受其核心技术掣肘，特别是在当前全球化阶段，知识产权和专利越来越受各国家重视和国际法保护。没有新理论、新技术的出现所创造出的摆脱掣肘的机会，就不可能有落后国家真正而独立的发展；而能否抓住新理论、新技术的萌芽，全力推动技术创新，则是最关键的主观因素。所以，客观因素提供了快速独立发展的可能性，主观因素提供了快速发展的可行性，二者缺一不可。

一 完成技术追赶的客观条件

完成技术追赶的客观条件，其关键因素我们称为“变革节点”。变革节点是促使一个事物优化升级或革新的某个时间点、某项事物或某个事件等。比如，美国于20世纪90年代在半导体行业重新赶超日本，需要超大规模集成电路等规模发展的客观条件；欧洲共同体在第二代移动通信领域赶超美国的经验表明，如果没有数字技术理论和制造技术的客观存在，是无法撼动美国对模拟蜂窝移动通信的国际统治地位的；中国于20世纪90年代在彩电行业成功赶超日本，其客观条件则是液晶技术的出现使日本等国家主动放弃了微利的彩电阵地。技术的更新换代或革新，均需要外在的客观事件作支撑和起助推作用。

二 完成技术追赶的主观条件

一件事情能否成功完成，最关键的还是人，人是否有能力、有意志、有决心去克服困难努力攻关。大到一个国家或地区，能否完成一件事或某项技术的追赶，除却客观因素，最主要的是看其内部自身政策、资金、人才、技术等条件是否具备，即主观条件是否具备。

研究现有数据和历史，韩国的液晶显示技术、印度的软件业和中国台湾的计算机制造技术稳居国际市场，并非一日之功，而是之前均付出了极大努力。韩国20世纪彩色管和半导体的本土化研究，印度早期的软件人才教育，中国台湾20世纪80年代技术发展政策的出台等，都为各自国家或地区高科技发展铺平了道路。

第二节 电子信息技术的变革机会此伏彼起，机会与挑战并存

在二战前，电子信息技术主要是电子管电路技术，主要应用领域是中波、短波和超短波的无线电广播和无线电通信，二战中英国人发明了雷达，微波频段得到开发，美国人开发了电子计算机，雷达和电子计算机的问世将电子管电路由模拟电路扩展到数字电路。由于英国、法国、德国、日本和苏联在二战中工业基础受到重创，而美国的工业基础得以完整保留，所以，二战后，美国成为世界电子信息产业的中心，其后，美国发明了第一只晶体管、第一块集成电路，并继续引领世界电子信息产业的发展。由于冷战的需要，欧洲和日本在美国的扶持下迅速修复战争创伤，并利用美国人急于在苏联和中国周边建立铁幕的心理，从美国得到了先进的电子信息技术，在此基础上开始摆脱对美国的依附独立发展，从此，日本独立发展了半导体收音机技术和半导体电视机技术，欧洲和日本各自发展了盒式录音机、盒式录像机技术，并反过来压制住美国民用电子信息技术的发展。

从以上的历史回顾中我们可以了解，世界电子信息技术的大发展是在二战以后。所以，我们也主要研究二战以后的发展变化过程。同时，我们也了解到，一国电子信息产业的兴起，有两种机会，一种机会是可以取得别人的技术，但也有两种情况，一种情况是产业的梯次转移，这是普遍规律；另一种情况是政治经济需要，如第二次世界大战后欧洲、日本从美国取得先进技术，但这只是特例。另一种机会是技术的更新换代。一项革新技术的出现，可以为一个产业带来全新的发展时期，也使一个国家有机会站到该产业链的制高点。这种技术的革新和更新换代，就是我们所谓电子信息产业的“变革节点”。同时，一个产业经过战后几十年的发展，其变革节点可以有一个，也可以有多个。本章即重

点讨论电子信息产业各领域技术的发展史和变革节点。

一　电子器件技术的变革节点分析

电子器件经历了电子管、半导体晶体管和IC这三个主要发展阶段。20世纪初期到二战结束后的一段时间，是电子管和半导体晶体管时代，当时特定的历史环境决定了电子器件产业一直是美国在占据主导地位。1958年，美国人发明IC之后，以IC产业为代表的电子器件产业进入了各国纷争的时代，在IC产业的发展过程中，出现了几个典型的技术变革节点，给了不同国家在电子器件领域赶超别国的机遇。从各国技术竞争的角度来看，电子器件的发展过程经历了以下几个具有代表性的变革节点，如图7-1所示。

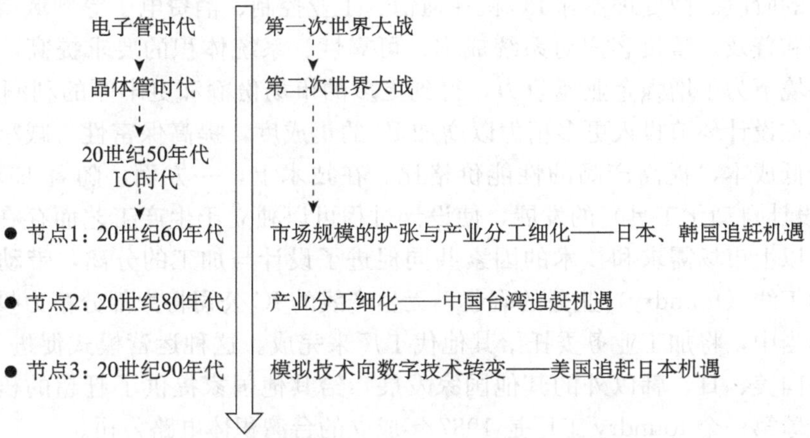

图7-1　世界电子器件发展历史中几大关键节点

（一）电子器件技术从军用、航天领域向民用的转变，市场规模扩张

20世纪60年代初期，IC技术只是用在军事和空间技术领域，其核心技术基本被美国个别公司所掌握。60年代的中期，随着IC技术的不断成熟，IC技术在多数美国电子厂商中获得了推广。由于当时的IC技术成熟度已经能够将其用在民用领域，如电视、家用电器和收音机等产品中，以大幅度提高电器的性能并减小电器的体积，得到更多的市场份额和更丰厚的利润，美国电子厂商迫切希望扩大生产规模并拓展海外市场。与美国本土情况相比，日本、韩国等拥有廉价劳动力成本和土地成本等资源吸引力。因此这些美国厂商在日本、韩国等纷纷建立了跨国公司以拓展业务。给了日本、韩国等发展IC产业技术的机遇。

以日本为例，20世纪60年代日本的电子技术与美国已经有很大的差距。1958年，美国电子公司TI为了扩大生产规模，希望在日本设厂，日本针对这一形式出台了一系列条例，包括TI必须与日本公司合资办厂，双方各占一半股份；TI必须对日本厂家开放IC专利；前三年必须在一定程度上控制外资企业的生产产品数量。这种招商引资的政策使日本的研发水平得到了不断提高，给日本日后赶超美国打下了基础。

（二）电子器件产业分工细化

20世纪80年代，伴随着技术架构的变化，制造工艺技术的进步和专业化为产业分工提供了条件。在这之前，IC产业结构仅处在以生产为导向的初级阶段，即以加工制造为主导的IDM模式，即一个企业IC产品的从设计到加工制造整个环节都要由自己独立完成。因此，全部IC设计、流片环节的技术都掌握在美国、日本、韩国的企业手中。80年代之后，IC产业从以生产为导向进入以客户为导向的阶段。微处理器和PC机在通信、工业控制、消费电子等领域得到了广泛应用和普及。整机客户对系统成本、可靠性、系统体积的要求提高，在这个市场环境下为了增强企业竞争力，得到更多的市场份额和更丰厚的利润，IC厂商需要在设计环节投入更多精力以增加IC的集成度，提高保密性，减小芯片面积，降低成本，提高产品的性能价格比。在技术上，一方面，随着EDA工具（电子设计自动化工具）的发展，使设计过程可以独立于生产工艺而存在，另一方面，以上市场需求和技术的因素共同促进了设计与加工的分离，带动了标准工艺加工线（foundry）业务的崛起，无生产线的IC公司将大部分精力投入到设计工作当中，将加工业务委托给其他代工厂来完成。这种运营模式促进了IC加工业务向美、日、韩以外的其他国家发展，给其他国家提供了赶超的机会。例如，全球第一个foundry工厂是1987年成立的台湾积体电路公司。

（三）模拟技术向数字技术转变

20世纪90年代是IC产业结构调整的另一个节点，IC产品逐渐由模拟技术向数字技术转变，给了美国追赶其他国家的机遇。在美国微处理器芯片控制的电子产品已经广泛应用，而日本仍在走模拟芯片的老路。在这个阶段，美国以英特尔为代表，为抗争日本跃居世界半导体榜首之威胁，主动放弃动态随机存储器（DRAM）市场，大搞CPU，对半导体工业作了重大结构调整，又重新夺回了世界半导体霸主地位。

二 电视技术的变革节点分析

现在，电视已成为人类社会最为普及的电子消费品，但电视技术的发展，从人类对电视概念的提出到目前液晶电视等先进电视的面世，历经了几代人的艰苦努力与技术的历次更新换代和革新。从1883年，德国电气工程师尼普科夫（P. Nipkow）首次采用“尼普科夫圆盘”机械扫描方法完成首次发射图像实验，到1925年第一台真正意义上的电视机出现，各国科学家均做出了巨大努力和成千上万次试验。但第一台电视机仍属于机械电视，存在清晰度和灵敏度低下的缺陷，在世界上并没有取得很大的发展。随着光电子技术的发展，电视也开始了从机械式向电子式转移。

（一）传统CRT技术

20世纪20年代后，光电子器件的相继问世，为电子电视的诞生奠定了基础。1924年，美国科学家兹沃雷金发明了电子扫描显像管和全电子彩色电视系统。1930年，德国科学家阿尔登第一次完整意义上提出用全电子化播送电视图像的方法。1933年兹沃雷金又研制成功可供电视摄像用的摄像管和显像管。完成了使电视摄像与显像完全电子化的过程，至此，现代电视系统基本成型，从此为电视产业的发展开启了大门。

阴极射线管技术解决了电视成像的最重要问题，促使电视走向一个大的产业发展。兹沃雷金得到美国无线电公司（RCA）5 000万美元的研制经费。1932年，他为美国无线电公司组装出世界上第一套全电子电视系统。在接收机中使用了电子扫描系统和经改进的CRT及显像管，电子式扫描电视进入实用阶段。很快，美国无线电公司的电子电视系统扫描线的数量增加到343线。全美国电视台高达780座，电视机近3000万台，约有87%的家庭拥有至少一台电视机，使得美国在电视产业的第一次浪潮中处于主导地位。而同时期英国只有190万台电视机，法国3万台，加拿大2万台，日本4000台。

20世纪60年代末到70年代初，日本完成了从真空管到半导体的转换期。1976年，日本通产省设立国家半导体实验室，集中日本的技术力量进行半导体技术攻关，并把这些半导体技术应用于电视，使得日本半导体电视在20世纪80年代称霸世界市场。进入20世纪90年代，世界传统CRT电视进入成熟期，发达国家的各大电视厂商在追求高利润的目标下，开始了传统彩电业的制造转移，中国、越南等低成本国家一时成为彩电的制造强国，彩电的制造版图也随之改变。传统电视完成产能转移后的规模化制造，同时降低了成本，低廉的价格又促使了彩电行业的全球普及，进而推动整个电视产业的发展。

（二）平板电视技术

平板电视技术最核心的是面板显示技术，其中又以等离子和液晶显示技术应用最为广泛。随着各种显示技术的出现，传统CRT电视耗能大、闪烁、清晰度等缺点逐渐显现出来。电视厂商则需要寻求另外一种或多种替代技术来满足社会对电视的高要求。液晶技术、等离子、背投等平板电视技术应运而生。

液晶是一种处于液体和固体之间的物质。在1888年被一位奥地利的植物学家所发现。经过从发现液晶到实际使用长达75年的时间，1963年，美国无线电公司的一位科学家发现液晶在正常状态下，允许光线直接穿过；但如果给它加电源，液晶就能使穿过的光线改变方向或者弯曲。1968年，美国无线电公司成功地制造出了液晶显示器（LCD）。然而在早期应用中，设备极其不稳定。直到英国赫尔大学的一位教授发现了联苯—— 一种具有高稳定性的液晶原料。从那时起，在液晶原料方面有了突飞猛进的发展。而日本各电视公司则看清未来电视的发展方向，抓住了液晶显示这一发展趋势。

2001年，第一代液晶电视上市。不过该阶段市面上销售的液晶电视产品并不多，主要为15英寸大小的产品，而且技术不成熟，可视角窄小、对比度低、画面清晰度差、价格高，多数的消费者隔岸观望，更多人愿意把它看做PC的显示器。所以CRT彩电的销量仍然称霸彩电市场，而等离子电视成为时尚的宠儿。直到2005年，第六代液晶电视一上市便卷入中外品牌价格大跳水的漩涡，液晶电视的发展潜力才开始实现。2007年，随着价格的进一步降低，液晶电视的销 量不到总体比重的20%，而CRT电视的销量跌破80%。虽然在销量上CRT电视仍然占绝对的主流，但是在销售额上液晶电视已经达到52%。

三 移动通信技术的变革节点分析

移动通信可以说从无线电通信发明之日就产生了。1897年，M.G.马可尼所完成的无线通信试验就是在固定站与一艘拖船之间进行的，距离为18海里①。在之后六七十年的时间里，移动通信受限于元器件和通信理论，发展缓慢，主要应用于特殊行业和群体。到了20世纪经过100多年的发展，移动通信从最初的报文通信、语音通信，发展到目前的视频通信、数据通信等，用户也从特定的群体发展到全球普通消费者。促使移动通信快速发展的，则是各阶段出现的相关主要技术。

（一）模拟移动通信主要技术的发展

在20世纪70年代中期到80年代中期，模拟移动通信得到快速发展，这主要得益于微电子技术、蜂窝网络及频分复用（FDMA）技术。微电子技术使得通信设备的小型化、微型化有了可能性，各种轻便电台被不断地推出；蜂窝概念真正解决了公用移动通信系统要求容量大与频率资源有限的矛盾；时分复用

① 1海里=1852米。

技术使得双向话音通信得到保障。

1983 年，第一代模拟移动通信系统首先在美国芝加哥投入商用。同年 12 月，在华盛顿也开始启用。之后，服务区域在美国逐渐扩大。到 1985 年 3 月已扩展到 47 个地区，约 10 万移动用户。虽然其他工业化国家也相继开发出蜂窝式公用移动通信网，但基于美国公司在微电子、蜂窝通信等技术方面的优势，这时期的移动通信技术和产业始终掌握在美国手中。

（二）窄带数字移动通信技术的发展

虽然模拟移动通信系统发展很快，但其技术上存在局限性，表现为容量小、难以提供非话业务、语音质量不高、保密性差、频谱利用率低、移动设备复杂；费用较贵，难以和综合业务数字网（ISDN）互连，而且设备不能实现小型化；制式不统一等问题。各国特别是欧洲各国迫切希望有一个统一的移动通信制式。

进入 20 世纪 80 年代中期，中、超大规模集成电路日臻成熟，高效编码技术如 CDMA 和时分多址（TDMA）等的日益成熟，特别是数字技术的快速发展，使得语声编码走向实用化，新的数字化智能终端进一步发展，欧盟首先抓住机会，提出了第一代数字移动通信标准。80 年代中期，首先推出了泛欧数字移动通信网（GSM）的体系。泛欧网 GSM 于 1991 年 7 月投入商用，1995 年则已覆盖欧洲主要城市、机场和公路。在推动 GSM 网络建设期间，欧洲各国积极扶持相关企业发展网络设备、终端、检测设备、传输等领域。经过 20 多年发展，欧洲 GSM 移动网络份额在全球移动行业占据绝对优势，直接推动了各相关企业的快速发展。

与欧洲截然不同的是，整个北美地区模拟移动电话系统采用统一的制式，移动网覆盖范围很广。根据北美地区的实际情况，美国提出数模兼容的方案，通信厂商可以根据系统用户增长的情况，逐步扩大数字系统容量，替换模拟设备，从而失去了在世界移动通信领域中的领导地位。

（三）宽带数字移动通信技术的发展

从前以模拟技术为代表的第一代和目前正在使用的第二代移动通信技术相比，3G 将有更宽的带宽，其传输速度最低为 384Kb/s，最高为 2Mb/s，带宽可达 5MHz 以上。不仅能传输话音，还能传输数据，从而提供快捷、方便的无线应用，如无线接入互联网（Internet）。欧洲以 GSM 为基础，快速引入宽带 CDMA 技术，率先开发出了第三代移动通信制式——WCDMA 标准。经过欧洲各通信企业在网络设备、终端研发、业务领航等方面的努力，WCDMA 成为发展最快的第三代移动通信制式标准。

WCDMA 用户依然保持着强劲的增长势头，截至 2008 年 6 月，全球

WCDMA 用户数累计达到 2.53 亿户，2008 年上半年新增了 7400 万 WCDMA（包括 HSDPA）用户，接近 2007 年全年的新增量；从各地区 WCDMA 用户的发展看，西欧地区的 WCDMA 用户市场份额最大，并呈持续上升趋势，截至 2008 年 6 月已达 46%；亚太地区的 WCDMA 用户市场份额位居第二，为 41%。

（四）未来高速数字移动通信

随着第三代移动通信系统逐渐进入商用，移动互联网应用已得到消费者的广泛认同，对移动带宽的要求也越来越高。按照目前第三代移动通信的带宽标准，已无法满足市场的需求。虽然在第三代移动通信标准上，各国均提出了优化技术，但第四代移动通信的研究则早已提上日程。

日本和韩国于 2002 年启动了面向第四代移动通信的 mTIF 和 K4G 研究计划。欧盟在前期研究计划（“第五框架研究计划”）的基础上，成立了世界无线通信研究论坛（WWRF），着手进行“IMT2000”之后的第四代移动通信研究的概念、需求与基本框架研究，并将把第四代移动通信系统列入将于 2003 年启动的欧盟“第六框架研究计划”。我国拥有自主知识产权的第四代通信标准 TD-LTE-Advanced 已正式成为国际两大标准之一。

四 计算机技术的变革节点分析

人类利用辅助工具计算已经有数千年的历史，如利用重量平衡原理所发明的秤，或是账房用方格布以简易的数据结构原理，按照高度清点钱币堆栈。专门用来算数的工具则是算盘，由中国人所发明，用骨架及铁丝构成，铁丝上串有算珠，以算珠的排列位置作为计数结果。从 17 世纪初，西方国家从齿轮着手，开始了机械计算机的研制历史。截至 20 世纪初，历经 300 多年的发展，机械式计算机已发展成熟，在计算等领域得到广泛应用。电子元器件的出现，为电子计算机的发展铺平了道路。

（一）电子管计算机

20 世纪 30 年代后期到 40 年代，受到二战影响，战争开启了现代计算机的时代，电子电路（electronic circuit）、继电器、电容及真空管相继登场，取代机械装置，就连模拟计算器也被数字计算器所代替。这个时期，可谓百家争鸣，德国、英国、美国、苏联等国科学家均为电子计算机的发展做出了卓越贡献。

1946 年 2 月，世界上第一台通用电子数学计算机“埃尼阿克”在美国研制成功。揭开了电子计算机发展的序幕。1949 年 5 月，英国剑桥大学数学实验室根据冯·诺伊曼的思想，制成电子延迟存储自动计算机“埃迪萨克”（EDSAC），这是第一台带有存储程序结构的电子计算机。从 1953 年起，美国的 IBM 开始批量生产应用于科研的大型计算机系列，从此电子计算机走上了工业生产阶段。1955 年，苏联科学家也研制成快速大型电子计算机，该机占用机房面积达 $100m^2$，共用了 5000 多个电子管，平均计算速度达每秒 7000～8000 次，该机包括一个能存储 1004 个代码的专用内存储器。1958 年，中国科学院也制成了中国第一台大型快速电子计算机。

（二）晶体管计算机

在 20 世纪 50 年代之前，电子计算机都采用电子管元件。电子管元件在运行时产生的热量太多，可靠性较差，运算速度不快，价格昂贵，体积庞大。这些都使计算机发展受到限制，于是，晶体管开始被用来作计算机的元件。晶体管不仅能实现电子管的功能，又具有尺寸小、重量轻、寿命长、效率高、发热少、功耗低等优点。使用晶体管后，电子线路的结构大大改观，制造高速电子计算机就更容易实现了。1954 年，美国贝尔实验室研制成功第一台使用晶体管线路的计算机，取名“催迪克”（TRADIC)，装有 800 个晶体管。

美国计算机厂商反应快速。1958 年，美国的 IBM 制成了第一台全部使用晶体管的计算机 RCA501 型。由于第二代计算机采用晶体管逻辑元件，及快速磁芯存储器，计算速度从每秒几千次提高到几十万次，主存储器的存储量，从几千字节提高到 10 万字节以上。1959 年，IBM 又生产出全部晶体管化的电子计算机 IBM7090。1958～1964 年，晶体管电子计算机经历了大范围的发展过程。从印刷电路板到单元电路和随机存储器，从运算理论到程序设计语言，不断的革新使晶体管电子计算机日臻完善。1961 年，世界上最大的晶体管电子计算机 ATLAS 安装完毕。自此，美国开启了统治世界计算机制造的时代。

（三）IC 计算机

电路集成化的最初设想是在晶体管兴起不久的 1952 年，由英国科学家达默提出的。他设想按照电子线路的要求，将一个线路所包含的晶体管和二极管，以及其他必要的元件统统集合在一块半导体晶片上，从而构成一块具有预定功能的电路。1958 年，美国得克萨斯仪器公司的一位工程师基尔比按照上述设想，制成了世界上第一块 IC。1959 年，得克萨斯仪器公司首先宣布建成世界上第一条 IC 生产线。1962 年 1 月，IBM 采用双极型 IC，生产了 IBM360 系列计算机。第三代电子器件正式登上电子学舞台。

20 世纪 70 年代以后，计算机用 IC 的集成度迅速从中小规模发展到大规模、超大规模的水平，微处理器应运而生，各类计算机的性能迅速提高。计算机也朝着两个方向不断发展：超级计算机和微型机。

（四）超级计算机

超级计算机通常是指由数百数千甚至更多的处理器（机）组成的、能计算普通PC机和服务器不能完成的大型复杂课题的计算机，主要应用于国防尖端技术和现代科学计算中。超级计算机的运算速度可达每秒百万亿次，研制超级计算机是衡量一个国家经济实力和科学水平的重要标志。

在最新公布的全球超级计算机500强排行榜上，IBM最新开发的“走鹃”占据了榜首宝座。“走鹃”的运算速度达到了1.026 petaflop，即每秒钟可进行1026万亿次浮点运算。我国曙光信息产业有限公司最新发布的超级计算机“曙光5000a”，按照国际通行的计算机运行速度测试标准，它的运算速度超过每秒160万亿次，运算能力相当于世界第七。这是在主要由美国垄断的全球超级计算机领域里，中国科学家取得的历史性突破。

（五）微型计算机

微型计算机，又称个人计算机，分为两大机型：桌上型与笔记本。由于结构简单、通用性强、价格便宜，已成为现代计算机领域中极为重要的一个，并正以难以想象的速度向前发展。

1981年8月12日，IBM正式推出IBM 5150，它的CPU是Intel 8088，主频为4.77MHz，主机板上配置64KB存储器，另有5个插槽供增加内存或连接其他外部设备用。它还装备着显示器、键盘和两个软磁盘驱动器，而操作系统是微软的DOS 1.0。IBM将IBM 5150称为个人计算机（personal computer），不久，“个人计算机”的缩写“PC”成为所有个人计算机的代名词。到目前，2008年预测全年计算机销售量将达到2.97亿台，增幅为12.5%。品牌厂商主要来自美国、中国及中国台湾。

（六）生物与量子计算机

按照摩尔定律，IC的复杂程度已经到了极限，为了追求性能更佳的计算机，只能更新目前的电子计算机物理架构，研究新型计算机，目前比较存在概念理论的主要有生物计算机和量子计算机。

生物计算机的主要原材料是生物工程技术产生的蛋白质分子，并以此作为生物芯片，利用有机化合物存储数据。信息以波的形式传播，运算速度要比当今最新一代计算机快10万倍，它具有很强的抗电磁干扰能力，并能彻底消除电路间的干扰。能量消耗仅相当于普通计算机的十亿分之一，且具有巨大的存储能力。由于蛋白质分子能够自我组合，再生新的微型电路，使得生物计算机具有生物体的一些特点，如能发挥生物本身的调节机能，自动修复芯片上发生的故障，还能模仿人脑的机制等。当前的生物计算机正在静悄悄地研制着，有朝一日出现在科技舞台上，就有可能彻底实现现有计算机无法实现的人类右脑的模糊处理功能和整个大脑的神经网络处理功能。

量子计算机是利用原子所具有的量子特性进行信息处理的一种全新概念的计算机。量子理论认为，非相互作用下，原子在任一时刻都处于两种状态，称为量子超态。原子会旋转，即同时沿上、下两个方向自旋，这正好与电子计算机 0 与 1 完全吻合。只要 40 个原子一起计算，就相当于今天一台超级计算机的性能。量子计算机以处于量子状态的原子作为中央处理器和内存，其运算速度可能比目前的奔腾 4 芯片快 10 亿倍，就像一枚信息火箭，在一瞬间搜寻整个互联网，可以轻易破解任何安全密码，黑客任务轻而易举，美国各政府机构均投入大量人力物力对其进行研究。

日本科学家正研制比现在使用的速度快数倍的量子芯片。东京大学的研究人员正在一间无尘净室中寻找一种新型的半导体，他们使用价值 800 万美元的设备把几种材料的仅有几个原子厚的显微层结合在一起，使它比较容易让电子四处流动。他们把这种新化合物叫做实验性的量子芯片。富士通公司的研究人员已经研制出了一种实验型的量子芯片，他们说它每秒钟的运算能力可高达 1 万亿次。

五 软件的变革节点分析

（一）个人操作系统从 DOS 到视窗的变革

20 世纪 80 年代中期以前，各计算机公司都在无图形界面的操作系统上下工夫抢占市场。IBM 在当时占据了头把交椅。IBM 在 1981 年 8 月 12 日推出个人计算机的同时，也宣布了 DOS 操作系统，它属于单用户单任务操作系统。后来，IBM 推出的蓝色巨人系列 PC 机大受欢迎，使其他多数微机生产厂商的盈利大幅下滑，有的甚至破产，包括苹果公司（苹果）推出的 Lisa 机及 Apple Ⅲ型也遭到了惨败。IBM 在微机市场上似乎要一统天下。

然而，图形界面的发展趋势并没有引起当时 IBM 的足够重视，而不少公司已经开始加紧开发配有图形界面的微机产品。1972 年，施乐公司 Plto Alto 研究中心推出了第一台具有图形界面、手持鼠标、微机网络等先进概念和技术的原型机。这项成果仍没有引起 IBM 的注意，但引起了苹果的重视。后来，苹果在 Plto Alto 研究中心的研究基础上，于 1984 年推出了配有 MAC 图形界面操作系统和鼠标的 Macintosh 计算机。MAC 机一上市立即在市场上获得极大的成功。Macintosh 计算机的先进图形界面操作系统超越了 IBM PC 机若干年，IBM 的市场宝座被苹果夺走。

除了苹果为 Macintosh 计算机开发的 MAC 操作系统之外，在兼容 PC 机市场方面，也有不少公司在加紧开发配有图形界面的操作系统，其中一个就是微软的 Windows 系统。但当时微软的销量并不好，Windows 当时创下了几个纪录：延迟交货次数最多、投入开发人员最多、开发时间最长、更换主管人员最多。但随着微软对 Windows 的不断改进与猛烈推广，加之当时 PC 兼容机用户仍占有相当数量，而苹果操作系统只能应用于 Macintosh 计算机上，不具有兼容性，市场有限，微软最终成功地将这些 PC 机用户转入了 Windows 的旗下，击败了其他竞争对手，占据了 PC 操作系统的霸主地位。目前，PC 机中采用 Windows 操作系统的已占 90%以上。

（二）PC 世界的浏览器之争

1993 年，伊利诺伊州大学的天才少年 M. Andreessen 开发了第一个浏览器 Mosaic，1994 年他成立了公司，并发布了 Netscape，这是第一个浏览器，自此开始了“互联网”时代。同年 10 月，微软也发布了它的浏览器 Internet Explorer（IE），但当时微软正忙于操作系统业务，并没有预见到网络时代的迅速到来。所以在微软的战略中，IE 浏览器只不过是微软发布的一款普通软件而已。因此，1995 年 Netscape 公司的股票上市时，Netscape 浏览器几乎拿下了整个浏览器市场，这时候微软才意识到网络时代的到来，同时觉察到了自己的战略失误，并下大力气力挽狂澜，迅速调整了自己的互联网战略，将微软牵回到互联网的宽阔大道上。1996 年微软推出了 IE 3.0，不过虽然是免费的软件，但笨拙的操作界面和访问速度并没有引起太大关注，当时仍是 Netscape 的天下。

为了扭转这一局面，1997 年，微软将 IE 浏览器与 Windows 95 操作系统进行捆绑销售，推出了 Windows 97 版本，这一被人们成为垄断行为的做法让 IE 浏览器占的市场份额迅速扩大，并逐渐超过 Netscape。当时可以看做是 Windows 对 Netscape 做的政治施压和免费战略让 IE 浏览器取得了不错的市场份额，而性能相同的 Netscape 仍是收费的。之后微软在技术上不断改进，实现了 IE 浏览器与 Windows 的完好融合，使 IE 浏览器在市场和技术方面都取得了绝对的优势。

随后，Netscape 逐渐走向衰落，并最终被另一家公司 AOL 收购。之后尽管又推出了 Netscape 6，但市场份额只剩下了 3.4%，IE 浏览器取得了绝对的成功。

（三）网络世界的搜索引擎之争

随着计算机软硬件技术和网络技术的快速发展，网络信息呈爆炸式增长。

搜索引擎应运而生，用户要在如此浩瀚的信息海洋里寻找信息，必然要求助于搜索引擎来解决问题。真正意义上的搜索引擎出现于1994年，当时M. Mauldin将J. Leavitt的蜘蛛程序接入到其索引程序中，创建了Lycos。1995年大卫·费罗和杨致远创建的超级目录索引Yahoo，成为搜索技术发展史上的标志性事件，搜索引擎的发展从此进入了Yahoo时代的高速发展时期。

1998年，另一个搜索引擎Google由斯坦福大学的两位博士生开发成功。作为服务内容相近的搜索引擎，Google的企业文化理念与Yahoo有所不同，Google自我定位为一个技术创新企业，非常注重个人实现，并努力激发他们的潜能。Google的企业运作风格恰好迎合了目前需要个性服务的市场。Yahoo给自己的定位是“不求每个方面都做到最好，但一定要每个方面都足够好”，这种理念使Yahoo逐渐变成了一家有着严格纪律管理的公司，而失去了与Google同样的创造力。

相比之下，Google在个性搜索这方面的优势越来越明显，逐渐抢占了Yahoo的市场，成为了世界上最大的搜索引擎。Google在已有搜索引擎服务优势的基础上，稳扎稳打、步步为营，不断推出新的网络服务，如Google地图、Gmail、Google图书馆等，再次取得了先机。现在看来，Yahoo依然生活在Google的阴影中，但未来几年二者的地位是否会发生变化，仍是网络服务市场关注的话题。

第三节　美国与日本有源器件产业相互追赶的历程与经验

一　美国与日本有源器件产业的追赶历程

美国与日本在有源器件产业，尤其是半导体产业领域的竞争由来已久，两国主要围绕微米半导体和纳米半导体技术领域展开竞争。二战后期到20世纪80年代，美国半导体产业迅速发展，在微米半导体技术领域处在世界引领地位，日本的半导体技术虽落后于美国，但一直紧追美国。1979年年底，日本抢走了当时最新一代存储芯片——16K动态随机存取存储器市场的42%。随后几年里，日本在微米半导体方面逐渐赶超了美国。日本从1986年的领先2个百分点（日本43%，美国41%）上升到1987年的9个百分点（日本48%，美国39%），1988年日本领先了13个百分点（日本50%，美国37%），1989年日本领先16个百分点。在DRAM领域，NEC、东芝和日立占据了世界半导体公司的前三名。日本在全球半导体存储芯片市场占有率迅速扩大，日本成为头号半导体大国，使美国全球半导体霸主地位受到严重冲击。从1992年开始，美国在亚微米、深亚微米半导体数字电路的竞争中战胜了日本。在微处理器、微控制器、标准逻辑器件、内存、PLD和模拟器件等领域，英特尔占据了世界半导体公司的第一名。1992年美国半导体销售额占世界半导体市场的43.8%，日本占43.1%。1993年全世界半导体厂商按销售额前几名排列，美国英特尔居首位，日本公司居第2位，美国摩托罗拉居第3位，日本东芝居第4位。美国重新占领世界半导体市场。近10年，日本在纳米半导体领域向美国挑战，日美半导体竞争越来越激烈，两国的竞争正处于白热化。美日两国电子信息产业相互追赶的历程可以用图7-2来直观的描述。

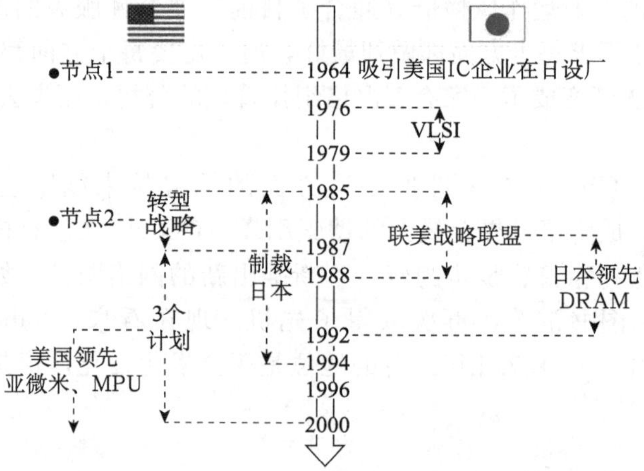

图7-2 美国、日本电子信息产业相互追赶历程

二 美国成功夺回半导体技术国际市场的成功经验

（一）政策支持

美国为了在半导体领域超过日本，采取了一系列重整半导体产业政策和制定国家半导体产业计划政策。1987年由政府出面，美国IBM、TI、ATT、DEC、英特尔、摩托罗拉、AMD、LSI Logic、国家半导体、Harris等13个半导体公司共同建立半导体制造技术研发联合体官民联合国际财团，该财团每年承担开发半导体制造技术预算的一半。为提升美国半导体产业整体的竞争力奠定了基础。官民联合国际财团实施主攻芯片制造工艺及相关设备的研究开发的SEMATECH计划，该计划将工艺技术从1992年的0.35微米提升到1996年的0.18微米，还制订了解决军用信号处理IC技术的VHSIC计划。MECRO TECH 2000计划完成了0.12微米生产工艺技术。这些政策有力地推动了美国半导体产业的发展。

（二）美国自发性渐进的创新模式发挥了作用

虽然日本采用引进吸收的创新模式在一段时间里抢占了美国的市场，但美国坚持本土的自发性创新模式为美国开发亚微米级半导体技术奠定了基础。美国是市场主导型，通过市场引导企业，企业提供资助给学术和产业研究，希望从中得到创新研究带来的长期好处。这样，美国大学和企业之间形成了长期合作的传统。一方面以大学为立足点，另一方面谋求“生产科学”体系化，为半导体技术的创新的提供了温床。美国在基础研究基础上进行技术创新的优势得到了体现，美国是自发渐进型，当建立研究与开发实验室被证明是成功时，其他企业便模仿和学习。对大学和科研机构的资助也是实验-成功-模仿的创新模式。

（三）建立“硅谷”高科技产业园区

在美国“硅谷”产业园区，聚集着为数众多的高等院校和科研机构，如世界著名的斯坦福大学、麻省理工学院、波士顿大学等以及美国的高级军事技术研究机构等。另外，硅谷具有雄厚的资本投资，这些资本多来自于对风险承受能力较大、追求高额回报的民间机构和个人，并由具备大量专业技术和丰富投资经验的创业投资经理进行管理和运作，从而形成了硅谷运作成功的资本环境。依据市场规则把技术专家和创业资本商联系起来，充分发挥多个创业资本对多个高科技企业的组织性“孵化器”作用。大量的创业资本促进了科技成果的商业化，科研成果的高转化率造就了许多与微软、英特尔、惠普一样优秀的高科技企业。

尽管硅谷的发展是自发的，但仍带有政府间接支持的痕迹。美国政府通过订单方式，向硅谷的公司进行政府采购。美国政府的大量投资和消费，极大地提高了硅谷的创新频率，使硅谷的创新气氛愈加浓厚。

（四）通过对日外交政策干预，为本国半导体产业发展提供保护环境

日本在半导体市场的增长对美国造成了威胁，对此，美国向日本施压，1986 年与日本签订了美日半导体贸易协议，1991 年在美国的要求下，日美又签订了半导体贸易新协定，规定到 1992 年 12 月月底以前，美国和其他国家的半导体芯片应占日本半导体市场的 20%。这些协议一直持续到 1994 年，迫使日本同意开放日本国内半导体市场，对日本半导体产业扩张起到了一定程度的限制作用。

（五）调整产业定位，提高数字电路优势领域的国际竞争力

面对日本 DRAM 等存储器领域的强势竞争。美国选择了有所为有所不为的

战略方针。从市场上避开日本的锋芒，发挥创新能力的优势，转向加快发展亚微米数字电路技术，开拓微处理器市场。英特尔在1985年完成第一次策略转型，退出存储器市场，同年推出了32位386微处理器，1989年推出486微处理器，1991年完成第二次策略转型到个人计算机与通信行业，终于从1993年至今相继推出一系列处理器，成为半导体产业的领头羊，使美国在亚微米半导体技术领域超过了日本。

（六）日本产业收入的下滑给美国半导体产业追赶日本提供了外部环境

虽然日本到1992年仍然在半导体领域处在世界领先地位，但日本经济从1991年开始已经出现不景气的苗头，1992年日本视听设备国内销售额仅为7926亿日元，比上年下降13.2%，严重影响日本半导体产业，导致日本半导体业全面衰退。1992年日本大半导体公司设备投资额明显下降，仅为5091亿日元，比上年下降54.4%。1992年日本半导体设备收入39亿美元，比上年下降13%。这些因素对美国重新取得半导体产业头把交椅提供了外部环境。日本半导体公司减少对半导体制造设备的投资，相反，美国在增加。日本半导体公司对半导体制造设备的投资额比美国的投资额低。1993年日本对半导体制造设备投资额为35亿美元，而美国对半导体制造设备投资额为40亿美元。

三 日本赶超美国的成功经验

（一）政策支持

在产业整合方面，日本在已经建立的公司之间作出一系列的合并和协议，以便使它们可以集中资源，进行“追赶”美国的斗争。1975年日本实施的超大规模IC计划，把日本五大计算机公司：富士通、日立、三菱、日本电气公司和东芝带到了一起，建立了超大规模IC的6个大研究实验室，对相关合作项目提供无息贷款资助。国内市场方面，日本通过相关政策保证日本电报电话公司等主要芯片购买者优先购买日本芯片，以帮助芯片公司开拓市场。这一系列政策，使日本半导体企业在20世纪70年代中期开始加快了发展，日本半导体公司在世界市场上所占的份额迅速上升。

（二）“引进-消化-赶超”的技术创新模式是日本成功实现技术追赶的关键所在

与美国自发性创新的模式不同，重视引进技术基础之上的改造是日本在创新方面的特点，即在引进技术的基础上进行综合改造，以达到提高效率和改进质量的目的。日本每买进1美元的技术专利，平均要花4～10美元的消化和开发研究费用。20 世纪 70 年代，日本企业一级的研究开发经费和公司提供的研究开发经费占研究开发经费总额的比例很高，约占 2/3。按照技术要在离产品最近的地方下工夫的原则，日本在引进技术基础上重视应用技术和产品创新研究。引进-消化-赶超的技术模式，确实使日本迅速改进了技术装备，节约大量研究开发费用，缩短了与国外先进技术的差距，使日本在应用技术和产品创新方面超过了美国并居世界前列。引进的两种方式，一是本国专业人才向美国输出；二是模仿美国新产品，然后逐渐增加自己的特色。

四 美日竞争对我国的启示

日本的电子信息产业是政府主导型，历史文化传统形成了企业容易接受政府的计划，所以日本政府通过制订创新战略和指导性计划来干预和引导技术创新活动是成功的。在这方面我国具有与日本相似的情况。因此，一方面，在短期内，可以借鉴日本采用的技术发展模式，走引进、消化、吸收、赶超的路子，重点发展市场需求大的适用技术和产品，通过技术改造、资本积累和市场开拓的互动实现信息产业水平的滚动发展。另一方面，从长期来看，我国应加强基础研究投入，掌握关键技术，推进技术创新，加快新品开发，增加拥有自主知识产权信息技术产品比例，否则难以形成真正意义的中国信息产业。

第四节　欧盟移动通信技术追赶美国的历程与经验

一 追赶美国的历程

（一）紧跟美国步伐，欧洲各国建立起各自的第一代模拟移动通信系统

20 世纪 70 年代中期至 80 年代中期，移动通信进入蓬勃发展期。1978 年年底，美国贝尔试验室研制成功先进移动电话系统（AMPS），建成了蜂窝状移动通信网，大大提高了系统容量。它的成功应用，带动了其他工业化国家也相继开发出蜂窝式公用移动通信网，尤其是欧洲各个国家开始发展自己的第一代模拟移动通信系统。德国于 1984 年完成 C 网，频段为 450MHz；英国在 1985 年开发出全地址通信系统（TACS），首先在伦敦投入使用，以后覆盖了全国，频段为 900MHz；法国开发出 450 系统；瑞典等北欧四国于 1980 年开发出 NMT-450 移动通信网，并投入使用，频段为 450MHz 等。各国家在完成第一代模拟移

动通信网络建设的同时，促进了欧洲整体通信技术的发展，也为各国奠定了日后产业整合的基础。

（二）整合欧洲各国研发力量，统一推出泛欧第一代数字移动通信技术

这个时期，在实力上第一代模拟移动通信技术兴起于美国，美国不管在技术资源、产业规模、企业实力方面都在世界移动通信领域占据主导地位，欧洲各国独自开发的网络和应用技术，均无法与美国匹敌。在技术方面，模拟蜂窝网虽然取得了很大成功，但也暴露了一些问题，如频谱利用率低，移动设备复杂，费用较贵等。同时，中、大规模IC、高级编解码技术、数字技术等日益成熟，欧洲各国利用此机遇，领先全球各国开发出新一代数字蜂窝移动通信系统。到20世纪80年代中期，欧洲首先推出了GSM体系。GSM于1991年7月开始投入商用，1995年即已覆盖欧洲主要城市、机场和公路。GSM在欧洲成功推出后的广泛商用，催生了欧洲众多通信企业的快速崛起，阿尔卡特、爱立信、诺基亚、西门子等公司逐渐成为网络传输、手持终端、网络交换等领域的巨头。而且GSM完全适应了当时社会对移动通信的需求，其优点得到世界各国和通信组织的广泛认同，经过多年的技术更新和优化，欧洲的GSM也就率先成为事实上的国际标准之一，一举超越美国成为移动通信产业的领航者。

（三）基于GSM不断完善和升级通信技术，进行全球范围内的技术扩张

国际电信联盟（ITU）为了统一全球移动通信标准和频段，达到3G全球漫游的目的，提高移动通信的频谱利用率和数据业务传输速率，并满足用户多媒体业务的需求，于1997年，确定了第三代移动通信技术的基本要求。欧盟基于GSM移动通信技术，在陆续推出GPRS、EDGE等过渡性通信技术后，最终确立了WCDMA作为其第三代移动通信技术标准。因为GSM在全球范围的成功应用，作为GSM演进方案的WCDMA，在全球的商业应用在四大三代移动通信标准中处于领先地位。

欧洲在不断优化其移动通信技术的同时，积极引导其移动通信企业进行全球性扩张，利用其产业链的完整性、技术的先进性、服务的人性化等特点，进一步确立了其在全球移动通信领域的霸主地位。截至目前，全球最新移动通信技术LTE项目，作为准4G技术，同时也是GSM、WCDMA的演进方向，得到全球更多设备提供商、运营商、业务提供商的支持，远远领先其他技术标准。

二 赶超美国的成功经验

(一) 紧跟通信技术的发展，积累技术资源和人才

美国率先开始了第一代模拟移动通信技术的商用，并在技术标准和技术优势方面占有绝对优势。在此背景下，欧洲并没有没有实行拿来主义放弃对自身通信技术的研发。随后几年，欧洲各国均建立起自己的模拟制式移动通信网络，在移动通信的发展初期，积累下宝贵的技术资源和人才，为今后实现技术上的超越提供了技术保障。

(二) 整合各国技术力量，统一技术标准

第一代模拟通信技术在欧洲各国百家争鸣，不利于欧洲通信产业和技术的壮大。在数字技术和 IC 逐渐成熟的背景下，数字移动通信技术的研发也被提上日程表。欧洲各个国家放弃了各自为战的传统做法，整合各国研究人才和技术，统一推出了全球第一个数字移动通信技术标准，既阻止了各国间在技术上的恶性竞争，又利用了各国在产业链上的相对优势技术领域，为成功超越美国在移动通信技术的优势地位奠定了基础。

(三) 健全技术产业链，不断优化升级确保技术领先

在实现欧洲 GSM 移动通信技术在全球的广泛应用后，其产业链也日益完善，各领域内均有全球性企业为其标准的实施提供技术保障。为适应社会对移动通信的不断需求，欧洲在 GSM 基础上，进行了不断的技术探索，以 GSM 为基础优化技术，继续巩固其技术优势地位。

第五节　韩国显示技术追赶日本的历程、经验与教训

一 追赶日本的历程

(一) 第一步掌握 CRT 显像管核心技术，成功实现本地化

韩国企业三星 1969 年与日本三洋合资生产黑白电视机，随后与日本 NEC 合资生产黑白显像管，开始了韩国电视显示技术的工业基础积累阶段。20 世纪 70 年代随着日本彩电技术成熟，韩国黑白电视价格大幅度下降，出口急剧萎缩，韩国公司处于破产的边缘。此时，韩国政府命令三星公司尽早独立，

实现技术自立。同时，政府限制市场，限制黑白电视的内销，果断禁止了彩电广播，直到1980年年底才解禁。通过此，培养出了韩国本土的核心技术——彩色显像管技术。

（二）第二步政府主导平板显示技术的研究，引进消化吸收最新技术

20世纪80年代末90年代初，以液晶、等离子等为代表的平板显示技术迅速引起各个国家的兴趣。日本则领先世界早在70年代就开始了液晶技术的研究，并于80年代应用于各显示领域。韩国进入90年代则优先选定液晶显示技术(LCD)，作为其平板显示技术研究的重点。1992年，韩国政府制订了相应的技术开发计划，进行研发预算，推动了第二代平面显示器基础技术开发。1994年，韩国政府进一步推动了LCD基础技术开发计划。1995年开始LCD产业化时期，并且进入了LCD的第二代制板技术。1996年起韩国与日本的液晶显示技术企业一起进入了三代线，开始了大规模的生产。在政府的主导下，韩国的平板显示技术在20世纪90年代末已与日本企业并驾齐驱。

（三）第三步全球范围内实行强强联合优化技术，确定平板显示技术领域主导地位

2002年制订了“平板显示器产业发展计划”，从2002～2012年，韩国政府出资数亿韩元支持平板显示技术全链条发展。其中，2002～2012年每年拿出1700万美元开发下一代显示技术，每年拿出250万美元支持设备开发，每年拿出160万美元给韩国电子技术协会，以协助液晶显示技术相关业者的交流与发展，另外还出资5100万美元成立工程技术开发中心、零组件与材料中心和人才培养中心。其规划主要以TFT-LCD、PDP及OLED为主，在2010年全球平面显示器产业中，韩国仍希望保持最大市场占有率。2002年韩国LG飞利浦LCD与三星电子启用第五代生产线及17英寸以上高单价监视器用产品，使TFT-LCD出口值达到60亿美元的高点，韩国在全球LCD市场上已占有举足轻重的主流地位。

截至2007年5月，韩国三星和LG共同占有全球40%的平板显示器市场份额，中国台湾占有4成，日本则占有剩下的2成。韩国两大液晶显示面板制造商——三星电子和LG飞利浦LCD，以及两大等离子显示面板制造商——三星SDI与LG电子，更是强强合作，组成韩国显示器行业协会，承诺在专利共享、联合研究以及发展协会内交叉购买产品等方面展开合作，共同推进韩国显示技术在世界范围内的领先地位。

二 赶超日本的成功经验

(一) 产业初期由政府主导，制定技术的国家战略

韩国政府在发展 CRT 和平板两大类显示技术方面，在产业初期都起到了主导作用，充分发挥政府的行政力，力促韩国显示技术经过近二十年的发展，成为世界领先的电视显示技术大国。

在研发 CRT 核心显示技术时，韩国政府协助相关企业实现了技术自立。同时，政府限制黑白电视的内销，禁止了彩电广播，直到 1980 年年底才解禁，等待核心技术的最终掌握。

平板显示时代，韩国政府对相关企业所得税实行七免三减半，对进口设备和原材料免关税等。投资方面，韩国政府通过相关投资机构，直接对企业进行投资，资助企业进行核心技术的研发并实现本地化。政策方面，韩国政府制定平面显示技术发展政策，设立专门负责机构，利用各种有利条件吸引外资，促进技术转移。在产业链上，韩国政府为了应对最新显示技术的开发与商品化要求，建立了包括显示器件、材料零组件、人才培养等在内的多个中心，并积极加强一些辅助方面的建设。品牌建设方面，韩国政府支持出口与营销活动，以提高产品形象。比如，推派中国台湾与中国内地市场开拓团，支持设备、材料、零组件出口业务。参加美国 SID、日本 Fine Tech、J MEMU、中国台湾平面显示器 EXPO 及中国内地的 Display China 等展览，以加强营销活动。另外，还提高一些高级别国际研讨会的经费补助。

韩国政府还重视设备的投资，目前韩国政府归纳半导体设备的 9 项设备基本关税为免关税，但平面显示器设备基本关税为 8%，平面显示器厂房自动化设备关税为 4%～4.8%，未来韩国政府将扩大关税减免范围，鼓励产业进行设备投资及引进。

(二) 企业掌握核心技术，成功实现技术的产业化和本地化

如同其他行业，韩国在电子信息行业也积极扶持几个大型企业。可以凭借他们在资金、人力、技术、国际交流等方面的优势，集中进行核心技术的研发和产品化。

不论是 CRT 时代还是平板显示初期，韩国公司都不具备设计和制造能力。遵循的游戏规则往往是通过大量引进美籍与日籍韩裔留学归国人员或在美、日工作的工程师，以吸收外部知识，积极研究先进技术，最终实现核心技术的本土化，并快速产品化。在既有的技术基础之上，则通过技术的不断优化和升级，

长久保持企业技术的领先优势地位。

（三）强强联合组成技术联盟，确定韩国技术的优势地位

政府方面，韩国政府通过建立“韩国平板显示研究组合”（EDIRAK），由此机构牵头，以获得原创技术为目标，加强与日本、美国等先进国家的合作，并积极参加国际平板显示技术标准的制定工作。韩国政府还通过举办国际学术会议，邀请平面显示器专家，促进信息交流。

企业方面，韩国政府则鼓励国内几家有影响力的企业进行合作，促成技术资源共享，制定技术国际标准，避免企业间的激烈竞争等。

三 赶超过程中的深刻教训

由于研发充满不确定性，是高风险、高回报的事业，单纯依靠企业自身的力量，根本不可能支付如此高额的高风险投资。韩国政府在很多时候通过行政手段迫使银行向这些企业贷款，而研发过程中的失败所形成的成本，最终都转化为韩国银行系统内部的坏账，也成了韩国金融危机的根源。韩国在发展平板初期，企业连续亏损六年，一直靠着资金支持和政策支持使它渡过了难关，现在则成了市场上具有垄断地位的企业。

政府出钱企业出人的管理方式，虽然促进了韩国显示产业和技术的进步与发展，但对于企业力争成为成熟跨国公司的努力，不会起到良好推动的作用。

第六节 印度软件追赶发达国家的历程、经验与教训

一 追赶发达国家的历程

（一）早期政府着重加强软件基础建设

20世纪80年代随着面向对象语言的诞生，软件产业以客户大众市场软件为载体在全球范围内迅速发展起来。印度政府基于自身硬件基础薄弱、人力资源丰富、英语语言等优势，选定软件作为印度优先发展的产业。1982年，印度政府投资1.25亿美元建设了印度第一个科技园，进行软件、微电子、电信、药学、生物工程等尖端技术的研究和开发。同时，印度政府为软件企业创造了良好的金融环境，除了大力吸收跨国风险投资之外，还在主要政策性金融机构设立软件产业风险投资基金，为软件企业提供信贷扶持。

1984年拉·甘地出任印度总理，提出了“用电子革命把印度带入21世纪”

的口号，1986年印度政府相继制定和颁布《计算机软件出口、软件开发和培训政策》、《软件技术园计划》、《印度信息技术行动计划》等一系列扶持政策。政府成立“软件发展局”，负责组织和协调全国软件产业发展。政府建立质量认证机构，设立软件实验基地。20世纪80年代开始，每年有一笔专款用于国际市场开拓，印度电子工业部会同驻美国软件企业联合会和美国电子协会，联合发起在硅谷和波士顿召开“印度软件会议”；经常在国内外举办软件出口研讨会和展览会，就软件出口对策进行大规模专项研究。到了1990年，印度电子工业部划定了以班加罗尔为代表的三大软件科技园区。在此期间，印度向美国派出了相当数量的工程技术人员，一边系统地学习美国的计算机软件技术，一边为当地美国公司提供技术产品和劳力，这种做法大大地增加了印度软件企业在美国的业务机会。

（二）中期凭借软件廉价智力资源为发达国家代工，健全软件产业体系

20世纪90年代初期，恰逢海湾战争和冷战结束，当时的美国总统布什在格林斯潘等人的参议下，决定实行冷战后的新经济政策，即推行以知识经济为基础的全球化经济。与因特网有关的通信技术和太空技术也在开放之列。随之而来的是，美国经济体打造知识经济，各行业开始信息化改造，对软件的需求呈爆炸性增长。而此时，印度政府经过近10年的软件产业培育，其软件不管在从业人数、产业聚集，还是在软件质量、服务快捷等方面，都有了质的飞跃。以美国为主的软件外包业务顺利地流向印度。

1991年开始，印度软件产业每年以50%的速度增长，1999年总产值达到83亿美元，软件出口40亿美元，成为仅次于美国的第二大软件出口国。计划到2008年，印度软件业的产值达到850亿美元左右，其中出口占500亿美元。

在确保软件外包业务快速增长和质量过关的同时，印度政府和企业大力培养软件技术专业人才。通过在学校开设软件技术相关课程、把学员送到国外去培养等措施为软件业的发展储备了大量优秀人才。投巨资为软件企业和海外的研发机构、客户提供高速可靠的数据通信连接。政府成立专门的中介服务机构，如印度全国软件和服务公司协会和电子与计算机软件出口促进会等，促进软件出口。在法规文件的制定上，印度政府期间制定了《信息技术法》、《软件技术园区（SPT）计划》等法规并成立软件科技园以促进印度软件的出口。印度政府还给予出口导向型软件公司五年的特别免税优惠，实施政府采购和促进消费政策，强制性购置国产IT产品。这些政策均极大地刺激了印度软件产业的发展。

（三）现在建立自有软件品牌着重提供解决方案，力争立足产业链上游

近年来，全球信贷危机以及企业支出增长放缓正在使印度信息技术产业最

大的市场美国遭受损害，而美元走弱又使印度这一行业的利润出现缩水。从东欧到菲律宾和越南，来自其他低成本国家的竞争正在加剧。印度自身的经济成功也推高了软件行业的劳动力成本，印度信息技术企业在收入增长逐渐放缓之际自身的低成本优势也在丧失。印度软件产业的增长速度现在正急速放缓，服务外包性产业的弊端正逐渐显现出来。

为弥补外包业务给国家和公司带来的损失，印度目前正着手启动一项雄心勃勃的计划——类似中国台湾硬件产业——建立自有软件品牌和行业解决方案，摆脱单纯的外包服务，力争向产业链上游迈进。比如，印度著名公司 Infosys 在一个被称做 ShoppingTrip360 的项目中，工程师正在以零售商为目标客户开发一种配有无线设备的购物手推车，这种智能手推车会根据顾客列出的购物单为他画出在店内最便捷的购物路径。Wipro 公司则赢得了一份为空中客车（A380）宽体客机设计洗手间水流系统的合同。塔塔咨询服务公司已在金奈建立了一个“创新实验室”，为航空公司设计改善客户服务的软件便是该实验室工程师们的一项工作，塔塔咨询服务公司的高管们受自己乘飞机时不愉快的经历启发，产生了这个业务开发创意。

二 赶超发达国家的成功经验

（一）修改法律严格保护软件知识产权

印度 1994 年对其 1957 年的《版权法》做了较大的修改和补充，明确规定版权所有者的权利、对软件出租者的态度、用户备份软件的权利和对侵犯版权的惩处和罚款，使印度成为国际上软件知识产权保护法最严厉的国家之一。它第一次清楚地阐明了版权人和用户的权利，禁止未经许可出售、出租或供给他人出售或出租任何计算机程序的拷贝。修正后的《版权法》对软件版权违法者将处以严厉的惩罚和罚款，而且将同时面临民事和刑事指控，包括最高可达 20 万卢比的惩罚，7 天～3 年的监禁，或二者并罚。对软件知识产权的保护，真正意义上促进了印度软件业的发展

（二）建立各商务机构力促软件出口

为了促进软件企业对美国的出口，建立印度软件统一形象，印度软件技术园区 2000 年 6 月在美国硅谷所在地之一的加利福尼亚州圣何塞，设立了第一个国际商务支持中心。该商务中心配备了全套先进的服务基础设施，通过虚拟办公室提供 24 小时服务，商务中心对美国软件市场进行调查，向美国客户推销印度软件公司的产品，负责同美国技术业、金融业、风险基金以及贸易公司的合

作与交流。该商务中心经过真诚的服务，直接促进印度软件企业在美国的业务拓展。

（三）官民共同搭建出一个软件人才教育完整体系

印度对软件人才的培养和积累，是其软件产业成功地根本保障。印度对人才的培养，主要采取国家、企业、私人并举，产学研相结合的培养人才方式。一靠学校。印度政府在大约 3000 所中学推出“中学计算机扫盲和学习计划”，计算机成为必修课程，在 400 余所大专院校设置了计算机专业，电子工业部为其中 250 余所提供一定的教学经费，每年培养毕业生 1 万余人。二靠民办或私营机构培训人才。目前这类机构大约有 700 多家，每年取得证书的软件人才有数万人。三是软件企业自身建立培训机构。IBM、微软、英特尔等大公司与印度联合办学，这不仅为印度提供了大量资金，更重要的是帮助印度公司引进了国际最先进的信息技术和知识。目前，印度每年可培养约 7 万名软件技术人员，印度软件专家的人数以每年超过 50%的比率递增。

（四）实施自由化政策推进软件市场自由化和民营化

印度政府的自由化政策的经济改革方案形成了良好的软件经营环境，对国内投资特别是国外资本形成了巨大的吸引力，促进了印度软件经济的增长，成功使印度软件行业完成由追赶至超越先进国家的历程。1991 年以后，随着大多数经营许可手续的废除，印度经济被大大地放松了束缚，软件企业外商股权最高可达 100%；除航空和国防领域外的所有电子领域符合一定条件的外国技术协定可获得自动许可等。

三 赶超过程中的深刻教训

（一）忽视了自主知识产权的软件品牌建设

印度软件业在过去十几年高速发展，主要依靠大量廉价的软件工程师做低层次的软件加工，为美国等信息产业发达国家做软件加工，实现了短期的软件繁荣。但代价则是没有知识产权和品牌。印度软件公司营业额好多不乏数十亿美元，雇员上万人，但为人所知的却没有。目前一些谋求更大发展的公司，在它们试图拓展一些新的软件服务领域时，不得不一切从头做起，只因为长期以来做幕后软件加工却没有任何品牌可言。

（二）软件人才教育急功近利，国内市场需求弱

印度软件产业在人才培训教育方面，过多地是技能的教育，缺乏创新性学

习和培养。所以，印度软件的外包业务，只是很低层次的软件加工，并没有掌握核心架构设计，从根源处制约了印度自有软件品牌的建设。同时，印度软件业没有坚实的电子信息产业体系，软件产品缺少了国内市场的重要支撑。因此在国际软件市场已被美国企业占据的情况下，只能走软件外包的道路。

第七节　中国台湾地区计算机追赶发达国家的历程、经验与教训

一　追赶发达国家的历程

（一）早期积极发展工业夯实工业基础，完成农业向工业转型

20世纪五六十年代，台湾经济基本上以农业为主，工业基础薄弱，行政部门及时确定了积极发展工业，兼以工业发展农业的方针。在可使用资金有限的情况下，积极发展资金需求量不大、技术要求不高、建厂周期短的轻工业。70年代日本工业崛起，并逐渐站稳产业链的上游，中下游产业开始外迁。台湾准确地抓住国际分工机遇，大力发展起加工出口工业。台湾行政管理部门则通过各种贸易、融资、税收等优惠政策，设立对外工业加工贸易区，鼓励对外加工贸易等。经过十几年的发展，台湾工业建立起了一个以出口加工区为依托，以轻纺、家电等加工工业为核心，政府和民间资本各有所用的完备的工业体系，完成由农业社会向工业社会的转变。

（二）中期及时进行产业结构升级，进入计算机器件制造知识经济领域

20世纪70年代后期，台湾行政部门洞察全球电子信息产业发展形势，将电子信息产业列为重点产业，由工业研究院进行研发，然后移转给民间公司生产。比如组成研究团队，与美国公司合作，成功引进半导体制造技术，建立台湾第一座晶圆示范工厂。由于半导体产业产品制造信息电子产品的关键零组件，因此，半导体产业的兴盛是台湾计算机产业从外壳组装走向内部核心技术攻关的里程碑。

20世纪80年代，台湾行政部门又根据计算机主板与电动玩具构造相似之便，鼓励厂商模仿国外大厂苹果的主机板；由模仿而学习，进而成就了台湾的信息产业。1980年，在新竹设立全台第一座科学园区。区内国内外厂商，都享有免租税，厂房、土地租金优惠的权利。八九十年代，计算机等相关信息产业则以新兴产业之姿跃起，为今后谋求更大发展铺平了道路。

台湾行政部门于1990年年底通过《促进产业升级条例》取代《奖励投资条例》，透过租税减免等优惠措施，鼓励厂商进行产业的研究发展，如制程自动化

的研发与人才培训等，以促进台湾工业发展之进化。20 世纪 90 年代，台湾成为世界组装计算机的重要基地。

(三) 目前掌握计算机制造核心技术，确立自有品牌产品

经过近 10 年的发展，台湾地区的计算机制造在国际化方面取得了很大进展，产业模式逐渐确立，国际知名度逐渐提高，品牌建设开始发展。在 20 世纪 90 年代末期和 21 世纪初，中国台湾逐渐完成由简单的计算机组装，过渡到自行设计、研发等高级阶段。计算机制造代工业务也迁至中国内地，并外迁至东南亚、非洲、中南美洲等地区，使得台湾计算机制造正式从“made in Taiwan”进入“made by Taiwan”时代。

二 赶超发达国家的成功经验

(一) 行政部门统筹管理，在各个环节上为产业发展提供支持

台湾行政部门制定了稳定中求发展的政策，先发展农业及劳动密集型工业，再发展资本与技术密集工业；先发展进口替代工业，然后发展出口导向工业，较好地结合了台湾的实际情况和国际经济环境变化提供的契机。台湾行政部门于 1990 年年底通过《促进产业升级条例》取代《奖励投资条例》，透过租税减免等优惠措施，鼓励厂商进行产业的研究发展，以促进台湾计算机工业发展之进化。同时，实施奖励政策，奖助的是一个产业，而不是一个特定的公司，各个公司之间有相当程度的竞争，生产效率随之提升。

(二) 成立工业研究院，聚集岛内科研力量进行技术攻关

20 世纪 70 年代后期，台湾行政部门成立工业研究院，进行核心技术攻关。资金由主管部门出，科技人才由企业提供，对所得研究成果，移转给民间公司进行本地化生产；最著名的案例是 RCA 半导体制造技术的研究，奠定了台湾计算机产业蓬勃发展的根基。

三 赶超过程中的深刻教训

(一) 过分关注代工产业，缺乏自有品牌

20 世纪 80 年代后期，面对台湾产业结构改变、基层劳动工资上涨、劳工权益与环保意识抬头，以及台币持续升值、国外订单减少，新兴工业国的竞争压力；中国台湾传统产业除了往低工资国家外移、开发新市场外，并企图从原料、

技术、品牌等研发创新，迈向产业升级。

20世纪80年代，工业的蓬勃发展，固然带动社会的富足与进步，但工厂排放废气、废水引发环境变异，甚至危害人类的负面影响，也陆续呈现。此外，劳工权益成为重要社会议题，加上政治环境自由、法令开放，劳工代表采取联盟方式争取权益渐成趋势。社会运动的崛起，促成台湾产业的省思，学习关心、回馈社会，重视劳工权益，改善工业与环境的关系；如1990年年底，台湾绿电再生股份有限公司在桃园县观音工业区，成立亚洲第一家宝特瓶再生工厂，为工业与环境的共存，做了成功的示范。

（二）产业依存度高，缺乏核心竞争力

台湾经济虽人均台湾省本地居民生产总值较高，但内需市场狭小，自然资源较少，科技基础薄弱，并受此制约，形成了“浅碟子经济”的特点。这一特点主要表现在对海外市场和技术的依赖程度较高。1980年，台湾经济发展对对外贸易依存度高达95.6％，其中对出口贸易依存度也达47.89％；1995年的依存度虽有所下降，但仍高达81.65％，其中对出口贸易依存度还有42.36％。近几年来虽然台湾产业升级取得一定成效，但关键技术仍然对外依赖性较高，如集成电路芯片产量已跃居世界前列，但其电路设计这一关键技术仍主要依靠发达国家。所以，台湾产业升级虽有进展，但整体工业技术并无突破性发展，工业技术自主开发能力不强的基本格局仍未改变。台湾经济对外依赖程度较高，受外部环境的影响和制约较大。近几年台湾经济能维持适度增长，新市场开拓、贸易创造的效果大于技术创造效果。

第八章 产业技术创新环境的作用与影响

第一节 产业技术创新环境的界定及要素

一 技术创新环境的界定

环境是相对于某一中心事物而言的，围绕在中心事物周围的外部空间、条件和状况就构成中心事物的环境。就创新系统而言，创新环境是围绕在创新主体周围的，为主体的创新活动提供支持和服务的各种条件的总和。组成产业创新环境的要素可以分为硬环境和软环境。硬环境是指生产装备、研发设备、实验室、厂房等支持创新的各种硬件条件，软环境则是指影响创新活动的组织、制度、机制等。硬环境和软环境是由系统外部的行为主体提供的，硬环境可以看成是物化了的软环境，所以，可将创新环境定义为由影响创新的公共和私有部门及机构组成，通过各行为主体的制度安排及相互作用，旨在经济地创造、引入、改进和扩散新的知识和技术，使科技创新取得更好的绩效，并将创新作为变革和发展关键动力的相对稳定的开放网络系统。

二 技术创新环境的构成要素

一般来说，技术创新的环境主要包括政策环境、技术环境、投融资环境、人才环境和市场环境，下面分别介绍各类创新环境。

（一）政策环境

政府是产业创新政策环境的营造者，产业政策对创新活动有重大影响。产业创新的政策环境主要包括产业发展战略政策、投资政策、财税政策、政府采购政策等。

各国政府都针对本国的情况提出产业未来的发展重点、规划和相应的政策。例如，韩国政府在1989年出台了《尖端产业发展5年计划》，提出重点推进微电子、新材料、生物工程和光纤维等7个高科技项目的研究；美国在1986年制定的《美国国内税收法》，明确规定对企业的技术创新活动给予经济上的支持；我国2000年6月由国务院发布的《鼓励软件产业和集成电路产业发展的若干政策》（简称18号文件）对加速我国IC产业发展起到了很大的推动作用。该文件于2010年到期，并在2011年1月出台了《进一步鼓励软件产业和集成电路产业发展的若干政策》延续该政策。

政府通过出台相关规划、政策为企业的技术创新指引方向、提供优惠，是企业成长的重要环境。

（二）技术环境

相对于由政府营造的政策环境，技术环境则更多靠企业的创造和积累。创新的技术环境包括技术知识、技术创新的物质条件以及技术合作的体系等。其中，积累的技术知识是创新主体所具备的知识条件，如各种技术专利、解决方案、IC设计图等；创新的物质条件是指创新主体已有的物料基础、设计工具、配套的元器件、生产设备和装备等；技术合作体系包括产学研结合的研发平台、全球生产协作体系、专利的购买与交叉许可等。

以我国电子信息产业技术环境为例。国际的技术发展态势为我国电子信息产业营造了大的技术环境；而我国自身积累的技术基础成为国内产业生存发展的内部技术环境。同时，国内为技术研发结成的产学研创新联盟，如TD-SCDMA联盟、龙芯产业联盟等，都为技术创新创造了重要的技术环境。

（三）投融资环境

资金是创新成功的必要条件。产业技术创新的资金来源包括政府的科技计划项目投资、民间资本、风险投资等。随着电子信息产业技术的复杂程度不断提升，所需的投资也越来越多，例如，组建一条IC生产线需要耗资几十亿至上百亿元，而新建一条液晶面板的生产线需要70亿左右的投资，如此巨大的投入仅靠一个企业或几个企业的财力是难以实现的，需要政府的支持和多方的投资。

目前，中国的创新投资主要通过政府以科技计划的形式投向企业或研究院所，并且，在排除国防的科研投资之后，相较于发达国家，中国政府对创新活动投入的研发经费所占的比例相对较高，如图8-1所示。

除了政府投资，其他多种渠道的融资方式也为技术创新提供资金来源。例如在美国，各种基金会就有4万个左右，各种基金会资金渠道众多，资助形式灵活；同时美国百家以上的银行都成立有风险投资公司，州政府也成立有半官方的风险投资公司。此外，企业也可以通过上市融资，发行股票、出让企业股

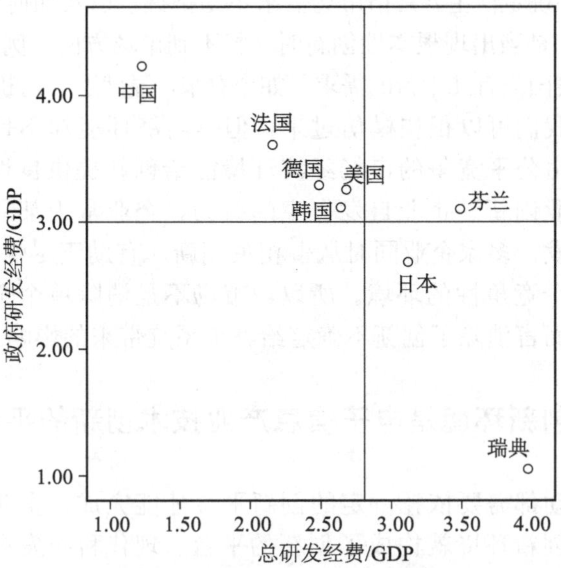

图 8-1 政府研发经费的国际比较

权、提供期权、特许经营权转让等多种融资形式，拓宽筹资渠道。

（四）人才环境

无论是综合国力的竞争，还是国际地位的竞争，其背后都是人才资源的竞争。目前，经济全球化加剧了人才在世界范围内的自由流动，因此，更需要打造良好的环境培育人才、留住人才。

在人才开发的环境方面，为培养创新人才，各国政府都制定了各类人才开发与培养计划。如美国的“总统青年研究奖”、日本的“240 万科技人才综合推进计划”和“科学技术人才培养综合计划”等一系列人才培育计划，我国也出台了《国家中长期科技人才发展规划》，对培育和开发本国人才具有重要推动作用。

由于人才具有流动性，打造能够吸引人才的创新环境更显重要。美国以政府或者民间基金会的高额奖学金等为手段吸引世界名校学生和学者赴美求学或做访问学者，重金聘用甚至高价收买有较强科技创新能力的人才。我国出台的“海外高层次人才引进计划”（简称“千人计划”），吸引了一大批高层次的海外科技人才和领军人才到中国发展和创业。

（五）市场环境

技术创新的市场环境主要有两个特点：不确定性和竞争性。可以说创新活动从始至终都离不开市场。首先，市场需求为技术创新提供了起点，而创新产品必须满足市场的需求，才能在市场中取得成功。而市场的不确定性为创新活动的成功增加了难度。市场的不确定性主要是指市场需求不易把握，以及如何将这些特征融入创新过程之中。特别是当出现根本性创新时，找不到市场方向。例如，计算机刚出现时，有人估计全美国只有几十台的需求，如今看来，显然这一判断是错误的。

国外的产品我们可以很快模仿过来，但是经济环境却不是短期内就能打造出来的，一个自由公平竞争的市场经济环境能给创新提供良性的发展空间。在市场经济中，企业创新是企业自发自主的行为，企业常为某一产品进行平行的竞争性的研究开发，多家企业同时从事相关创新，有助于尽快找到创新的捷径，并且可以形成一个竞争性的环境。所以，市场不是消除单个企业创新的不确定性，而是从总体而言消除了创新不确定给整个系统带来的影响。

三 技术创新环境是电子信息产业技术创新的平台

任何创新活动都需要依托一定的创新平台才能完成，企业是创新活动的主体，企业所处的创新环境就构成了创新的平台。现代科技发展史证明，对战略性、关键性技术的创新，没有国家对技术创新平台的有效组织和宏观管理是不行的。美国曼哈顿、阿波罗及 B-2 战略轰炸机计划的成功，都是美国国家参与技术创新平台组织与管理的结果。我国“两弹一星”的研制，秦山核电、“神舟载人航天”的创新，也都得益于国家组织的技术创新平台的巨大推动作用。

西方发达国家企业界已经积累了以力学和机械技术为核心的第一次产业革命、以电磁学和电气技术为核心的第二次产业革命的创新经验，他们熟知原始技术创新的智慧源泉在哪里，也已经建立起利于创新的良好的环境平台，所以 IBM 能够完成硬磁盘的原始创新。而我国的 IT 企业没有完成参与国际科技竞争的资本积累，不具备开展基础研究和应用研究的经济实力，技术研究也只能是配合产品时尚化设计而进行的“小改小革”，所以营造一个保护并发展我国电子信息产业创新的平台就更加重要。

目前，电子信息产业已经成为国家战略性产业，围绕电子信息产业的竞争也非常激烈，下一节将要分析电子信息产业所处创新环境的辨证性。

第二节　电子信息产业技术创新环境的辨证分析

环境是围绕着某个主体相对而言的，对于我国电子信息产业而言，其创新环境是由我国政府、其他国家的电子信息企业以及政府共同构成的。创新环境是产业的创新平台，任何国家的任何企业要进行技术创新都要依托于这个平台，因此各个国家的政府为了争取本国利益的最大化，都尽可能的构建有利于本国企业发展和国家利益的创新平台，所有参与创新活动的企业和政府的共同作用就形成了技术创新的公共环境。正如黑格尔所说：矛盾产生世界前进的动力。创新环境不是静止的概念，它也是一个包含了各方利益主体并充满了矛盾运动的系统，在这个系统中，有些矛盾来自政府对国家安全和利益的维护，有些矛盾来自企业对未来竞争力的巩固，而有些矛盾则来源于市场和用户的选择。

一 维护利益形成的资源开放与封锁的矛盾运动

随着经济全球化的深化，国家之间的经贸往来日益频繁，而电子信息产业的分工细化加速了其产业链的国际化，为其上游资源的外部化提供了可能。在这样的前提下，各国政府通过控制本国产品的进出口与外国政府展开博弈形成了创新环境的第一组矛盾辩证关系，即资源的开放与封锁，如图 8-2 所示。

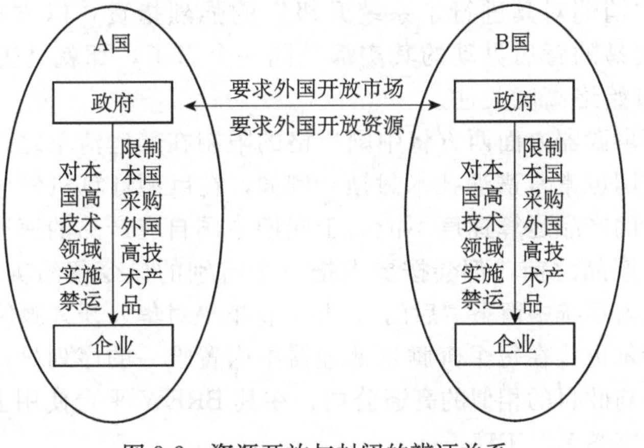

图 8-2 资源开放与封闭的辨证关系

(一) 本国市场和资源严格限制的封闭创新环境

西方发达工业国家在知识产权领域起步较早，积累了多年的发展经验和历史，在许多领域都已“跑马圈地”。而发展中国家参加世界贸易体系都比较晚，过去没有参与世界知识产权规则的制定，因此现在只能按照西方的游戏规则行事。这样，依靠着知识产权和技术标准壁垒以及政府的禁运限制，发达国家保障其在关键技术领域的竞争力，其中尤以美国为最，历来以贸易自由化为由要求别国开放市场的美国对中国在很多领域却主动选择了闭关锁国政策，这些封闭政策主要表现为本国对中国销售敏感产品的禁止、阻挠他国向中国出售，以及即使出售给中国的产品也要进行审核、跟踪等方式。

例如，美国自 2000 年以后再没有向中国出售过卫星，甚至连 20 世纪 90 年代已经签约卖给中国的两颗卫星至今还卡在美国国务院的审批程序上，可见两国所受的待遇是多么不同。而美国不卖给中国卫星的理由就是怕中国“窃取”

它的卫星技术。2003年，美国一些议员给国务卿鲍威尔写信，指控向中国出口的波音飞机上装有QRS11芯片，这种芯片可用于“导弹控制系统”，使得中美价值17亿美元的波音飞机订单差点落空。2003年6月，法国政府就是否向中国出售分辨率为1米以下侦察卫星的问题展开了激烈辩论，最终以中国购买这种卫星“将对盟国构成威胁”为由，否定了这项出口。

2001年捷克一家公司准备向中国出售“维拉”双基雷达，尽管捷克官方认为政府的这个决定是“应伟大朋友的要求做出的”，但在他国压力下最终还是取消了授权。2000年，以色列也是在压力下被迫取消了向中国出售4架“法尔康”空中预警机的合同，并为此支付了3.5亿美元的违约金。2003年1月以色列又不得不暂时冻结对中国的所有武器和安全设备的出口合同。之后应中方要求以色列将以前出售给中国的一套武器系统运回厂家维修，但受到“悄悄对其进行了系统升级”的强烈指责，以方只得再度屈服。在这每一桩交易的背后晃动的其实都是同一个影子，那就是美国。它对中国的高技术进口始终高度关注。

除了在军事武器方面西方将中国严格的限制在禁运清单之列，在民用的高科技领域，我国也常常遭遇技术封锁。例如，在巨型计算机领域，美国政府规定，对华出口的产品运算速度不能高于同期中国自有产品的速度；某些美国芯片公司在出口产品之前，都会按要求把一个特别的口令留给美国国防部备案；微软则在其视窗系统中留下“后门”，并一直拒绝对华公开其源代码，直至2003年3月；英特尔也曾在每个奔腾Ⅲ处理器中内置唯一的序列号，以在交易时验证用户身份；与此目的相似的高通公司，在其BREW平台使用上，迄今仍坚持对产品的“数字签名”工序。

此外，美国政府还在具体商业合同上作出了具体规定，即要求对华出口高科技产品厂商与中国客户在合同上附加一个条款，“所出口产品必须指定最终用途或最终用户，并且美国方面可以对该技术或产品的最终用途和最终用户进行现场核查”。而这也正是美国方面多次提出来华核查产品使用情况的根据所在。由于担心我国将某些电子设备用于军事目的，经常派专人到使用单位时刻监督设备的使用情况，而他们的人员费用全部要由中方负担。

外国企业是不会将最先进的技术特别是核心技术转移给我国企业的。纵观我国电子及通信业的技术和设备引进进程，每次外国公司都是根据我国对技术掌握的程度，随着我国掌握技术的先进程度而选择出口技术和设备的先进程度，绝不会高出很多，外国公司企图用这种办法控制我国的技术前进步伐。西方曾经严禁向中国出口某电子元件，中国一所大学的研究所于是专攻这个项目，刚在实验室里研制成功，还远没有进入工业化生产，西方的公司马上就答应卖给中国这种元件了，价格还相当便宜。

（二）要求外国开放市场和资源的开放创新环境

各国政府为了维护本国利益，在封锁本国技术资源的同时还要求其他国家对其开放资源和市场，使本国企业可以在外国市场上自由的竞争，为本国企业的向外扩展创造条件。

为有效促进出口，美国的有关出口战略都特别强调政府的干预和介入，如通过政府首脑会晤、谈判、协商等外交途径向其他国家施加压力，迫使对方开放市场，从中寻找贸易机会等。从美国总统到美国政府的各级官员，都在为企业获得贸易合同而积极游说。据报道，冷战结束后，美国国务院立即指示驻外机构将工作重点转向为美国的出口和投资服务，为美国公司在驻在国寻找商业机会。近年来，美国政府通过外交途径不断地对日、韩、中、台等国家和地区施加各种压力，迫其对美国开放市场，从而减少了美国的巨额商品贸易逆差。美国曾迫使日本、韩国等国开放保险市场、建筑市场；迫使东南亚国家开放航空市场，迫使发展中国家开放潜力巨大的保险、电信、金融、专业服务等市场；在中国加入世界贸易组织过程中，美国也通过双边谈判，迫使中国开放教育、金融、电信、保险等市场。特别地，美国政府为了让本国的企业更广泛地进入中国市场并参与自由竞争，在2005年7月11日的中美经贸高官会谈上，美方代表古铁雷斯说："对于美国产品全面进入中国市场，我们严重关切。中国是全球贸易体系的受惠国，同时也应该担负责任，其中包括向我们的产品和服务开放市场，就像我们向中国开放市场一样。"同时，贸易代表波特曼也表示，美国认为中国还没有完全兑现向外国商品开放市场的承诺。

再例如，2006年，欧盟公布的新的对华战略中也要求中国进一步开放市场，将更多的公共招标项目给予欧盟企业。该战略称："中国必须显著开放其公共招标市场，到2009年中国必须加入世贸组织政府采购协定。"欧盟的要求还不仅局限于公共招标方面，该战略还要求中国在整体上对欧盟的出口和投资者开放。并且，要求中国政府不仅要在立法上符合知识产权保护的要求，还要在执法和事实上符合要求，中国政府不能强迫欧盟企业向中方伙伴转让技术。在该份战略中，欧盟还要求对不再具有未来前景的行业进行人员转业培训，并加大对在华投资的欧盟中小企业的支持，以保护其知识产权。欧盟还考虑在北京建立一个咨询机构，通过一系列的交流项目来加强企业家对中国的认识。

二　抢夺先机形成的技术垄断与竞争的矛盾运动

随着产品技术的复杂程度不断提高，对于某项技术的研发，开始时为抢夺先机，赢得市场，企业之间进行激烈竞争，当竞争到一定程度时，发现技术研发的代价巨大以至于参与竞争的任意一方均不可能独立完成整套的技术研发工作，于是就采取合作、联盟等形式，通过知识产权和技术标准维持自身利益，通过设置知识产权门槛，用标准打击对手，阻止外来者的进入，进而形成对技术和标准的垄断。但是，随着技术进步，新的技术原理出现之后，原有的知识产权和技术标准无法继续对新的技术形成封锁，于是，各家企业又回到创新竞争的起点，为了争取利润和市场空间，重新结成联盟，以知识产权和技术标准为利器，形成新一轮的竞争格局。这样，竞争格局的不断洗牌，是由于科技上的原始性创新的成功为技术的更新换代提供了机会，使技术的发展打破现有的轨迹，并使原来技术上处于落后的企业有了重新赢得竞争优势的机会。而就技术水平而言，恰恰是在这样周而复始的技术垄断与竞争的不断循环模式中螺旋上升的；技术竞争与垄断的螺旋发展模式如图 8-3 所示。在 20 世纪 80 年代由于我国政府成功实施了彩电国产化“一条龙”工程，使我国彩电国产化率达到了 95%以上，并在 2006 年当年产量达到历史高峰 8375 万台，占全球总产量的 45%。而在 2000 年之后，日本企业推出的以 FPD 和 TFT-LCD 显示技术为核心的新一代彩电问世，拉开了彩电技术革命的序幕，我国彩电产业原来在 CRT 彩电技术领域拥有的优势不复存在，技术竞争的格局被彻底改变，日、韩企业成为先进技术的掌控者而对技术实现了垄断。到目前，第三代显示技术又初露锋芒，各个国家、企业在不同的技术方向上展开竞争，目前 OLED 的两大技术体系中，进入实用阶段的低分子 OLED 技术仍为日、韩企业掌握，而高分子技术则由英国公司掌握，我国则掌握了激光彩色电视技术，如果我国的激光电视技术可以在第三代显示技术的竞争中胜出，那么，新的显示技术趋势将由中国主导。

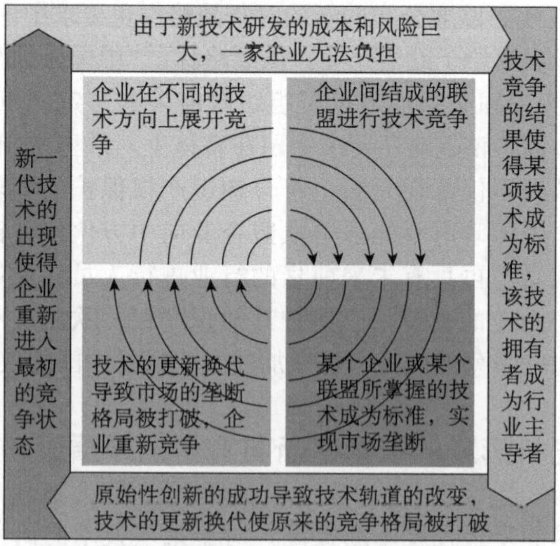

图 8-3 技术竞争与垄断的螺旋发展模式

特别是电子信息产业本身具有产业链长、供应线宽、更新换代快、工艺难度大、分工精细化和渗透范围广等特点。例如，IC 产业就包括设计、流片、测试、封装以及材料、设备六大层面，每个层面又可划分出若干领域。精细的分工导致以产业链为纽带的企业集群效应，而这些企业又都是各自领域中的竞争优胜者，这些集群是完全国际化的，集群中的企业来自各个国家，如我国苏州地区的 IC 产业集群，其中就有韩国、中国台湾、欧盟、日本、美国的企业。再如 30GB 的 iPod 视频播放机，其中的硬盘由东芝制造，视频/多媒体处理芯片和控制器芯片都是由美国公司 Broadcom 和 Portal Player 提供的，而最末阶段的组装，是在中国大陆内地完成。因此，在这样的发展形势下，电子信息产业的创新环境更加体现了技术集成和产业分工协作的特点。

此外，由企业、高等学校和研究机构形成的产业联盟使技术研发和产品生产的产学研资源整合成为了可能。跨国公司的全球技术研发活动，使其进入了技术研发的高级发展阶段，他们和著名大学、学术研究机构等组成研发战略联盟，合作进行技术研发，分摊研发成本，分散研发风险，缩短研发周期，优势互补，促进共同发展，美国惠普公司和美国斯坦福大学的合作就是一个成功典范。

三 争夺人才形成的人才流动与积聚的矛盾运动

在经济全球化的今天，世界各国科技竞争的背后是人才的竞争，谁拥有引领市场的人力资本，谁就会在全球大市场中抢占制高点。各国可以用关税、非关税壁垒等手段保护本国的产品，控制生产要素跨国界的流动，但是，唯一无法控制流动的就是人才。素质越高，越稀缺的人才，获得的工作机会越多，所获报酬也越高；而另一方面，越具有独特人才资源优势的企业，越具有市场竞争优势，也越容易吸纳和留住一流的人才。在这样的背景下，各个国家和企业为了获取和保持科技竞争力，使用各种方法和途径在全球范围内上演人才争夺战，形成了抢夺人才的竞争环境。

(一) 国内企业人才的流失

国内人才流失最明显的表现之一就是出国留学人员的增加。自改革开放以来，中国出国留学人员累计已达上百万人，而学成回国的不及 1/3。另据资料表明，中国内地仅在美国的本科以上的各类专业人才超过 45 万人，在美国公司引进的各类人才中，华裔占了近 1/3。大量人才的流出造成了我国国内人才的短缺，这给我国科技事业的发展和企业竞争力的提升造成了巨大的损失。

伴随着“中国制造”向“中国研发”的转变，跨国研发中心向中国集聚，造成了国内研发人才短缺，已经成为研发中心、研究机构、技术中心发展的一块“短板”。如图 8-4 所示，1997～2007 年的 10 年间，外企在华设立的研发机构数量从 24 个增长到 1100 多个，足见其迅速扩张之势。跨国公司在华研发机构给中国带来的人才“内流失”，是中国科技人力资源流向所面临的新问题。一些跨国公司在华研发机构中的中国研发人员和技术专家，虽然在国内工作，但就其服务对象来看，他们的研究成果和贡献归属均不能计入中国的统计范围内，这类人才并未纳入科技人力资源的范畴，无法为我中国的高科技事业真正献力。有数据显示，目前在跨国公司的研发机构中，人才本地化平均已达到 95%。跨国研发中心纷纷移师北京、上海等地，而随着国内企业也开始重视自主研发，研发人才缺口越来越大，热度不断升级，很快便成为国内外企业人才竞争的核心。跨国公司设立的在华机构越来越成为国内企业招揽人才的重要竞争对手，因此，国内企业更要重视环境建设，吸引优秀人才并能够留住人才。

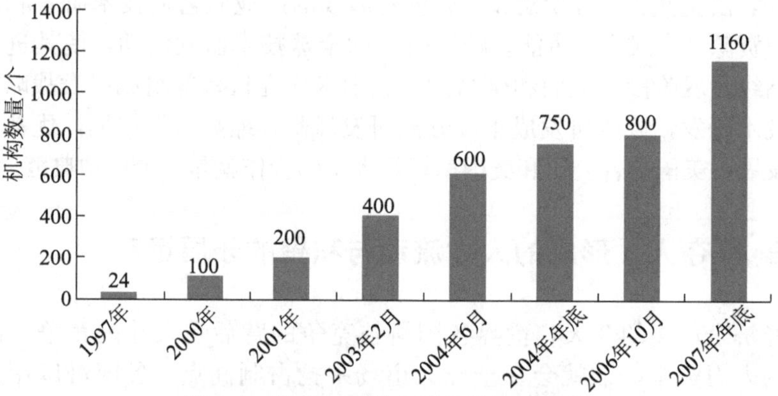

图 8-4　外企在华设立研发机构的数量

数据来源：《环球财经》2007 年第 7 期

（二）外国企业对我国人才的争夺

相对于国内企业人才的流失，外国公司在我国的人才争夺战却异常激烈。英特尔一代快过一代的芯片，微软统治世界的操作系统，几乎每一件高科技产品都包含着中国人的智慧在其中。中国人的创造力是举世公认的，但是很发人深省的问题在于，这些创造力却没有能够在自己国内变成自己的高科技产品甚至形成产业。这其中主要原因之一就是国内企业没有提供给人才合适的环境进行创造活动。除了硬件环境之外，成熟的外国公司有优越的待遇，有宜人的企业文化，有合理的管理模式，根据“智联招聘”曾经对 2000 多名应聘者的调查发现，近 40%的人认为外企是非常理想的就业单位（图 8-5）。相比之下，相对年轻的国内企业短时间内很难与其站到同一条起跑线上。这些都造成了国内企业人才的流失和国外企业人才的聚集。

美国是公认的世界最大的人才掠夺者，中国一直是美国眼里最主要的人才基地之一，微软中国研究院就是美国丰富的人才争夺方式中的一例。1998 年，

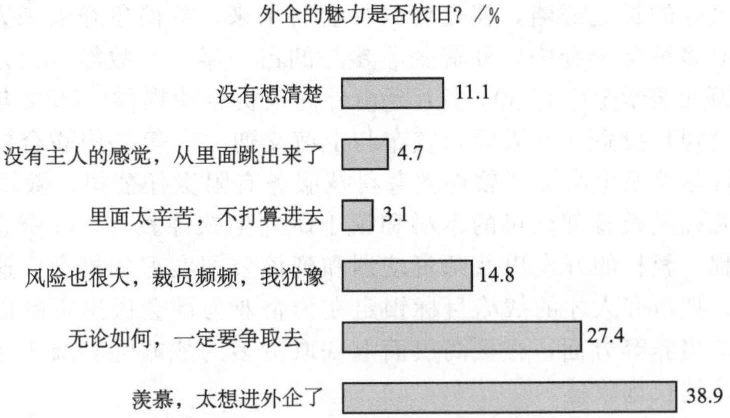

图 8-5　外企对我国人才的吸引力

微软中国研究院正式组建。两年以后，它已经是世界一流的计算机技术基础研究机构。微软这种“就地取材”式的战略意味着许多中国的优秀人才将在自己的国家里，用自己的脑力劳动，为美国来贡献聪明才智。

对于企业而言，人才被挖走最直接的原因是薪酬竞争难以抵挡。薪酬永远是吸引人的一个重要指标。薪酬水平是代表一个公司对个人价值认可程度的根本性指标。并且，一般薪金水平较高的人，他的其他待遇，如培训、奖金、发展机会、股票或者期权自然也都会优于薪水低的人。而留住人才不仅仅是薪金待遇的问题，还有企业文化等更多层面的原因。让员工感到有希望、有前途；提供学习、发展机会，让员工发挥自己的聪明才智，理解、尊重他们实现自我成就感和人生价值的愿望；提高员工对工作的满意程度，有集体归属感；使员工个人职业生涯规划与企业总体目标达到统一。在注重企业文化的公司里，无论工人或管理人员，人人都感到有奔头，他们自觉自愿地工作。他们有基本相同的价值观，拼命努力争取实现最好工作结果，并且员工之间都有良好的沟通，彼此信任。所以想留人才最重要的是建立起有特色的企业文化。

重视员工的培训工作，不断提高员工素质，不仅为员工职业发展奠定基础，同时也是吸引和留住人才的一条途径。IBM 大力推广电子化培训，在企业中建立起多元回馈和开放的学习系统，营造出富有活力和创新精神的学习文化；思科公司从 1999 年起，就把 80％的培训放在网上进行，并推出了“合作伙伴在线学习计划”，登录人数达数万人，收到了很好的培训效果；摩托罗拉公司建立培训大学，每年将相当于工资总额 4％的资金用于培训，每年公司用数亿美元为每一名员工提供至少 40 小时的培训，员工可以从 600 门课程中进行选修。通过培训使员工学习有关业务知识及公司的企业文化，成为高级管理人才。

更为引人注目的是，不少跨国公司认为，在全球化人才争夺中，缓解人才流动压力最好的长远战略，就是着眼社会与未来，提前争夺未来人才。清华大学近100多种奖学金中，外资企业参与的占一半，且数额巨大；北京大学的400多万元奖学金中有300多万元由外商投资企业提供。2002年7月，微软（中国公司）投资400万元，宣布与上海交通大学等机构联合成立上海交通大学软件学院及上海交通软件教育科技服务有限责任公司，微软占10%的股份，学院提供教育部认可的本科和硕士研究生软件教育，除资金外，微软还支持课程、教材的开发以及师资培训和到该公司实习的机会。这些知名企业的做法，把争夺人才的战略目标锁定在为企业为社会做出贡献以及加速对未来人才的培养等方面，在更高层面上获取更多的战略性高级人才，从而实现企业人才的长远收益。

（三）人才流动与聚集的矛盾循环运动

在目前上演的人才争夺战中，跨国企业和大型公司为员工提供了优厚的待遇，拥有良好的工作环境和文化氛围，成为人才的聚集地；而根据马斯洛需求层次理论，员工对工作的要求在不断改变（图8-6），随着员工对学习和发展机会及自我价值实现的要求不断提升，很多身处外企的人才由于内部竞争激烈、压力过大或升迁无望等原因，又进行新一轮的跳槽，如下海创业、被挖走、加盟创新性小公司等，总之，人才的每一次跳槽都是由于本身需求取向的改变造成的，正是这样不断改变和提升的需求形成了人才流动、聚集、再流动的矛盾运动。

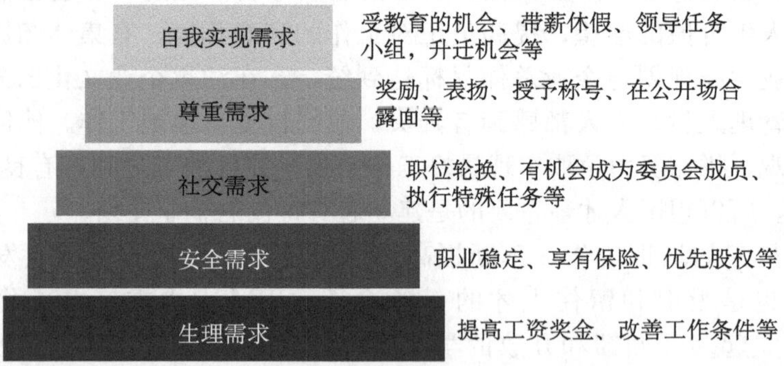

图8-6　马斯洛需求层次与企业员工的需求取向

四　市场选择形成的品牌认可与排斥的矛盾运动

创新产品只有得到用户的认可才可能占领市场，因此，企业一旦研发了新的产品就希望快速进行市场普及，以获得较高的利润空间，维持其创新能力和竞争优势。用户一旦对先进入市场的产品和技术形成依赖，就很难再改变其使用习惯，就形成所谓的“锁定效应”，相应的，被锁定的技术和产品由于先进入市场占领用户，就很容易形成垄断，对后进入市场的可替代产品形成排斥。这样，后进入市场进行竞争的创新产品，往往会被用户使用习惯所造成的市场门槛拒之门外，显然，市场的接受与拒绝构成了创新环境的另一组矛盾。由于中国的电子信息产业起步较晚，在经发达国家跑马圈地瓜分之后的市场里，中国企业想要依靠自己的产品争取市场往往是非常困难的。

微软的产品就是技术垄断最典型的案例之一。微软的 Windows 操作系统和 Office 软件长时间的垄断了用户的电脑，微软还曾使出野蛮的黑屏作风，更加重了用户对这种垄断的声讨。目前，中文 Linux 操作系统就是为了打破 Windows 一家垄断操作系统的局面而出现的，但是，此前笔记本和电脑厂商较少选择预装 Linux 操作系统，因此开源的 Linux 一直处于“叫好不叫座”的困境中，相伴而来的就是软件厂商的漠视。目前预装 Linux 系统的还只限于低端或低价的产品，其实就技术本身而言，国产 Linux 的功能已很接近 Windows，虽然 Linux 在成熟性方面还有某些差距，但对于政府、企业的大多数日常工作已能满足。从办公软件来说，中国拥有的 Office 软件和人才的水平，在世界上仅次于美国。国内有永中、金山、中文 2000、中标软等公司，都能提供实用的 Office 软件。这些软件之所以无法推广，主要在于微软利用盗版垄断了市场。软件具有高度的自然垄断性，一旦用户习惯了，就不愿再更换。而操作系统中国用户都习惯用先进入市场的 Windows，办公软件都习惯用微软 Office，这就为后起者的中国软件设置了障碍。软件是用出来的，没有用户，再好的软件也难以成熟发展。实际上中国的软件水平并不差，比如，今年的“神舟七号”载人航天工程是一个巨大的系统，含有大量的软件，要求极高，难度极大，这些都是我国自主研发的，足以说明中国完全能开发出国际水平的软件来。显然，中国软件失去应有的市场主要原因还是市场和用户的选择造成。

同样的，国产芯片产业化的道路也并不平坦。在电脑核心部件市场领域中，到目前为止，依然主要被英特尔和 AMD 所垄断，其地位几乎无人能撼动。即便是在中国市场上销售的计算机，也全部采用的是英特尔和 AMD 的芯片技术。目前我国自主研发的龙芯芯片还没有实现真正的产业化，订单很少。技术问题可以通过研发来解决，但是操作的习惯是龙芯实现产业化的一大拦路虎，由于龙芯与英特尔和 AMD 的操作习惯完全不一样，市场上对此的不适应已成为龙芯产业化的一大困境。目前，龙芯与英特尔和 AMD 不兼容，“龙芯 2 号”只涉足了机顶盒和 Linux PC 市场。另外，制约龙芯 2 号发展的主要原因还在于软件，龙芯 2 号嵌入的是 Linux 操作系统，对于习惯使用 Windows 的用户来讲，它的推广更需要时间。

第三节　影响我国电子信息产业创新的主要环境因素

一　上游技术环境的封闭性压缩了我国电子信息产业的技术创新的时间与空间

（一）上游专利技术的标准化为我国电子信息产业技术创新设置了雷区

电子信息产业的产业链整体上可以划分为电子材料、电子元器件、电子整机和电子应用系统四大阶段。前两个阶段为上中游、后两个阶段为下游。现在电子电路都已经芯片化、模块化，许多控制软件也都固化在芯片中，而整机厂也不具备芯片、模块生产所需要的技术条件。所以，整机所需的芯片和模块、软件已经都转移到产业链上游进行专业化加工。这样一来，下游的整机制造阶段只是扮演了“搬运工”的角色。

改革开放以来，我国的电子信息产业尽管高速增长，但大而不强，整个产业依然停留在加工组装的下游环节。国外企业拥有大量的上游核心技术专利，给我国电子信息产业的技术创新设置了很多陷阱，使得我国企业的技术研发困难重重，并不断的陷入专利纠纷之中。目前，在信息、生物等高技术领域，来自外国企业的专利申请占总数的60%～95%，可以说，我国高科技企业已处在外国知识产权的包围之中。根据工业和信息化部科技司在2008年发布的信息技术领域专利态势分析报告，1985～1997年国内信息技术发明专利与国外在华信息技术发明专利的申请数量比例约为0.3∶1，1998～2007年，该比例为0.6∶1。可见，外国知识产权技术已经对我国的自主知识产权长期造成了威胁。

造成我国信息技术无法突破外国知识产权重重壁垒的根本原因在于我国信息技术领域的原始创新很少，现有的创新基本都是在前人的基础上进行的，而发达国家起步较早，在很多领域内早已布满了其核心专利（或必要专利），并以专利池的方式将专利嵌入了技术标准，于是，在我国信息技术目前以引进消化吸收再创新和集成创新为主要创新模式的背景下，要基于现有的技术标准平台进行创新就不可能绕开发达国家设置的专利陷阱，即使对于我国拥有自主知识产权的第三代移动通信标准TD-SCDMA，其中也使用了美国高通公司的CDMA基本专利。因此，要想摆脱上游专利技术对我国信息产业创新的束缚，必须要进行原始性创新，例如，目前我国的彩色激光显示技术就是完全脱离了现有的FPD、LCD及OLED等显示原理的一种显示技术，并且我国长春的红、绿、蓝和全色激光器处于国际先进水平，并开发出完全拥有知识产权的世界第一块激光全色大屏幕和第一台激光彩色电视。这样，外国现有的知识产权无法对我国的技术进行封锁，才可以实现真正的自主创新。

长期以来，我国电子信息产业走的是“贸—工—技”的道路，本身对技术创新并不重视，酿成了轰动世界的DVD专利费风波。由于我国DVD产品采用的是跨国公司的专利技术，缺乏自己的专利和技术标准，从而当竞争加剧后，国际DVD厂商向我国索要高额的专利费用，致使我们整个产业遭受重创。仔细想来，DVD领域已经形成了“专利丛林”，即几乎各种算法、软件、硬件、系统等都被抢注了专利，在产品单位价格上形成了专利高度密集的态势。这些专利主要分布在欧、美、日等DVD产品消费大国。在这样的情况下，中国企业如果进行任何跟DVD产品相关的技术创新，都是绕不开欧、美、日等国家已经部署的专利阵。因此，经历了DVD专利纠纷后，我国决定发展自主产权的高清晰视盘标准，通过建立自主知识产权的标准来抵御国外企业专利封锁，还形成了EVD联盟、HDV（高清数字电影播放机）联盟以及HVD（高清晰度视频光盘）产业联盟等。然而，这些不同的产业联盟并没有致力于建立共同的标准，而是形成了不同的标准，这反而造成国内碟机市场的割裂和混乱，增加了消费者的选择难度，并同时还要面临与强大的国外对手——蓝光DVD标准的竞争。

另一个典型案例发生在2003年初，美国思科公司起诉中国华为公司，称华为公司在美国销售的路由器抄袭了思科公司的软件。尽管最终案件以华为的胜利而告终，但这件事说明，随着国际化程度的加深，中国不甘于仅仅在产业的下游生存，但如果想往上游发展，就必须面对发达国家已经设下的专利陷阱。

（二）国外的高技术对华禁运、限运政策

目前，我国电子信息产业利用后发优势，要实现跨越式发展，技术创新的主要方式就是引进消化吸收再创新，而国外对我国的高技术产品的限运甚至禁运都阻碍了我国电子信息产业的创新进程。

以欧盟为例。欧盟对华技术限制已长达半个多世纪，包括“冷战”时期的“巴黎统筹委员会”，1996年的《瓦森纳协定》，2000年通过的“1334号法令”，以及各国自行实施的技术出口管理法规等，都提出了对华出口的严格限制政策。电子信息、新材料、传感与激光等众多领域的关键技术都位列明令禁止向中国出口的“黑名单”。与出口管制政策一道，西方在华投资企业加紧技术保护，对中国企业海外并购也严加限制，加之越来越严密的知识产权保护措施等，构成了一堵对华封锁军事和产业核心技术的厚墙。

2001年，来自美国的高技术产品占中国进口的16.67%，到2010年下降到7.11%，2011年下降到6.26%。美国对中国内地的高技术产品出口排在韩国、中国台湾、日本、欧盟、马来西亚之后。这当中有产业转移等结构性问题，但同时美国限制高技术对华出口也与其有密切的相关性。作为奥巴马政府5年出

口倍增计划的一项重要措施，美国于2010年8月31日正式启动出口管制体系改革程序。2011年6月27日，美国商务部正式修改《出口管理条例》，增加了“战略贸易许可例外”规定，部分符合特定条件的物项可不经许可出口到44个国家和地区。然而，名单中却没有作为美国第三大出口市场的中国。到目前为止，美国的受管制产品，原来禁止对华出口的仍然禁止，原来需凭许可证对华出口的仍然需要许可证，没有任何实质性改变。

更加值得关注的是，这种封锁不仅针对军事技术和敏感技术，在产业竞争领域，那些对整个产业链条中最具有控制力的关键技术和核心技术，西方的控制和封锁更加不遗余力。到目前为止，从汽车、飞机、轮船等运输领域的发动机技术，到IT、家电、通信领域的芯片技术，再到化学、医药、能源、环保技术，乃至钢铁领域特种钢的生产等，几乎所有工业领域的核心技术都对中国封锁。

二 全球范围内的人员流动分散了我国电子信息产业创新的人才资源

在经济和科技全球化形势下，跨国公司在华开展的研发活动日益增多。据国家知识产权局的数据，目前跨国公司在华设立各类研发中心已达1400多家。并且根据联合国贸易和发展组织（UNCTAD）的调查，62%的跨国公司将中国作为其近期设立海外研发机构的首选，超过了美国（41.2%）和印度(29.4%)。电子信息业的跨国公司在华设立研发机构的比例最高，在2004年就已经占所有在华研究机构总数的41%。自从摩托罗拉公司1993年在中国建立了第一个外资研发实验室，包括微软、IBM、朗讯、英特尔、爱立信、诺基亚、阿尔卡特、西门子和松下等在内的世界著名跨国巨头纷纷在华设立研发机构。

（一）外资研发机构导致我国人才“内流失”

国外厂商在中国建立研发中心是一把“双刃剑”，带来技术和新研发的同时也导致了研发人才的“境内流失”。跨国研发中心奉行人才本地化战略，在华研发中心的研究人员绝大部分是在国内招聘的高校毕业生或者引进的留学归国人员，且以硕士、博士为主。据统计，目前跨国公司在华研发中心本土化的研发人员已经超过了95%。也就是说，支撑这些研发中心的主要力量是中国科技人才。例如，1995年9月在北京成立的IBM中国研究院是IBM在全球设立的8个研究机构之一，目前拥有近200位专职研究人员，其中超过一半拥有博士学位；1998年11月在北京成立的微软中国研究院（2001年11月正式更名为微软亚洲研究院），目前已经拥有在数字多媒体、多通道用户界面、无线及网络及数字娱乐等领域的200多位优秀的科研技术人员，他们中的许多领军人物是从海外归来的、在各自的学术领域有很高造诣的年轻学者；而朗讯麾下的贝尔实验室拥有科研人员500多人，其中具有博士、硕士学位的达96％。

如果说外企在华设立生产中心是在分“市场销售的蛋糕”，那么其研发中心的到来，目的则在于对国内的“创新人才蛋糕”的瓜分，也就是利用中国人的智慧占领中国的市场。人才是创新之本，人才的“境内流失”犹如釜底抽薪。前些年，中国科技人才大量流出海外，一度引起各界的高度重视。随着大量跨国在华研发机构的设立，人才表面上开始出现回流，但实际上高级技术人才由以往“出国”流向发达国家的“明流”，转为在家门口为老外“打工”的“暗流”，这使我国的技术创新力量同样被大大削弱了。跨国研发机构依靠提供的比国内机构优越得多的待遇、设备、工作条件和环境，吸引了大批国内大学和研究机构的骨干。有关统计表明，自20世纪90年代，中国的高级IT人才已成为重点争夺对象。国内人才中“最优秀”的40％和“优秀”中的45.7％都流向了三资企业。

事实上，大多数跨国公司的研发机构主要进行技术本地化的研究，而原创性开发和创新性研究相对比较少。即使有一些高层次的研发，也主要是为其在华企业加强技术垄断优势，并借以谋取垄断利润。商务部的有关调查显示，46％的跨国公司更倾向于建立独资的研发中心，其主要目的就在于抢夺中国人才，对中国进行技术控制。

（二）外国企业对我国人才的直接争夺

国内企业人才不断流失，外国公司在我国的人才争夺战却异常激烈。英特尔一代快过一代的芯片，微软统治世界的操作系统，几乎每一件高科技产品都包含着中国人的智慧在其中。中国人的创造力是举世公认的，但是很发人深省的问题在于，这些创造力却没有能够在自己国内变成自己的高科技产品甚至形成产业。这其中主要原因之一就是国内企业没有提供给人才合适的环境进行创造活动。除了硬件环境之外，成熟的外国公司有优越的待遇，有宜人的企业文化，有合理的管理模式，根据“智联招聘”曾经对2000多名应聘者调查发现，近40％的人认为外企是非常理想的就业单位。相比之下，相对年轻的国内企业短时间内很难与其站到同一条起跑线上。这些都造成了国内企业人才的流失和国外企业人才的聚集。

三　融资渠道的不畅限制了我国电子信息产业技术创新的实现

（一）政府性创新投资项目的成果转化率相对较低

在现阶段，我国的科技创新资金投入仍然以政府资金为主，众多举世瞩目的科技成果都是在国家科技计划的主导下完成的。这些科技计划项目以高校和科研机构为主要立项单位，所出的研究成果常常是不仅距离市场需求较远，其成果也无法转化成商品。科技与经济发展相脱节一直是束缚我国技术创新能力提升的一块短板。技术创新必须要获得市场的认可，研发成果转化为实际的商品后才能实现创新的价值。企业作为市场活动的主体，能够敏感地把握到市场信息，进而开发出具有市场前景且可以实现产业化的创新产品。相关资料显示，每年经过中央和省级政府部门鉴定的科技成果约10000项，其中约30%经过努力可以实现产业化，但实际转化率只有10%～15%。面对如此低的转化率，除了项目成果本身的问题，最大的原因在于目前我国的融资环境并不乐观。融资困难，特别是科技型中小企业的融资困难已经成为我国科技成果转化的瓶颈。

（二）风险投资和民间资本难以支撑中小企业的技术创新

目前我国中小企业占全国企业总数的99.8%，中小企业已经成为技术创新的生力军，每年约80%的新产品由中小企业创造，65%的发明专利被中小企业获得。对于极富创新活力的中小企业而言，很多好的技术创新都因得不到贷款而无法产业化，民间资本、风险投资的短缺使得很多技术创新难以市场化。据统计，直到2006年中国拥有的163万项专利权，而只有682项去银行换到了贷款，不到总数的0.05%；2011年全国专利权质押融资的总额90亿元人民币（涉及专利1953件），还比不上西方国家一个大型风险投资项目的融资金额。百万项专利换不来资本，已经成为我国自主创新的瓶颈。

科技型中小企业创新的两个最重要环节就是技术研发和科研成果的产业化。这两个环节都需要资金的高投入，而融资困难的瓶颈就凸显出来了。首先，对于科技型中小企业，科技开发周期长、投资较大、风险较大，使其创新活动很少能从政府部门得到研究开发支持。而中小企业固定资产匮乏，信用等级低，缺乏有效的抵押品，使他们很难通过外源融资渠道获得银行贷款。银行对贷款风险的回避，使银行基本上把大中型企业作为重点服务对象，未能建立适应民营中小企业需求的灵活融资机制。另外，我国高技术企业从资本市场上直接融资的机会很小，通过资本市场直接融资的比例很低，2005年直接融资金额尚不到500亿元，仅占融资总额的1.5%左右，而发达国家直接融资比重通常在60%左右。因此，民营企业创新只能依赖内源融资，或者是国内大量的优质企业纷纷奔赴海外上市。

此外，企业不仅要完成技术的研究开发，同时还承担着产品的生产任务。在研发前期靠自筹投入的科研经费耗资巨大，有的甚至倾其所有，产品研制出来后，企业也成了强弩之末，拿不出更多的资金来生产和推广产品。而这时急需资金支持的企业既找不到担保人，也无资产可抵押，只好眼睁睁地看着成熟的产品窝在手中。

四 市场的开放性使我国电子信息产业技术创新成果难以立足

中国的电子信息产业由于起步较晚，在经发达国家跑马圈地瓜分之后的市场里，想要依靠自己的产品争取市场往往是非常困难的。因此，在开放的市场竞争环境下，我国企业面临着核心技术依赖于国外公司，同时还要与这些国外企业同台竞争的局面。在竞争中，我国企业明显处于劣势，外国产品以其高质量、低价格进入中国市场，造成我们产品没有优势，难以立足。

在2006年中国第一款具有自主知识产权的电视多媒体芯片“信芯”由海信投资3000万奋战4年后终于开发成功。尽管海信信心十足，但事实表明，“信芯”自研发成功到规模生产，其市场化的道路却比其研发过程更加艰难。由于“信芯”作为一种替代性产品，除非具有绝对的价格或技术上的优势，才能打开市场，否则作为后发者很难与国外同类产品竞争，事实上，“信芯”在价格上虽然比国外的进口芯片便宜了5美元，但是国外芯片厂商产品的集成度相当高，而国内芯片的集成度较低，如果分散做几块芯片的话，成本不比集成度高的芯片低，所以，“信芯”的价格优势显得十分微弱。另外，“信芯”的客户均是海信的同行业竞争对手，而这些竞争者大多也在同时研发自己的芯片，出于竞争的关系，不太可能购买“信芯”，使得“信芯”基本上只能用在海信自己的产品上，市场非常有限。一旦中国出现了自主创新的产品，跨国公司在中国市场的垄断局面就将被打破，它们极有可能会做出反击。电视芯片领域中的泰鼎、飞利浦等公司必将加速推出换代产品，同时在产品价格方面对海信进行夹击。这一切都使得海信的“信芯”更加难以在市场上立足。

第九章 政府在产业技术创新活动中的角色

人们关于政府对宏观经济发展的作用的认识经历了几次改变。亚当·斯密在他的经济学巨著《国富论》中，主张经济的自由放任和竞争，认为竞争会使资源达至最大限度利用的程度；直到1929年开始发生资本主义经济大萧条，凯恩斯摒弃了亚当·斯密的“看不见的手”的机理，提出了国家干预经济的主张，并在罗斯福新政的实践中得到了完美验证；直到20世纪70年代末期，美国、日本及若干新兴工业化国家和地区迅速崛起，凯恩斯经济学无法解释在没有政府或者主要不是政府宏观干预下，美国与日本的经济却以前所未有的姿态高速发展，这时人们回到了熊彼特的理论，重新提及创新与企业家；在对创新活动的研究过程中，新古典学派提出当市场对技术创新的供给、需求等方面出现失效时，政府应当采取金融、税收、法律，以及政府采购等间接调控手段，对技术创新活动进行干预，可以提高技术进步在经济发展中的促进带动作用，使政府在经济中的作用又得到了进一步的肯定；随着创新活动的日益复杂，人们对创新研究范围的扩张，英国学者克里斯托夫·弗里曼等认为，技术创新不仅仅是企业家的功劳，也不是企业的孤立行为，而是由国家创新系统推动的。国家创新系统是参与和影响创新资源的配置及其利用效率的行为主体、关系网络和运行机制的综合体系，在这个系统中，企业和其他组织等创新主体，通过国家制度的安排及其相互作用，推动知识的创新、引进、扩散和应用，使整个国家的技术创新取得更好绩效。

企业无疑是创新活动的主体，但是，放眼世界，不论发达国家还是新兴市场国家，几乎所有重大技术创新背后都有政府之手的强力推动与支撑。当今世界，任何一个屹立于全球市场的企业，无一不得到本国政府的支持乃至鼎力相助。即使在发达的市场经济国家，政府也是企业的强大后盾。

在计划经济时期，政府的职能在经济发展和科技建设中得到了充分的发挥。典型的一个案例是中国在计划经济体制时期创造出的“两弹一星”的伟大创新。当时在资源条件和技术条件都相当落后的情况下，就是依靠政府的支持、举国之力完成了震惊世界的创举。改革开放初期，我国确立了市场经济体制，当时纽约大学的诺贝尔奖获得者会同一些经济学家曾向中国政府建议不要把计划经济下形成的正确优势完全否定，甚至当时美国的一批经济学家正在建议美国政府成立计划经济的科委，可见政府的行政力在社会发展中的重要作用已逐渐被人们所认识。计划经济比较强势的根源就在于政府的充分职能，依靠行政力量最高效率的集中资源，用政府这只“看得见的手”来调控市场这只“看不见的手”。如今这种优势正在经历市场经济体制的转化过程，如何把它转化好是关键问题。温家宝总理在2008年的政府任务中提出，要完善和落实支持自主创新的政府，充分发展企业作为技术创新主体的作用，鼓励、引导企业增加研发投入，加大政府采购对自主创新产品的支持。这说明在我国合理的政企关系也在加紧建立中。

在国家创新系统中，政府作为间接参与创新活动的重要角色，其对创新活动的主要作用包括：为创新活动营造健康的环境、为企业创新提供引擎动力和为创新的产业策划市场出路。

第一节 指引创新方向

政府的战略规划与产业、企业的发展紧密结合。电子信息产业作为一个国家的战略性产业，需要从战略高度进行规划，然后由企业、行业协会等具体实施。战略的制定不是某个部门或企业能完成的，自然由国家政府立足于本国国情制定，充分考虑经济发展水平、市场化程度、技术能力、政府的财政和管理能力等。

在世界电子信息产业发展过程中，各国都在加强战略规划的制定工作。如美国，尽管是自由发展的市场经济，但在发展电子信息产业方面，政府集中力量进行了很多规划。在我国，党的十六届五中全会和全国科技大会部署了加强自主创新，建设创新型国家的战略规划，提出了“自主创新、重点跨越、支撑发展、引领未来”的指导方针，并在全国信息产业科技创新会议上得到了落实，提出增强自主创新能力，形成以企业为主体、市场为导向、产学研相结合的创新体系。《规划纲要》对电子信息产业的科技创新点出了发展重点，如努力突破和掌握制约电子信息产业发展的集成电路及关键元器件、大型软件等核心技术，提高自主开发能力和整体技术水平；加强信息技术产品的集成创新，提高设计制造水平，培育新技术和新业务，提高电子信息产业竞争力。

第二节 提供创新引擎

放眼世界，不论发达国家还是新兴市场国家，几乎所有重大技术创新背后都有政府之手的强力推动与支撑。当今世界，任何一个屹立于全球市场的企业，无一不得到本国政府的支持乃至鼎力相助。即使在发达的市场经济国家，政府也是企业的“镇山之宝”。因此，政府在很大程度上为产业的技术创新提供了引擎。

战后初期的日本企业，技术落后欧美20余年。最初也起始于大规模引进和模仿欧美技术。由政府参与规划和支持的有计划有步骤的技术引进，为日本企业带出来一条迅速改变技术落后局面的捷径。

第二次世界大战初期，因国防工业的需要，美国政府开始向企业提交大量研究开发合同，大大促进了企业的技术研发。企业在完成军事合同的同时，也不断增强了自己的科技实力和创新能力。

二战后，美国政府以大量商业合同的方式，向企业直接投入研发经费。目前，产业界的研究经费有12%来自美国政府，其中大部分就是通过商业合同形式提供的，而军事工业是商业合同的最大支付者。1950年，美国政府的科研经费为27亿美元，其中超过一半的14亿美元支付给了企业。1990年，美国政府的科研经费为617亿美元，其中280亿美元给了企业，占总数的45%。2006财年，美国政府的研发预算为1320亿美元，其中1/3通过商业合同形式直接支付给企业。

甲骨文公司和IBM是美国政府的长期合作伙伴。甲骨文公司以生产数据库软件著称，其四分之一的订单来自美国政府和军方。这家公司说，美国政府为应对战争增加了信息技术开支，使得公司的营业收入可望出现持续增长。IBM也承认，美国备战对公司是个“好的商业机会”。该公司一直为军方提供大量的电脑硬件和技术服务。

第三节　支持创新成果

在我国传统的计划经济中，创新被普遍赋予浅显的、日常的理解涵义，创新与革新、科研成果等同起来。因此，只要能搞出具有高理论水平的、高学术水平的科研成果，就认为是实现了创新的价值。而如何实现成果的市场价值，往往不被重视甚至被排除在创新行为之外，认为这是商人贪图利益的行为。这种对创新的局部的、静态的理解，导致长期以来经济与科技“两张皮”的局面。一方面，科技只管研究，至于成果能否产业化、能否实现市场价值则不是科技部门所考虑的事，因此出现科研单位的大量科研成果由于远离市场需求被企业敬而远之的局面；另一方面，生产企业苦于无好产品可生产，无好项目可上，无人才可以利用。大量的技术力量和人才集中在国家“象牙塔”式的科研院所和大学内，科研人员遵循着以评职称、获奖为中心目的的科研道路；而在企业方面，研究与开发人才奇缺，新产品与新技术开发能力薄弱，多数企业只能从事技术含量低、附加值低的产品生产，或者购买国外的技术、设备、产品满足生产，导致了我国过高的对外技术依存度。

高新技术产业发展过程中所面临的风险，尤其是市场风险，远远高于其他产业。高新技术成果能否转化为产品，能否迅速形成产业，最终取决于市场需求的拉动。只有高新技术转化而成的产品拥有巨大的市场需求潜力，高新技术产业的高收益才能顺利实现，私营部门也才会冒着高风险从事高新技术成果的产业化。高新技术产业的发展仅靠自发的市场需求拉动是远远不够的，必须依靠政府一方面进行相应的市场培育，扩大甚至创造市场需求，另一方面加强对知识产权的保护。政府采购的最重要的功能就是为高新技术产品和高新技术企业提供一个稳定的可以清晰预计的市场，从而大大降低技术创新过程中与市场相联系的诸多不确定性。因此，为企业创新产品谋求一片释放的市场也是政府不容推辞的任务。对本国开发的具有自主知识产权的重要高新技术装备和产品，建立政府首购和订购制度，是国际通行的做法。

美国政府技术采购所占的份额很大，政府采购一度达到其制造业的40%，而且采购价格大都高于市场价格。美国自20世纪四五十年代开始通过集中采购合同对高新技术产业及战略性产业进行扶持。美国西部硅谷地区和东部128公路沿线地区高新技术产业群发展迅速，是当今世界技术发展最活跃的地区，其成功的关键即是美国政府采购政策的扶持。美国计算机、半导体和集成电路等工业的兴起和发展，在很大程度上也是政府的采购政策给予了第一推动力。在半导体和计算机工业发展的早期，美国国防部和国家宇航局出面对这些产品进行采购，有效地降低了这些产品早期进入市场的风险。以集成电路为例，1960年集成电路产品刚刚问世，这些产品100%由美国政府购买；1962年，美国政府对集成电路产品购买量达到94%；到1968年，美国政府对集成电路产品的购买量仍占到37%，在克林顿政府的“全面经济计划”中，为扶持创新产品的初期市场，仅计算机及其相关产品的政府采购就达90亿美元。在1998年美国政府的采购合同总额中，来自高技术企业的产品价值占35%。美国通过政府采购培养和壮大了IBM、惠普、得克萨斯仪器公司等一批国际IT业巨头。目前，美国政府的采购政策仍在培育“创新产品”市场和推动技术商业化方面起着重要作用。

韩国对国产高速列车和核电站等公用事业装备，全部由政府购买，如高速列车，在引进之时政府就决定，在引进法国12台列车后，其他的34台全部采购本国产品。对市场竞争的汽车、计算机产品，韩国政府规定，本国产品即使价格较高也优先采用，如清洁燃料汽车，2004年财政部以每台1亿韩元（高于市场普通车10倍的价格）带头购买了（首购制度）50台现代公司新研制的清洁燃料汽车，政府其他部门还准备采购几百辆。对一些中小企业开发的新技术，政府实施收购，并出资支持中试和产业化。对国有企业，韩国政府也要求企业优先采购国产装备和其他产品。

20世纪六七十年代，日本计算机工业的发展与技术创新同样明显受到政府采购政策的有利支持。日本政府明文规定，政府部门、国营铁路、电信电化公社、国立大学以及政府系统有关机构在选购计算机时，必须优先采用国产机。到1982年，其官方市场相当于其国内计算机市场总体的18%，国产机在市场上的份额达到90%以上。

目前我国的政府采购制度正在建立和完善。我们要积极推动政府采购工作协调机制的建立和实施细则的出台，为国内企业开发的具有自主知识产权的信息技术产品，开辟市场空间，提供有力的政策支持。

第四节　营造创新环境

创新是全社会的共同责任和系统工程，其中政府要从国家创新的宏观大局着眼，从战略的高度发挥主导作用，制定规划政策引导产业和企业创新，营造利于产业和企业健康发展的良好环境。

营造利于企业创新的环境主要包括为企业提供良好的硬件和软件环境、促进产业联盟的形成，通过金融税收政策激励企业创新，为企业培养具有创新能力的人才等。

一 促进联合创新体系的形成

创新是一项复杂的活动，单独依靠企业的力量无法完成全部的创新过程，这时联合就成为企业的必然选择，而政府也促使企业之间以及企业与研究机构之间的联合创新。各国政府在促进产学研联合创新方面都有一些经验值得我们学习。

美国政府规定联邦实验室要将一定比例的经费用于工业合作，与企业签订协议或承担工业界委托的合同。一些美国大公司向大学和国家实验室提供研究经费，并专门派人到大学和国家实验室一起进行合作研究和开发。同时，由政府出面组织企业之间、企业与大学和政府研究机构之间建立各种合作研究团体。通过这种企业间和企业与大学以及研究机构之间的合作，可以共同确定研究和开发重点，使研究项目更贴近市场，并避免了重复和浪费，同时也有利于联邦实验室和大学向企业转让技术，从而推动科技成果产业化。

日本的电子技术竞争力也完全是政府主导型的，只是非常巧妙的主导。日本政府将所有开发某项产品技术的企业集中在一起，技术开发出来以后，则各自再回到自己的企业中进行产品的市场竞争。例如，在20世纪70年代初，为了争取半导体产业的竞争优势，日本通产省向NEC、冲电气、东芝、三菱、富士通、日立六家大型电子机械公司施加压力，一方面要求它们制定共同的半导体产业发展计划，并提供援助资金、低息贷款、享受低税率等优惠措施；另一方面又威胁它们不参加该计划的公司以后将得不到政府资助。正是日本政府的这种举措为微电子企业的发展提供了兼具保护和竞争的环境，使日本企业在80年代初期形成了与硅谷的美国企业一争长短的实力。

韩国很多大型企业集团都是在20世纪六七十年代由政府扶持建立的，从一诞生就与政治有密切联系。韩国政府当年几乎倾其所有，以整个国家的经济实力来扶持三星、现代等本国重点企业。政府出面担保，金融机构给企业巨额贷款，其数目曾高达被扶持企业净资产的很多倍。同时，政府出面把海外的韩国精英请回来致力于国内技术研发。此外，韩国政府的大量采购订单也为韩国企业起飞助一臂之力。

TD-SCDMA标准是我国具有自主知识产权的3G标准，要具备一定的市场规模，这个标准的存在才有意义。3G标准之间的竞争，完全是产业链之间的竞争。因此，为了保证TD-SCDMA的技术研发与产业化相结合，在2002年，在国家发改委、科技部、原信息产业部的共同推动下，TD-SCDMA产业联盟、TD-SCDMA技术论坛、TD-SCDMA技术专家组先后成立，初步形成了以企业为主体，产学研用相结合的技术创新体系。其中，TD-SCDMA产业联盟在TD-SCDMA的研发和产业化进程中，发挥了重要的组织协调作用，特别是一些政府不宜直接出面推动的工作，都由TD-SCDMA产业联盟作为中介组织承担起来；TD-SCDMA技术论坛积极推动开展国际技术合作与交流；TD-SCDMA技术专家组负责技术方案的制定、技术的标准化工作、技术研讨及试验工作，及时研讨和解决在TD-SCDMA发展过程中碰到的技术难点和疑点。这三驾马车，在TD-SCDMA的发展中各自都发挥了重要作用。

二 创新政策扶持

政府的政策对产业创新有积极的推动作用，特别是产业政策。例如，我国政府在2000年出台的《鼓励软件产业和集成电路产业发展的若干政策》（18号文件）使软件和集成电路企业享受税收优惠政策；制定的《我国信息产业领域拥有自主知识产权的关键技术和重要产品目录》是《规划纲要》的一项重要配套政策，目录中列出了国家科技计划及建设投资将予以重点扶持的关键技术和重要产品；《关于加快推进信息产业科技创新的指导意见》、《支持国家电子信息产业基地和产业园发展的若干政策》，《信息技术创新型企业认定管理办法》等各项政策的出台，鼓励了企业自主创新、加强引进消化吸收再创新、促进高技术产业发展和鼓励优先采购自主创新产品等。还有一些是电子信息产业领域的专项政策，如前面提到的18号文件、数字电视产业政策、推进若干重点领域自主创新的政策等。

此外，电子信息领域的很多技术在产业化初期投入很大，可能达到几百亿，但一旦实现产业化将来可能占领几千亿的大市场。如果没有这样大的投入，将来这个市场也占领不了，仅靠一点资金小打小闹是做不成的。因此，政府必须要给予政策上的支持，给企业融资创造良好的环境。例如，在美国，各种基金会就有4万个左右，除了美国联邦政府、州政府，企业、民间基金会等非政府资金也是研究经费的来源之一。

在一些国家高科技企业R&D的投入中，至少有50%以上是由政府财政补贴和税收减免生成的。1986年，美国制定了《国内税收法》，该法规定一切商业性公司和机构，如果其从事的研发活动的经费同以前相比有所增加的话，则该公司或机构即可获得相当于新增值20%的退税。韩国从1993年开始，很多成果都是无偿转让的，成果的受让方只需支付成果开发费用的50%，另外50%由政府支付。

三 创新型人才的培育与聚集

当今世界，人才在全球培养，人才在全球流动，人才被全球争夺。各国可以用关税、非关税壁垒等手段保护本国的产品，控制生产要素跨国界的流动，但是，唯一无法控制流动的就是人才。因此，在人才问题上，必须参与国际争夺人才的竞争，全力创造一个有利于留住人才、有利于尖子成长的环境。

发达国家高科技发展之所以如此迅猛，科技创新能力之所以不断提升，从根本上说，就是重视人才的聚集。美国政府的高技术发展规划和政策，摆在首位的是教育，在美国联邦政府预算诸项开支中，增长最快的也是教育。因此，要提高我国自主创新能力，加快创新型国家建设，各级政府必须牢固树立人才资源是第一资源的观念，大力实施科教兴国和人才强国战略，全面推进素质教育，增强学生的创新和实践能力，努力培养造就数以亿计的高素质劳动者、数以千万计的专门人才和一大批拔尖创新人才，建设规模宏大、结构合理、素质较高的人才队伍。国家可以通过贸易壁垒、技术壁垒防止技术的流失，但是唯有人才的流动是无法控制的。随着经济全球化的进程加快，各国纷纷加快培育人才、吸引人才的脚步。

除了人才的培养，人才的迁移和流动对科学研究也产生深远的影响。目前，从其他国家广泛输入甚至收买已经培养成才的科学家或具备潜力的青年学者已成为西方国家克服“人才危机”的一种典型方法。以美国为例，美国有一个宽容的、开放的移民文化环境，从历史上看，美国大多数人口都为移民。因此，美国政府除了重视本国人才的培养与使用之外，还制定了一系列的优惠政策从国外吸引大批优秀人才，并为他们提供完善的科研条件和环境。据估计，在所有美国高级科学家和工程师之中，外国移民要占10%以上，不仅带来科技的突破，而且又直接或间接地为美国培养了大批年青的科技人才。

四 保护知识产权，推动标准制定

知识产权是指智力创造性劳动取得的成果，是由智力劳动者对其成果依法享有的一种权利，其主要形式有专利、版权、商标和商业秘密。随着知识经济时代的到来，对知识产权的保护和管理已成为各国发展战略的重要内容，国家竞争在很大程度上依赖于对知识产权的竞争。对知识产权的保护是一种国家行为，也是政府有效的促进国家创新能力的一种途径。

国家知识产权战略就是从国家战略的高度，通过建设和完善现有的知识产权制度，进而提高知识产权创造、管理、实施和保护的能力，造就高素质知识产权人才队伍，最终促进国家经济社会发展整体目标的实现。近年来，美、日等发达国家为抢占国际竞争的制高点、促进本国科技进步、推动经济发展，纷纷制定并实施了国家知识产权战略。美国从20世纪80年代开始实行知识产权发展战略，制定法律，界定知识产权的权利归属和利益分配，包括知识产权的实施者和推动者及管理者的权益。在对外方面，谋求美国知识产权权利人在全球利益的最大化，推动《与贸易有关的知识产权协定》（TRIPs）的签署。日本也在2002年知识产权战略会议上发表了《知识产权战略大纲》，把原来的“技术立国”改为“知识产权立国”，提出从创造、活用、保护三个战略以及人才基础和实施体制等方面抢占市场竞争制高点。同年，日本内阁成立了知识产权战略本部，由首相任本部长，并设立了知识产权推进事务局，每年发布一次“知识产权推进计划”，对国家主管部门、教学科研单位、各类企业的相关任务与目标都做出规定。作为技术追赶型国家，技术引进路线曾使我国在知识产权方面一直没有给予足够的重视，造成很多贸易纠纷，自从我国政府提出自主创新的国家战略以来，建立知识产权体系也被提到了国家战略的高度。2008年，我国正式颁布了《国家知识产权战略纲要》，明确到2020年把我国建设成为知识产权创造、运用、保护和管理水平较高的国家，5年内自主知识产权水平大幅度提高，运用知识产权的效果明显增强，知识产权保护状况明显改善，全社会知识产权意识普遍提高。

为保证知识产权战略的顺利实施，国家通过立法等手段加强对本国知识产权的保护。例如，对知识产权进行法律保护由来已久的美国，从1789年开始实施的《宪法》指出，国会有权“保障著作家和发明人对各自的著作和发明在一定的期限内的专有权利，以促进科学和实用艺术的进步”。此后，美国又先后制定了《专利法》、《商标法》、《版权法》、《反不正当竞争法》、《互联网法》和《软件专利》。1994 年 12 月 8 日，美国政府制定了《乌拉圭回合协议法案》，对知识产权法律作了进一步的修改和完善。政府对本国利益，特别是对跨国公司利益的保护，是美国《专利法》的一大特点。例如，美国目前仍在执行的专利授权公开制度，使得美国企业一切不能获专利法律保护的技术都不对世界公开，但他们却可以从其他国家申请专利 18 个月公开的文件中获取新技术信息；又如，美国现行实施的先发明制，实际上只适合于美国的申请人。英国作为专利制度最早的发源地，其颁布的《垄断权条例》，加上 1709 年制定的《安娜女王法令》，为英国奠定了世界知识产权保护制度鼻祖的地位。此后，在知识产权保护中，英国在保持知识垄断性和促进知识流动性两方面不断完善法规，不断寻求两者之间的较好平衡。近年来，英国非常重视知识产权体系的完善与发展，以鼓励创新，推动技术转化。我国在 1984 年颁布了符合国情的《专利法》；1992 年《专利法》通过了第一次修正案，扩大了专利保护的技术领域，延长了三种专利的保护期限，使我国在专利保护水平方面基本达到了 TRIPs 协议的规定；2000 年 8 月 25 日，在吸收了我国深化经济体制改革以来的实践经验和立法成果的基础上，《专利法》进行第二次修正，加大了专利保护的力度，简化了专利审批程序，按 TRIPs 进一步调整完善了我国《专利法》的有关规定。

世界科技竞争中，技术标准的研发、制定、控制已经成为新的“国家主权之争”。技术专利化、专利标准化已成为当今世界产业竞争的主要途径，发达国家利用技术优势，将标准与知识产权战略紧密地联系在一起，利用自己拥有核心专利的优势，制定有利于自己的标准体系，以标准为利器索取高额许可费，或运用标准等措施来限制弱势国家，诱导发展中国家在战略路径上的跟踪模仿和过度依赖，迫使发展中国家遵从其建立的标准体系和标准秩序。

于是，在经济全球化的背景下，许多国家或区域性组织纷纷推出自己的标准化战略，技术标准已经从过去单纯的科技问题，逐渐转变为国家的战略发展问题。美国于 2000 年制定并发布了《美国国家标准战略》，其主要目的是指导产业，以实现可信的市场驱动的标准。日本政府为了摆脱受制于美国和欧盟的状况，早在 1999 年就拨出专项资金，用于制定日本的标准化战略。2001 年，《日本标准化战略》出台，其主要目的就是积极加强国际标准化活动，促使企业界参与国际标准化活动，建立适应国际标准化活动的标准体系。我国在 2006 年召开的全国信息产业科技创新大会上也提出要加快实施以企业为主体的标准战略和知识产权战略。

标准竞争是国际竞争的制高点，各国政府都致力于保护本国主推的技术标准而抵御外国标准的进入。例如，目前使用的第二代移动通信有 GSM 和 CDMA 两类标准，欧盟和美国分别是这两类标准的主要专利持有者，在 GSM 标准刚起草时，欧盟就要求其成员国的通信运营商签署协议并预留频率，保证欧盟使用 GSM 网络标准，阻挡了 CDMA 标准进入欧洲。美国在本国的 CDMA 系统发展到一定规模以后，才允许 GSM 系统入美国市场。同样，我国政府为支持 TD-SCDMA 发展所采取的措施也是为了保护本国的技术创新成果。

我国具有巨大市场优势，同时又处于技术赶超阶段，政府在推动企业参与技术标准制定过程中需要发挥引导作用，通过制定产业技术政策，支持与重大技术开发相关的计划，以及制定竞争政策规制跨国公司滥用知识产权的行为，有选择地对一些以国内企业为主的产业联盟给予税收、财政及金融等方面的政策支持。同时，政府还要积极引导各种技术和技术标准的合作联盟建立，鼓励国内企业参与各种技术与标准联盟。鼓励市场力量的成长，保持国内市场垄断和竞争的均衡，扶植本国研发力量的成长，运用产业政策，建立企业创新机制，培养、提高企业创新能力和产业创新能力。

第十章 提升产业技术创新能力的战略杠杆的应用

第一节 战略杠杆的类型

一 战略杠杆原理与战略力度、战略目标和战略支点

公元前1500年左右，在埃及就有人用杠杆来抬起重物，不过人们不知道它的道理。直到阿基米德潜心研究了这个现象，发现了杠杆原理，并留下了“给我一个支点，我就能撬动地球”的名言。在物理学上，杠杆原理就是利用一根杠杆和一个支点以很小的力量撬起很重的物体，其本质是以很小的投入实现较大的产出。杠杆的结构很简单，只由一根杠杆和一个支点组成，其中支点是整个杠杆系统的核心，如果没有支点，就无法形成力矩，也就无法实现杠杆的作用。

随着人类社会活动的丰富，以小搏大的杠杆原理从工程技术领域逐渐应用到军事战略和管理战略的选择与制定上，力求以较小的资源投入达到战略目标。“战略杠杆”最早是由M. 莱里在研究公司层战略中提出的，即通过定位企业战略来实现企业自身的资源和能力与市场需求达到平衡，如图10-1所示。其中，运用战略杠杆的核心就是定位战略支点。

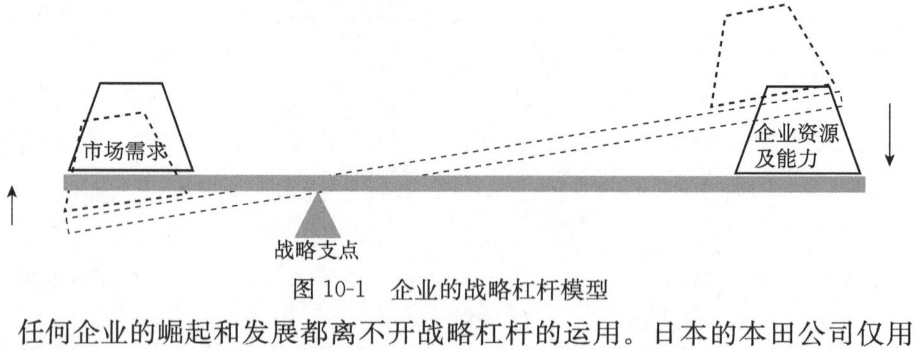

图10-1 企业的战略杠杆模型

任何企业的崛起和发展都离不开战略杠杆的运用。日本的本田公司仅用了极有限资源，即发展出一款“叫好又叫座”的高级车种，打败了美国三大汽车公司；回顾复印机历史，IBM曾向施乐挑战失败；但20世纪70年代规模仅及施乐1/10的佳能公司，终能取代施乐称霸数十年的地位，成为全球最大的复印

机制造商；再如，20 世纪 80 年代，华为等公司通过将创新和知识产权定位为公司的战略支点，依靠自主研制并生产的大型数字程控交换机打破了当时我国通信市场“七国八制”的局面。

就国家而言，知识经济时代，若干发达国家凭借其庞大的知识基础和技术优势在很多产业方面占据了制高点，形成了所谓“发达国家的技术俱乐部”，比如半导体、计算机、软件、机床、化学、制药以及医疗器械业等。在这种情况下，后发国家要进入这些产业，并形成自己独特的竞争优势面临相当大的困难，必须运用战略杠杆以小搏大，在全球范围内与发达国家进行竞争。于是战略杠杆的运用成为制定国家发展战略必不可少的发展工具。同时，政府作为重要的战略性角色，为企业提供创新引擎是其重要的任务之一，提供创新引擎重要的方式就是分配资源，而面对有限的资源，运用杠杆原理显然更能发挥更大效用，如图 10-2 所示。

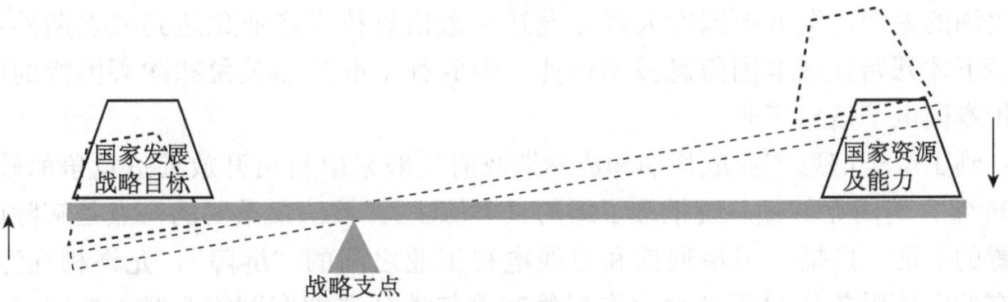

图 10-2　国家的战略杠杆模型

构成国家战略杠杆两端的是国家资源及能力和国家发展战略目标，政府通过定位战略支点，使国家有限的资源及能力能够发挥最大效用，最终实现国家发展的战略目标。在本书中，战略目标就是提高我国电子信息产业的自主创新能力，而杠杆的另一端就是我国电子信息产业现有的创新资源和相关能力，只要定位了战略支点，这根杠杆就可以发挥作用了。战略支点的选择是运用战略杠杆的关键，而战略支点有很多种，我们将分别进行介绍，并从中选取最有效的那个进行战略支点的定位。

二 当前的战略杠杆类型

（一）政策杠杆——国家产业政策

国家产业政策是政府为了实现一定的经济和社会目标而对产业的形成和发展进行干预的各种政策的总和。这种干预包括规划、引导、促进、调整、保护、扶持、限制等方面。产业政策这只“看得见的手”与市场调节这只“看不见的手”相辅相成，通过有效的资源配置，增强产业适应能力，使产业持续健康发展。

既然产业政策的作用就是弥补市场缺陷，帮助产业发展，那么，在电子信息产业发展的不同时期，相应的产业政策也不会相同。在电子信息产业发展的初期，发达国家一般采取优惠保护性政策为主。例如，美国电子信息产业初创期的产品几乎都由美国国防部和政府通信部门承包，美国新开发的巨型计算机虽然价格昂贵（每台 200 万～500 万美元），开始时都是由国家机构、大公司或大型科研单位购买，由政府给予财政贷款或补贴，使美国的巨型计算机形成绝对优势，保持世界市场 90％的份额。日本在微电子技术和计算机初创时期，研究开发费用全部由政府提供，从研究到生产过程都给予补助，还有各种优惠税收政策。另外，20 世纪 80 年代初期，日本为冲破美国电子信息产业的全球优势，建立起日本本国独立的电子信息产业体系，政府通过强有力的扶持、指导，集中力量通过开发、建立和保护国内市场，使日本电子信息产业短期内缩小了与美国的差距。发展中国家大多在发达国家信息技术产业化达到成熟期的不利环境下才开始发展本国信息技术产业，因此都采取依靠关税和购买国货的政策保护本国电子信息产业。

到了电子信息产业成长期和成熟期政府一般采取自由开放促进竞争的政策。1996 年，美国克林顿总统批准了新的《电信法》。该法最重要的一点是解除政府设置的电话、广播、卫星通信和有线电视工业之间的“屏障”，允许相互竞争。所有的电信服务公司都必须允许竞争对手与本公司拥有网络互联。按照《电信法》对其他有关法规政策中不利自由、开放、竞争的都要进行修改。20 世纪 80 年代后期，日本在电信自由化方面引入竞争机制，日本的电信事业主要任务由扩大数量转变为提高质量，制定了电信改革三法案。其主要特点是：打破政府垄断政策，电信公司实行民营化，放宽对成立电信企业、收费等的限制。由于在电信行业引入竞争机制，各家企业纷纷推出高质量的新产品，电子信息产业得以迅猛发展。此外，在电子信息产业政策中，不少国家对用户获取信息的合法权利、个人隐私保护、信息资源的安全保密等方面都制定了相关法规和政策。

我国目前处于电子信息产业发展的初期阶段，国家有关部门也制定了一些法规政策，以促进电子信息产业发展。但目前我国电子信息产业政策主要侧重于国家和政府对信息产业活动的指导性、原则性方针政策，还缺乏系列配套的操作性较强的政策，因此政策倾斜的效应还不十分明显。为此，建议我国政府首先要制定和完善支持核心技术产业发展的政策措施，以扶持电子信息产业初期的发展；其次，加大力度打击不正当竞争，促进电子信息产业市场健康发展；再次，国家应立即组织力量制定一系列电子信息产业的法规，如信息产业法、软件保护法、数据库保护法等，以法律手段来促进电子信息产业迅速而健康的发展。

（二）投资杠杆——国家科技计划资金投放方式

制定和实施科技发展计划是促进科技发展的重要途径，国家科技计划的制定体现了国家对科技发展的宏观调控，国家科技计划要服从国家的战略目标和战略利益，通过制定和实施科技计划，展开技术预见，遴选科技发展的优先领域和重点方向，把握国家未来的科技发展趋势，占领国际科技竞争的制高点。

美国一直重视制定科技发展计划，二战期间和冷战时期，美国政府提出的重大科技发展计划，以维护国家安全为最高指针，具有浓厚的军事色彩，如“曼哈顿”计划、“阿波罗”计划和“星球大战”计划。冷战结束后，随着国际竞争的焦点日益从军事力量转向以高科技竞争为核心经济竞争的综合国力竞争，美国政府制定的科技计划日益突出高科技发展，力图全面控制和抢占新时期科技制高点，如人类基因组计划、信息高速公路计划和国家纳米技术计划等。这些计划为促进美国科技乃至经济和社会的发展做出了重大贡献。

过去，英国长期实行分散型科技管理体制，国家不制定统一的科技政策和规划，政府各部的科技政策和规划由该部的首席科学顾问负责制定。近年来，英国政府逐步加强了对科技的宏观指导和调控。政府科学技术办公室从 1994 年开始组织实施前瞻计划，确定对英国未来发展有重大影响的关键科技领域，提出今后 10～20 年对英国发展有重要影响的关键技术、市场机会和应采取的对策。并在 2004 年 7 月发布了《英国 2004-2014 年科学与创新投资框架》，制定了英国科学与创新的奋斗目标、英国科学未来 10 年的远景目标以及优先发展领域。

我国的科技发展计划包括从 1950 年开始的五年规划，《规划纲要》“863”计划、“973”计划、国家科技攻关计划等，我国的网络应用工程即“金”字工程（金桥、金关、金卡、金税、金农、金企、金智、金宏、金信、金卫，即首批启动的 10 项工程）也还在加快建设之中。在我国的科技计划中，还有一类特殊的类型，就是“一条龙”工程，不仅关注技术的研究和开发，同时也对产品的生产和产业化进行扶持，因此被称为“一条龙”工程，其中比较典型的“一条龙”工程有彩电国产化“一条龙”和航空航天工业各类重大工程，如战斗机的研制生产、嫦娥探月工程、神舟系列飞船工程等。通过实施“一条龙”工程，形成完整的产业链条，极大地提升了我国产业的竞争力。

一般来说，科技计划的实施常常需要政府和企业、高校以及研究机构等单位的联动。政府选取具有战略意义的技术领域进行立项，由企业和研究机构实施，因此，战略杠杆最初的撬动需要依靠国家力量，政府投资和政策。政府投资创造起点，而后逐步让位于企业充分发挥其主体地位，从而带动整个产业的发展。事实上，一国产业领先地位的形成总是主要通过产业内若干具有较强国际竞争力的企业来完成的。

（三）组织杠杆——产业联盟

为了应对技术革新不断加速带来的研发投入和创新的不确定性，产业联盟作为一种重要的产业组织形式走上历史舞台，并在产业创新活动中扮演着越来越重要的角色。对于高新技术产业，其本身具有研发投入高、风险大、技术进步快，技术转化的周期短，技术交叉融合多等特点，因此，企业需要联合创新以分担创新的成本和风险。特别是电子信息产业具有显著的网络特性，创新产品的竞争不是单个企业的竞争，而是产业链的竞争和技术标准的竞争，电子信息产业更需要搞联合创新。对企业而言，如联想、中星微、大唐电信等行业龙头企业尽管在国内处于领先地位，但在国际竞争中尚处于弱势，在知识产权和技术标准上受制于国外，必须相互联合进行技术突围；而中小企业虽有很强的创新活力，但规模小、实力弱，难以与大企业竞争，更需要联合起来达到规模经济，迈过一定的市场门槛。

随着产业联盟在产业发展中地位的提升，许多国家政府对产业联盟也慢慢重视起来，政府从提高本国产业竞争力的角度出发重视支持产业联盟，以解决产业发展的共性问题，特别是产业创新中的共性问题，将产业联盟作为政府支持产业发展的有效平台，很多产业联盟都是在政府的主导下组建起来的。例如，20 世纪 70 年代前期，日本的计算机产业整体落后于美国 10 年以上，面对美国公司的强有力竞争，日本公司在世界市场上明显出于劣势地位。在日本半导体公司不敌美国 IBM、英特尔等大公司的情况下，为了争夺竞争优势，日本政府决定，采取各厂商联合战略，建立超大规模集成电路联盟，于是 1975 年，在日本通产省的主导下，NEC、日立、三菱、富士通和东芝五家日本最大的计算机公司联合在一起，组成了技术研发合作产业联盟进行关键战略技术开发，使日本微电子产业在世界上的相对地位发生了明显转变，使日本与美国在微电子领域的差距从 10 年以上缩短到几乎没有，到了 20 世纪 80 年代末 90 年代初的时候，日本已经成为世界最大的半导体生产国。而为了改变日本吞噬美国半导体产业市场的状况，美国政府决定效仿日本的做法，于 1986 年组建了半导体技术研发合作产业联盟（SEMATECH），把 14 家相关优势企业组织起来通过合作研发半导体制造技术，提高美国的半导体生产能力，终于在 1992 年通过研发新技术而重新夺回了全球领先的地位。

过去政府支持创新常常倾向于直接资助创新机构，但是这样做的缺点是资金使用分散，研发投入低水平重复，产业创新缺乏协调，产业化程度不高等。而在产业联盟显示出其在产业创新中的卓越表现之后，政府的鼓励政策更多的转向直接对产业联盟的支持。例如，20 世纪 80 年代末，在韩国移动通信技术发展初期，韩国的信息和通信部不顾国内部分电信运营商和设备供应商的反对，把 CDMA 作为韩国的移动通信标准，并主持建立了由三星、LG 及政府研究机构等组成的 CDMA 技术发展战略联盟，进而使韩国由电信技术落后国家迅速成为移动通信技术领先者。

我国产业联盟大部分集中在高新技术领域，尤以电子信息、新材料等产业最多，目前，政府对产业联盟创新也相继出台了鼓励和扶持政策。例如，在汇集了 20 多家产业联盟的北京中关村产业园内，北京市各级政府特别是中关村管委会在产业联盟形成阶段，从不同角度给予了不同程度的支持，支持手段也各式各样，如资金支持、提供办公场地、通过项目支持等。并且，2007 年 1 月专门制定了全国首个《产业联盟支持政策》，明确了对产业联盟各项工作的支持手段和资金支持额度。政府通过出台鼓励政策给予资金支持，为产业群体突破创造机会，以少量政府资源整合产业资源实现联合创新，引导社会资源发展战略性产业，利用联盟企业主导、市场导向的机制提高资源的利用效率等。

作为当前企业增强创新能力的重要手段与企业联合发展的重要组织方式，产业联盟借助企业的联合能在某一领域形成较大的合力和影响力，不但能为成员企业带来新的客户、市场和信息，也有助于企业提升自身核心竞争力。因此，产业联盟越来越引起政府的重视，成为政府提升产业创新能力的重要战略杠杆之一。

（四）环境杠杆——科技园区

科技园区或者叫产业园区，是由相关联的单位在政府的引导下聚集在一起，目的在于发挥集群优势，集中力量进行研究开发，缩短研发的时间。科技园区与产业园区最大的差别在于科技园区内的单位主要致力于新技术或新产品的研发，而产业园区同时还要关注产业化的问题。

目前，很多国家政府都认识到通过建立科技园区可以集中资源，更快的提升产业竞争力。20 世纪 70 年代末 80 年代初，英国政府就开始致力于建立成功的科技园区，为信息技术和生物技术创造发展条件。所有科技园区都集中在大学附近以利于技术研发。很多科技园区后来都成了高技术公司的孵化器。很多英国大学都有科技园。印度信息技术产业的发展主要得力于印度政府长远的战略决策和优惠政策。20 世纪 90 年代初以来，印度政府根据现代信息技术发展的潮流，制定了重点开发计算机软件的长远战略，并首先在班加罗尔建立了全国第一个计算机软件技术园区。如今，班加罗尔已成为印度软件之都，吸引了海内外 400 多家著名信息技术业公司，被誉为世界十大硅谷之一。目前，印度全国各地已建成 17 个计算机软件技术园区，共有 1300 多家海内外公司在这些软件技术园区注册。

可见，科技园区（或产业园区）作为政府发展产业的战略杠杆之一，陆续出现在各个国家。著名的电子信息领域内的产业园区包括美国的硅谷、中国台湾的新竹产业园等。我国也投资建设了电子信息产业的产业园区（表 10-1），这些产业园区极大地促进了我国电子信息产业的发展。

表 10-1　我国电子信息产业园

代码	名称	代码	名称
1	通信产业园	J1	（铜陵）电子材料产业园
A1	（北京）通信产业园	J2	（宜昌）电子材料产业园
A2	（天津）通信产业园	11	显示器件产业园
A3	（青岛）通信产业园	K1	（安阳）显示器件产业园
A4	（杭州）通信产业园	K2	（咸阳）显示器件产业园
2	计算机与网络产品园	K3	（南京）显示器件产业园
B1	（北京）计算机与网络产品园	K4	（福州）显示器件产业园
B2	（杭州）计算机与网络产品园	K5	（佛山）显示器件产业园
3	显示器产业园	K6	（吴江）显示器件产业园
C1	（福清）显示器产业园	12	集成电路产业园
4	家用电子产品产业园	L1	（上海张江）集成电路产业园
D1	（青岛）家用电子产品产业园	L2	（北京中关村）集成电路产业园
D2	（顺德）家用电子产品产业园	L3	（苏州）集成电路产业园
5	视听产品产业园	L4	（宁波保税区）集成电路产业园
E1	（惠州）视听产品产业园	L5	（天津）集成电路产业园
E2	（绵阳科技城）视听产品产业园	13	光电子产业园
E3	（大连）视听产品产业园	M1	（武汉）光电子产业园
6	化学与物理电源园	14	电力电子系统产业园
F1	（天津）化学与物理电源园	N1	（许昌）电力电子系统产业园
F2	（新乡）化学与物理电源园	15	液晶显示产业园
7	片式元件产业园	O1	（无锡）液晶显示产业园
G1	（贵阳）片式元件产业园	16	电子元器件产业园
G2	（天津）片式元件产业园	P1	（成都）电子元器件产业园
8	机电元件产业园	P2	（大连）电子元件产业园
H1	（嘉兴）机电元件产业园	17	汽车电子产业园
9	光纤光缆产业园	Q1	（芜湖）汽车电子产业园
I1	（富阳）光纤光缆产业园	18	计算机外设产品产业园
10	电子材料产业园	R1	（威海）计算机外设产品产业园

（五）信息杠杆——科技情报

“知己知彼，百战不殆”，情报一直以来都是重要的战略资源和信息。古今中外无数战例都说明了情报泄露对军事力量的打击。进入和平年代，科技情报成为关系国家安全的重要信息，因此，对科技情报的保密就成为国家首要的任务，而对其他国家情报的窥探甚至窃取也成为国家发展的战略杠杆之一。

第二次世界大战后，日本约有1万多人被派到美国学习新工艺和管理技术，并陆续学成回国。美国人后来经调查研究得出惊人的结论：这些日本人仅仅花费了25亿美元，就几乎把西方的所有技术都搞到了手，而这笔花费仅占美国每年研究经费的1/10。

再如，美国原子弹研制项目——曼哈顿计划尽管采取了历史上最严格的保密措施，但还是没能保住秘密。一位信仰共产主义的德裔科学家，福克斯，1940年就参与了英国研制原子弹的工作。1941年秋，福克斯秘密拜访了苏联驻伦敦大使馆，表示愿意向苏提供研制原子弹的技术情报。苏联情报机关立即为他作了非常周密的安排，在1942年到1943年，福克斯每隔3、4个月就与一位神秘的德国女郎接头一次，通过她将研制原子弹的秘密资料转给苏联。1943年12月，福克斯作为英国科学家代表团成员参加了“曼哈顿计划”，并担任解决最重要物理课题的负责人。然而，正是这位最重要的科学家，将大量原子弹的绝密资料，包括原子弹的图纸、重要数据、研究成功的铀原子弹和钚原子弹及其引爆装置的资料、美国铀235及钚的月产量等资料源源不断地报送给了苏联。冷战开始后，福克斯继续向苏联提供了包括温德斯凯尔原子反应堆资料、有关建造能够节省原材料的同位素分离工厂的计划、氢弹原理示意图和制造氢弹的理论资料等。正是由于掌握了制造原子弹的核心机密，苏联研制原子弹的步伐大大加快，1949年8月29日，苏联第一颗原子弹终于爆炸成功。

（六）机制杠杆——技术创新、知识产权和标准三方互动管理

随着知识经济时代的到来，新技术领域的专利大量涌现，当一项专利技术既先进又适应市场需要时，会迅速地形成工业化生产，并广泛占领市场。这时，专利便与技术标准结合起来，产品市场竞争的加剧，使得技术标准的内容突破了原来的普通技术规范，向吸纳一定的专利技术方向发展。目前，特别是在电子信息产业领域，技术创新、知识产权和标准三者联系越来越紧密。技术创新是产业发展和竞争力提升的基础，技术创新是在已有技术的基础上进行突破，离不开对过去技术的借鉴和扬弃，而标准化的过程则是通过将积累的技术经验法规化，形成新技术出现的基础，来推动技术创新。因此，标准通过为技术创新提供基础和平台，使企业的创新活动建立在公共的技术平台上，从而避免了重复研发，降低了企业的研发成本，提高了创新的效率。知识产权作为技术创新的重要成果，不仅保护了创新人的利益同时也对创新活动起到极大的激励作用。而技术标准也不再局限于过去的成熟技术和通用技术，而是通过融入更多的专利技术之后形成的具有垄断性质的标准，特别是“预期标准”（anticipating standard）的出现越来越频繁。预期标准是指发展在技术之前的标准，预期标准

是标准取得与新技术发展速度一致的有效途径，能够对技术和市场起到一个导向性的作用。预期标准的形成，可以使企业在研发之前确定研发的方向，进而引导企业的技术创新活动。

分别以技术创新、知识产权和标准为坐标轴，图 10-3（a）～（c）中的三维坐标空间分别描述了技术创新、知识产权和标准三者之间两两互动的关系。

电子信息产业的发展越来越呈现出技术创新、知识产权和标准三者相互联系共同促进的模式，并且如第一章所述，三者的互动关系应为技术创新的成果形成知识产权——知识产权嵌入技术标准——技术标准推动产业新的技

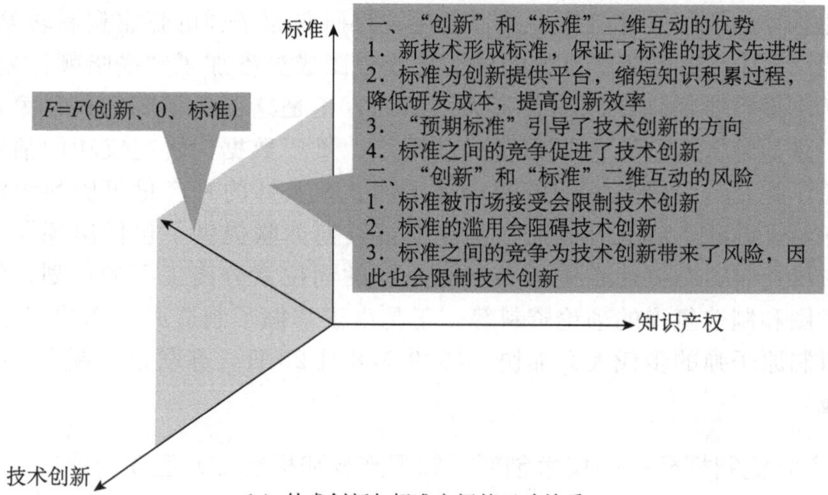

（a）技术创新与标准之间的互动关系

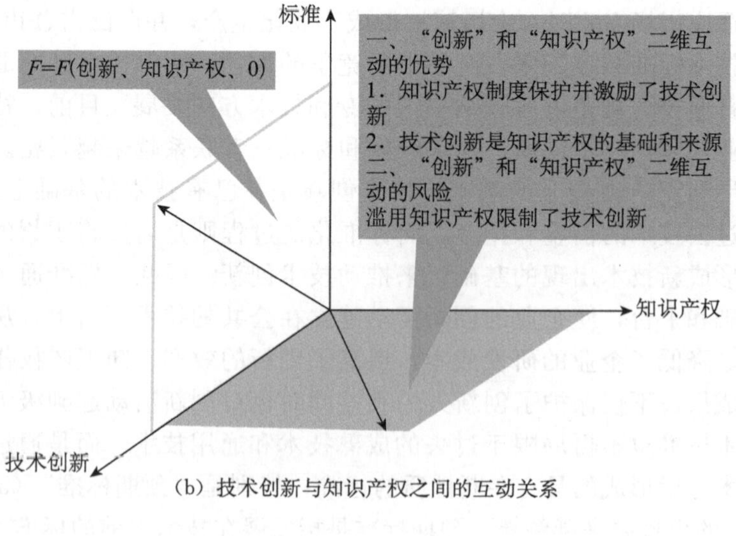

（b）技术创新与知识产权之间的互动关系

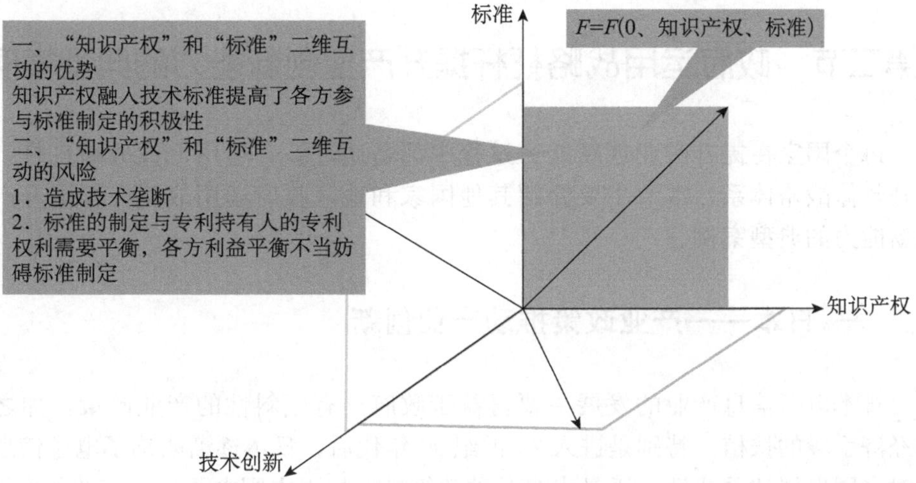

(c) 知识产权与标准之间的互动关系

图 10-3　技术创新、知识产权和标准三者之间两两互动的关系

术创新，如图 10-4 所示。作为行业主管部门，政府也需要通过建立起三方互动的良性管理机制来提升电子信息产业的自主创新能力。目前，我国在相关领域内已经形成了由自主创新产生的技术专利群，然后将其纳入标准，提高标准的竞争力，进而解决国外标准中对知识产权的滥用对我国企业造成的伤害。例如，TD-SCDMA、闪联、AVS 等都是技术创新、知识产权、标准三方互动的典型案例。

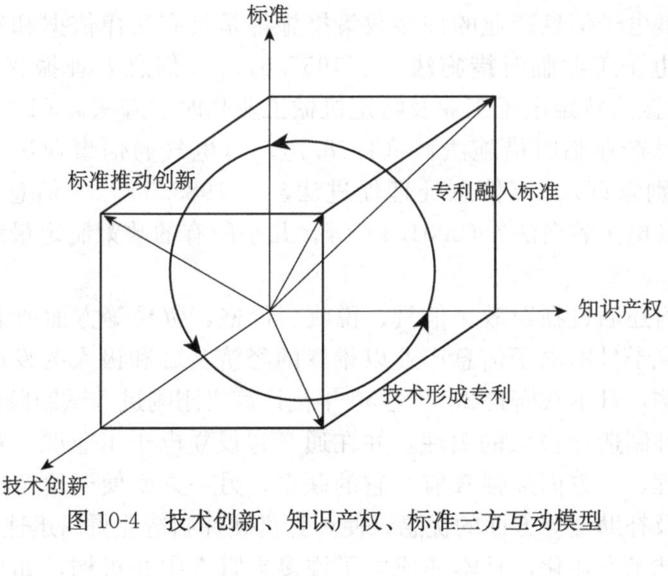

图 10-4　技术创新、知识产权、标准三方互动模型

第二节　政府运用战略杠杆提升产业创新能力的典型案例

每个国家在提升产业创新能力过程中都是通过综合运用上述战略杠杆，形成其整体战略体系，本节主要介绍其他国家和地区政府运用战略杠杆提升产业创新能力的典型案例。

一　日本——产业政策推动产业创新

日本电子信息产业的发展主要得益于政府具有倾斜性的产业政策，加之多种经济手段的扶植。特别是进入20世纪90年代后，日本逐渐明确了电子信息产业对本国发展的重要性，于是出台各种政策措施加强本国电子信息产业的发展。

1992年，日本重新制定的《科学技术政策大纲》将信息、电子、软件、半导体、新材料等作为研究开发的重点；1995年2月，日本政府发表了《推进高度信息通信社会的基本方针》，指出日本要把1995年作为“信息通信基础建设元年”；1996年日本制定了“21世纪信息通信技术研究开发基本计划”；1998年8月，日本公布的《信息通信政策大纲》，提出了“发展数字化技术，重建经济”的目标；2001年1月，日本提出了“电子日本战略”，该战略的目标是集合政府与民间力量，迅速在重点领域寻求突破，在5年内将日本打造成世界上最先进的IT国家。

日本发展电子信息产业的许多政策措施都是具有法律依据和前提的。著名的有《振兴电子工业临时措施法》（1957.6）、《信息处理振兴事业协会法》（1970.5）、《振兴特定电子工业及特定机械工业临时措施法》（1971.4）、《振兴特定机械信息产业临时措施法》（1978.7）、《电气通信事业法》（1984.12、1997.6月分别修订）、《信息处理促进法》（1985.5）、《信息技术基本法》（2000.11）、《电子签名法》（2001.4）等。几乎所有的政策制定最终都将落实到法律上。

日本政府还通过在财政、信贷、税收、价格、贸易等方面所制定的一系列优惠政策，赋予日本电子信息产业以雄厚的经济基础和极大的发展动力。以计算机产业为例，日本政府自20世纪50年代计算机刚刚进入试制阶段时，就给予了计算机硬件制造业极大的关注，并在通产省设立电子工业课，对硬件制造业进行归口管理，一方面加强政府与它的联系，另一方面便于给予硬件制造业以财政、税金及补助金等方面的优惠，使计算机硬件制造业得以迅速发展。

为促进技术产业化，日本还成立了许多半官方中介机构，如日本信息处理开发协会（JIPDEC）、信息服务产业协会（JISA）、电子信息技术产业协会

(JEITA)、信息处理振兴事业协会（IPA）等，这些机构的主要任务是为企业提供技术咨询和研究成果，资助民间企业发展信息技术产业。这些半官方的中介结构，促进了政府与企业之间的关系，起到了政府不能起到的作用。

此外，日本政府在推动本国信息产业发展的过程中，通过促成各类产业联盟的建立，集中国内企业力量。1976～1979 年，日本通产省牵头组成由 NEC、东芝、富士通、日立、三菱电机参与的“超大规模集成电路（VLSI）技术研究会”，其合作开发的目标就指向动态随机存储器。到 20 世纪 80 年代中后期，在计算机设备的制造上，日本已经完成了赶超美国的目标。日本电子工业审议会在总结“超高性能电子计算机开发计划”取得的成功经验时指出，如果没有政府的扶植，日本的计算机企业是不可能战胜 IBM 的。

二 美国——国家计划带动产业创新

美国政府是通过以大量商业合同的方式，向企业直接投入研发经费的途径来推动本国信息产业创新和发展的，属于典型的国家投资战略杠杆的应用。2006 财年，美国政府的研发预算为 1320 亿美元，其中 1/3 通过商业合同形式直接支付给企业。政府研发合同对提升企业技术实力的作用，往往远大于合同金额的本身，这就是所谓的“倍增”效应，如互联网就是美国国防部为解决战争期间的有效通信问题而提出的一个军事合同发展而成；GPS 全球定位系统和 CDMA 手机系统，皆起源于一项或几项军事合同。目前正使用的“美国边境出入系统”，同样是以商业合同形式研发出来的。

美国这种投资杠杆模式的成形和发展主要是在二战时期。二战初期，因国防工业的需要，美国政府开始向企业提交大量研究开发合同，大大促进了企业的技术研发。企业在完成军事合同的同时，也不断增强了自己的科技实力和创新能力。二战以来，美国历届政府都十分重视组织重大科技项目，继著名的曼哈顿计划、阿波罗登月计划、星球大战计划、信息高速公路计划等之后，近年来美国又先后组织实施了国家纳米技术计划、氢能研发计划等，为未来发展奠定了科学技术的基础。

目前，美国产业界的研究经费有 12％来自美国联邦政府，其中的大部分是通过商业合同形式提供，而军事工业则是商业合同的最大支付者。1950 年，美国联邦政府的科研经费为 27 亿美元，其中超过一半的 14 亿美元支付给了企业。1990 年，美国联邦政府的科研经费为 617 亿美元，其中 280 亿美元给了企业，占总数的 45％。

例如，美国航空航天管理局和国防部就经常通过研发项目的形式对波音公司提供补助，主要包括以下几种方式：首先，通过合同的形式将研发项目交给波音公司，而波音公司可以使用这些研发项目的成果。其次，以报销的形式返还波音公司自己的一部分研发项目费用。再次，美国航空航天管理局和国防部的研究人员会以各种形式协助波音公司的研发工作，而不需要波音公司支付任何的费用。最后，这两个机构还允许波音公司无偿使用他们的研发设备和场地。所有这些都形成了对波音公司的隐性补助。根据欧盟的估计，在过去20年间，美国政府通过研发项目对波音公司的补助高达166亿美元。

此外，对著名的军火集团洛克希德·马丁公司的销售总额进行分析，也会发现其中很大的份额是来自和政府签署的合同；在IBM的R&D投入中，政府合同的资助投入也占了50%以上，直到1963年还有35%。在备战攻打伊拉克的时候，美国政府更是在硅谷等地的高科技企业撒下一张张订单，希望这些高科技企业为这场“势在必打”的战争提供高科技支持。而这些高科技公司在经过连续几年的整体经济衰退后，则是希望利用这场战争从政府手里获得新合同。

三 韩国——举全国之力培育创新型大企业

为了助推本国信息产业的腾飞，韩国政府几乎倾其所有，以整个国家的经济实力扶持了三星、现代等本国重点企业，经过几年的努力，终于使本国IT产业的实力在国际上占有一席之地。例如，韩国三星在1972年才开始生产三星品牌的黑白电视机，而如今的三星电子在八个领域居全球第一。

韩国很多大型企业集团都是在20世纪六七十年代由政府扶持建立的，因此，这些企业从一诞生就与政治有密切联系。韩国政府对企业扶持的方式主要包括通过政府出面担保，金融机构给企业巨额贷款，贷款数目甚至高达被扶持企业净资产的很多倍。同时，政府还出面把海外的韩国精英请回国致力于国内技术研发。另外，韩国政府的大量采购订单也为韩国企业起飞助一臂之力。

政府同时鼓励企业建立自己的研究所，从事更基础更前沿的技术研究开发活动。企业研究所的研究成果可直接为生产服务，一些大型企业研究所，如三星、现代、金星等大企业集团所设立的研究所都得到了政府的支持，其研究成果可以很快用于生产。

需要说明的是，虽然这些大型企业集团在应对国际竞争、树立国家形象方面起了重要作用，但同时造成的后果是：大型企业集团垄断国内市场，影响了中小企业的健康发展；容易造成政商勾结，不利于政府官员的廉洁。由于政商的亲密关系，政府对于商业活动（特别是银行贷款政策）的监管非常不力，致使许多企业集团不断增加贷款、扩大企业规模，最终导致1997年金融危机爆发时很多企业、银行倒闭。

四 中国台湾——科技园区促进产业创新

经过30年发展，台湾经济完成了由农业到工业、由轻工业到重化工业、由劳动密集型到资金密集型产业结构调整的“三部曲”，获得高速发展，使中国台湾在国际经济上争得一席之地，与新加坡、韩国、中国香港并誉为“亚洲四小龙”。但进入20世纪80年代后，经济发展条件发生了一系列变化：世界发生能源危机，台湾资源短缺。岛内市场基本饱和、劳动力工资不断上涨、外贸结构发生变化等，尤其是主要外贸对象美国宣布取消对台优惠政策，使台湾经济一时陷入困境。在此背景下，台湾开始着手加速产业由劳动密集型、资金密集型向技术密集型、知识密集型的转换，并以美国加利福尼亚斯坦福科学工业园区为蓝本，把新竹列为“台湾硅谷”，集中发展电子、资讯等高科技产业，借此推动台湾产业结构的升级换代，并于1980年12月15日正式创建新竹科学工业园。

新竹科学工业园的成功首先归功于台湾当局的大力扶持。在园区建设初期，台湾当局给以较多关注和“干预”，积极参与园区建设，先后投入180亿元新台币，用于园区软件、硬件和研究基地建设，为园区启动和发展创建了良好的投资环境。为推动园区建设，台湾当局对在园区投资、生产的厂商提供了许多优惠条件：如可连续5年免征其营利事业所得税；免征4年厂商增资扩展部分的营利事业所得税；免征进口自用的机器设备、原料、燃料及半成品进口税及货物税等，这对海外学人回岛创业及鼓励民间投资转向高科技产业都有很大的吸引力。同时重视研究开发，提高产品的附加值。新竹科学工业园不仅是一个单纯的高科技产品生产基地，同时也是一个高科技研究开发基地。园区大部分企业的科研开发骨干，经常参与工业技术研究院和交通大学的研究和教学活动，而研究单位与高校研究课题的80%～90%均来自园区企业；学校与企业紧密结合，“产—学—研”紧紧联系在一起。例如，交通大学以电子专业最为突出，其微电子技术已达国际先进水平，园区微电子也成为最大产业，形成一种“前店后厂”良性循环的互动局面，大大缩短了科技成果商品化转换的周期。到20世纪90年代初，园区厂商研发投入占产出总值的比率高达5.4%，远远高出台湾整体约2%的研发比例，从而提高了产品的附加值。

园区一方面为创业者及其家属提供优越的生活条件，解除后顾之忧；另一方面，为吸引并留住人才，各企业纷纷实行高薪或增加员工持股。目前，海外学人在园区创办的企业就超过100家，占企业总数的40%左右。此外，为配合园区对技术人才的持续需求，提高从业人员素质，园区管理局与高校、科研机构合作，对园区从业人员进行在职培训。

在台湾高科技产业的成功发展中，新竹科学工业园区扮演着重要角色，它不仅是亚洲高科技园区的先驱，更是台湾高科技产业，尤其是电子信息产业的摇篮，如今已成为世界十大发展最快的科学园区之一，为继续发展台湾的高科技产业，并实现地区的均衡发展创造了不朽的业绩。

第三节 促进我国工业发展的综合性战略杠杆——“一条龙”工程

我国从建国，特别是改革开放以来，一直在积极推行和探索科技计划等重大技术组织方式。以12个重大科技专项为例，2000年科技部根据“有所为、有所不为，突出重点、集中有限资源”原则，提出并经国家科教领导小组第十次会议批准，决定在“十五”期间重点组织实施超大规模集成电路和软件等12个重大科技专项。重大专项计划以“实现创新突破，3～5年可开发新产品、建立新企业，实现跨越式发展”为战略目标，通过“集中和整合资源、加大投入力度、多方联合”等方式，重点解决国民经济和社会发展所面临的一些战略性问题：国民经济急需解决的重大科技问题、从国家战略层面需要考虑的问题、搭建一些科技支撑的平台、在某些技术上实现抢占一批制高点。12个重大专项涉及19个部门和22个地方，带动配套投入40亿元，调动企业投入100亿元，取得了突出的成就，是新时期国家运用重大技术组织手段，实施技术杠杆战略的重要实践。

一 航天工业借助载人航天“一条龙”工程的战略杠杆作用提升产业技术创新能力

我国航天科技创新之路要从1955年钱学森回国创业算起，20世纪60年代研制运载火箭，70、80年代研制发射多种卫星，90年代打入国际卫星发射市场。在这个基础上，90年代开始载人飞船科技创新活动。“十五”期间，中国航天科技集团公司（航天科技集团）拥有以航天一院研制运载火箭和逃逸系统，五院研制神舟飞船系统，酒泉基地的发射场系统，北京、西安和“远望号”测控船等组成的“四船九站三中心”的航天测控通信系统，内蒙古飞船着陆回收系统等，形成了具有中国特色的载人航天创新平台。参与创新平台的研究院所达110多个，协作配套单位达3000多个，各类人员投入达10万名以上。

在航天科技集团的统一组织协调下，载人航天创新平台高效运转，载人航天工程总花费不到200亿元人民币，而“神舟六号”耗资仅9亿元，就取得累累硕果。神舟飞船一步跨过40多年的技术差距，比俄制联盟飞船容积更大，性能更优越。发射神舟飞船的长征系列火箭也享誉海内外，从1996年至今连续成功发射，创造了世界航天史上又一个新纪录。

二 航空工业借助军用战机"一条龙"工程的战略杠杆作用提升产业技术创新能力

我国歼击机源于米格技术：歼5仿米-17；歼6仿米-19，歼7仿米-21。从歼6开始，由于中国战机优良的性价比，开始打入国际市场。1982年，叙利亚空军的苏制米格-21、米格-23被以色列空军的美制F-15A和F-16A打得落花流水。叙利亚人战后直言不讳地抱怨苏制飞机和导弹性能低劣，也使我国仿米格的歼击机出口受阻。

20世纪70年代末，航空工业部统筹调整了成都611所、成都132厂、贵州011基地的分工，形成成都歼击机研发与产业化平台，初期是测绘、仿制米格-21。在国家安全和国际市场的压力下，1992年，中央向成都歼击机创新平台下达歼10研制任务，要求达到世界先进的性价比和作战效能，并要求该平台完成"研制一架先进战机，建立一个先进战机研制基地，造就一支掌握最先进航空技术的队伍"三大任务。

该平台经过10年磨炼后，2001年，开始与巴基斯坦空军以国际合作方式，引进市场机制研制"FC-1枭龙"战机（巴方称为JF-17雷电）。在设计上，该平台采取了顶层设计（TOP-DOWN）设计理念。在研发上，为研制航电系统建立了国内最先进的航电系统综合试验室。在工程管理上，根据合同进度和实际研制进度，确定分阶段投入4架试验飞机：01架进行飞机性能和发动机匹配试验；02架专门用作地面静力试验；03架进行操纵安定性试验和强度试飞考核；04架是全状态。一般研制一架战机需要10多年时间，而研制枭龙战机只给了5年时间。该平台仅用两年半（至2003年8月）时间就完成01架首飞，3年（至2004年4月）时间完成03架首飞。

以枭龙战机研制为契机，我国歼击机研制终于走出仿制窠臼，完成了自主创新的转型。

（1）战机上的几万个零部件全部"中国造"，2006年实现飞机整机技术出口，将来还可以实现飞机生产线出口。

（2）研制成功达到国际最先进水平的航电系统，使枭龙的"视力"和"听力"比二代战机提高了一倍多，作战能力大大加强。

（3）采用全新的BUMP进气道，是世界第二架使用该技术的战机，是航空气动领域中较为领先的技术。

（4）结构设计上进行了系统的优化设计和外形的调整、减重，更突出了机身的流线形外观，让战机重量减轻200多千克，可多带200多千克油，对作战能力有直接影响，促进了作战能力的提升，具备了与当今先进战斗机抗衡的能力。

2006 年 4 月 10 日，在巴空军参观团的见证下，于成都成功举行“枭龙飞机全状态飞行仪式”，巴方当即订购 150 架，并表示还将大量订购，甚至可能取代美制 F16 成为巴空军主力战机。以枭龙开发为契机的中国航空工业第一集团军用战机创新平台的形成，使西方军机生产商感到震惊，他们惊呼：中国人将会像制造服装一样的制造物美价廉的战机。

三 核工业借助秦山核电站“一条龙”工程的战略杠杆作用提升产业技术创新能力

1970 年，周恩来总理提出发展我国核电事业。1974 年，中央审批了 30 万千瓦原型堆核电站设计方案，并要求积累经验，锻炼队伍。1981 年，国务院批准秦山核电站（秦山）一期 30 万千瓦核电项目。翌年，又批准成套引进法国 90 万千瓦商用堆设备建设大亚湾核电项目（大亚湾）。改革开放后，我国核电发展思路上出现了“自主创新”和“技术引进”两种观点，两种思想的博弈显然影响了国家决策，最终形成了我国核电发展的“以我为主、中外合作”的指导思想。但是在实际操作中，“技术引进”思想总是占据上风。“九五”期间，国务院相继批准了秦山二期、秦山三期、岭澳核电站（岭澳）、田湾核电项目（田湾），其中只有秦山二期项目坚持自主开发，其余的都是成套引进，秦山三期引进加拿大 2.5 代技术，田湾引进俄罗斯 2.5 代技术，岭澳引进法国 2.5 代技术。

发展技术必须有实践之机会①，在我国已批准的 4 座核电项目 11 台机组中，只有秦山一期 1 台 30 万千瓦原型堆核电机组、秦山二期 2 台 60 万千瓦商用堆核电机组给了中核集团发展的机会。

机会难得，中国核工业集团公司（中核集团）坚持自主研发、自主设计、自主建设、自主运营的“四自”方针，随即着手我国核电创新平台（当时没提“创新平台”概念，事实上是按照创新平台运作的，以下简称平台）的谋划。核电站是工程项目，设计是平台的核心，由中核集团北京、上海和成都的设计院担纲，其外围形成上海第一机床厂有限公司（上海一机床）、哈尔滨汽轮机厂有限责任公司（哈尔滨汽轮机厂）等项目组织、工程管理、土建施工、设备制造、设备安装等机构。

① 科学与技术的价值体现是不同的，科学体现其价值的成本极低，只要有试验验证，其论文被公认，融入现有的科学理论体系就行，而技术体现其价值的成本有时极高，它必须能物化在产品中才能体现其价值。所以，技术必须在生产实践中才能形成。

（一）设计

核工业第二研究设计院（核二院）承担了总体设计，从1970年起有10年设计准备，自主完成了秦山一期（第2代原型堆核）的全部设计和技术服务工作。秦山二期则沿袭法国版本自主设计（参照大亚湾第2.5代商用堆核电站）。同时，积极开展国际合作，通过对外技术咨询和引进部分软件、设计文件，解决了设计中遇到的一些技术问题。平台还在大亚湾、岭澳、秦山三期和田湾项目的部分设计和技术服务中，积累了经验，进一步增强了设计能力，使其具有了100万千瓦级核电站的设计基础。

（二）研发

30万千瓦核电站是400多项科技攻关、试验验证成果的结晶。在此基础上，“八五”期间，国家计委批准65万千瓦核电厂关键技术和成套设备研制科研攻关项目，包括核电厂系统设计、核岛设备研制、常规岛设备研制和核安全、环保技术四大课题70多项专题。“九五”期间又批准了先进压水堆核电厂关键技术研究，包括工程设计技术研究、先进反应堆设计技术研究、非能动安全系统研究、数字化仪控系统研究和核电工程信息管理技术研究五个大课题。不仅保证了秦山二期项目，也为开展100万千瓦级新一代压水堆技术研究和国际合作打下了基础。秦山核电项目共产生科技成果400余项，有150多项科技创新和技术开发成果获得国家级和省部级科技进步奖，拥有了一批自主知识产权，形成了65万千瓦级CNP600、100万千瓦级CNP1000自主核电品牌。

（三）设备制造

在引进国外设备和设备制造技术的同时，平台十分注重促进国内设备制造能力的提高。比如，控制棒驱动机构。经过自主科研、引进技术，控制棒驱动机构已经达到比较高的水平。堆内构件、蒸汽发生器都是在与国外进行适当合作过程中提升了国内企业制造能力。哈尔滨汽轮机厂在常规电厂60万千瓦汽轮机和发电机的基础上与国外进行适当合作，现在能够制造65万千瓦核电汽轮机。

世界上能制造核电关键设备的国家很少，在平台的组织下，我国机电行业现在有100多家企业可以制造核电关键设备。秦山二期项目55项重点设备中的47项实现了国产化，两台机组设备国产化率达到了55%；4万多台套的设备，大多数由国内600多家厂商自主制造。

（四）建造

秦山二期现场施工没请一个外国专家，都是平台在秦山一期和大亚湾带出来的施工和安装队伍自己建造的。

（五）组织与管理

中核集团始终以项目为纽带建设创新平台，把秦山二期放在重中之重的地位，党组除经常召开会议，专题研究秦山二期工作外，中核集团总经理李定凡同志还亲自带队，仅2000年在现场就开了7次协调会，2001年去现场11次。

平台的形成，使我国继美、英、法、苏、加、瑞典成为当时世界上第7个独立设计、建造首座核电站的国家。中核集团也成为世界第17家核电站供应商，于2000年完成了巴基斯坦恰西玛核电站的出口合同。为了进一步发展核电技术创新平台，中核集团又提出了建设100万千瓦级压水堆核电站的构想，以及“以我为主，中外合作”，“统一堆型、推进国产”的发展思路，得到中央肯定和支持。2001年，中核集团成立领导小组，组织三个设计院进行100万千瓦级核电站（秦山四期）的标准设计工作，目前开工建设工作已基本就绪。

四 大型程控交换机，组织技术扩散

20世纪80年代初，作为现代通信网核心设备的大型数字程控交换机的研制和生产在我国还是一个空白，当时电话普及率还不到0.5%的中国市场所蕴含的巨大商机，吸引了在程控交换技术上先行一步的世界各国交换机厂商来华淘金，从而形成中国通信史上有名的“七国八制”，即日本的NEC和富士通、美国的朗讯、加拿大的北电、瑞典的爱立信、德国的西门子、比利时的BTM和法国的阿尔卡特。七个国家，八种制式，在中国的电信地图上涂满了各种颜色，全国交换机版图都被国外交换机厂商瓜分完毕，这些来自不同国家和制式的交换机互不相通，造成中国通信市场的一片混乱。当时通信设备制造领域发展最快、实力最强的几家企业巨龙、大唐电信、中兴、华为，被称为“巨大中华”。在“七国八制”下的中国程控交换机市场完成了最初的布局，1992年中国电话用户数达到1000万户，这其中的设备基本上全部由国外公司所提供。但随后“巨大中华”在农话市场开始取得突破，并开始上演农村包围城市的好戏。

“中国大容量程控数字交换机之父”邬江兴带领教研室搞计算机的15个年轻人，用企业赞助的300万元，历时数年，研制出了比西方同类产品性能更优越的04机，创造了世界通信史上一个神话。1991年国家邮电部鉴定：04机是我国电话交换机技术上的又一重大突破，该机设计新颖，技术先进，达到了80年代末期国际先进水平。其中系统结构和交换网络都有所创新，呼叫处理能力居国际领先地位。04机荣获国家科技进步一等奖。04机的研制成功，填补了我国在数字交换高科技领域的一项空白，打破了西方国家所谓中国人研制不出大型数字程控交换机的预言，使我国一跃跨入当时为数不多的几个能够自主研制大型数字程控交换机的国家之一，并在通信高科技领域占有一席之地。为了尽快实现高科技成果的产业化，在原经贸委、原邮电部、原机械电子工业部的大力支持下，04 机的设计者们，会同中国普天（原中国邮电工业总公司）下属的洛阳厂、长春厂等通信设备制造企业举行“04 机”产业化大会战。1995 年 3 月 2 日巨龙通信设备有限责任公司（巨龙）在北京注册成立，标志着 1991 年就研发成功的 04 机开始进入真正的产业化阶段。巨龙在成立后短短 3 年之内，其累计总销售额高达 100 多亿元，销售超过 1300 万线。

1992 年 1 月，中兴的 ZX500A 农话端局交换机的实验局顺利开通，由于具有丰富的不同制式中继接口，性能价格比优于国外相应的产品，完全适应了农话端局设备更新改造直接进入数字网的要求，因而在全国农话市场引起了一场“农话改革高潮”。到 1993 年，中兴 2000 门局用数字交换机的装机量已占全国农话年新增容量的 18%。

C&C08A 型机是华为公司 1993 年自主开发的第一代数字程控交换机，并在 1994、1995 年大规模投入生产，也是用于 C5 农话局，容量较小只有 2000 门，但是可完成基本通话和少量新业务功能。由于定位明确，迅速获得市场反应，并且由此开始了从农村走向城市的征程。

1995 年 11 月，中兴自行研制的 ZXJ10 大容量局用数字程控交换机获原邮电部电信总局颁发的入网许可证，该机终局容量可达 17 万线。同年，华为也推出了号称万门机的 C&C08C 型机。也是在 1995 年，由原电子工业部第五十四研究所和华中科技大学联合研制开发的 EIM-601 大容量局用数字交换机通过了部级鉴定，凭借 EIM-601 技术，金鹏电子信息机器有限公司（金鹏）诞生了。

与中兴和华为的小作坊起家相比，大唐电信的起点要高得多。虽然大唐电信于 1993 年成立，但是它背靠原邮电部电信科学技术研究院（电信研究院），技术与人员均来源于后者。1986 年邮电部第一研究所就研制出了 DS-2000 程控数字交换机，而 1991 年第十研究所又研发出了 DS-30 万门市话程控交换机，并于次年投入商用。也是在 1995 年，新成立的大唐电信推出了 SP30 超级数字程控交换机，容量可达 10 万门以上。

这样，巨龙、大唐电信、中兴、华为和金鹏五朵交换机领域的金花（也称为巨大金中华）突破了国外厂商的重围，并渐成隐然对抗之势。

国外通信巨头交换机的价格被拉下来了。其程控交换机在中国市场上的售价从 20 世纪 90 年代初期的每线 300～500 美元，下降到了 1998 年的 50 美元，不仅远远低于国际市场价格，而且有些甚至已经开始低于产品成本了。伴随着价格下降的，反而是国内电信设备厂商的崛起。外国企业终于顶不住价格压力偃旗息鼓而去，而国内企业群雄竞起，通信网络干线开始健康活力大换血，逐步实现国产化，到了90年代末在中国新增的程控交换机容量中，国产机型已占到80%，以国际一流技术水平建成世界最大的通信网络。

现在的大型通信企业均由程控交换机起家，而曾经露面的局用程控交换机厂商40多家，其中的90%如今都已从市场上消失；当初的“七国八制”中，除贝尔阿尔卡特外，基本上全部退出中国程控交换机市场；而国内早期涉足程控交换机的长城计算机、TCL等早已改营其他业务；还有一些合资企业如天津天芝-敏迪、天津日电、中山泰康等则犹如过江之鲫，已经灰飞烟灭了。

从上述四个典型案例，可以总结出我国政府在培育产业创新能力中的行为模式，即由政府建立或扶持行业的龙头企业，以龙头企业产品形成技术集成平台，再根据产品需要统筹其上游的配套厂商，最终形成完整的产业链，这样的模式被称为“一条龙”模式。在第十一章中，我们将主要探讨政府在运用“一条龙”模式提升我国信息技术产业创新能力的作用和最佳方式。

第十一章 提升我国电子信息产业创新能力的战略杠杆选择

第一节 “一条龙”工程在我国电子信息产业发展中的成败分析

一 20世纪80年代彩电国产化“一条龙”工程成功的主客观因素分析

20世纪80年代初，与国外先进国家相比，中国的电视技术整整落后一个时代。当时国外电视技术已经发展到集成电路彩色电视机的时代，而中国才刚刚开始生产晶体管黑白电视机。国内没有一个彩色显像管厂，也没有大规模集成电路企业，因此完全靠自己的技术来生产彩色电视机是不可能的。

为了发展我国彩电工业，政府成功实施了彩电国产化“一条龙”工程。在专项工程中，不仅安排了引进整机CAD设计和生产线项目，还安排了产业链上游的关键元器件、关键原材料、关键测试仪器和专用工艺设备项目，引进了包括无锡彩电芯片，安阳彩管玻壳和咸阳彩管制造等为彩电配套的电子元器件生产线共286条，带动了元器件的升级换代，带动了基础产业、原材料产业整个产业链的发展，使彩电国产化率达到了95%以上；建立了以CRT彩电整机为主体、配套元器件为支撑、品种规格齐全、技术水平不断提高、具有一定规模的较完整的工业体系。

1984年，电子工业部作出了加速彩电国产化步伐的决策，实施彩电国产化“一条龙”工程，并成立了彩电国产化领导小组；1985年，国家经贸委把彩电国产化列为全国12项重大引进消化吸收项目之一，对彩电国产化的技术引进、技术改造和科技开发从政策和资金上给予了重点支持。1990年，中国彩电配套厂基本建立。彩色显像管厂有陕西彩虹、北京松下、南京华菲、上海永新、东莞福地、深圳赛格日立以及三星等；集成电路生产厂有无锡华晶、上海飞利浦、上海贝岭、深圳赛意法等；晶体管厂有佛山无线电四厂；电容器生产厂有福建法拉电容器、佛山无线电三厂等，在广东、浙江、江苏等地还有成千上万的地方民营企业，从事各种电子元器件来料加工生产，这些企业的规模不断壮大，已经完全能独立开发自己的新产品。

彩电国产化“一条龙”工程的实施，通过引进消化吸收再创新的方式，改变了中国主要依靠散件组装彩电的状况，除了部分集成电路还需要进口外，其他器件全部可以采用国产化，彩电企业已成为产值和利税大户。彩电国产化带动了元器件的升级换代，全面提高了为电子整机配套的能力，扭转了彩电生产依靠进口的被动局面，使中国彩电工业从进口“替代型”进入技术创新的阶段，逐步走上了自主发展的轨道。

彩电国产化“一条龙”工程还培育出了我国彩电业完整的产业链，并在国内廉价劳动力的支撑下，我国性价比优越的CRT彩电具有了强大的国际竞争力，很快，美国彩电产业退出竞争，日本彩电产业屈居第二，中国CRT彩电产业发展成真正影响世界的第一支柱产业。到2006年，我国彩电产量累积超过6亿台，2006年当年产量也达到历史高峰8375万台，占全球总产量的45%。

我国彩电国产化“一条龙”工程的成功因素主要有以下几个方面。

第一，集中力量，全国一盘棋，统一布局。彩电国产化是个系统工程，彩电国产化不仅仅是工业部门，也牵扯到其他13个部门。国务院授权当时的电子工业部总抓彩电国产化工作。国家的彩电生产发展领导小组设立在原电子工业部，有组织，有计划组织实施。

第二，摸清现状，制定政策。调查清楚全国到底引进了多少生产线，是引进哪个国家、哪个公司的？生产能力是多少？技术指标如何？制定一系列彩电国产化的相关政策。制定技术政策，彩电国产化整机器件价格政策和税收政策，有关元器件认定和国产化彩电整机质量管理及评比的政策，制定有关控制彩电配套元器件进出口方面的政策。

第三，以产业链思路形成企业就近配套。建立以北京、上海、天津、南京等彩电生产基地，以中心城市为主体开展彩电国产化配套工作，开展行业性互动，加速国产化进程。

第四，加强对技术的消化吸收，做到立足国内，洋为中用。整机国产化的重点是实现自行设计，成立设计联合体，设计出自己的产品；对于器件，要从后部工序封装逐步进入到前部技术的掌握，对关键品种和技术难度较大的元器件，要有计划地组织攻关，并要求元器件生产企业要按照质量、价格、数量、配套和服务五要素积极做好工作。

第五，贯彻“一条龙”原则，分步骤分层次进行。从整机到基础，从攻关到改造引进，从电子工业自身到整个社会力量，进行综合的“一条龙”规划安排。将彩电技术发展分为三步走：第一步，抓好四、五片机的生产和国产化工作；第二步，配套用集成电路，重点是二片电路机型整机所用二片电路，立足自主开发，限制进口；第三步，研究数字电视。通过技贸结合、工贸结合，与国外合作，联合设计掌握关键技术，建立自己的研发中心，为今后的发展作好技术储备。按整机、元器件、原材料、仪器仪表工艺设备（含工装模具）四个层次，统一部署，全面、综合地抓好彩电国产化。

总之，我国彩电产业在CRT时代能够创造辉煌，得益于掌握核心技术的民族化的产业链，所有的关键元器件都能以低价位配套。在传统的CRT时代，国内市场也曾一度被外资品牌统治，但随着国家300亿元打造的整套CRT产业链的建成，国产彩电只用了几年时间就完成了对国内市场的主宰。目前我们所面对的产业竞争形势愈来愈严峻，市场的开放程度也远远高于20世纪80年代的水平，在这样的背景下，为了保护我国电子信息产业的发展，培育产业自身的竞争力，仍然需要借鉴当初彩电“一条龙”工程的经验。因为，电子信息产业创新能力的提升，需要的不仅是政府的资金支持，还有一个详细的产业规划和一整套涵盖技术研发、产业配套布局的扶持计划，更需要政府在完全开放的产业竞争环境中为电子信息产业的发展营造一个相对封闭的小环境，集中国家的力量打造我国电子信息产业的创新能力。

二　20世纪90年代录像机“一条龙”工程失败的主客观因素分析

录像机是电子工业继彩电之后的“热门”家电产品，在国内外市场上有很大需求。我国自20世纪80年代初就发展录像机产业，但由于各地重复分散地引进和发展，致使关键技术长期不能突破，未能形成产业应有的规模和竞争力。有了彩电国产化“一条龙”工程的成功案例，中国在20世纪80年代也希望通过炮制这个模式来发展我国的录像机产业，被称为录像机“一条龙”工程。国务院把实施全国录像机引进“一条龙”改造项目，列入了国家“八五”期间重大技术引进、技术改造项目，并从投资体制、企业组织机构调整入手，提供录像机专项贷款。国家统一对外招标，并以招标评审的方式选出11家分布在全国9个省市的定点企业。这11家定点企业分别从日立、松下、夏普、三洋等日本公司引进了整机生产设备和技术，但基本上处于买散件在中国组装的水平。录像机对于当时的中国普通消费者来说太贵，所以其大众市场没有形成，企业的生产规模也很小。1992年年初，机械电子工业部提出了“录像机引进技术、消化、吸收”专项，目标是一反从终端产品组装引进的传统模式，而集中引进录像机的上游核心元件技术，同时突破录像机的大批量生产技术和产品开发技术，以建立中国录像机工业的生产体系。

为了避免重复引进，政府协调由熊猫电子集团、大连华录电子集团、成都锦江电机厂等9家录像机定点生产企业联合出资组建了中国华录电子有限公司（华录），统一对外招标引进技术，并按入股比例进行利益分配。华录最后与日本松下公司签约，合资成立专门生产录像机上游元件器件的华松公司，其产品主要供应 9 家定点企业。

在 1994 年中国录像机的产量达到顶峰，全国 11 家定点企业共生产 155 万台，约占当年国内市场销售量的 70%，然而，好日子刚开始就被猝不及防的市场突变化为泡影。大量走私的录像机，从南方走进来，对我们录像机市场产生了很大的冲击，使中国华录生产的录像机所获得的市场迅速缩水；到 1995 年的下半年到 1996 年，VCD 机的出现使中国录像机产业转眼间成为明日黄花，录像机市场开始急剧下滑。1995 年，华录库存录像机机芯最多时达到 35 万台。原来生产录像机的股东定点工厂不但不要录像机机芯，而且纷纷转产 VCD 机，华录背着 10 多亿元的贷款包袱，累计亏损最高达到 5.9 亿元，400 多名员工成了大连市首批下岗者。在此后两三年间，9 个录像机定点企业因产品滞销纷纷转产 VCD 机或停产，而向他们供应上游元器件的华录则逐步陷入半停产和停产状态。

录像机工业依靠引进，完全跟随外国技术轨道。录像机是国外的成熟产品，其“主导设计”在技术上和成本构成上都对中国企业形成结构性制约。正是由于对外国技术的路径依赖和自主研发的匮乏，这个工业始终没有发挥出“劳动力便宜”的优势，所以即使是国产录像机对中国消费者也总是过于昂贵。相反，VCD 工业虽然依靠外国的核心元件，但却由于掌握自主产品概念和建构技术而走出不同的技术轨道。由于中国企业是在产品形成的早期阶段就大举进入这个产业，所以不仅没有遇到外国企业的先行者优势壁垒，而且为赢得市场而必须积极参与对产品技术及成本结构的塑造，从而能够更有效地利用本土资源并发展出独特的能力。这就是 VCD 机很快就比录像机便宜一半的根本原因。

同样是由政府主导实施的“一条龙”工程，同样是依靠引进消化改造的技术路线，为什么彩电产业成功了，但录像机产业却全军覆没了？在分析我国录像机“一条龙”工程失败的原因时，需要更多地关注产业竞争环境的影响。在我国录像机产业刚刚崭露头角的时候，没有想到被迅速崛起于“草莽”的 VCD 产业吞没。在当时的情况下，VCD 机无论是从技术还是价格上都优于录像机，同时巨大的盗版光盘市场又为 VCD 产业的发展壮大提供了支撑，使得录像机在中国难以为继。特别需要说明的是，录像机“一条龙”工程这种集中的组织方式本身是成功的，这一点从工程初期获得的市场成功就可以看出，只是后来由于缺乏对市场环境和竞争产品的有效预测，导致了工程的失败。因此，录像机“一条龙”工程的失败可以归结为对技术前景缺乏预测，对市场需求反应迟钝，在开放的市场环境下，政府的宏观调控应更具有前瞻性和引导性。

三 开放环境对国家科技计划效能的影响

综上，“一条龙”工程本身体现了国家意志，是政府扶持产业发展，培育产业竞争能力的一条有效途径，也是提升我国电子信息产业创新能力的一个重要战略杠杆。在上述两个“一条龙”工程的案例中，一个成功，一个失败，不难发现，处于不同的市场环境，采用相同的方式却造成了不同的结果。对于彩电产业，由于政府依靠国家力量打造了从上游零部件到下游配套的完整产业链，并且，CRT 彩电也是同期市场上的主流产品，因此，通过实施“一条龙”工程，成功地提升了我国彩电产业的创新能力，使彩电产业成为我国电子信息产业的第一大支柱。但是，反观我国的录像机产业，虽然同样也是在政府的主导下，建立了“一条龙”产业链，但是由于市场环境发生了变化，替代产品 VCD 机的出现并迅速普及，致使录像机产品的竞争力渐渐失去，产业链也逐步瓦解。

由此可见，在面对越来越开放的市场竞争环境时，为了培育产业创新能力，国家的宏观调控力不仅要为产业发展提供良好的环境，同时还要与外界的环境因素进行博弈。这里的环境因素主要包括政治因素（如外国政府对我国市场的干预）、技术因素（对未来技术发展的预测）、市场因素（用户对产品的选择）等。因此，在规划产业发展的“一条龙”工程时，政府所要做的工作首先应该是对产业发展环境格局进行整体的分析，确定发展的重点领域和重点技术，也就是战略杠杆的支点，定位了正确的支点才能保证战略杠杆的成功实施，也才能达到杠杆的作用和预期的目标。

第二节　在开放环境中提升产业创新能力的主要战略杠杆效能比较

一　科技计划、科技园区、产业联盟和三方互动的战略杠杆效能比较

科技计划是一个战略投资杠杆，是政府提出的为实现国家战略目标而实施的专项科研和生产计划，我们重点关注的是“一条龙”专项工程。一般来说，“一条龙”工程是从产业上游的技术研发到下游的产品制造甚至到市场销售都由政府主导进行。这并不等同于回到计划经济模式，而是面对日益激烈的产业竞争环境，相对薄弱的电子信息产业需要政府提供有利的保护。“一条龙”工程对于提升产业的创新能力尤其重要，因为技术创新的成功不仅仅在于新技术研发的成功，更需要将新技术成果实现市场化，而“一条龙”工程通过选择龙头企业承担技术创新，在前期为技术研发保障了资金投入，再通过运用国家力量协调各方利益，打造完整的产业链，并保证了创新产品投放市场之后有生存的空间。通过建设“一条龙”工程，不仅可以不断研发更新更高水平的产业技术，

还可以使这些新技术有用武之地，聚集相关企业打造完整的产业链条，形成良性产业循环。

产业联盟属于战略组织杠杆，是一种由多家企业结成的为解决技术研发、技术标准、产业链打造、市场开拓等特定产业共性问题的组织形式。由于目前技术的复杂性提高，单纯由一家企业承担一项技术的研发是不现实的也是不经济的，于是在产业分工协作的大背景下，产业联盟应运而生。产业联盟是多家企业结成的产业组织，在技术创新的各个阶段可以进行分工合作，有利于创新活动的顺利开展。因此，产业联盟的组织形式在很大程度上促进了创新各个阶段的活动。

产业园区可以看做是一种战略环境杠杆，它是由政府主导建设的由地理上比较接近的相互联系的多家企业共同组成的产业集群。产业园区建设的主要目的在于发挥集群优势，集中资源力量进行研究开发，缩短研发的时间，推进产业技术创新。由于在产业园区内有来自同行业的多家企业，企业之间可以通过资源互补和互相合作促进产业技术创新，同时，产业园区内的企业一般还能享受国家给予的优惠发展政策，为企业技术创新营造一个健康的发展环境。

技术创新—知识产权—标准是相互联系的促进产业创新能力提升的三个重要方面。西方发达国家在技术积累上拥有很大优势，利用知识产权在上游技术领域进行跑马圈地，并逐渐衍生出了技术专利化、专利标准化、标准垄断化的盈利模式，将私有的专利技术嵌入产品标准，进而赚取垄断利润。针对这一现状，我国电子信息产业发展提出了“技术创新—知识产权—标准”三方的发展模式以应对当前的产业竞争。三方互动的发展模式实际上也是一种管理机制，由政府主导，以企业为主体将我国自主知识产权技术嵌入标准，制定自主技术标准，避免因使用国外的技术标准而造成的专利纠纷，最终培育我国信息产业的自主创新能力，例如，我国自主推出的3G标准TD-SCDMA就是典型的案例。

在用系统的观点分析产业的创新能力时，创新实现的主观条件包括创新的主体（即企业）和资金，因此，在上述对四种战略杠杆的描述中可以看出，科技计划（特别是“一条龙”专项工程）是通过资金投放打造产业链，直接强化了创新的主观因素；科技园区和产业联盟是通过协调企业这个创新主体的组织结合方式提供健康的发展环境使创新要素更好的流动；而技术创新—知识产权—标准三方互动则是通过建立良好的管理机制使创新要素更有效的工作。

二 在较长历史时期内，国家科技计划仍然是我国技术创新的投资主体

国家科技计划是从国家目标出发，由中央政府制定的影响科技及相关环境

未来发展的行动方案，是中央政府指导和调控科技活动的一种重要形式。加强国家科技计划管理，是国家对科技事业进行宏观调控的基本职能和手段。在市场经济条件下，国家科技计划的基本功能就是弥补市场机制的缺陷，服从和服务于国家战略目标的需求，解决与国防、经济和社会发展关系密切的重大科技问题，以此推动我国科技和经济社会的发展。

在我国，国家是主要的投资主体，资金来源主要是国家预算内资金。目前我国企业自身力量不大，不足以独立完成重要技术的创新工程，并且，在我国现阶段民间投资和风险投资机制也不完善，投融资的渠道非常有限。未来随着我国经济的发展，投资主体向多元化方向发展，民间资金、外资所占的比重越来越大，国家财政投资的比重则会相对减少。但是，技术创新是一项高投入、高风险、高失败率的任务，据统计，IT 创新项目的失败率高达 80％，因此，对技术创新特别是关系国家安全的战略性创新工程的投资是一项极高的投入，目前，我国能够负担这种风险资金的主要还是来自国家的财政经费。

国家以科技计划的模式对产业技术创新活动予以支持，但是如何进行投资却是我们需要考虑的问题。众所周知，我国的科技水平在国际上并不低，但多数科技成果难以转化为实际的产品，这其中有技术本身的原因也有市场的原因。但更重要的是我国科技计划的投资模式与方向亟待调整。目前，很多科技计划项目以高校和科研机构为主要承担单位，产出的研究成果常常是距离市场需求较远，无法转化成商品。因此，造成的科技与经济发展相脱节一直是束缚我国技术创新能力提升的一块短板。技术创新必须要获得市场的认可，研发成果转化为实际的商品后才能实现创新的价值。而企业作为市场活动的主体，能够敏感把握市场信息，进而开发出具有市场前景且可以实现产业化的创新产品。因此，国家的科技计划投资需要以企业特别是龙头企业作为主要的投资对象才能保证科技创新的成果顺利转化成市场价值，同时也体现出企业的创新主体地位，如图 11-1 所示。

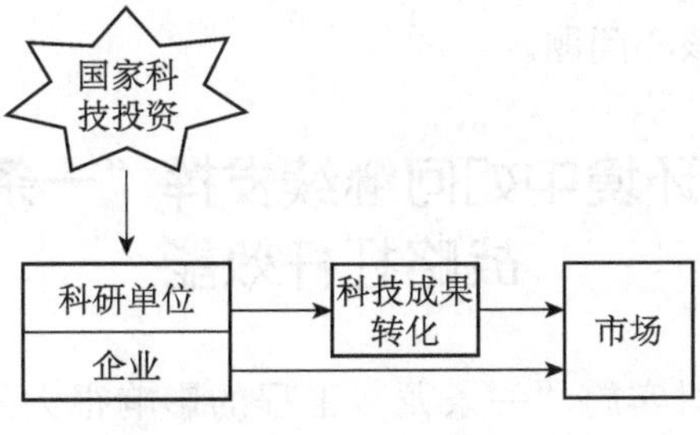

图 11-1　国家科技投资模式

三 “一条龙”工程计划直接强化科研要素因而是效能最重的战略杠杆

由上述分析可以看出，相对于建立产业园区、产业联盟以及技术创新—知识产权—标准的三维互动，“一条龙”工程通过直接向企业投资，通过市场纽带使产业上下游环节紧密联系，达到了直接刺激产业要素的目的，因此，当前实施“一条龙”工程更能够发挥战略杠杆的效能，如图11-2所示。

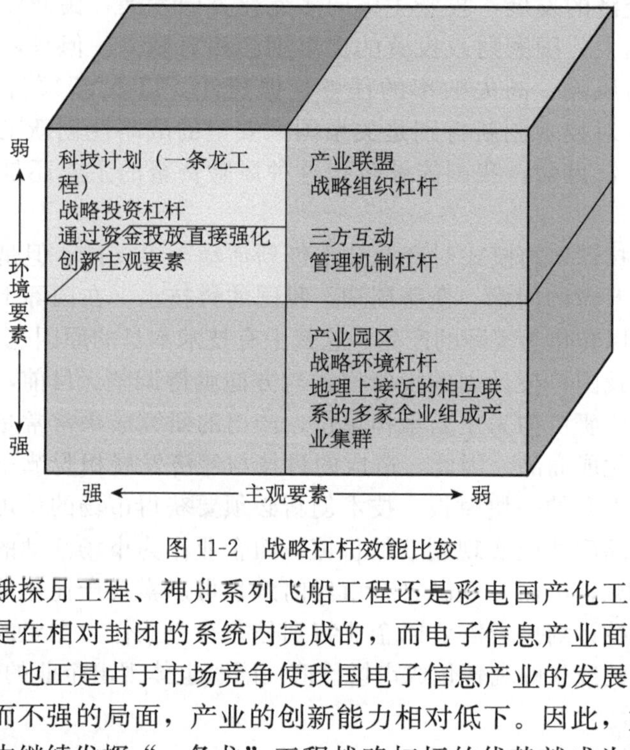

图11-2 战略杠杆效能比较

无论是嫦娥探月工程、神舟系列飞船工程还是彩电国产化工程，这些“一条龙”工程都是在相对封闭的系统内完成的，而电子信息产业面临的是非常开放的竞争环境，也正是由于市场竞争使我国电子信息产业的发展以加工组装为主，造成了大而不强的局面，产业的创新能力相对低下。因此，如何在当今开放的产业环境中继续发挥“一条龙”工程战略杠杆的优势就成为提升我国电子信息产业创新能力的核心问题。

第三节 在开放环境中如何继续发挥“一条龙”工程计划的战略杠杆效能

开放的环境因素对实施“一条龙”工程的影响很大，如前面提到的录像机“一条龙”工程的失败，主要是由于当时的录像机产业已经处于开放的竞争环境中，而当时我国还处于改革开放初期，而应对开放竞争的市场环境给产业带来的影响也缺乏实践经验。所以，当出现了更有优势的替代性产品VCD机时，录像机就被市场淘汰了；而且，当时录像机的生产企业分散于多家，彼此之间的利益冲突也是造成录像机“一条龙”工程落马的另一原因。因此，我们在总结录像机“一条龙”工程失败的经验时，不应该完全否定“一条龙”工程这个投资模式，而是应该找出失败的原因，并且及时找到在开放环境中成功实施“一条龙”工程的更好的策略。

在开放环境中，“一条龙”计划的战略支点也就是国家资金的投放对象，应选择产业链中紧邻市场的龙头企业而非单纯进行科研的高等学校或科研单位。政府通过制订计划并招标总承包商，由总承包商按“一条龙”工程逐步向上游实施分包，以合同的形式使上下游产业链上的企业依靠利益关系紧密串联在一起，变计划链为契约链，在开放的大环境中营造相对封闭的小环境，如图11-3所示。在这其中，政府的作用是选择战略目标、战略力度并对承担战略支点任务的总承包商实施监管。

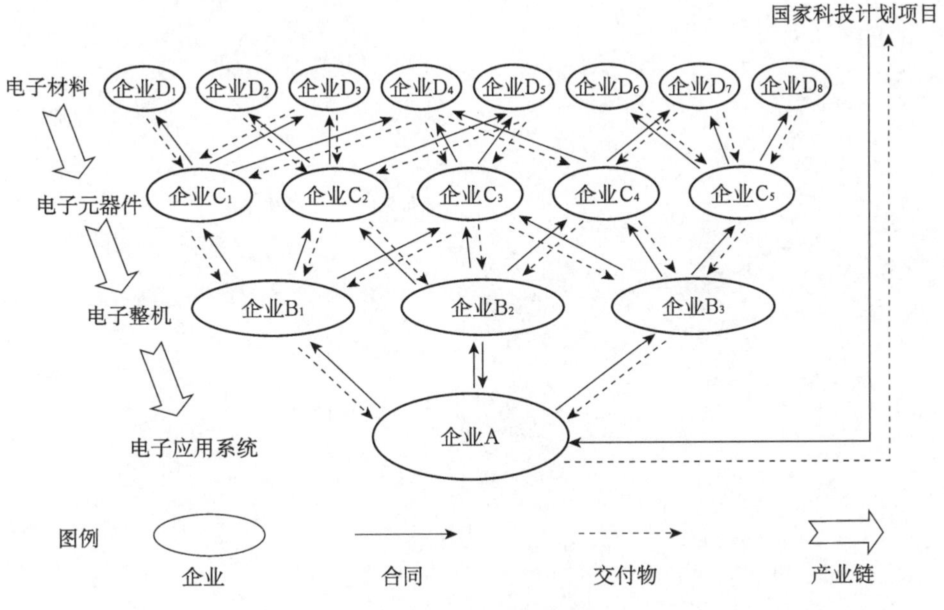

图11-3　“一条龙”工程示意图

我国核高基（核心电子器件、高端通用芯片及基础软件产品）重大专项，其中军品选题是有市场保证的，但民品选题就存在忧患，在不设置市场准入门槛的自由竞争环境中，单打独斗的零散项目很容易夭折。此时就需要依靠“一条龙”工程的模式，对于国家重大项目的承担单位选择产业化、市场化能力强的龙头企业，并与该企业签订项目的总承包合同，再由龙头企业向上游的企业进一步签订分包合同，但是需要限制的是所有的合同签订对象必须保障民族企业的利益，以我国国内企业为主，这样最终以各级承包合同形成完整的以国内企业为主的产业链条。例如，新一代宽带无线移动通信，高档数控机床与基础制造技术，大型先进压水堆及高温气冷堆核电站，大型飞机，载人航天与探月工程都是根据这个思路实现的。“一条龙”工程的优势是可在开放的国际化大环境中创造一个相对封闭的民族化小环境，使我国弱小的关键材料、关键元器件项目在形成竞争能力之前得到保护。通过在重大专项中建设起“一条条的龙”，保护了我国电子信息产业自主创新的成果得以实现，并能够逐步提升我国电子信息产业的创新能力。

第十二章 战略支点的选择与建议

第一节 我国信息技术产业的战略支点

在选择了“一条龙”工程模式作为我国信息技术产业提升创新能力的主要杠杆之后，战略支点的选择就成为战略杠杆发挥作用的关键环节。在战略杠杆系统中，战略支点是杠杆发挥作用的着力点，对于“一条龙”工程战略杠杆而言，战略支点就是信息技术产业的重大工程项目，在国家科技计划中通过这些工程项目的设立形成产业技术的集成平台，并培育产业链。与相对封闭的航天工程和军工事业不同，我国电子信息产业由于开放的较早，早已参与到国际竞争之中。而又由于我国科研、生产、市场三方相互脱节，造成了我国电子信息产业大而不强的局面，产业的创新能力难以得到提升。面对这样的情况，我国政府通过制定科技计划确定重点技术领域，并通过设立专项基金进行技术突破进而带动产业创新能力的起飞。其中，对重点领域的确定就是战略支点的选择过程，下面介绍四个典型的战略支点。

一 移动通信系统工程

随着竞争形式的升级，技术标准的竞争以逐渐成为国家竞争的制高点，而政府对技术标准的干预与选择也成为保护本国利益的一种手段。在高技术战略产业的3G领域，TD-SCDMA是大唐电信提出的具有自主知识产权的第三代移动通信国际标准，它打破了长期以来发达国家在国际移动通信标准上的垄断地位，使得我国有望在全球高科技战略领域首次从产业链的最高端切入，参与全球经济在新形势下的合作与竞争。从1998年大唐电信的母公司电信研究院提出TD标准，并开始技术研究和仿真验证开始，到2008年4月中国移动开始进行TD手机的试商用，TD仅花了十年的时间，是发展速度最快的3G国际标准。而发展速度最快主要得益于政府的主导力量和企业的创新努力。

我国的TD-SCDMA标准建设的伊始就带有明显的战略色彩，政府希望通过掌握TD这一国际技术标准来使我国的通信产业摆脱国外的控制。TD-SCDMA标准是中国首次提出并被国际认可的完整通信系统标准，对改变中国移动通信产业落后状况，提高移动通信产业的自主创新能力和核心竞争力具有十分重要的意义。

1997年开始，在信息产业部组织下，我国向国际电信联盟提交了TD-SCDMA标准，当时就曾遭到美欧国家的反对，而时任信息产业部部长的吴基传就明确表示，即使国外势力阻挠使中国标准不被采用，中国也有足够的市场空间来支持自己的标准，我们完全有能力在自己的国家开发并运营TD-SCDMA。经过不懈努力，TD-SCDMA成为三种3G主流国际标准之一。

没有市场的技术标准是没有意义的，因此TD成为国际标准只是万里长征迈出了第一步，其后的技术研发和产业化等工作更具有挑战性。TD-SCDMA已经从企业行为上升为政府主导的行业行为、产业行为。在TD-SCDMA研究开发和产业化过程中，通过统筹规划，引导产业发展，并通过项目引导、专项资金支持等，政府为TD-SCDMA的发展营造了良好的宏观环境。

2002年，信息产业部给TD-SCDMA划拨了155MHz非对称频率，向产业界发出了政府支持的明确信号。同年10月，在国家发改委、科技部和信息产业部三部委的共同推动，由大唐电信、南方高科、华立、华为、联想、中兴、中电通信、中国普天8家企业成立了TD-SCDMA产业联盟，从标准制定、系统、基站、芯片、终端、测试仪表等覆盖产业链各重要环节，初步形成了产业群体。2004年，信息产业部、国家发改委、科技部三部委设立TD-SCDMA产业化专项，投资7.08亿元支持TD-SCDMA的产业化。从2004年到2005年，信息产业部开展了“TD-SCDMA研究开发和产业化项目”技术试验。2006年，启动了北京、上海、青岛、保定、厦门等城市的TD-SCDMA规模网络技术应用试验，这些测试和试验为TD-SCDMA走向商用打下了良好的基础。从2007年开始，各有关部门共同组织移动运营商和产业链上下游企业在北京、上海、青岛、保定、厦门、深圳、广州、秦皇岛、天津、沈阳10个城市进行更大范围和规模的网络技术应用试验，争取能够为北京奥运会提供基于TD-SCDMA标准的3G服务。当北京奥运火炬开始传递时，4月1日，中国移动在8个城市正式开展TD社会化业务测试和试商用业务同时起步。这标志着中国已经依靠自身科研力量向3G时代做最后的冲刺，产业发展呈现出明显的加速之势。

2008年5月，电信重组启动，运营商被合并成中国电信、中国移动和中国联通三家，同时也明确了各自未来的3G演进路径：收购了中国联通CDMA网络的中国电信将发展CDMA2000、相对弱小的中国联通发展最为成熟的WCDMA，而中国移动则承担振兴民族产业，发展国产3G标准TD-SCDMA的历史重任。从2008年年底颁发3G牌照，截至2009年4月，我国的TD-SCDMA用户数量已增至40多万户。

TD-SCDMA从标准提出到现在经过了10多个年头，如今已经从一个饱受质疑的技术标准发展壮大成为一个具备完整产业链的成熟产业群体，而“政府为主导，企业为主体”的自主创新方针在 TD-SCDMA 技术上的成功，对我国高新技术的发展产生了深远影响。并且，在未来的 4G 通信技术方面，由政府主导的国内已经成立了由电信研究院、四大电信运营商、大唐电信、华为、中兴、上海贝尔阿尔卡特等企业以及清华大学、北京邮电大学等高校组成的 4G 推进组，并成立了标准、技术、需求、频谱及知识产权工作组。目前，在 4G 技术上已形成一批拥有知识产权的技术创新点，不仅带动了国内企业广泛的参与，而且逐步被国内主要企业所接受，这为我国进一步主导 4G 标准创造了良好条件。

以 TD-SCDMA 为代表的移动通信系统工程的成功实施，从标准提出到技术研发到产业化，整个过程都体现了政府的主导力量。我国政府通过成功的引导我国 3G 产业的发展，极大地提升了我国信息产业的创新能力。

二　新一代互联网系统工程

随着互联网技术和应用的普及，信息化建设的进程将日益加快，整个社会的信息化水平也在不断提高。信息技术在经济和社会各领域的广泛渗透，推动人类社会生产力达到一个崭新的高度，不仅开创经济发展的新时代，同时也促使人类迈向信息社会。当前，全球互联网技术变革和我国新一代互联网发展都已经进入关键时期。新一代互联网已经成为与构建和谐社会、建设创新型国家和走新型工业化道路等重大战略紧密相关的核心产业，必须高度认识新一代互联网的重要战略意义。

新一代互联网，从 IPv4 到 IPv6，所有配套的软硬件都将逐渐面临一个挑战，产业面临新一轮洗牌，这给很多企业以新的机会，有可能打破现有网络经济的格局。经济格局的打破，必然给整个社会发展乃至国家带来变化。同时技术的变革，经济实力的变化，也必然影响政治、军事。对于未来的社会，网络是一个基本要素，它对社会经济、科技教育发展，乃至国防政治都将起到决定性的影响。因此，研制与建设新一代互联网，对我国有着举足轻重的意义。

中国政府对新一代网络等新技术的发展高度重视，把新一代互联网作为具有战略意义的大工程来抓。党的十六届五中全会明确提出“要加强宽带通信网、数字电视网和新一代互联网等信息基础设施建设，推进‘三网融合’，健全信息安全保障体系”。2006 年召开的全国信息产业科技创新会议，又把新一代网络列为信息产业科技发展“十一五”规划和《规划纲要》的重要内容，明确提出要对商用试验、技术标准、产业链打造等关键环节进行大力支持，推动建立以企业为主体、市场为导向、产学研用相结合的技术创新体系。为了贯彻落实党中央国务院的战略部署，国家发改委和国务院有关部门展开了紧密合作，从完善政策环境、加强规划和加大信息网络基础设施建设、支持关键网络技术和产品开发及产业化等方面，积极促进互联网发展，大力推动国民经济发展和社会信息化。

从 20 世纪 90 年代末期以来，在相关部委科技计划的支持下，一批 IPv6 关键技术研究课题作为国家重大专项课题，陆续取得了突破性成果，为我国开展以 IPv6 为基础核心协议的新一代互联网的研究奠定了较好的基础。我国于 2003 年年底由国家发改委牵头，国家八部委联合启动了“中国下一代互联网 CNGI 示范网”项目，在中国全面启动了 IPv6 的建设，并力图带动相关产业的发展，为中国在新一代互联网的竞争中争取有利地位获取了先机。从标准制定、关键技术攻关、产品研发到产业化、应用示范和科学试验，从高技术产业化示范工程、电子发展基金到“863”计划、“973”计划、科技攻关项目、自然科学基金和高校支撑计划，多部委、多单位协同配合、共同参与。

2004 年，我国第一个新一代互联网 CNGI－CERNET2 建成。经过五年建设，CNGI 现已建成包括 6 个核心网络，22 个城市 59 个节点，2 个交换中心，273 个驻地网的 IPv6 示范网络，均远远超过了项目当初的设计及要求。依托 CNGI，已开展了大规模的基于新一代互联网的应用研究，如视频监控、环境监测等，并成功服务于北京奥运，开通了基于 IPv6 的奥运官方网站。我国初步形成了仅次于美国的新一代互联网产业群，彻底改变了第一代互联网时期受制于人的被动局面。

目前我国在互联网建设方面取得重大的科技突破，已经研究成功了十进制互联网技术，并在湖南建成了示范专网。这是我国在互联网技术上取得的重大自主创新成果，为摆脱美国对现有互联网的控制和垄断，建设中国自主掌控并可向世界推广的新一代互联网，提供了很好的技术支持和发展机遇。一位科学院院士曾经指出，我国在网络时代取得的这一重大技术创新成果，其意义不亚于冷战时期的“两弹一星”。我们需要高度重视，亟待把这一重大的突破性的自主创新成果快速推广应用，以十进制技术为基础，构建中国自己的新一代互联网。

三 数字电视系统工程

我国是电视产销世界第一大国，拥有 4 亿多台电视机，电视机的年生产量近 5000 万台。我国拥有庞大的电视工业和众多知名的彩电企业，经过近 30 年发展，我国已形成了从关键零部件到整机完整的彩电工业体系，彩电产业已成为关系国民经济全局意义的重要产业。当前，随着数字技术和平板显示技术的成熟与应用，以数字化、平板化为标志的新一轮彩电工业调整已全面启动，我国 4

亿多台正在使用的电视机大多面临从模拟转换到数字的需要，预计这将形成数千亿元的数字电视市场。并且，我国目前有线电视用户约1.2亿，地面（无线）电视用户约3.5亿，他们分布在有线数字电视难以普及的市郊和农村，这里的用户只能收看图像模糊的节目不足5套，使用地面数字传输将实现大面积的有效覆盖，这也将极大地扩充中国的数字电视用户。数字电视系统的研发和产业化对我国电子信息产业的发展具有战略性意义。根据统计数据，截至2009年第2季度，我国有线数字电视用户规模达5370万户。

国家相关部门于1999年开始组织实施数字电视研究开发及产业化工作。“十五”以来，国家设立数字电视产业化重大专项，将技术标准作为其中的核心内容，并成立了由国家计委牵头、国家经贸委、科技部、信息产业部、广播电视总局、质检总局共同组成的领导机构，统一领导协调有关工作。我国着力于自主研发数字电视标准，主要是为了避免数字电视产业重蹈DVD产业的覆辙、摆脱民族产业发展受制于国外标准的状况，并让本土企业获得优先发展的机会。

1999年，国家发改委设立了数字电视研发与产业化专项，地面数字电视相关研究转入标准研发和产业化工作。专项资金除部分给总体组用作研发经费，还在北京、上海和深圳建立了三个地面数字电视广播试验城市。每个试验城市都获得一笔经费用于购买广播设备和总体组的样机。

2003年10月，国家发改委设立地面数字电视传输标准研发项目，由中国工程院常务副院长邬贺铨院士任项目负责人，清华大学、上海交通大学、广播科学院、北京航空航天大学、西安交通大学、北京大学、北京邮电大学、西安电子科技大学、成都科技大学、国防科技大学、浙江大学11家单位参加。该项目成立数字电视地面传输国家标准特别工作组，在清华DMB-T、上海交通大学ADTB-T、广播科学院TIMI三个标准方案的基础上共同研发多载波和单载波融合方案。2006年8月国家标准化管理委员会颁布数字电视地面广播传输国家强制性标准，我国数字电视发展进入快速推进的新阶段。

国家标准确定之后，一系列产业化项目也纷纷启动。2007年5月29日，发改委公布的“2007年数字电视研究开发及产业化专项”中，提到要拿出1亿元扶持地面数字电视。同年的电子信息产业发展基金招标项目中也包含了“符合我国地面数字电视传输标准接收设备的研发及产业化项目”。在这些政府专项资金的扶持下，我国数字电视产业链已基本形成。

2008年1月1日上午9时整，中央电视台免费地面数字高清电视在北京开始开播，标志着我国地面数字电视国标实质性启动，并且按计划，上海、天津、深圳、青岛、沈阳、秦皇岛等地也陆续开通了奥运高清地面电视。由于此次高清频道播出采用了我国自主制定的地面数字电视国家标准，核心设备也全部实现了国产化。

同时在2008年1月1日，国务院办公厅印发了六部委（国家发改委、科技部、财政部、信息产业部、国家税务总局、国家广播电影电视总局）联合署名的《关于鼓励数字电视产业发展的若干政策》（以下简称1号文）文件，指出我国发展数字电视产业的战略目标以及相应措施，提出到2015年基本停止播出模拟信号电视节目的目标。

在2009年出台的《电子信息产业调整和振兴规划》也将数字电视作为重点发展领域。并且，国家广电总局也表示计划今年在全国共计100个城市开播地面数字电视，实现高清电视和模拟同步。其中，还将有专门调拨的25亿元专项资金用于全国35个城市的地面数字电视建设。

加快发展我国数字电视产业既是我国电子信息产业结构调整和优化升级的需要，也是加快信息化发展，走新型工业化道路的需要，对国民经济发展也将产生巨大拉动作用。

四 制造业信息化系统工程

加入WTO之后，中国已经逐步成为世界制造产业的集中区，成为世界制造业的基地。从我国实际情况看，工业在GDP中的比重相当高，2005年工业在GDP中占41.8%，这几年这一比重还在增加，而制造业又占工业的80%左右。我国已成为名副其实的世界制造业大国，但创新能力薄弱成为我国制造业参与国际竞争的“瓶颈”。信息化是实现我国从制造业大国向强国转变的基本途径。最早提出的是微电子技术改造传统产业，党的十六大明确提出：“坚持以信息化带动工业化，以工业化促进信息化，走出一条科技含量高、经济效益好、资源消耗低、环境污染少、人力资源优势得到充分发挥的新型工业化路子。”而后，党的十七大更提出：“信息化与工业化融合，走新型工业化道路”的战略举措。因此，在我国实现“两化融合”，最大的领域在制造业，最为紧迫实现“两化融合”的领域，也是制造业。因此，制造业信息化是两化融合的切入点和重点。

近十多年来，我国有关部门有计划地部署了一系列重点科技项目，有效地促进了我国制造业信息化技术的研究与应用推广。例如，科技部组织实施的CAD应用工程和CIMS应用示范工程等，有力地推动了我国制造业信息化技术的发展，取得了显著的效益，也为“十五”期间全面推广制造业信息化技术打下了良好的基础。“十五”期间，科技部将在“九五”CAD/CIMS应用示范工程的基础上，从863计划和攻关计划中拿出8亿元资金，组织实施“制造业信息化关键技术研究及应用示范工程”，简称“制造业信息化工程”重大项目。国家制造业信息化重大专项工程良好地传承了国家“八五”、“九五”甩图板工程、CIMS工程等专项工程的思路和风格，经过几年的持续努力，已经显示了非常不错的发展势头。在政府引导、企业示范、组织实施、技术攻关等几个方面同步推进，取得了重大进展，受到了企业好评和社会欢迎。中国制造业信息化一路前行近30年，“十五”、“十一五”的制造业信息化工程更是把应用水平推到新的高度。

“两化融合”既实现工业化的总体战略，又促进我国软件产业调整升级。制造业应用软件（又称为工业软件）是信息化与工业化的融合剂。能够使传统工业化意义上的机械化、电气化、自动化的生产装备具备数字化、智能化、网络化特征的核心技术，就是微电子技术和制造业应用软件技术。没有制造业应用软件就不可能在工业化的硬优势基础上形成信息化的软优势，也就没有“两化融合”。

在推进“十一五”工程中，根据《规划纲要》的部署，科技部对制造业信息化工作做了全国的规划和部署，为进一步指导地方和行业工作的开展提出了指导意见。在2006年的全国制造业信息化科技工作会议上，科技部表示将计划投入50亿元以上，会同国务院有关部委办和部分大型企业集团，组成国家制造业信息化协调小组，围绕着东北振兴、西部开发以及中部崛起的战略，部署开展“全国制造业信息化科技工程”。可见，随着信息化对国民经济发展作用的提升，制造业信息化也成为我国电子信息产业提升创新能力的重要战略支点。

第二节　战略杠杆选择及运用的相关建议

一　战略杠杆选择

经过前面的分析，对于提升我国信息技术产业创新能力，作者建议围绕国家大工程，以“一条龙”投资规划战略杠杆为主，产业政策、产业联盟、产业园区和三方互动等战略杠杆为辅，协同推进我国信息技术产业的发展。具体的做法需要通过政府将科技计划投资资金以公开招标的形式投向行业龙头企业，然后由龙头企业牵头，逐步向产业链的上游企业实施分包，这样，就可以通过商业订单形成产品的“一条龙”工程，并且在政府制定项目计划的同时规定一定比例的国产产品，以确保我国自主创新的产品得到应用。

二　保障措施建议

为保障上述战略的实施，我们建议采取以下具体措施。

（一）国家根据实际需要制定以最终产品为标志的科技计划项目

创新的最终目的是产出新产品，因此，先进适用的新产品是衡量创新的重要标准。对于国家科技计划项目，最终的产出载体也应该是一个完整的新产品。例如，我国的大飞机重大专项，其成果要求就非常明确，即要生产出中国的商用大型客机；而我国许多国家和地方科技项目则不是这样，项目由许多各自独立的课题组成，由于没有一个完整的产品概念，所有项目分散地交给不同单位承接，这样的项目产出的结果很容易造成技术孤岛，难以实现产品创新，不利于产业整体创新能力的提升。因此，在项目立项之时，需要考虑产业和产品的完整性，从最终产品的角度设立国家科技计划项目。

（二）选择行业龙头企业作为科技计划项目承担单位，保障技术向产业的转化

当前，国家科技计划项目招标面对的是三类承担单位：大专院校、科研院所和高科技企业，前两类投标单位谋取的是理论技术，第三类投标单位谋取的是实际技术。对于以最终产品为产出标志的国家科技计划项目，需要第三类单位也就是高科技企业作为项目的承担单位。企业以最终产品作为研发内容，分解技术链，并寻求技术链上的合作单位，这样就可以确保技术向产业的转化。并且，承担项目的单位还需是拥有一定实力的行业龙头企业，这样才能带动整条产业链的发展，如在大飞机重大专项中成立的中国商用飞机有限责任公司。

（三）通过组建研发生产平台支持企业联合攻关及应对市场竞争

企业间组成联盟是目前高技术产业竞争的主要载体方式，因此，在高技术产业领域建立政府主导，企业、科研机构及大学等共同组成的联合研究开发生产机制，并对所建立的研究开发生产平台实体（实验室或公司）提供启动资金、办公场所、低息贷款等优惠条件，既可以集中技术创新力量，又可以通过提供良好的创新环境降低风险。

（四）制定财税、金融等优惠政策，鼓励企业在选择配套过程中采购自主创新产品

创新的成功依赖于产品市场价值的实现，可以通过给予创新型优秀企业减免营业税、无息或低息贷款和销售补贴等政策鼓励，鼓励企业开展自主创新活动，并以产品为平台促进上下游企业之间合作，采购自主研发产品，形成良性互动。例如，参照发达国家做法，对于创新型企业，若其投入研究开发的费用持续增长，则可抵扣其20％的营业税。

（五）通过实施政府采购和政府首购的方式支持科技计划项目成果

通过政府采购等方式为企业创新产品谋求释放的空间是政府为企业技术创新营造市场环境的主要手段，特别对于具有自主知识产权的高新技术产品和装备，更需要建立政府首购和订购制度，使创新型企业实现利润，回笼资金，投入到新的技术研发活动之中，进而形成自主创新的良性循环。大力提倡各级政府部门、国有控股企业、学校及政府相关机构等单位优先采购具有自主知识产权的国产电子办公用品、国产优秀软件等，即使其价格高于国外同类产品，以提高国产产品的市场占有率。通过政府采购解决产品创新过程中中试与初期市场化环节的资金需求问题，特别是对一些中小企业开发的新技术，政府实施收购可以降低企业创新的风险水平，并提高科技成果的转化效率。

附录一 电子信息产业技术体系架构

一 电子信息产业的技术体系

（一）电子信息产业的核心技术领域

对电子信息产业而言，不同的发展时期，其核心技术不尽相同。原信息产业部主要从产业水平分工的视角，对电子信息产业的技术体系架构进行分类，典型的有三种：第一种是从产品的角度，对信息技术体系的描述，对应着12个产品；第二种是从技术标准的角度，对信息技术体系的描述，对应着13个专业标准；第三种是从知识产权的角度，对信息技术体系的描述，对应着9个专利技术领域。具体如附表1所示。

附表1　基于水平分工的信息技术体系架构

序号	产品领域	序号	专业标准领域	序号	专利技术领域
1	雷达	1	软件	1	计算机与自动化
2	通信	2	电子元件	2	电子器件
3	广播电视	3	电子器件	3	电子元件
4	电子计算机	4	电子组件	4	通信
5	软件	5	电子材料	5	广播与电视
6	家电	6	传感器	6	家用电器
7	电子测量仪器	7	雷达	7	电子测量与雷达导航
8	专用设备	8	通信	8	基本电路与通用设备
9	电子元件	9	计算机、网络及外部设备	9	信息材料与加工工艺
10	电子器件	10	电子测量仪器		
11	机电产品	11	广播电视与家用视听设备		
12	专用材料	12	专用设备		
		13	应用电子		

（二）电子信息产业的关键技术层面

从产业垂直分工的视角看，电子信息产业的技术体系表现为金字塔形的四层架构，最顶层的是应用系统技术层，接下来分别是整机（模块）技术层、电子元器件技术层，最底层的是电子功能材料技术层，具体如附图1所示。

1. *应用系统技术层（顶层）*

电子系统是由若干独立整机而组成的具有综合应用功能的系统，或者是由

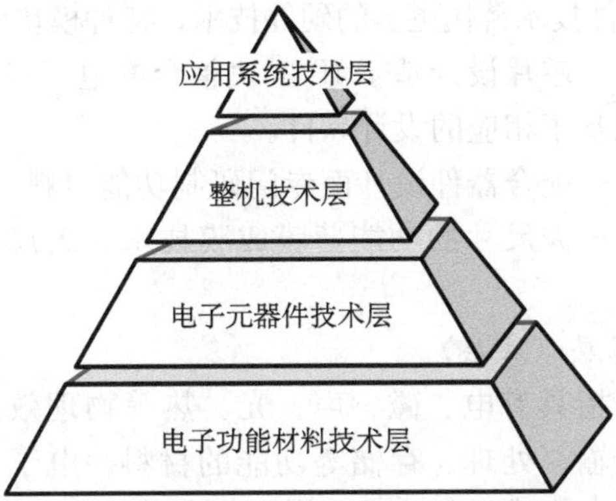

附图 1　电子信息产业的关键技术层面

独立单机模块插装而成（积木化设计）的具有综合应用功能的系统。应用系统技术层主要是系统的技术方案、设计技术、架构技术和集成技术。系统层的技术方案是指计算机、通信、电视网络的传输协议与标准等，设计技术是指用拓扑图表现的用户网络解决方案，如移动通信网形成了蜂窝、微蜂窝、微微蜂窝网的设计技术，架构技术是指用体系结构描述系统中业务逻辑流程、功能代码复用、分布式部署和数据存储方案，集成技术是指将多厂家设备连在一起形成系统，实现应用要求和功能的技术。

2. 整机技术层

电子整机（模块）是由电子元器件组装而成。电子整机的功能取决于其系统要素（电子元器件的功能）、结构（电路设计）和机制（软件和物理原理）的组合。整机涉及的核心技术主要包括整机的技术方案、设计技术、上游技术和制造技术。

（1）技术方案——电子整机是实现特定使用价值的电子电路的组合，信息控制与处理电路基本成为整机电路的基础，完成特定功能的信号处理与传输电路成为配角。

（2）设计技术——目前电子整机基本实现方案化设计。

（3）上游技术——电子整机的上游技术基本实现芯片化、模块化、片式化配置。

（4）制造技术——板卡级组装实现贴片化、整机组装实现螺装、插装化。

3. 电子元器件技术层

电子元器件由电子功能材料、结构材料做成的零件组装而成。电子元器件的功能取决于其系统要素（材料的功能）、结构（元器件设计）和机制（物理原理）的组合。电子元器件涉及的核心技术主要包括元器件的技术方案、设计技术、上游技术和制造技术。

（1）技术方案——直接承载了应用系统解决方案的核心技术，成为系统方案的知识产权承载物，电路系统的集成化高，越来越多的功能芯片集成实现单片化，计算电路多核化，软件技术替代更多的硬件技术，特种模块的复杂度越来越高。

(2) 设计技术——芯片设计基于 IP 区块整合的电子设计自动化（EDA）工具，其他模块设计也基于相应的设计软件。

(3) 上游技术——配合器件设计而专门研制功能材料。

(4) 制造技术——大尺寸的功能薄膜成膜技术、大尺寸的曝光孔径和纳米级图形光刻技术。

4. 电子材料技术层（底层）

电子功能材料是指具有电、磁、声、光、热等物理效应并通过这些效应实现对信息的变换、传输、处理、存储等功能的材料。电子材料的功能取决于其系统要素（原子或化合物分子的理化性能）、结构（由配方和工艺形成的晶格）和机制（固体物理机理）的组合。电子功能材料涉及的核心技术主要包括材料的技术方案、设计技术、上游技术和制造技术。

(1) 技术方案——满足新型电子元器件的特殊需要，具有电、光、磁、声等理化性能的纳米化、高纯化、复合化的材料方案。

(2) 设计技术——材料设计技术主要包括材料的配方和机理。

(3) 上游技术——材料的上游技术有工业纯、分析纯的单质、化合物材料。

(4) 制造技术——材料制造技术涉及精细化工、精密冶金、晶体生长、陶瓷烧结及各类切磨抛技术，以及相应的洁净技术。

（三）纵横交织的电子信息产业技术体系结构模型

基于产业水平分工和垂直分工的整合，形成了纵横交织的电子信息产业技术体系结构模型，如附图 2 所示。图中横轴为产业的水平分工，即电子信息产业的各专业领域，纵轴为产业的垂直分工，即产业关键技术的四层架构。

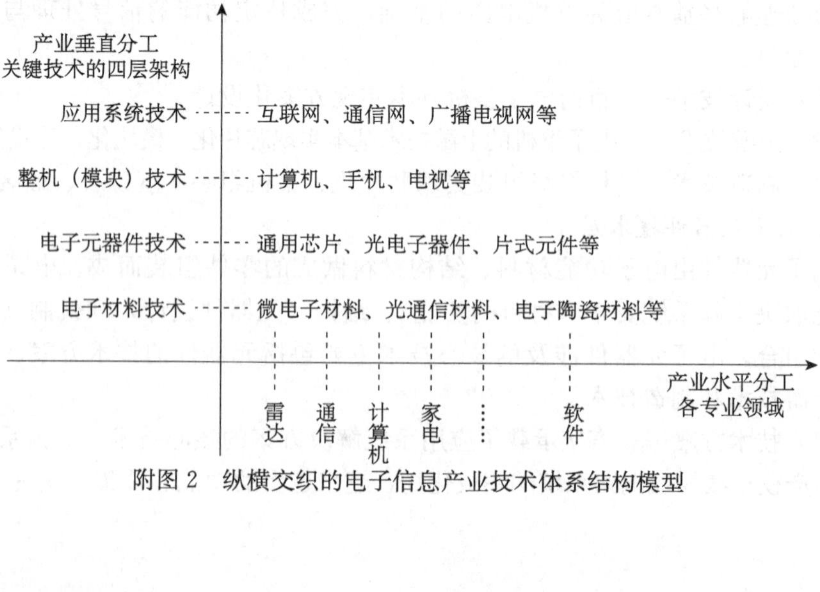

附图 2　纵横交织的电子信息产业技术体系结构模型

(四) 电子信息产业核心技术的上游化趋势

电子信息产业的产业链整体上可以划分为电子材料、电子元器件、电子整机和电子应用系统四大阶段。前两个阶段为上中游、后两个阶段为下游。下游主要是整机组装和系统安装工程，过去的整机组装还包括分离元器件的印制电路（PCB）电路组装、电子电气部件组装和结构件螺装等工艺阶段，所具有的技术手段都是元器件、零部件就位、焊接和螺装等设备与工具。现在由于电子电路都已经芯片化、模块化，许多控制软件也都固化在芯片中了。而整机厂也根本不具备芯片、模块生产所需要的技术条件。所以，整机所需的芯片和模块、软件都转移到产业链上游进行专业化加工。这样一来，整机制造阶段只剩下电装和螺装工序了，比如目前 PC 制造甚至由插装替代了电装和螺装。

综上所述，电子信息产业的核心技术（核心）是电子电路、执行器件和控制软件，当电子电路和执行器件都实现了芯片化、模块化，当所有电子整机的运行机制都被软件控制之后，电子信息产业的核心技术必然向上游转移，这个过程就是电子信息产业核心技术的上游化。

本书主要从应用系统层技术、整机（模块）层技术、电子元器件层技术，电子功能材料层技术，基于产业垂直分工的角度，对信息技术的发展现状及趋势进行分析描述。另外，对软件技术的发展现状、趋势以及核心技术的上游化、方案化趋势进行分析。

二 应用系统层技术的发展现状及趋势

(一) 发展现状

在电子信息产业中，目前应用最广、影响最大的系统莫过于互联网、通信网和广播电视网。在这三大应用系统中，核心技术主要是网络的传输协议、标准以及网络的设计技术、优化技术等。

在这三种应用系统中，网络结构基本相同，都是由各种整机（如计算机、手机、电视），通过硬件（如光纤、光缆）和软件（如传输协议）连接成为一个应用系统。

在电子信息产业中，除了上述三种应用系统外，还有其他各种应用系统，如空管系统、传感器网络等。

空管系统，即空中交通管制系统，主要是由雷达、通信、导航、管制中心系统以及气象系统等构成的。随着信息技术的飞速发展，现代空管系统应用了卫星导航、卫星通信、高速宽带通信网络等先进技术，实现了对越洋、沙漠、极地圈等地区实施连续的导航和监视，构成了能够覆盖全空域的导航监视系统。

传感器网络是由大量部署在作用区域内的、具有无线通信与计算能力的微小传感器节点通过自组织方式构成的能根据环境自主完成指定任务的分布式智能化网络系统。传感网络的节点间距离很短，一般采用多跳（multi-hop）的无线通信方式进行通信。传感器网络可以在独立的环境下运行，也可以通过网关连接到互联网，使用户可以远程访问。射频识别（RFID）是一种非接触式的自动识别技术，它通过射频信号自动识别目标对象并获取相关数据，识别工作无需人工干预，可工作于各种恶劣环境。RFID技术可识别高速运动物体并可同时识别多个标签，操作快捷方便。最基本的RFID网络系统由三部分组成：①电子标签（IC tag）和应答器（transponder）；②读写器；③天线。

1. 互联网的传输协议与标准

互联网是由各个网络互相联接而成的。这里使用“联接”一词包含有网络间的相互连接是多种多样的，不仅是直接的物理连接，而且需要有不同软件支持相应的连接等含意。本书的互联网主要指各计算机之间通过传输协议与标准进行连接而形成的计算机互联网。

网络协议是计算机在完成互联时的网络连接、网络通信、执行网络功能、完成网络管理、网络安全所需遵守的各项规则或标准。TCP/IP协议是互联网的通用性网络协议，它应包括应用层、传输层、网络层、网络接口层亦即数据链路层以及最基础的物理链路层。

1）基于IPv4的第一代互联网

互联网又称为因特网，始建于20世纪60年代，当时采用数据包交换方式和统一标准的信息传输协议TCP/IP，其网状的数据传输方式可以在即使局部设施遭受核打击后整体仍能工作。

TCP/IP是因特网最基本的协议，是因特网上的“世界语”。通过TCP/IP协议的支撑，实现了计算机之间的互联，为互联网发展奠定坚实的基础。到20世纪80年代为止，互联网还主要局限于为数不多的科研人员使用，它的操作界面全是文字信息，需要计算机使用者输入命令与机器对话。这个阶段，互联网的典型应用是收发电子邮件、传输文件、发布文字新闻及言论等，我们称之为第一代互联网。

2）基于IPv4的第二代互联网

进入20世纪90年代后，欧洲核子物理研究中心（CERN）为了能更好地与全世界的高能物理研究人员开展联合研究，发明了超文本格式，把分布在网上的文件链接在一起。这样用户只要在图形界面上点击鼠标，就能从一个网页跳到另一个网页，不仅可以看到文字信息，还可以欣赏到丰富多彩的图片、声音、动画、影像等多媒体信息。这个阶段的互联网称为万维网（WWW或Web），它用超文本和多媒体技术改造了第一代互联网。

第二代互联网虽然比第一代互联网先进了许多，但它也暴露出了严重的弱点。一方面，这两代互联网使用的都是IPv4协议，其32位的地址空间只有大约40亿个地址可用，已经有70%被分配完了，而且由于互联网在早期缺乏规划，造成了IP地址分配“贫富不均”的现象。到2005年，IPv4地址全部分配完毕，严重制约了互联网的发展。

3）基于IPv6的第三代互联网

针对第二代互联网所暴露的问题，第三代互联网从两个角度来解决：一个角度是发展IPv6，将地址空间由32位扩展到128位，这样，原来有限的IP地址将变得无限丰富，真正让数字化生活变成现实。

IPv6还能够改善端到端的安全性，有利于移动通信的发展，提高服务质量以及减轻系统管理负担。基于IPv6的下一代互联网至少有三种提法：NGI (next generation internet)、Internet2和NGN。早在1996年，美国政府就制定并启动了研究发展下一代互联网的NGI计划。NGI侧重的研究方面包括事务处理安全性和网络管理等各个方面。

按照预想，NGN几乎是一个无所不包的网络，将电话网、移动网、互联网等各种网络都涵盖进来，目的就是解决现有网络的缺陷和不足，满足人类对移动性和大数据量信息的需求。这是一个宽泛的名词，包括了软交换网络、下一代互联网以及下一代移动网的所有含义。正是因为NGN的长“触角”，决定了其各个层面的技术不可能一下子都成熟起来，也不可能一夜之间就取代现有的网络，必然要经过一个循序渐进的演进过程。

值得一提的是，在IPv6领域，我国已经达到国际先进水平。2003年，以国家战略项目——中国下一代互联网示范工程启动为标志，我国的IPv6商用化进程进入了实质性发展阶段。中国的原五大运营商全面加入IPv6规模部署阵营，到2005年年底，我国建成了世界最大规模的IPv6网络，成为被追赶的对象。

2. 移动通信网的传输协议与标准

通信网主要分为固网和移动网，在过去的十几年中，世界电信发生了巨大的变化，移动通信将逐渐演变成通信网中的主流，其核心技术发展经历了第一代的模拟移动通信系统（1G）、第二代的数字移动通信系统，目前全球移动通信网络中二代系统和三代系统并存，未来正向第四代系统演进。

1）第一代移动通信系统

1G是在20世纪80年代初提出的，它完成于20世纪90年代初，如NMT和AMPS。第一代移动通信系统是基于模拟传输的，其特点是业务量小、质量差、交全性差、没有加密和速度低。1G主要基于蜂窝结构组网，直接使用模拟语音调制技术，传输速率约2.4Kb/s。不同国家采用不同的工作系统。

2）第二代移动通信系统

第二代移动通信系统（2G）是基于数字的移动通信技术，目前主要有两种系统，一种是欧洲主推的GSM系统，另一种是美国主推的CDMA/IS-95（即CDMAOne）系统。

欧洲电信标准协会（ETSI）在1996年提出了GSM Phase 2+，目的在于扩展和改进GSM Phase 1及Phase 2中原定的业务和性能。它主要包括CMAEL（客户化应用移动网络增强逻辑），SO（支持最佳路由）、立即计费，GSM 900/1800双频段工作等内容，也包含了与全速率完全兼容的增强型话音编解码技术，使得话音质量得到了质的改进；半速率编解码器可使GSM系统的容量提高近一倍。在GSM Phase2+阶段中，采用更密集的频率复用、多复用、多重复用结构技术，引入智能天线技术、双频段等技术，有效地克服了随着业务量剧增所引发的GSM系统容量不足的缺陷；自适应语音编码（AMR）技术的应用，极大提高了系统通话质量；GPRS/EDGE技术的引入，使GSM与计算机通信/互联网有机结合，数据传送速率可达115/384Kb/s，从而使GSM功能得到不断增强，初步具备了支持多媒体业务的能力。

CDMA技术是美国从20世纪80年代末开始，为了开发数字蜂窝系统而研究出的一种新的多址技术。1993年，美国通信工业协会（TIA）公布了数字蜂窝系统的标准一。1995年，第一个CDMA商用系统运行之后，CDMA技术理论上的诸多优势在实践中得到了检验，从而在北美、南美和亚洲等地得到了迅速推广和应用。全球许多国家和地区，包括中国香港、韩国、日本、美国都已建有CDMA商用网络。在美国和日本，CDMA成为国内的主要移动通信技术。在美国，10个移动通信运营公司中有7家选用CDMA。到2004年4月，韩国有60%的人口成为CDMA用户。

3）第三代移动通信系统

第三代移动通信系统（IMT-2000），在第二代移动通信技术基础上进一步演进的以宽带CDMA技术为主，并能同时提供话音和数据业务的移动通信系统，主要由四个功能子系统构成，它们是核心网（CN）、无线接入网（RAN）、移动台（MT）和用户识别模块（UIM），同时支持无线接口的高低数据比特率，其全移动的384Kb/s数据率和本地通的2Mb/s数据率不仅可支持普通话音，还可支持多媒体数据，可满足具有不同通信要求的各类用户。目前，第三代移动通信系统的通信标准共有WCDMA、CDMA2000、TD-SCDMA和WiMAX四大标准。

（1）WCDMA。WCDMA的发起者主要是欧洲和日本，它继承了2G标准化程度高和开放性好的特点。WCDMA全名为宽频分码多重存取，它能同时支持电路交换业务（如PSTN、ISDN）和分组交换业务（如IP网），支持高速数据传输和可变速传输，支持软切换和更软切换，支持异步和同步的基站运行方式，组网灵活，具有多种编码方式，与 GSM 兼容。该系统使用的无线协议灵活，可在一个载波内同时支持语音、数据和多媒体业务，并通过透明或非透明传输来支持实时、非实时业务。该系统采用功率控制技术，减少了多址干扰，提高了系统容量。其核心网络基于 GSM/GPRS 网络的演进，并保持与 GSM/GPRS 网络的兼容性。

（2）CDMA2000。CDMA2000 由美国高通北美公司为主导提出。CDMA2000 的一个主要特点是与现有的 TIA/EIA-95-B 标准后向兼容，可从 IS95B 系统的基础上平滑地升级到 3G，建设成本低。CDMA2000 采用 MC - CDMA 多址方式，可支持语音、分组和数据等业务，也可实现 QoS 的协商。CDMA2000 包括 1x 和 3x 两部分，也可扩展到 6x、9x 和 12x。另外，CDMA2000 还可采用辅助导频、正交分集和多载波分集等技术来提高系统的性能。但目前使用 CDMA2000 的地区只有日、韩和北美，所以 CDMA2000 的支持者不如 WCDMA 多。

（3）TD - SCDMA。TD - SCDMA（时分同步码分多址）技术标准，是我国提出的第三代移动通信的技术标准。该技术标准是在 2005 年 5 月 5 日的国际电信联盟会议上，由原中国邮电部电信研究院向 ITU 提出，被正式采纳的。TD-SCDMA 在频谱利用率、对业务支持、频率灵活性及成本等方面具有独特优势。它是目前世界上唯一采用智能天线的 3G 系统，还采用了多项关键技术，例如，智能天线技术、软件无线电技术。

（4）WiMAX。WiMAX 全称为 world interoperability for microwave access，即全球微波接入互操作性。WiMAX 的另一个名字是 802.16，它是一项无线城域网（WMAN）技术，是针对微波和毫米波频段提出的一种新的空中接口标准。它可作为线缆和数字用户线（DSL）的无线扩展技术，从而实现无线宽带接入，能提供的最高接入速度是 70Mb/s，这个速度是 3G 所能提供的宽带速度的 30 倍。2007 年 10 月 20 日，国际电信联盟批准 WiMAX 无线宽带接入技术成为移动设备的全球标准，成为 IMT - 2000 3G 标准家族的一员。

IMT - 2000 标准内的其他技术今后也可用于基于 WiMAX 技术的网络。目前固话网络连接速度通常为 2Mb/s，而 WiMAX 的连接速度可达 70Mb/s，覆盖范围高达 40 英里。

3. 数字电视网的传输协议与标准

电视系统主要分为两种：一是模拟电视系统，二是数字电视系统。本书主要论述数字电视系统涉及的传输协议与标准。目前，在数字电视传输的三大标准：卫星传输、有线传输、地面传输中，以地面传输标准为最基本的标准。因为它不仅技术含量高，也是接收范围最广的大众传媒标准。而全球数字电视的地面传输标准主要有美国的ATSC、欧洲的DVB-T、日本的ISDB-T和中国的DMB-T。

1）美国的ATSC

1996年，美国高级电视系统委员会（Advanced Televition Systems Committee，ATSC）针对高清晰电视固定接收需求制定了地面数字电视传输标准。采用格形编码的八电平残留边带（trellis-coded 8-level vestigial side-band，8-VSB）调制系统，能可靠地在6MHz的电视信道中传输19.4Mbit/s，经RS编码达到21.35Mbit/s。其图像分辨率为普通电视的5倍。加入0.3分贝导频（用于系统辅助载波恢复）和段同步（用于系统时钟同步和信道编码，纠错保护措施），使系统具有良好的噪声门限（14.9分贝）。

ATSC数字电视标准由四个分离的层级组成，层级之间有清晰的界面。最高为图像层，确定图像的形式，包括像素阵列、幅型比和帧频。接着是图像压缩层，采用MPEG-2压缩标准。然后是系统复用层，特定的数据被纳入不同的压缩包中，采用MPEG-2压缩标准。最后是传输层，确定数据传输的调制和信道编码方案。对于地面广播系统，采用Zenith公司开发的8-VSB传输模式，在6MHz地面广播频道上可实现19.3Mbit/s的传输速率。该标准也包含适合有线电视系统高数据率的16-VSB传输模式，可在6MHz有线电视信道中实现38.6Mbit/s的传输速率。

2）欧洲的DVB-T

欧洲电信标准协会于1999年6月正式提出欧洲数字电视视频地面广播（digital video broadcasting-terrestrial，DVB-T）标准，即欧洲标准（EN），采用编码正交频分复用（coded orthogonal frequency division multiplexing，COFDM）技术，其发送数据包含图像、伴音、附加数据，总的有效数据率为25.088Mbit/s，经RS纠错编码后总的有效数据率为27.017Mbit/s，穿插的导频比数据功率高3分贝。理论上讲，DVB-T与有线电视系统相当，在8MHz带宽内能传送4套电视节目，传输质量高，本地区覆盖好。

3）日本的ISDB-T

1998年，日本无线电工商业协会（Association of Radio Industries and Businesses，ARIB）公布了日本地面综合业务数字广播（terrestrial integrated service digital broadcasting，ISDB-T）标准，该标准在欧洲DVB-T为原型的基础上，加入自己的频带分段传输（bandwidth segmented transmission，BST）方式。因日本电视射频带宽为6MHz，所以载波数和载波间隔与DVB有所差别。和欧洲方案相比，主要的不同在于接收方面，增加了部分接收（partial reception）和分层传输（hierarchical transmission）。ISDB-T于2001年与ATSC，DVB-T一起成为国际电信联盟推荐标准。它与DVB-T系统类似，COFDM原理，只是在应用上可传送多种信息。

4）中国的DMB－T

清华大学数字电视传输技术研发中心在借鉴国际现有的三大标准的经验和教训的基础上，融合数字电视通信最新发展的成熟技术，提出了地面数字多媒体/电视广播传输标准（DMB－T）方案。DMB－T方案是在适用自主创新的时域同步多载波技术并对数字电视技术发展趋势和我国应用与产业需求的认真分析基础上确定的。DMB－T是我国自主知识产权的数字电视国家标准。它的制定和提出对我国的高新技术产业的发展和相关民族产业的振兴有着深远的影响。如果采用外国标准，仅我国现有的4亿台电视机更新换代就可能要付出数百亿元的技术标准使用费。因此，为了保证民族产业的可持续发展，抵制国外标准的日益侵蚀，必须研制使用自主知识产权的数字电视地面传输标准。

4. 网络设计与优化技术

从网络设计的角度来说，移动通信网每一代的难度都在增加。1G相对简单，而2G为了增加网络的容量，需要提高频率的复用度，特别是在密集城区需要建设更多的基站，因此网络设计工作比1G时增加了很多难度，要求更精细。因为3G有更多的多媒体业务和应用，采用的技术也是全新的，因此在算法和话务模型上与之前都有所不同，网络规划和后期的网络优化则更为复杂，未来的3G对网络设计工作的要求会更高。

（二）发展趋势

1. 互联网、通信网和电视网的融合发展

所谓三网融合是指现有的计算机网、电信网络和电视网络相互融合，逐渐形成一个统一的网络系统，由一个全数字化的网络设施来支持包括数据、话音和视像在内的所有业务的通信。

1）三网融合的综合业务平台

三网融合的通信网络将是一个覆盖全球、功能强大、业务齐全的信息服务网络，即为全球一体化的综合宽带多媒体通信网。而这一网络结构应是一个统一完整的结合体系，为全球任一地点，采用任何终端的用户提供综合的语音、数字、图像等多种服务。它将是以IP协议为基础，所有网络将向以IP为基本协议的分组网统一。互联网的广泛业务，诸如电子邮件、文件传输、远程登录、全球WWW浏览，已使互联网成为人们广为利用的网络技术，而未来的网络是集语音、数据文字、图像视频于一体的综合网络，互联网是实现这一网络综合化的基础，也是实现三网融合的综合业务平台。如何构成高速数据传输链路IP主干网，已成为当今信息传输领域的焦点。

2）三网融合的接入网技术

近年来，高速大容量的同步数字系列（SDH）光纤通信系统以及波分复用密集技术的成熟，已能满足当前高速宽带通信的要求，而逐渐成熟的ATM交换技术又为宽带综合业务交换奠定了良好基础。宽带接入网络在采用了光纤/同轴电缆混合（HFC）拓扑网络以后，技术上取得了很大的发展，它可以通过一个HFC接入网，同时向用户提供电话、数据和视频图像等综合业务。目前，HFC接入网技术已逐步成熟，提供的业务除了电话、模拟广播电视业务外，还可提供窄带ISDN业务、高速数据通信业务、数字视频点播（NVoD）和其他各种高速信息服务业务，它以足够的带宽较好地解决了传输瓶颈问题。即使到了数字电视时代，HFC宽带多媒体接入网仍能以进一步降低每个光结点覆盖的用户数量，增加业务灵活，适应性好，带宽资源丰富，开展高速数据业务和数字电视业务，价廉质优的特点而具有很大的竞争力。

HFC不仅仅是用光纤取代了同轴电缆，而且引进了一种新的拓扑结构——节点结构，这种结构使网络很容易向各个小区提供交换服务。三网融合并不是原来的简单延伸，而是将开拓出一个以IP为基础的新一代电信网络，提供IP电话、视频点播、交互式游戏、远程教育、电子商务、远程医疗等应用。

2. 融合趋势下三网的独立发展

目前互联网技术存在的不足和缺陷正逐渐暴露出来，成为进一步发展的瓶颈。为此，业界都在探讨和实施向下一代互联网（NGI）的过渡和发展问题。通过对近几年IP业务的蓬勃发展所带来的一系列问题和挑战的再认识，下一代互联网的主要特征应该是可扩展、高可用、可管控、高安全、端到端可寻址和呼叫，相应的关键技术是半导体和路由器设计技术、路由计算和查找技术、IPv6/MPLS技术、网络管理技术、QoS技术、宽带接入技术。

移动通信网络正向第四代移动通信（4G）发展，方向是宽带无线移动通信。第四代移动通信技术可称为宽带接入和分布网络，具有超过2Mbit/s的非对称数据传输能力。它包括宽带无线固定接入，宽带无线局域网（WLAN），移动宽带系统和互操作的广播网络。第四代移动通信可以在不同的固定、无线平台和跨越不同的频带网络中提供无线服务，可以在任何地方宽带接入互联网包括卫星通信和平流层通信，能够提供定位定时、数据采集、远程控制等综合功能。此外，4G将是多功能集成的宽带移动通信系统，也是宽带接入IP系统，即4G将是多种无线技术的综合系统。它融合了现有3G的增强技术，集3G网络技术和WLAN系统为一体。

新一代数字电视技术发展趋势是数字、宽带、无线、移动化。

3. 网络技术发展趋势

第三代移动通信技术中的WCDMA、CDMA2000、TD-SCDMA，以语音通信为主，虽然可以在高速移动下保持通信，但最高数据传输率只有2Mbit/s，无法满足移动城市的要求。WiMAX适合在局部热点地区提供高数据速率，能实现广域覆盖。因此，为满足不同用户的需求，未来多种技术的混合组网是一个发展趋势。同样，互联网中的IPv4和IPv6混合组网技术也是一个趋势。

三 整机层技术的发展现状及趋势

电子整机主要包括计算机，通信设备，家用电器，电子测试设备，信息采集处理设备以及广播接收设备等。电子整机的价值是由一系列电路功能组合而实现的，早期的功能电路是由分立的晶体管、电路参数元件、频率选择元件、能量转换元件组装在印制板上实现的，这些具有特定功能的印刷电路就是整机的核心技术，具体如附图3所示。

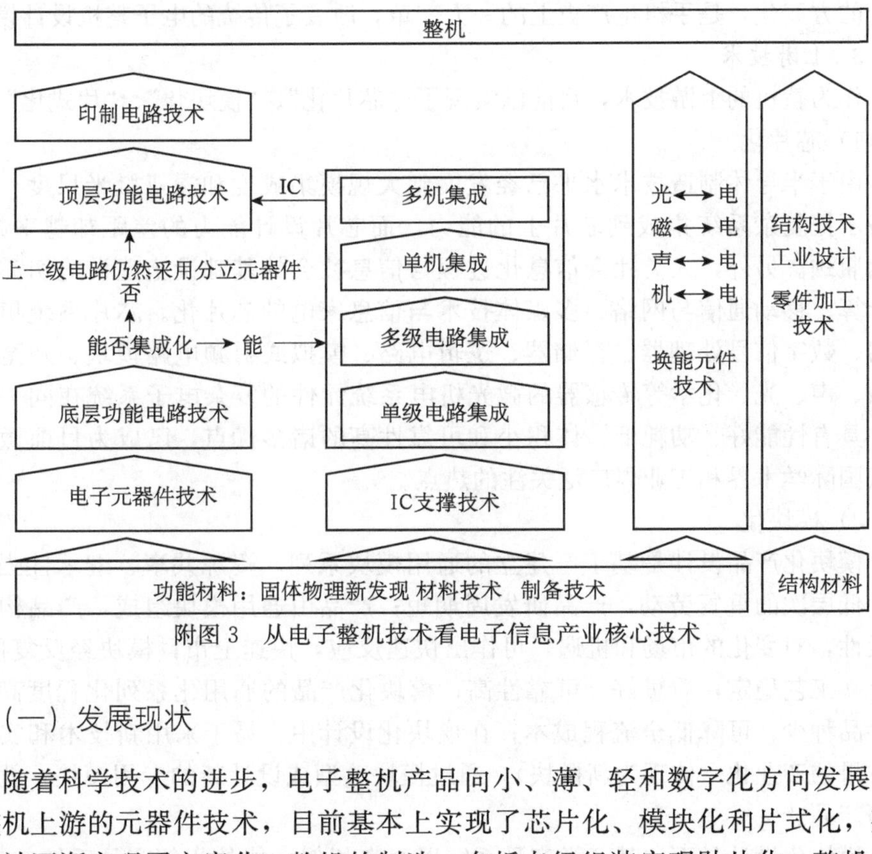

附图3 从电子整机技术看电子信息产业核心技术

(一) 发展现状

随着科学技术的进步，电子整机产品向小、薄、轻和数字化方向发展。作为整机上游的元器件技术，目前基本上实现了芯片化、模块化和片式化，整机的设计逐渐实现了方案化，整机的制造，在板卡级组装实现贴片化、整机组装实现螺装、插装化。

1. 技术方案

电子整机是实现特定使用价值的电子电路的组合，信息控制与处理电路基本成为整机电路的基础，完成特定功能的信号处理与传输电路成为配角。根据整机性能指标、功能，选择相应的芯片、板卡、电池等。

2. 设计技术

整机方案化是指把各种元器件组合起来的方式、方法。目前，对于电子整机，基本实现了方案化设计。电子整机方案化设计的典型案例当属中国台湾联发科技股份有限公司的手机整体解决方案。

在传统的手机设计中，芯片组、主板和软件开发分别由不同企业提供，基于这种模式生产手机，不仅成本高、功能少，而且推出一款新手机的周期较长。联发科技向手机厂家提供 turn-key 模式，即将芯片、软件平台以及第三方应用软件捆绑，提供“一站式解决方案”，相当于出了手机半成品，而手机生产企业只需套个外壳，配块电池，租一间房子就能生产手机了。联发科技实现了手机设计的方案化，是手机生产史上的一大变革，改变了传统的电子整机设计模式。

3. 上游技术

作为整机的上游技术，目前已实现了“芯片化”、“模块化”、“片式化”。

1）芯片化

由于半导体制造技术水平已经发展到大规模集成度和深亚微米尺度，基本具备了把复杂系统集成到芯片上的能力，而芯片设计能力的差距却越来越大，成为瓶颈。另外，人类社会信息化进程与信息社会的基础设施建设迫切需要高速计算、移动通信与网络、多媒体技术与信息家电的芯片化。芯片系统集微处理器、数字信号处理器、存储器、逻辑电路、模拟或射频电路模块、乃至各种机械、声、光、化学等传感器的微光机电系统元件的复杂电子系统在同一芯片上，具有性能好、功耗低、体积小和可靠性高的诸多优点，已成为目前微电子领域国际学术界和工业界广泛关注的热点。

2）模块化

模块化产品设计是基于已建立的通用模块系列，资源共享、继承性强，可减少低层次的重复劳动，产品研发周期短；产品由通用模块组成，产品构成具有柔性，对变化的市场和机遇，可作出快速反应，快速上市；模块经反复使用、优化，工艺稳定，质量好，可靠性高；模块化产品的通用化系列化程度高，零部件品种少，可降低全流程成本；在模块化设计中，易于采用新技术和实现创新成果的产业化（体现为新模块），通过模块改型或设计新的专用模块，就可推出新产品。

模块化设计是面向某一类产品系统以至有相似功能的相邻产品系统。例如，美国英特尔 OEM 系列模块，就是运用一种所谓“开放式”设计思想，各种单板计算机、存储器、接口板等模块不仅面向本公司的各类产品的系统，而且面向各个领域的计算机控制系统，从而推动了计算机技术的普及，同时也给英特尔带来了巨大效益。

计算机是一类极为复杂的整机产品，但通过将计算机分解成主板、处理器、磁盘驱动器、电源等功能相对单一的模块（部件），计算机的复杂程度被一步步细分；再通过一定的规则（界面）确保不同品牌计算机的相应模块能互相兼容，则不仅使模块可以近乎完全独立地设计、制造，还可以让多个厂商在同一模块上彼此进行竞争。正是这种基于模块分解基础上全球计算机厂商的分工整合，大大加速了计算机技术创新和产品升级的速度

3）片式化

计算机、通信设备和其他电子整机产品的小型化，促进了上游元器件的片式化。从世界电子元件的技术发展趋势总体来看，片式化已经成为衡量电子元件技术发展水平的重要标志之一。电子元器件由原来只为适应整机的小型化及其新工艺要求为主的改进，变成以满足数字技术、微电子技术发展所提出的特性要求为主，而且是成套满足产业化发展阶段。新型电子元器件体现了当代和今后电子元器件向高频化、片式化、微型化、薄型化，低功耗，响应速率快、高分辨率、高精度、高功率、多功能、组件化、复合化、模块化和智能化等的发展趋势。同时，产品的安全性和绿色化也是影响其发展前途和市场的重要因素。

4. 制造技术

电子整机制造技术是电子信息产业的基础和重要组成部分。从电子整机制造工艺的角度来讲，电子整机制造工艺技术可以划分为以半导体和集成电路为代表的平面工艺技术、以表面贴装技术（SMT）和多芯片组件（MCM）等新型组件为代表的二次组装工艺技术，以及以精密机械、材料改性与表面处理等为代表的传统制造工艺技术。

目前电子整机的制造，在板卡级组装实现贴片化、整机组装实现螺装、插装化。SMT 被称为电子制造技术的第三次革命和第四代电子装联技术，已成为当前的主流组装技术。随着 BGA（球栅阵列）、CSP（芯片尺寸封装）、flip-chip（倒装芯片）、MCM 等新型封装器件的发展，SMT 设备已发展为连续自动化生产和多功能柔性的集成系统。先进的贴装机采用视觉系统定位，贴装精度已达到±0.01 毫米以下，可满足各种 01005 元件、细间距器件及新型封装器件的贴装要求。自动印刷机可印刷的器件最小间距为 0.3 毫米，对位精度和重复精度分别为±0.025 毫米和±0.010 毫米。

（二）发展趋势

1. 技术方案

未来电子整机的技术方案中，信息控制与处理电路成为核心，功能电路成为功能芯片，更多的功能实现软件化。

2. 设计技术

未来电子整机设计技术的发展趋势是采用“自顶向下”的设计方法，也就是“概念驱动式”设计，设计人员无需通过门级原理图描述电路，当高层描述输入计算机后，电子设计自动化系统就能以规则驱动的方式完成电子整机的设计。由于高层设计抽象程度高，因此设计更加方便快捷。此外，高层设计只定义电子整机的行为特性，可以不涉及实现工艺。

3. 上游技术

未来在电子整机的上游技术中，绝大多数电路实现芯片化、而且芯片的集成度越来越高，单芯片化成为电子整机上游技术的一个重要发展趋势。引发此次变革的是混合信号单芯片中数字电路工艺的发展。从90纳米到65纳米、再到45纳米，随着工艺技术的发展，数字电路所使用的电源电压也开始向1～0.8伏的低电压化方向发展。对于不能芯片化的电路和其他有源器件将逐步实现模块化，另外，光、声、力、磁等特种器件将实现模块化。

4. 制造技术

进入21世纪，随着信息技术的高速发展，电子产品的生命周期越来越短，更新速度明显加快，电子制造业面临多机种少批量的生产环境，作为整机制造的重要技术SMT，也在向着高效、灵活、智能化方向发展，以适应多用户、多任务、多机种的生产要求。

电子整机制造技术的发展与芯片技术、基板技术、环境调和有着紧密的关系。在高密度组装逐步走向通用电子产品之际，COB技术、MCM技术的应用面会逐渐扩大，flip-chip组装也会增多。今后，半导体封装将会向系统的单片化和系统的模块化方向（system on chip system module）发展。可以预料SMT将进入芯片贴装技术时代（chip mount technology，CMT）。到那时，贴装设备或者说是搭载装置应该具备什么样的功能，是我们必须考虑的课题。日本电子信息产业协会对当代的电子组装技术制定了新的定义，即包含半导体再布线技术、半导体封装技术、元器件往基板上的搭载技术、PCBA往设备构件上的组立技术等系统设计的综合技术。由此可见，掌握什么样的组装技术，在电子制造企业中将会显得越来越重要。

四 电子元器件层技术的发展现状及趋势

电子元器件属于电子信息产业的中间产品，介于电子整机行业和原材料行业之间，其特点是所生产的产品与最终产品之间无直接的对应关系，参与多个价值链的形成。电子元器件制造业发展的快慢、所达到的技术水平和生产规模，不仅直接影响着整个电子信息产业的发展，而且对发展信息技术，改造传统产业，提高现代化装备水平，促进科技进步都具有重要意义。

（一）发展现状

1. 技术方案

电子元器件直接承载了应用系统解决方案的核心技术，成为系统方案的知识产权承载物，电路系统的集成化高，越来越多的功能芯片集成实现单片化，计算电路多核化（同一核内封装多个芯片，二次集成），软件技术替代更多的硬件技术，各种模块的复杂度越来越高。

2. 设计技术

1）芯片设计基于IP区块整合的EDA工具

EDA技术是现代电子学的标志。随着微电子技术的迅猛发展，电子设计技术跨过了三个阶段，EDA设计工具也经历了三代产品的演变。电子设计技术（主要指数字系统）跨越了三个发展阶段：①1963～1973年：用芯片（SSI/MSI）设计硬件系统；②1973～1983年：以微处理器为核心的软件编程设计；③1983～至今：设计芯片的硬件系统集成设计，即系统芯片（RXI）和ASIC设计。

2）其他模块设计也基于相应的设计软件

基于时序驱动的设计、基于模块进行功能组装的设计、基于平台开发的设计是当今集成电路设计比较流行的三种设计方法，基于模块进行功能组装的集成电路设计方法正成为主流。下一步应该关注的焦点是IP技术，即如何进行软硬件的功能划分、如何进行模块互连、应该选择哪些功能模块、功能模块如何使用、如何进行系统验证等。但是在集成电路设计业引入IP技术，是需要相当长的一段时间才能真正提高集成电路设计的产能和设计效率。

3. 上游技术

电子元器件的上游技术主要是配合器件设计的专门功能材料技术。

电子功能材料是发展电子学与光电子学的基础与先导。今天，超大规模集成电路的卓越成就已使电子器件的尺寸进入纳米量级，但也面临着一些难题。例如，目前使用的无机光刻技术已接近器件小型化的自然极限；由于元件越来越小，导线越来越细，电阻越来越大，热效应限制了集成块的性能；另外，信息在连接两个芯片之间的导线内的传输滞后对计算机速度的限制等。针对这些问题，只有另辟新途径，科学家们把他们的目光逐步转向了有机材料，并提出了有机薄膜器件→分子器件的设想。

有机功能材料薄膜电子器件的目标在于采用有机功能材料，开创用于信息和微电子学的新一代器件。随着对有机固体及其物理性能研究的不断深入，以及相关技术的开发应用，有机电子、光电子器件的探索研究也在逐步开展。例如，用聚二乙炔、聚苯胺、噻吩齐聚物、酞菁络合物制备的肖特基二极管，整流比大于1000，理想因子小于215；用聚亚胺单分子膜制备的光电二极管，光电流比现有产品大100倍；用聚（对-亚苯基亚乙烯）制备的发光二极管；用四氰基对苯=醌=甲烷（TCNQ）电荷转移复合物制备的电开关、光开关、传感器；用噻吩齐聚体、酞菁铅制备的场效应管；以及用聚酰亚胺LB（Langmuir-Blodgett）膜制备的超导隧道结等。

为了满足线宽≤45纳米的集成电路的研发，国际上正在进行157纳米、137纳米和极短紫外光（EUV）等光刻胶的研究，与此同时还在进行浸入式曝光工艺的研究。从目前的研究发展趋势看，193纳米浸入式曝光工艺极有可能延缓甚至取代157纳米光刻胶曝光工艺。

4. 制造技术

1）大尺寸的功能薄膜成膜技术

近年来，随着对电子元器件小型化、高性能及多功能要求的日趋迫切，成膜技术的重要性显得更为突出。成膜技术可分为干法及湿法两大类，干法有真空沉积法、喷镀法、离子镀法等。干法也称为“真空镀”，在电子元件领域，干法最早应用于半导体，其次是显示元件、记录媒质，同时还在其他仪器上广泛采用。而刷镀法是把具有各种功能的浆料通过网板印刷法制作膜层后，在高温中烧结成具有功能的薄膜，这种方法对于厚膜技术制作的电子元件特别是电感-电容-电阻（LCR）元件是一种必不可少的技术。湿法成膜技术则以电镀为代表，广泛用于电子元件的生产上。同时还渗透到电子技术的各个领域。

2）大尺寸的曝光孔径和纳米级图形光刻技术

集成电路之所以能飞速发展，与由光刻技术直接决定单个器件的物理尺寸的减小密切相关。光刻技术的不断发展为集成电路技术的进步提供了三个方面的保证：其一是大面积均匀曝光，在同一块硅片上能同时做出大量器件和芯片，保证了批量化的生产水平；其二是图形线宽不断缩小，使用权集成度不断提高，生产成本持续下降；其三，由于线宽的缩小，器件的运行速度越来越快，使用权集成电路的性能不断提高。

随着集成度的提高，光刻技术所面临的困难也越来越多。为了解决这些问题，人们想出许多新的光刻技术，主要有193纳米浸入式技术、157纳米的EUV、电子束投影光刻（EPL）、纳米压印光刻等。

当今，193纳米浸入式光刻技术成为纳米CMOS器件光刻工艺的热门话题，这是因为它在传统光刻机的光学镜头与晶圆之间的介质用水来替代空气，以缩小曝光光源波长和增大镜头数值孔径，从而提高了分辨率，延伸了193纳米干法光刻技术。

157纳米光刻，传统上被称为光学方法的极限，其光源采用氟气准分子激光，发出波长157纳米附近的真空紫外光。总的来说，目前氟气准分子激光器功率已可达 20 瓦，157 纳米光刻尚处在研发之中。

极紫外光刻技术（EUVL）是以波长为 11～14 纳米的软 X 射线为曝光光源的微电子光刻技术。这种光刻技术能使印制电路的最小线宽达 0.03 微米。

随着光学波长的限制及曝光设备的复杂化，非光学方法的光刻技术不断发展，其中 EPL 是相对成功的方向之一。电子束投影光刻 C（EPL）技术是利用电子枪所产生的电子束，通过磁场聚焦、扫描、经电脑控制电子束的剂量后，照射在硅片的光刻胶上形成图形。EPL 机台需要极高的真空度，以防止尘埃在光学元件上堆积而造成曝光结构的改变，严重时有可能导致电子束的闪电。

纳米压印技术是美国普林斯顿大学华裔科学家周郁在 1995 年首先提出的。这项技术具有生产效率高、成本低、工艺过程简单等优点，已被证实是纳米尺寸大面积结构复制最具发展前途的下一代光刻技术之一。目前该技术能实现分辨率达 5 纳米以下的水平。

（二）发展趋势

1. 技术方案

技术方案直接承载应用系统，成为系统方案的知识产权承载物，单机实现了单芯片化，在系统芯片的基础上，大系统产品实现了机柜化、手持系统产品实现了板卡化。

2. 设计技术

芯片设计基于 IP 区块整合的更先进的 EDA 工具、其他模块设计也基于更先进的设计软件。

新的半导体工艺推动新的设计方法的产生和发展。目前，半导体工艺已进入纳米阶段。在此工艺特征尺寸下，若工作频率高于 100MHz，走线长度和互连金属将会对器件的性能、定时和功耗产生重大影响。在这种情况下，性能设计的重要性大于功能设计。在纳米工艺下，EDA 设计的主要任务是大幅度地改善芯片面积使用率，并用非线性模型为设计的系统建模。此时，互连线等效电路不再是集中参数 RC 电路，而是分布参数相移电路。在频率很高时，印制电路板走线也会带来信号反射问题。这些反射和串扰可能导致敏感逻辑电路的假触发信号。专业 EDA 厂商为纳米工具创立了一套集概念与分块、物理设计、功耗及信号完整性分析为一体的设计方法。

3. 上游技术

电子元器件的上游技术主要是配合器件设计的专门功能材料技术。随着电子学向光电子学、光子学迈进，微电子材料在未来 10～15 年仍是最基本的信息材料，光电子材料、光子材料将成为发展最快最有前途的信息材料。电子、光电子功能单晶将向着大尺寸、高均匀性、晶格高完整性以及元器件向薄膜化、多功能化、片式化、超高集成度和低能耗方向发展。

1）集成电路和半导体器件用材料由单片集成向系统集成发展

微电子技术发展的主要途径是通过不断缩小器件的特征尺寸，增加芯片面积以提高集成度和信息处理速度，由单片集成向系统集成发展。

2）光电子材料向纳米结构、非均值、非线性和非平衡态发展

光电集成将是21世纪光电子技术发展的一个重要方向。光电子材料是发展光电信息技术的先导和基础。材料尺度逐步低维化——由体材料向薄层、超薄层和纳米结构材料的方向发展，材料系统由均质到非均质、工作特性由线性向非线性，由平衡态向非平衡态发展是其最明显的特征。发展重点将主要集中在激光材料、红外探测器材料、液晶显示材料、高亮度发光二极管材料、光纤材料。

3）新型电子元器件用材料主要向小型化、片式化方向发展

磁性材料、电子陶瓷材料、压电晶体管材料、绿色电池和材料、信息传感材料和高性能封装材料等将成为发展的重点。

4. 制造技术

电子元器件制造技术主要包括大尺寸的功能薄膜成膜技术、大尺寸的曝光孔径和纳米级图形光刻技术及相应的生产场地洁净技术、输料技术。

微电子技术的出现和应用所产生的巨大影响给光刻技术的发展带来了一场产业革命，使之成为21世纪经济增长的新动力。据Sematech的最新报告指出，全球光学光刻设备产业在研发157纳米光刻技术中已投入50亿美元，而在下一代光刻EUV设备的研发中，也已超过74亿美元，足见其高投入及高风险。因此，即便是英特尔也是以联合方式进行研发，以分散风险。实际上光刻技术的进展也是一个系统工程，需要半导体上、中、下游产学研机构等相互合作，包括掩膜材料、光刻胶及光刻设备等。

从光刻技术看，浸入式技术的出现给光刻技术好似打了一剂强心针。电子束光刻技术的进展比预期稍快一点，普遍的看法是在SoC系统芯片等小批量生产中会有所崛起。纳米压印技术是软刻印术的发展，可以大批量重复性地在大面积上制备纳米图形结构，并且所制出的高分辨率图案具有相当好的均匀性和重复性。

五 电子功能材料层技术的发展现状及趋势

电子功能材料是指具有电、磁、声、光、热等物理效应并通过这些效应实现对信息的变换、传输、处理、存储等功能的材料。与电子元器件性能密切相关的电子功能材料主要有半导体材料、光电子材料、压电与声光材料、电子功

能陶瓷材料、磁性材料、电能源材料和传感材料等，这些基础材料及其产品支撑着通信、计算机、信息家电与网络技术等现代信息产业的发展。

电子功能材料技术是一门跨学科、知识技术高度密集的综合性技术，其特点是与电子整机关系密切，特别是电子功能材料的性能直接决定着电子元器件的性能，进而决定电子整机的性能。

（一）发展现状

1. 技术方案

满足新型电子元器件的特殊需要，具有电、光、磁、声等理化性能的纳米化、高纯化、复合化的材料方案已成主流。

电子材料正经历着由微米技术向纳米技术发展的过程。随着特性尺寸的减小，现代信息技术要求集成电子元器件在水平方向或侧向上制成纳米结构。同时微电子技术中也需要很多超薄层的高电容率氧化物。SiO_2 一直是 MOS 电容器中的栅电介质，但由于器件的特性尺寸减小，使得栅氧化物的厚度必须降到 115 纳米以下。

单一材料的特性和功能难以满足新技术要求，材料复合化技术是发展新材料的重要途径。功能材料的技术性能需依据材料的优值进行综合评价，而功能材料的优值是由该材料对实现某种功能而有贡献和影响的某些或多个物性参数组合起来的。复合材料可以通过改变复合结构的复合度、联结型和对称性，大幅度地定向地调整复合材料的物性张量元的数值，实现最佳组合，获得最大优值。

复合化是电子功能材料技术发展的重要趋势，而先进复合材料更将成为 21 世纪新材料的重要方向；这些年我国在复合材料开发方面取得了重大进展，但与发达国家相比仍有很大差距；面临挑战，主要受到三大“瓶颈”制约：一是原材料基础，包括化工方面的各类高级树脂、碳纤维等国产化薄弱，其中碳纤维一直受制于人；二是复合化的成本过高，严重制约着复合材料的扩大应用；三是作为复合材料应用与发展的支撑与保障的设计理论落后。

电子技术变化日新月异，要求原材料向高纯化、超净化、精细化、功能化方向发展。

2. 设计技术

光刻胶通过光刻工艺可以将所设计的复杂的电路微图形转移至基片（如硅片）上，因此它是集成电路和半导体分立器件以及其他需要微图形转移的电子产品制作所需要的关键性基础材料。

目前国际电子工业中使用的主要光刻胶有：

（1）环化橡胶-双叠氮型紫外负性光刻胶：可复制线宽≥3 微米的微图形。

因为集成电路的飞速发展，电路图形线宽越来越窄，所以它在集成电路中的应用已经很少。但由于它本身具有优异的抗湿法腐蚀能力，而在半导体分立器件制作中仍有广泛的应用。它在国际市场上用量已很少，但在国内用量依然在缓慢上升。

(2) G线光刻胶：可复制线宽 0.6～1.2 微米的微图形。目前在国际上用量呈下降趋势，销量已排名第二，但在国内市场上用量呈上升趋势。

(3) I线光刻胶：可复制线宽 0.35～0.5 微米的微图形。目前是国际电子工业中用量最大的光刻胶，约占总用量的 50%，但用量已基本不再增长。我国 I 线光刻胶的用量近年快速增长。

(4) 248 纳米光刻胶：可复制线宽 0.15～0.25 微米的微图形。它是国际上用量增长最快的光刻胶，在我国的用量也增长很快。

(5) 193 纳米光刻胶：可复制线宽 65～130 纳米的微图形。它是国际上最新一代的商品化光刻胶，用量增长较快。随着北京中芯国际 12 英寸集成电路生产线的投产，193 纳米光刻胶在我国也开始使用。

为了满足线宽≤45 纳米的集成电路的研发，国际上正在进行 157 纳米、137 纳米和 EUV 等光刻胶的研究，与此同时还在进行浸入式曝光工艺的研究。从目前的研究发展趋势看，193 纳米浸入式曝光工艺极有可能延缓甚至取代 157 纳米光刻胶曝光工艺。

3. 上游技术

工业纯、分析纯的单质、化合物材料。在电子工业中高纯试剂主要用于制作工艺工程中的清洗和蚀刻。随着集成电路的集成度的提高，电路线宽越来越细，试剂中的金属杂质、颗粒及有机污染物对集成电路成品率的影响越来越大，因此对应要求高纯试剂的金属杂质含量和单位体积的颗粒数目越来越低。

根据国际半导体设备与材料协会（SEMI）标准，高纯试剂根据金属杂质的含量可分为：

(1) SEMI-1 级：单项金属杂质≤100ppb①，可用于图形线宽≥1.2 微米的制作工艺。

(2) SEMI-2 级：单项金属杂质≤10ppb，可用于图形线宽 0.8～1.2 微米的制作工艺。

(3) SEMI-3 级：单项金属杂质≤1ppbt，可用于图形线宽 0.20～0.80 微米的制作工艺。

(4) SEMI-4 级：单项金属杂质≤100ppt②，可用于图形线宽 0.09～0.20 微

① 1ppb=10^{-9}。

② 1ppt=10^{-12}。

米的制作工艺。

目前国际上许多高纯试剂生产厂商还推出了金属杂质≤10ppt 甚至更低的产品。上述这些产品除对金属杂质有严格控制外，对颗粒也有更为严格的控制。

我国目前只能生产相当于 SEMI-1 级和 SEMI-2 级的产品，其他更高级别的产品全部依赖进口。

4. 制造技术

1）半导体材料制造技术

制造超大规模集成电路时，对半导体单晶材料有相当高的要求。晶体中每一颗细小的即使在显微镜下也无法看到的杂质或灰尘及每一个微小的晶体缺陷，都是隐藏在器件中的一颗“定时炸弹”，往往会使整个集成块报废。所以，在制造半导体单晶、薄膜和器件时，除了要求超净的工作环境、精密的控制系统之外，对原料纯正度还有极高的要求。例如，有的半导体器件要求材料的纯度高达 13 个“9”，也就是说材料中总的杂质含量必须控制在十万亿之一以下。要实现这一要求，必须依靠制备超高纯材料的专门高技术。所以说，现代半导体材料和器件的本身就属于高技术范畴，制造半导体材料与器件是一项精密细致的系统工程。

2）陶瓷烧结及各类切磨抛技术

对于电子陶瓷材料，由于其特殊的物理机械性能，最初只能采用磨削方法进行加工，随着机械加工技术的发展，目前已可采用类似金属加工的多种工艺来加工陶瓷材料。

陶瓷材料的切削加工不仅适用于半烧结体陶瓷，也适用于完全烧结体陶瓷。半烧结体陶瓷的切削加工是为了尽可能减少完全烧结体陶瓷的加工余量，从而提高加工效率，降低加工成本。日本的研究人员使用各种刀具在不同温度下对 Al_2O_3 陶瓷和 Si_3N_4 陶瓷半烧结体进行了切削试验。试验中根据不同的加工要求，采用了干式切削与湿式切削等方法，获得了有价值的研究成果。

国外一些研究者针对完全烧结体陶瓷的切削加工进行了试验研究。日本的研究人员在使用聚晶金刚石刀具对 Al_2O_3 陶瓷与 Si_3N_4 陶瓷进行切削试验时发现，粗粒聚晶金刚石刀具在切削过程中磨损较小，加工效果较好；在使用金刚石刀具切削 ZrO_2 陶瓷时，达到了类似于切削金属时的效果。他们还探讨了陶瓷塑性切削极限问题，指出当 Al_2O_3 陶瓷的临界切削深度 apmax＝2 微米时，SiC 陶瓷的 apmax＝1 微米，Si_3N_4 陶瓷的 apmax＝4 微米（ap＞apmax 时，陶瓷材料会产生脆性破坏；ap＜apmax 时，则为塑性流动式切削）。美国的研究人员对单晶锗进行了一系列金刚石车削试验，成功地实现了脆性材料的塑性超精密车削，并提出了临界切削厚度的计算公式。用金刚石刀具切削脆性材料并获得高质量的加工表面是近十几年来发展起来的新技术，通常称为脆性材料的超精密车削加工。

研磨、抛光加工是采用游离磨料对被加工表面材料产生微细去除作用以达到加工效果的一种超精加工方法。在陶瓷材料的超精加工与光整加工中，特别是在用于陶瓷轴承的陶瓷球的精密加工中，研磨、抛光加工有着不可替代的位置。光学玻璃、蓝宝石等光学材料，硅片、GaAs 基片等半导体材料，Al_2O_3 陶瓷、Si_3N_4 陶瓷等陶瓷材料的镜面加工大多采用研磨、抛光加工方法。从材料的去除机理上看，研磨加工是介于脆性破坏与弹性去除之间的一种加工方法，而抛光加工基本上是在材料的弹性去除范围内进行。研磨、抛光加工由于材料去除量小，加工效率低，一般只用于超精加工的最终工序。研磨、抛光加工的材料去除率与被加工材料的韧性有较大关系，韧性越高，加工效率越低。

（二）发展趋势

电子功能材料的总体发展趋势是向着大尺寸、高均匀性、高完整性、薄膜化、多功能化和集成化方向发展。当前的研究热点和技术前沿包括柔性晶体管、光子晶体、SiC、GaN、ZnSe 等宽禁带半导体材料为代表的第三代半导体材料、有机显示材料以及各种纳米电子材料等。

1. 技术方案

电子整机、元器件的发展要求电子功能材料的纳米化、高纯化、复合化进一步加强。

2. 设计技术

现代电子技术的发展对电子元器件产品尺寸和性能的要求越来越高，尤其高频技术及电磁兼容技术的发展，给电子功能材料的广泛应用带来良好的商机，也促使非晶纳米行业通过研究开发，不断开发新材料、新产品，并努力提高现有非晶带材料的质量。改进生产工艺技术装备，提高带材质量，使其达到剪切水平；开发新型铁基非晶合金，形成高 Bs、低 Br，满足大型脉冲电源需要；开发新型钴基非晶合金，满足电力电子技术和高频电子技术需要；开发新型 FeCuMSiB 系纳米晶合金，满足不同性能需要。

3. 上游技术

工业纯、分析纯的单质、化合物材料。高纯化学试剂和特种电子气体的纯度要求将分别达到 1ppb～0.1ppb 和 6N 级以上，0.5 微米以上的杂质颗粒必须控制在 5 个/毫升以下，金属杂质含量控制在 ppt 级，并将开发替代有毒气体的新品种电子气体。

4. 制造技术

精细化工、精密冶金、晶体生长、陶瓷烧结及各类切磨抛技术，以及相应的洁净技术。

六 软件技术的发展现状及趋势

目前对软件的划分还没有非常严格的定义，综合国内外有关资料，本书将软件划分为系统软件、中间件和嵌入式软件三大部分。

系统软件是指直接控制和协调计算机、通信设备及其他外部设备，使之发生作用并方便用户使用的软件以及提供中间支持和运行环境的软件，分为操作系统、数据库管理系统、支撑软件三大类。

中间件是指为了满足网络分布式计算环境中大规模应用软件跨平台运行的要求，而建立的一种屏蔽计算机硬件和系统软件的异构性，并支撑应用软件开发和运行的平台。

嵌入式软件是指包含在硬件产品中的软件。

(一) 发展现状

1. 系统软件技术形成三分天下的格局

经过几十年的持续发展，系统软件已形成了一个大产业，建立了完善的产业链。目前，操作系统初步形成 Unix/J2EE、Windows/.NET、Linux/OSS 三大体系三分天下的格局：Unix/J2EE 体系通过技术驱动“开拓疆土”，Windows/.NET 体系在强化垄断地位的基础上“攻城略地”；Linux/OSS 体系则在开放旗帜下实施“农村包围城市”。

关系数据库技术仍然是商用数据库管理系统的主流，ORACLE、IBM 和微软的产品仍然占据着国内外市场。这些数据库在关系内核的基础上，不断扩充各种处理复杂数据的功能（XML 数据、流数据、多媒体数据等），数据库管理系统已经成为信息系统应用开发、部署和运行的基础平台。

2. 中间件技术日益受到广泛关注

中间件形成于 20 世纪 80 中后期，由于该技术在网络计算时代的特殊意义，受到了政府、军方和业界的大力投入和扶持，使其在 90 年代得到蓬勃发展。90 年代中后期，面向互联网的、支持关键业务应用的、强调应用互操作的中间件技术得到发展；目前，支持按需服务的网格（Grid）中间件技术受到广泛关注。目前，支持组织之间通过互联网实现数据、应用和流程集成，支持安全和服务质量保证是中间件技术两个重要发展方向。

3. 嵌入式软件技术的发展势头强劲

经过近 20 年的发展，嵌入式软件技术的发展势头强劲，已出现近百个嵌入式操作系统家族。目前在一些复杂的嵌入式系统中开始采用中间件技术和产品，主要包括嵌入式 CORBA、嵌入式 Java、嵌入式 DCOM 和面向应用领域的中间件。随着市场需求的增长，越来越多具有多窗口图形化用户界面、支持面向对象程序设计方法和客户端/服务器（C/S），体系结构的嵌入式软件开发工具被推上市场。

（二）发展趋势

1. 系统软件技术向体系化、网络化、高可信方向发展

系统软件是其他一切软件的基础，随着信息技术的日新月异，系统软件的技术也在不断变化和发展，体系化、网络化、高可信是系统软件未来的发展趋势。

1）体系化

传统的系统软件是分离发展的，没有形成一体化的设计，许多计算机厂商都研制过自己的操作系统，而数据库管理系统往往由第三方开发，拟合程度较差。目前，软件的竞争已从产品竞争发展成体系竞争，操作系统、数据库管理系统和中间件软件呈现出相互渗透、一体化发展的趋势，软件开发平台正在日益与软件运行平台相集成，形成统一的基础软件平台。例如，微软公司的“.Net”产品中，覆盖了操作系统、数据库系统和构件运行平台，以及相关的软件开发环境支持等。

2）网络化

随着网络时代的来临，信息技术正面临“以机器为中心”向“以网络为中心”、“固定计算”向“移动计算”的转变，使得系统软件技术朝网络化方向发展，网络化的软件运行环境和软件开发环境成为重要研究方向。

从代码生成时链接库代码的静态链接发展到代码运行时在本机查找并链接库代码的动态链接，操作系统的代码执行机制出现了一次重大革新。WebService的出现，使得操作系统的执行机制又一次面临重大革新，正在向代码运行时在网络上查找并链接“服务”的网络化软件运行方向发展。

由系统软件而不是由用户来完成针对机器特点的性能优化，实现面向网络的软件开发的重要手段，代码的跨平台运行（write once，run anywhere）成为必然趋势。高效实现面向网络的软件开发的重要手段，代码的跨平台运行已成为必然趋势。

3）高可信

庞大的硬件资源，复杂的软件层次，使得信息系统面临复杂性控制的巨大挑战。社会对软件的依赖程度日益增长，处于国防和经济支撑系统关键部位的软件万一被破坏或失效，将会导致灾难性的后果。信息化社会越发以服务为基础，更加依赖服务的即时性和有效性，服务的安全性、可用性和服务质量保证将是未来计算的主要需求指标之一。为了加速高可信软件的研究，1999 年美国

总统信息技术顾问委员会（PITAC）在其报告《信息技术研究：为未来投资》中建议“把基础软件研究放在绝对优先的位置”。高可信技术必须涵盖基础软件的各个部分，特别需要高可信的操作系统，才能确保全系统的高可信。近年来微软提出了 trustworthy computing 概念。Linux 也十分关注高可信技术，已将美国国家安全局研究的 SELINUX 的工作集成到其最新发布的 2.6 内核中。

2. 中间件技术发展趋势

中间件和系统软件互相渗透。一方面中间件向系统软件功能渗透，目前 IBM 的 Websphere 中间件软件产品已初步具有管理底层资源的能力，BEA 的 WebLogic 中间件软件产品也具有数据库操作能力。另一方面系统软件向中间件功能渗透，微软的“.Net”紧密依托自己的操作系统，拓展操作系统服务，尽可能地将中间件和网络平台的服务实现为操作系统的服务。ORACLE 的应用服务器紧密围绕其数据库系统发展。

中间件运行平台与开发平台的融合。在技术研发方面：模型驱动的软件开发方法依赖于中间件技术实现平台无关的模型定义，并可以进一步通过平台特定的模型支持特定系统的实现和部署；软件构件技术和软件体系结构的研究和发展与工业化的 Web Service、EJB、CORBA、COM＋等实现技术日益融合在一起，先期的研究成果已逐步成为产业化技术；应用框架技术提供了将开发工具、中间件基础服务的集成与综合的有效框架，从而使中间件技术和产品更加便于开发者的使用。

3. 嵌入式技术发展趋势

嵌入式操作系统发展飞速，支持处理器不断丰富，功能不断增强，目前嵌入式操作系统能够支持 8 位、16 位、32 位甚至 64 位的微处理器，而且从支持单一品种的 CPU 芯片到支持多品种芯片。同时，嵌入式操作系统还支持强大的核外功能，如文件系统、TCP/IP 网络系统、窗口图形系统等。

4. 软件技术标准

目前，软件标准正向着系统性、时效性、协调性、自主知识产权的方向发展。

附录二 电子信息产业重点领域对外技术依存度调查

重点领域（一）：我国液晶大屏产品对外技术依存度实证研究

一 液晶大屏产品制造所需的技术资源与核心技术

伴随 TFT-LCD 液晶显示技术的成熟，大屏幕液晶显示产品逐步占领消费市场，在计算机显示器领域，CRT 产品已经基本被淘汰，在电视产品领域，液晶电视市场份额已经过半。液晶大屏是液晶显示产品的核心部件，成本高、技术复杂，液晶大屏制造水平是目前显示产业发展水平的标准，本书将对液晶大屏的技术分布和我国液晶大屏产品技术对外依存度进行测度。

（一）液晶大屏制造业概况

1. 液晶大屏的界定

液晶大屏指 12 英寸以上 TFT－LCD 液晶显示屏，制造过程从基板玻璃处理开始，到液晶模组（LCM）成品结束，包括液晶屏 TFT 基板制造、显示单元制造和模组制造三个部分。

2. TFT－LCD 产业技术分布

TFT－LCD 显示屏产品开发制造过程，经过了产品设计、生产流程及工艺设计、生产线建立、线上工艺调整、产品量产几个阶段，从设计到生产，每个阶段都是相关技术资源整合的结果。

TFT－LCD 技术可分为设计技术、材料技术和制造技术。其中，产品设计技术指对产品原理、结构、功能的设计研发过程相关技术；材料技术指由上游原材料、零部件的设计制备技术，TFT－LCD 对材料性能要求苛刻，材料技术是 TFT－LCD 技术的重点；产品制造技术是对将产品设计方案变为批量制造能力的相关技术，由于 TFT－LCD 制造流程的独特性，它的制造工艺与制造设备紧密联系在一起。

（二）TFT-LCD材料技术

1. TFT-LCD产品内部结构

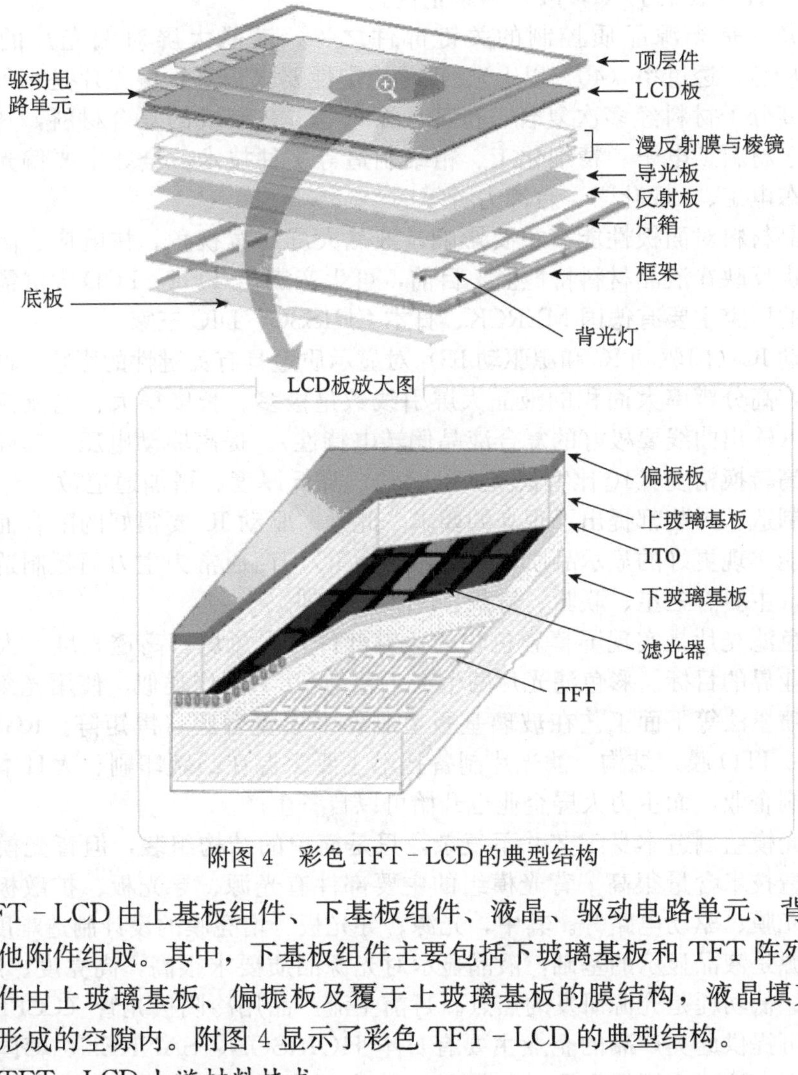

附图4　彩色TFT-LCD的典型结构

TFT-LCD由上基板组件、下基板组件、液晶、驱动电路单元、背光灯模组和其他附件组成。其中，下基板组件主要包括下玻璃基板和TFT阵列层，上基板组件由上玻璃基板、偏振板及覆于上玻璃基板的膜结构，液晶填充于上、下基板形成的空隙内。附图4显示了彩色TFT-LCD的典型结构。

2. TFT-LCD上游材料技术

制造TFT-LCD模组的主要原材料及零部件有玻璃基板、偏光片、液晶材料、驱动IC、彩色滤光片和背光模组几个主要部件。

玻璃基板是液晶大屏结构支撑件、所有加工都基于玻璃基板，因此对玻璃基板的要求极高，玻璃基板面积极大（8代线基板面积为2850毫米×3250毫米)、厚度极薄（0.4～0.7毫米)、精度极高（厚度变化＜10ppm[①])，其他理化参数要求也极为苛刻，玻璃基板的生产技术是厂家常年技术经验的积累。目前，主要供应商有美国康宁（Corning)、日本旭硝子（Asahi)、日本电气硝子（NEG)、日本板硝子（NHT）四家企业。

偏光片是光源品质控制的关键部件之一，液晶大屏对偏光片的偏光度（99%以上)、透过率（40%以上)、理化稳定性要求很高。偏光片是一种由多层不同的高分子材料经多次复合、拉伸、涂布等工艺制成的复合材料，其生产技术汇集了材料、电子、精细化工、精细制造等多种技术，全球主要偏光片供应商有日东电工、LG化学、台湾力特等。

液晶材料对面板性能有重要影响，液晶大屏对宽视角、快响应、高对比度的要求也反映在液晶材料特性上，目前，可生产满足TFT-LCD大屏需要的液晶材料的厂家主要有德国MERCK、日本CHISSO、DIC三家。

驱动IC（门驱动IC和源驱动IC）对显示质量具有关键性的影响，同传统电路比较，高分辨率大面积的液晶大屏引线数量极多、长度很大、电流输出品质要求高（输出曲线要极好的复合液晶偏转电特性)。提高驱动电压、提高工作高频、提高转换精度（10比特甚至12比特)、降低厚度、增加通道数，对驱动IC设计、制造、封装都提出了很高的要求。此外，驱动IC要很好的配合面板参数设计才能实现更好的显示品质，因此，驱动IC厂商通常为主力面板制造商或附属厂商，主要有三星、联咏、奇景、NEC等企业。

彩色滤光片是实现屏幕彩色化的关键部件，光色域、高透光度、大开口率一直是业界的目标。彩色滤光片的生产工艺与TFT制作类似，使用光刻法、转印法或喷墨法等平面工艺在玻璃基板上制作多层复合膜（黑矩阵、RGB彩膜、O/C膜、ITO膜）结构。滤光片制备技术主要掌握在凸版印刷、大日本印刷等高端印刷企业，而主力大屏企业也开始可以自备生产。

背光模组制造本身工艺并不复杂，只是简单的结构组装，但背光模组的零部件制造技术含量很高。背光模组的主要部件有光源、导光板、扩散板、反射板、增光膜、驱动电路等。其中，光源、导光板、增亮膜的设计制造难度较高。

光源是液晶显示的基础，液晶显示对光源品质要求很高，高亮度、广色域、小体积、低功耗是光源研发的焦点。目前主流产品用冷阴极光管（CCFL）作为光源，可提供此类产品的企业主要有日本HORISON、SANKEN、韩国锦富电机、中国台湾威力盟等企业。此外，LED光源技术发展很快，但目前可提供高亮度广色域LED的厂家很少。

导光板是光路控制部件，用高分子材料射出加工成型制成，对折射花纹设计及加工精度要求极高，现在主流加工技术为精密机械刻花工艺，主要厂家有

---

① $1ppm=10^{-6}$。

旭化成、三菱、住友化学等。

增亮膜是大幅提高背光效率（提高 60%以上）的光学膜部件，目前生产技术为美国 3M 公司独家垄断。

（三）TFT－LCD 制造技术

1. TFT－LCD 制造流程

TFT－LCD 制造流程主要包含三个工艺阶段：TFT 阵列制程、单元装配制程和模块装配制程。

1）TFT 阵列制程

TFT 阵列制程的作用是在下玻璃基板上形成 TFT 和电极阵列，TFT 由多层不同掺杂的半导体膜结构组成，TFT 制程通过掩模工艺，在基板上形成的每层半导体膜上刻蚀出 TFT 电路图案，附图 5 为 TFT 基板制程示意图。

TFT 制程通常采用 5 掩膜工艺，经过 5 次相同的图形转移工艺流程循环，实现薄膜晶体管制作。其中，每次图形转移工艺由淀积、光刻、刻蚀、清洗、检测等工序构成。各种工序的加工原理与集成电路制造工艺中使用的相应工序的加工方法原理类似，但是，由于液晶显示器中的玻璃基板面积较大，TFT 加工工艺中采用的工艺参数和设备规模有其特殊性。

TFT 制程工序繁多，涉及复杂的光电理化过程，对设备的依赖性极强，生产过程耗时很长。目前，各厂家通过 TFT 结构设计和工艺改进，努力减少掩模数量，从而减少工序，缩短生产时间，降低生产成本。

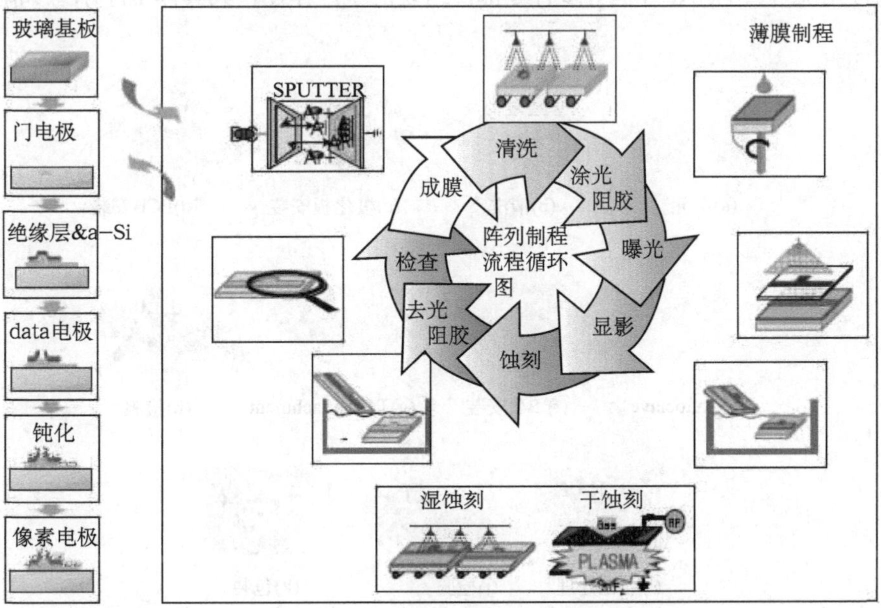

附图 5　TFT 制程示意图

2）单元装配制程

单元装配制程将 TFT 板与彩色滤光板结合，并在两块板之间灌入液晶材料，形成完整的像素控制单元。其具体流程和工序示意如附图 6 所示。目前，厂家通过改进液晶灌注方法，提高生产效率。

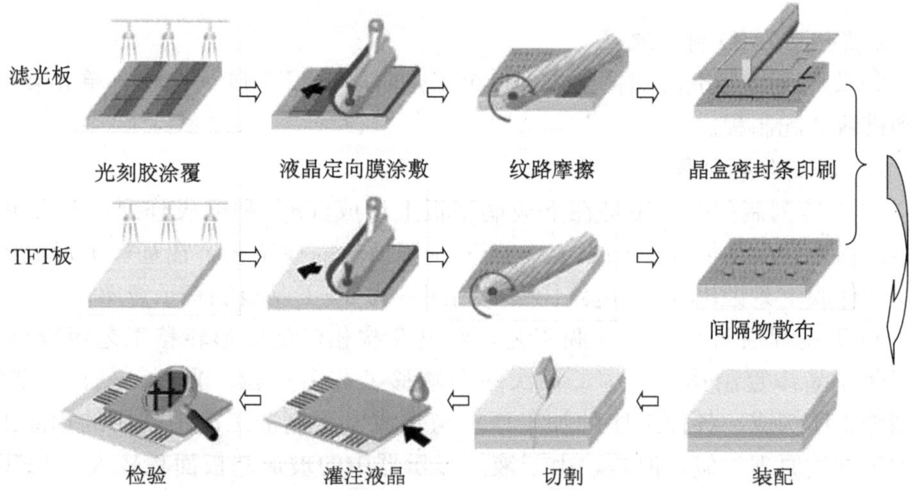

附图 6　单元装配流程

3）模组装配制程

模组装配制程较简单，主要是一些装配贴附过程，它已结合的上、下基板与其他如背光模组、电路、外框等多种零部件组装的生产作业，其具体工序示意如附图 7 所示。

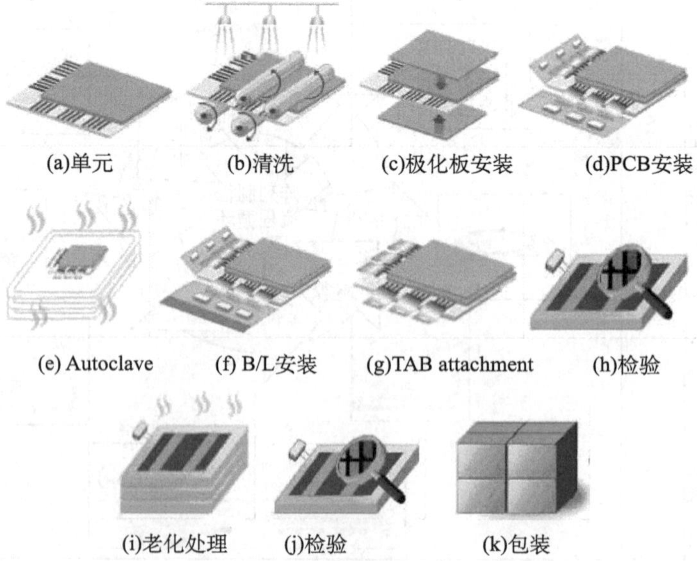

附图 7　模组装配制程

2. TFT－LCD 制造工艺及设备技术

附表 2　TFT－LCD 制程技术

阵列制程技术	单元制程技术	模组制程技术	其他技术
光刻技术	配相处理技术	TCP/PWB 接合技术	复合清洗技术
刻蚀技术	面板贴合技术	COG 贴合技术	各种面板检验技术
气相沉积技术	液晶灌注技术	TAB 压合技术	缺陷修复技术
溅射技术			
离子注入技术			
光刻胶剥离清洗技术			

附表 2 为 TFT－LCD 的制程技术列表，TFT－LCD 制造（特别是前段制造）是在超净环境下的自动化生产，每道工艺都由专用设备全自动生产，因此，制程技术对制造设备依赖度极大。TFT－LCD 制造设备种类繁多，性能要求特殊，大多为特种专用设备，设备制造商通常根据面板厂的需求定制生产。TFT－LCD 技术源于日本，主要设备供应也来自日本企业。在制造技术中，通过新的工艺原理的应用，不断简化生产工艺，通过制造生产设备的大型化，扩大生产线产能，从而进一步降低生产成本，推动产品升级。

(四) TFT－LCD 设计技术

TFT－LCD 设计技术包括产品原理设计和产品结构设计。

TFT－LCD 经过几年的高速发展，技术成熟度很高，基本原理已十分公开，目前的设计重点是通过引入新原理、新结构、新材料，改善产品性能，向着广视角、高对比、快响应、广色域、低功耗等主要方向努力。LED 背光技术、IPS\MVA 广视角屏幕技术、广色域光源技术等，这些技术，以产品专利或商业秘密的形式体现。

产品结构设计的重点是 TFT 设计、各部件规格参数设计、生产工艺参数设计等，这些设计主要依靠设计人员长期的工作经验积累和现代化辅助设计、验证工具实现。因此，设计人员经验是产品结构设计的关键。

(五) TFT－LCD 显示屏产品的价值结构

产品技术最终通过实物形态的原材料、零部件、制造设备，无形的产品专利、产品设计方案、产品工艺方案以及相关研发人员的工作来实现。产品成本是产品各类技术资源价值的货币化表现形式，可以直接反映产品技术的价值和产品中的技术成本构成。

附图 8 是 32 英寸电视面板的产品生产成本构成饼图。[1]

---

① 数据来自 *DisplaySearch* 的报告。

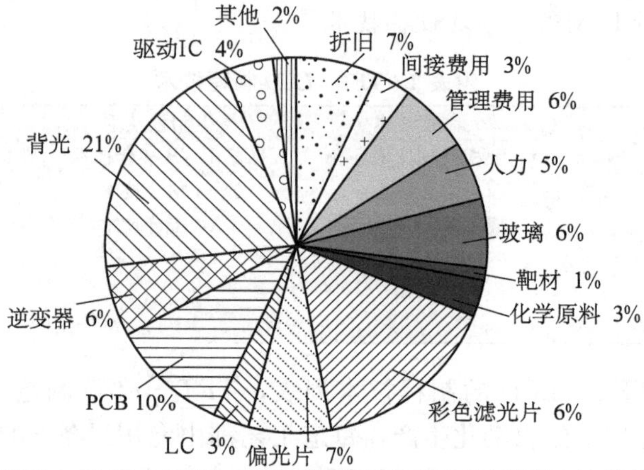

附图 8　32 英寸 TFT－LCD 液晶显示面板成本结构（6 代线）

其中，设备和专利技术费用在折旧中体现，在人工费中也有部分技术经验的费用。成本结构反映了技术价值结构，由于液晶大屏对材料（组件）的要求十分苛刻，因此材料制造技术的价值极高，反映在附图 8 中，材料成本总额达到了 79%。并且，随着屏幕面积的增大，材料成本将占去更大的比例。

从材料成本看，在基本材料中价值最高的是基板玻璃，占到 12%的份额（其中包括 TFT 玻璃上的 6%和彩色滤光片上的 6%两块）；在加工部件中价值最高的是彩色滤光片，占到了 16%；而背光模组作为最大的组合部件占据了 21%，其中，增透膜和冷光管成本各占 7%左右。

二　支撑我国液晶大屏产业发展的国内自有技术资源现状

我国液晶大屏产业起步较晚，相关领域前期研究较落后，产业化能力水平不高，上游技术资源缺乏，尚不具备完整的产业化制造能力。

（一）主要原材料和零部件供应现状

1. 基板玻璃

基板玻璃是 TFT－LCD 生产的最重要的基础材料。由于基板厚度极薄、面积极大、精度要求极高，玻璃基板制造技术工艺难度极大。我国 2008 年之前尚无厂家能够生产大屏玻璃基板。彩虹集团 2008 年 10 月宣布，中国第一条液晶玻璃基板生产线在咸阳建成，生产线年产能 75 万平方米，2008 年生产线正在试生产调试中，顺利量产后，将打破外资对该领域的垄断。

2. 彩色滤光片

我国企业可以生产用于手持设备的小面积面板彩色滤光片，但 4 代线以上使用的大面积产品，制造能力相对较弱。2007 年 8 月，由沪台两地合资的剑腾液晶显示有限公司宣布我国首条第5代TFT-LCD彩色滤光片生产线投产，一期项目年产量75万片，实现了我国大屏用彩色滤光片制造零突破。

3. 偏光片

我国偏光片的生产企业有深圳盛波偏光器件有限公司和温州市侨业经济开发有限公司，但还主要以低档次TN为主，而高档次的、产值和利润更高的TFT-LCD用偏光片还基本依赖进口。

4. 背光组件

背光组件主要包括光源（CCFL或LED）、导光板、反射板、扩散板、棱镜、框架等。日本、韩国及我国台湾地区都在我国内地设有背光模组厂家，内地也有企业生产。但是，背光模组的主要原材料，光源、导光板、扩散板、增透膜等我国基本不能生产。

5. 液晶材料

我国是液晶材料生产大国之一，但是，我国液晶材料以中低挡的TN、STN型为主，用于TFT-LCD的液晶材料大多还只停留在实验阶段。2007年4月，石家庄永生华清有限公司在原有TFT年产吨级中试生产线运行基础上，正式启动了产能50吨的TFT量产建设工程启动了年产50吨高档TFT-LCD材料的生产线建设工程。这一具有承上启下意义的工程的顺利启动，将为打破国外厂家对TFT液晶材料的垄断，实现TFT-LCD产业链中液晶材料的国产化，提高我国TFT-LCD产业的国际竞争力做出贡献。

6. 驱动IC

在驱动IC开发厂商中，天利半导体（深圳）有限公司拥有的60余人的设计开发团队已经是国内最大的团队，除此之外，还有TCL的设计团队和上广电的设计团队。除设计团队外，我国芯片制造产业链资源匮乏，也制约了我国TFT-LCD用芯片的发展。

（二）专用设备供应现状

我国在LCD制造装备配套方面，经过多年来的努力，已能生产部分LCD制造设备及测试仪器。在专业生产液晶制造装备的厂家中，电科集团二所、太原风华信息装备股份有限公司、深圳润正科技有限公司、北京京城清达电子设备有限公司、深圳市航通科技有限公司等一批具有相对优势的企业正在不断涌现。其中一些企业已成为LCD后制程系统解决方案的典型代表。然而，我国内地LCD装备制造业的整体发展能力不足，与日本、韩国及我国台湾地区相比还有一定差距，尤其是在核心技术方面。我国内地目前LCD制造装备仍处于单机种分散企业提供与局部配套的起步阶段，关键工艺技术与生产设备仍未有大量涉足，满足全部生产工艺过程的整条生产线制造配套与提供能力还需要经过一个艰苦的努力过程。

（三）整机生产线设计技术现状

从吉林彩晶数码高科显示器有限公司引进第一条1代TFT－LCD生产线开始至今我国基本掌握了1代线到5代线的生产技术和产品设计技术，培养了一大批工程技术人员，国内的高等院校和企业已经有了一定的技术积累。产业界已经具备自主建设6代线的能力。然而，由于TFT－LCD生产工艺对专用设备依赖程度极高，而我国主要生产设备尚不能实现自给，无法满足我国TFT－LCD生产线建设的基本需求，我国生产线建设能力对外依存状态仍然很高。

（四）专利授权现状

我国的TFT－LCD生产技术，主要通过购买生产线、合资建设生产企业的方式获得技术，其核心专利已通过购买、合资、授权等方式获得。然而，TFT－LCD技术更新速度很快，生产线换代和产品升级接近摩尔定律，技术专利的更替也较快，日韩等主要TFT－LCD专利拥有国必将继续设置专利壁垒，控制别国TFT－LCD的发展。我国TFT－LCD产业技术自主创新能力不强，生产线设备严重依赖国外，因此在发展的过程中仍将遇到专利问题。

三 我国液晶大屏产业典型产品的对外技术依存度的调研与测度

（一）典型企业与典型产品的选择

从国内液晶大屏产能情况来看，拥有5代线的上广电和京东方占据主导地位（调研时昆山龙腾光电的5代线刚开始量产），它们所反映的对外依存状况基本上代表了全行业的对外技术依存度。

在两家企业的调研中，发现液晶大屏对外技术依存状况基本相同，只不过存在企业经营战略和市场策略的不同，各使用了一些国产部件，使得对外技术依存度计算结果略有差异。

（二）调研数据与计算结果

1. 上广电液晶大屏对外技术依存度

上广电反馈数据（2006年）整理如附表3所示。

附表3 上广电TFT－LCD液晶大屏相关数据 单位：万美元

技术价值明细		上广电提供的数据	合计	国外部分	国内部分
研发环节	自主研发		500		500
	使用专利费		00.00		

续表

技术价值明细		上广电提供的数据	合计	国外部分	国内部分
上游原材料	关键材料费	占成本 65%	71 357	70 215	1 142
	彩色滤光片	占材料费 23%		16 412	
	偏光片	占材料费 10%		7 136	
	玻璃	占材料费 4%		2 854	
	液晶材料	占材料费 3%		2 140	
	靶材	占材料费 1%		7 136	
	背光源	占材料费 21%		14 985	
	驱动芯片	占材料费 16%		10 275	1 142
	PCB	占材料费 12%		8 563	
	其他材料	占材料费 4%		2 854	
	其他消耗性材料	占材料费 6%		4 281	
设备折旧	关键设备费		26 316	26 316	
合计			98 173	96 531	1 642

附表 3 中数据说明：

(1) 其中生产环节的关键材料费及各类材料所占的比例来自上广电提供的数据。

(2) 5 代线生产 15 英寸液晶屏的平均成本按 110 美元估算，关键材料占成本的 65%，计算为 71.5 美元；按年产能 5.2 万张/月×16 片/张×12 月＝998 万片计算为 71，357 万美元/年。

(3) 5 代线形成 1 万张/月产能所需设备投资为 12 亿元/万张，按 3 年折旧估算：(12 亿元/万张×5.2 万张) ÷3＝20 亿元人民币，按当时汇率 1∶7.6，折合 26315.8 万美元。

(4) 我国财政部、国家税务总局为了扶植液晶显示器产业，出台三项优惠的税收政策，首先是生产面板的机器设备，其折旧时间最短可缩为 3 年；进口面板的关键零组件与消耗品，免征关税；第三是进口无尘室的设备与材料，免征关税与增值税。

(5) 一般来讲，一个产品的开发费用（含材料费用、人工费用、软硬件摊销折旧费用等）为 250 万美元左右；每半年完成一个开发周期，理论上一年可完成研发投资 500 万美元，若可持续地开发，则每年都可完成研发投资 500 万美元，在制成品中每年的研发摊销也是 500 万美元。

根据附表 3，我们计算得出：

上广电液晶屏对外技术依存度＝96531÷98173×100%＝98.3%

2. 京东方液晶大屏对外技术依存度

京东方反馈数据（2006 年数据）整理如附表 4 所示。

附表 4　京东方 TFT－LCD 液晶大屏相关数据　　单位：千元

技术价值明细		合计	国内	国外
设计转移的技术价值	设计软件费摊销	5		5
	购买专利摊销	32 013		32 013
	研发费摊销	182 041	34 286	147 755
上游转移的技术价值—核心资材	玻璃基板	443 505		443 505
	彩色滤光膜	1 286 709		1 286 709
	液晶材料	135 825		135 825
	偏光片	567 364		567 364
	背光源	1 176 329	449 855	726 474
	驱动芯片	681 073		681 073
	印刷电路板	125 498	42 113	83 385
	其他	363 273	41 212	322 061
生产转移的技术价值—设备折旧	累计折旧—工艺设备	2 126	1 295	831 212
	累计折旧—动力设备	64 745		64 745
	累计折旧—仪器仪表	9 378		9 378
	累计折旧—工具及其他	2 380		2 380
	备件	81 257		81 257
合计		5 983 902	568 761	5 415 141

注：表中数据直接由京东方提供。

根据附表 4 中数据，我们计算得出：

京东方液晶屏对外技术依存度＝5415141÷5983902×100％＝90.5％

四 我国液晶大屏产业对外技术依存度的统计处理

在得到产品层对外技术依存度数值后，根据公式逐层加权平均的方法，可对某小行业、大行业以及全产业的对外技术依存度进行推演测度。

（一）国产液晶大屏小行业对外技术依存度推演测度

小行业液晶大屏主要包括计算机显示屏和电视机显示屏。鉴于国内的 5 代线产品主要用于计算机显示屏，对计算机显示屏对外技术依存度做具体测算，而对电视机显示屏对外技术依存度作简化处理。

1. 国产计算机显示屏对外技术依存度推演测度

$$K_{小行业}=\frac{\sum w_{企业i}K_{产品i}}{\sum w_{企业i}},$$

式中，$w_{企业}$ 为推演测度的权重，在本书中采用与 K 产品 i 相对应的产值。

2006 年，国产 10 英寸以上显示屏产值约为 138 亿元①，其中，京东方约为 57.3 亿元②，占 41.5%，上广电约为 60.1 亿元③，占 43.5%，昆山龙腾约为 11.2 亿元④，占 8.1%，其余的 6.9%为国内其他低世代线的总产值。

根据对上广电和京东方的调研情况，我们认为，2006 年在国内产业链上游配套率不足 30%的大环境以及昆山龙腾主要处于试生产阶段的实际情况，龙腾光电 5 代线的对外依存度应不低于 90%。从上游主要原材料（如玻璃基板、彩色滤光片等）的来源情况来，国内 5 代线以下的大屏显示模块产品对外依存度仍不会低于 80%。

根据上述分析，对我国计算机用显示屏面板产品的对外技术依存度测算如下：

$$K_{max}=98.3\%\times0.435+90.5\%\times0.415+100\%\times0.15=95.3\%$$

$$K_{min}=98.3\%\times0.435+90.5\%\times0.415+90\%\times0.081+80\%\times0.069=93.1\%$$

式中，K_{max}表示我国 10 英寸以上显示屏全行业对外技术依存度可能的最大值；K_{min}表示对外依存度可能的最小值。对 K_{max}的计算中假定龙腾光电 5 代线以及占 6.9%的其余企业对外依存度都为 100%，而对 K_{min}的计算中则假定龙腾光电 5 代线的对外依存度为 90%，其余的对外依存度为 80%。由此，可以得出国产的 10 英寸以上显示屏全行业对外技术依存度 $K_{小行业}$的可能区间：

$$93.1\%\leqslant K_{小行业}\leqslant 95.3\%$$

2. 国产电视显示屏对外技术依存度情况说明

根据最近几年国内液晶电视的产销情况来看，大屏幕液晶电视用面板基本上依赖进口⑤。为了测算需要，对国内液晶电视用面板产品的对外技术依存度情况进行了一定的简化，认为其对外依存度为 100%。虽然是一个极端值，但离实际情况相差并不会太远。

（二）国产液晶大屏大行业对外技术依存度测度

大行业层面对外技术依存度计算公式如下：

$$K_{大行业}=\frac{\sum w_i K_{小行业i}}{\sum w_i}$$

式中，w_i为推演测度的权重，在本书中采用与 $K_{小行业i}$相对应的产值。

为了计算国产液晶大屏大行业的对外技术依存度，我们需要知道计算机屏

---

① 根据“2007 海峡两岸产业合作发展论坛（昆山）”所发表论文中数据推算。

② 数据来源：2006 年京东方财务报表。

③ 根据《中国光学光电子行业协会液晶分会 2007 年鉴》中给出的设计产能推算。

④ 根据《中国光学光电子行业协会液晶分会 2007 年鉴》中给出的设计产能按 4 个月试生产和 2 个月正式量产推算。

⑤ 根据赛迪顾问提供的相关数据整理。

和电视机屏这两个小行业的权重，本书选择这两个小行业的销售额做权重。

2006 年个人计算机国内市场出货量约为 2000 万台（包括笔记本电脑），对液晶显示屏的需求约为 1800 万片，其中台式机液晶显示屏约 1300 万片[①]，笔记本电脑显示屏约 500 万片[②]。2006 年国内三条 5 代线的总产量约为 2326 万片，其中京东方 1035 万片，上广电 1089 万片，昆山龙腾 202 万片[③]。可以看出，2006 年国产计算机显示屏基本能满足国内计算机市场需求，该领域的对外技术依存度基本上与 $K_{小行业}$ 相同。

2006 年国内液晶电视销售量为 330.2 万台，销售额为 325.1 亿。液晶屏在液晶电视整机成本中的比重占 65%左右，而其对外技术依存度估略为 100%。

由此估算，2006 年国产计算机用液晶显示屏折算销售额约为 106 亿元，电视机用液晶显示屏折算销售额约为 211 亿元。

计算 2006 年国产液晶大屏大行业的对外技术依存度 $K_{大行业}$：

$$K_{\max}=\frac{106}{317}\times 95.3\%+\frac{211}{317}\times 100\%=98.4\%$$

$$K_{\min}=\frac{106}{317}\times 93.1\%+\frac{211}{317}\times 100\%=97.7\%$$

即，我们得到了 2006 年我国液晶大屏大行业对外技术依存度的一个范围：

$$97.7\%\leqslant K_{大行业}\leqslant 98.4\%$$

根据对外技术依存度指标体系分层测度方案，国产液晶大屏各层面的对外技术依存度测度结果如附表 5 所示。

附表 5　我国大型液晶显示面板行业对外技术依存度分层测度结果

层级	产品层				小行业层	大行业层
公式	$K_{产品}=\frac{q_{产品i}p_{外}}{q_{产品i}p_{总}}\times 100\%$				$K_{小行业}=\frac{\sum w_{企业i}K_{产品i}}{\sum w_{企业i}}$	$K_{大行业}=\frac{\sum w_i K_{小行业i}}{\sum w_i}$
名目	上广电	京东方	昆山龙腾*	其他*	计算机用面板产品	大型液晶面板行业
结果	98.3%	90.5%	≥90%	≥80%	$93.1\%\leqslant K_{小行业}\leqslant 95.3\%$	$97.7\%\leqslant K_{大行业}\leqslant 98.4\%$

注：标 * 为估计值。

五 被调研企业对降低液晶大屏产业技术对外依存度、发展核心技术的建议

液晶大屏产业技术复杂，产业链长，涉及电子、材料、化工、机器、光学

① 数据来源：赛迪顾问《2006～2007 年世界计算机产业发展研究年度报告》。

② 数据来源：根据网络资料整理。

③ 根据《中国光学光电子行业协会液晶分会 2007 年鉴》中给出的设计产能，按 90%的良品率推算。

等多个领域，如何发展液晶大屏产业的核心技术，提高我国液晶大屏产业的竞争能力，是各企业十分关心的问题。

在对企业的调研过程中，企业提出了一些促进产业发展的建议，总结如下。

（一）加大政策支持力度

对于6代线以上高世代的TFT－LCD生产线，国家应当从战略高度、从产业全局发展以及对电视整机产业的影响等方面予以考虑，用资本金方式给予资金支持。国家要更多运用政策导向、资金扶持等手段，继续对平板显示产业的关键技术、产品的研发和产业化给予支持，重点建设液晶生产工艺、模块技术开发中心；加快国内关键配套件的开发与产业化进程。对于高世代生产线在资金、立项等方面给予重点支持；集中力量扶持有较好基础的企业向核心原材料领域进军，同时吸引目前尚不能解决配套的原材料生产商到中国内地投资设厂。

（二）推进关键技术研发创新

支持建立新型平板显示共性技术研发中心，支持骨干企业开展引进消化吸收再创新，发展新技术，提高研发和产业化能力。建立研发、生产、应用等上下游企业参与的战略联盟，完善以企业为主体、政产学研相结合的技术创新体系，加强国家、科研机构、高等院校和企业不同层次的新型显示、材料技术研发平台的建设。利用我国的市场资源和其他优势，支持国内中下游企业开展国际合作，与海外具有战略资源和产业优势的骨干液晶显示企业建立合作、合资的技术中心。建立研发、生产、应用等上下游企业参与的战略联盟。鼓励海外液晶材料和设备上游产品企业到内地投资并在政策等方面加以倾斜和扶植。

（三）整合资源完善产业链

在政府投资或战略投资的支持下，发挥我国在电视机、显示器的市场优势，整合各类资源，引导和鼓励企业间合作，建立国内下游应用产业和显示器件企业间的合作机制。继续推进行业内外部的整合、联合，大力支持企业间的联合、联盟。坚持以企业为主体，按照市场经济原则，协调推进国内现有三家主要液晶面板企业的整合重组工作。支持建立产业技术联盟，并给予资金支持和政策上的扶持。支持国内骨干企业突破关键配套件的产品技术，形成配套能力，建立以液晶显示为核心的数字电视产业链。大力发展玻璃基板、偏光片、背光源和驱动IC设计以及关键设备等配套产业。积极推动产业链上下游的合作，特别是彩电厂商和平板显示器件生产企业的合作，形成完善的产业链条，建立配套齐全的产业基础。

（四）推动产业集聚发展

以珠江三角洲、长江三角洲和环渤海地区的产业集中区为基础，围绕现有产业生产基地进行布局调整，建设以大型骨干企业 TFT－LCD 生产线为核心，以完整的产业链为配套，以完善的产业服务体系为支撑的综合性产业基地和产业园区。日本、韩国、我国台湾地区的显示屏、玻璃基板、彩膜基板、背光模组、液晶材料和设备上游产品生产企业进入相关园区，为内地整机就近配套和发展创造条件，促进我国形成平板显示的产业集群。完善生产基地的公共配套设施，发挥配套政策的引导作用和示范效应，为产业发展提供持续动力。

（五）注重 TFT－LCD 产业人才培养

应高度重视我国 TFT－LCD 产业人才短缺问题，大力吸收和培育各类优秀人才。重点培养国际化、高层次、复合型液晶显示产业人才，努力引进海外优秀人才，并为这些人才创造公平、有利、宽松的各种环境，鼓励其发挥重要的骨干作用。构建面向多层次的液晶显示人才梯队培养的教育培训体系。积极引导高校、科研机构与企业联合开展专业人才培养，扩大专业人才培训规模，提高人才培训层次。

重点领域（二）：我国半导体集成电路产品对外技术依存度实证研究

集成电路（IC）是机器之“魂”，集成电路产业是现代国防和信息社会的基础。随着全球信息化、网络化和知识经济的到来，集成电路产业已成为事关国民经济、国防建设、人民生活和信息安全的战略性产业。本书研究了我国 IC 芯片产品对外技术依存情况。

一 IC 产品的上游技术资源与核心技术

（一）IC 产品上游技术资源及影响技术资源竞争力的因素

片上系统（SoC）设计已成为当今微电子技术的发展趋势和历史潮流，即可以在一个芯片上包括了 CPU、DSP、逻辑电路、模拟电路、射频电路、存储器和其他电路模块以及嵌入软件等，并相互连接构成完整的系统。SoC 芯片产品生产的全过程具有明显的阶段性，可以分为三个环节，或者说涉及三个领域，即设计、流片制程和封装测试。

1. 设计环节

设计环节是将芯片产品的功能、线路、版图实现在计算机图纸上。SoC设计可实现软、硬件的同时设计，并将软件固化在芯片的存储器中。通常需要经历系统设计与仿真、电路设计与仿真、版图综合与验证等阶段。设计环节所需的技术资源见附表6。

附表6　设计环节所需的技术资源

	技术资源名称	概念	影响资源竞争力的因素
1)	IP核	电路、版图设计中调用的特定功能电路模块	功能 验证的工艺节点 围绕IP核的整体解决方案 价格
2)	专利	受法律保护的某些核心技术架构专有权	是否适应产品更新换代速度 支付专利费用
	标准	技术和产品的规范化	是否适应最新的市场需求
3)	自我积累的专有技术	企业积累的设计某领域芯片的核心技术	是否适应产品更新换代速度
4)	EDA软件工具	所有IC设计公司都要用到的IC设计工具	软件功能 软件价格
5)	新的智力资源	开发新IC产品所需的专业研发人员的才智	研发创新能力 薪酬

1）IP核

——IP核概念

IP核即硅知识产权是电路设计、版图设计过程中调用的具有特定功能的电路模块，可分为软核、固核和硬核。IP的主要来源有：芯片设计公司的自身积累，代加工厂的积累，专业IP公司、EDA厂商、设计服务公司提供。IP核具有可复用的特点，可有偿或无偿交付给其他IC公司使用，设计公司购买其他公司提供的IP核可以大大缩短开发时间。

完整的SoC芯片常用的IP核模块如附图9所示，一般包含各种不同的微处理器CPU核（32/64位CISC/RISC结构的CPU或8/16位微控制器/单片机，如8051等），一个或多个32/64位DSP核（如320C30），以及多个或几十个的外围特殊功能模块（DRAM、SRAM、EEPROM、flash memory、A/D、D/A、MPEG/JPEG、USB、PCI、标准接口、网络单元、编译器、编码/解码器和模拟器件模块）等。

附图9　SoC芯片常用的IP核模块

可见，IP 核是 SoC 芯片的最基础要素，是芯之“芯”，全球 SoC 芯片的 80%都是采用以 IP 核为主而进行设计的。目前 IP 核开发已成为 SoC 设计的一项独立技术，它的出现改变了世界 IC 产业的结构，出现了专门从事 IP 核开发和经营的公司。

——影响 IP 核竞争力的因素

从技术依存度的角度讲，IP 核的价值体现在购买 IP 核授权支付的费用上。IC 设计企业选择 IP 核资源时要主要考虑 IP 核功能、验证工艺节点、围绕 IP 核整体解决方案等因素。

第一，IP 核功能。按附加值高低分类，可将 IP 核分为三个档次：明星级、标准规格级、共享基本级。明星级 IP 核指通用微处理器 IP 核，是整个 SoC 芯片系统的心脏，最具附加价值、应用范围最广，如手机、个人数字助理（PDA)、游戏机中使用的微处理器 IP 核。标准规格级 IP 核指一些专用微处理器 IP 核，可实现各种电子产品传输数据所需的独特标准或规格，如 DVD 播放机需要的 MPEG-2，由于每种标准规格级 IP 核都有其独特性，无法广泛地被应用，因此其价值不如明星级 IP 核。共享基本级 IP 核包括各种接口 IP 核，可实现一般简单通用的标准规格，如提供一些计算机外设连接到计算机中的 PCIbus 通道，其复杂度不如标准规格级高，因此这些 IP 核多为便宜或免费的。

第二，IP 核验证的工艺节点。设计公司要考虑 IP 核供应商提供的 IP 核产品的工艺节点是否与要开发的芯片相匹配。

第三，围绕 IP 核的整体解决方案。正如购买了 X86 架构的 CPU，就要配备相应架构的主板、内存、软件等。如果 SoC 设计公司购买了 X86 架构的 CPU IP 核，同样需要 IP 核供应商提供围绕该架构 CPU IP 核的整体解决方案。

2）专利和标准

——专利和标准的概念

专利是 IC 知识价值的权利化、资本化，是 IC 设计公司申请法律保护的某些核心技术架构专有权，代表企业的核心竞争力，如珠海炬力集成电路设计有限公司的 MP3 播放控制芯片技术专利、展讯通信有限公司（展讯通信）的 TD-SCDMA 3G 通信芯片技术专利等，是企业生存之本。与 IP 核不同的是，这种专有权并不像 IP 核那样广泛的流通，一般是对企业核心竞争力的保护。专利对于 IC 设计公司来讲是非常重要的一个技术资源，企业可以没有 IP 核，但不能没有专利权，因为如果一个公司使用的设计架构没有申请专利保护，很有可能在将来侵犯其他 IC 设计公司的专利权，在销售芯片时就必须要支付相应的专利费。从技术依存度的角度讲，如果专利是一个企业自有的，那么它的价值体现在所花费的专利申请所花的费用上，如果专利用的是其他公司的，那么它的价值体现在销售芯片产品时支付的专利费上。显然，支付专利费要比专利申请费用高得多。

标准是技术和产品的规范化、规则化。电子应用系统所采用的技术标准往往覆盖了技术专利群，因而成为一种具有价值的资源，如设计通信芯片需要事先要获取 CDMA 技术的专利授权。标准就是一套规则，一套有着广泛市场的规则。在竞争日趋激烈的今天，“技术专利化—专利标准化—标准许可化”这句话说明了专利与标准的相互关系。谁掌握了制定 IC 产品技术标准的权利，谁就拥有了 IC 行业的话语权，就约束了竞争对手，告诉竞争对手你只能这样做而不能那样做。技术标准已经成为控制产业链、遏制竞争对手和获取竞争利益的主要工具。

IC 设计企业一旦拥有了专利和标准两大利器，就能实现自身经济效益的最大化。

——影响专利和标准竞争力的因素

影响专利和标准竞争力的首要因素，是其是否能够适应芯片产品更新换代速度。新产品的上市必定伴随着新专利的产生，如果产品底层技术革新，那么必定伴随着新标准的产生。手机芯片就是一个典型的例子，从 2G 到 3G 伴随着新的通信标准的出现，如果手机芯片设计企业仍停留在 2G 标准，其生产的产品就没有市场，所以必须升级到 3G 以适应市场要求，必须自我开发或购买符合 3G 标准的相关专利。如果 IC 设计公司需要采用其他公司的专利，那么支付的专利费价格也是需要考虑的一个要素。

3）自我积累的专有技术

——自我积累的专有技术的概念

自我积累的专有技术是指本企业长期积累形成的设计某领域芯片的核心技术，包括可重复使用的技术架构，电路模块。与 IP 核、专利不同的是，自我积累专有技术体系是企业赖以生存的、不能拿出来与其他企业共享的技术资源，是非卖品，代表了企业内生的核心竞争力。

——影响自我积累的专有技术竞争力的因素

IC 设计企业开发新产品是建立在自我积累的专有技术基础之上的，这些积累的技术必须能够适应市场的不断变化，满足新产品开发的要求。

4）EDA 开发软件工具

——EDA 开发软件工具介绍

EDA 就是以计算机为工具，用硬件描述语言 HDL 完成设计文件，然后由计算机自动地完成逻辑编译、化简、分割、综合、优化、布局、布线和仿真。

目前 IC 设计工作是都是通过电子设计自动化工具 EDA 实现的，EDA 系列工具已经包括了设计环节的各个步骤所需软件，是设计芯片必需的平台，所有 IC 设计公司都要用到 EDA 软件进行集成电路设计。从依存度的角度来讲，其价值体现在购买 EDA 软件的费用上。

——影响 EDA 开发软件工具竞争力的因素

影响 EDA 开发软件竞争力的要素主要是功能和价格两个方面。EDA 系列工具可分为高、中、低端三个档次。高端 EDA 工具主要是针对最新工艺技术（如目前的 90 纳米工艺及最新的 45 纳米工艺）的高端 IC 设计，具有完善而又强大的功能，价格也相当高，一般在上千美元；中端 EDA 工具与高端产品接近的功能和性能；低端 EDA 工具的性能相对较低。中低端产品的价格也在几百美元左右。

5）新的智力资源

——新的智力资源的概念

IC 设计企业打算开发新的 SoC 芯片时，以上所述的 IP 核、专利标准、自我积累的专有技术以及 EDA 工具都是已经拥有的技术资源。要开发出新 IC 产品，还需要引入新的智力资源进行开发，即雇佣的专业研发人员的才智。从依存度测算的角度来讲，智力资源的价值体现在支付研发人员的薪资上。

——影响新的智力资源竞争力的因素

IC 设计公司选择新的智力资源开发新产品，首先考虑的是研发人员的研发创新能力，其次是需要支付给研发人员的薪酬费用。

2. 流片制程环节

流片制程环节是根据 IC 设计环节产出的版图制造出芯片实物。在非纵向一体化的产业（专业代工）结构中，整个流片环节技术资源是作为一个整体，即一个制程代工公司而存在的，如我国的中芯国际就是专门掌控国内流片环节技术资源的企业。因此在测算依存度时，可以将流片环节技术资源作为一个整体，即如果 IC 设计公司的芯片产品是在国内流片公司完成的，那么花费在流片环节的全部费用都算在国内部分；如果是在外资流片公司完成的，那么花费在流片环节的全部费用都算在国外部分。对于制程企业所使用的设备、晶片等上有技术资源是来自于国内还是来自于国外的问题不予考虑。流片制程环节主要用到的技术资源见附表 7。

附表 7　流片制程环节需要的技术资源

技术资源名称	概念	影响流片制程企业竞争力的因素
IP 核	主要是指 IP 硬核	代工厂是否有 IP 核提供能力
工艺线	厂房、工艺线、原材料等	工艺线宽、加工成本

1）IP 核

——流片制程环节 IP 核介绍

流片制程公司提供的 IP 核主要是 IP 硬核，IP 硬核是经过流片验证过的版图形式的设计，在集成到芯片中的时候已有具体的物理形态和尺寸，与特定

foundry 厂的工艺相关。IC 设计公司将带有 IP 核的 SoC 芯片设计内容交付给流片企业进行生产时，流片企业也要具有相配套的 IP 硬核。

——影响流片制程企业 IP 核竞争力的因素

在 IC 产业发展的现阶段，IC 设计企业开发一种新的 SoC 芯片时，往往是与代工企业的工程师坐在一起探讨，设计出来的 IC 产品能否实现为产品要看所采用的 IP 核在代工企业能否通过流片验证，即代工企业是否能提供相应的 IP 硬核。如逻辑电路（逻辑芯片主要用于计算机中央处理器、MP3 存储领域）、闪存、内存、数字模拟混合 IP 等。对于不同类型的产品来说，IP 硬核开发的难度也不同，一般来讲，在同样的工艺线宽下，逻辑芯片技术工艺要求高于内存 SDRAM 芯片。例如，几年前中芯国际一直在 SDRAM 芯片领域占有优势，但逻辑芯片代工技术不成熟，因此 IC 设计公司要想开发逻辑芯片就只能寻找其他代工企业。

2）工艺线

——工艺线的概念

工艺线主要指生产芯片需要的厂房、设备、原材料等硬件设施。流片制程企业的硬件水平主要由资金实力决定。在半导体设备业界似乎已经形成共识：只要有钱买得起设备，什么工艺都能实现。

——影响流片制程企业工艺线竞争力的因素

第一，工艺线宽。IC 设计公司对加工芯片的工艺线宽也有一定的要求。以 IC 卡芯片为例，消费者希望 IC 卡片更薄、更抗弯折、携带更方便，那么 IC 卡制造厂商自然就要求 IC 设计公司提供的核心芯片体积更小、厚度更薄。制程环节影响芯片体积的技术主要是工艺尺寸。在芯片布线构造不变的情况下，通过减小工艺尺寸就可以缩小芯片体积，因此要求流片代工企业拥有更小的工艺节点条件。

第二，加工成本。在同样工艺线宽的条件下，影响芯片成本的主要因素是晶片尺寸。晶圆尺寸的增大都可以提高一次完整工艺流程产出的芯片数，进而每一颗集成电路产品均摊的生产成本被降低，从 200 毫米晶圆过渡到 300 毫米晶圆的过程已经证明降低了空气污染、减少全球温室气体排放与水资源的消耗。

3. 封装测试环节

与流片制程环节类似，封装测试环节的技术资源也应被看成一个整体，即独立的封测厂来考虑。

1）封装测试环节介绍

集成电路生产的最后一个环节是芯片的封装和测试。封装是将一张基片上数千个芯片单元分开，每个芯片单元被放置在一个已设计好的塑料或陶瓷框架中，通过接线焊接，最终形成市场上出售的带引脚的集成电路块，而这些塑料或陶瓷的框架可以对每个芯片起到保护作用。在芯片封装完成之后即进行相关测试验证产品是否达到要求。封装测试环节这一环节的技术资源主要包括厂房、设备和人力资源。

2）影响封测企业竞争力的要素

封测环节与制程环节类似，由专业、开放的封测厂商完成代工。因此将封测环节的上述技术资源当成一个整体来考核。影响 IC 封装代工企业竞争力的因素主要有以下几点。

第一，产能的要求。目前 IC 产业的迅速发展对 IC 封测环节的量产能力提出了更高的要求。

第二，技术的要求。在 IC 封装形式上，经历了从 20 世纪 70 年代的 DIP、PGA，80 年代的 PLCC（QFJ）、QFP 到 90 年代的 BGA、CSP、FC 技术。当前 IC 封装为了满足 IC 芯片的发展和市场的需求，朝着更小、更薄、更轻、性能更好、功能更多、能耗更小、可靠性更高、更符合环保要求和价格更便宜的方向发展。

（二）IC 产品核心技术在设计和制程环节

SoC 芯片核心技术主要聚焦在设计和制程环节，原因有以下几点。

第一，设计环节主要成本来自于研发，直至最后取得专利。标准、专利、IP 核、专有技术等智力投入较多、附加值高的技术资源主要分布在设计环节。设计环节的核心技术有两个来源：一是外源的，二是内生的。外源核心技术涉及一个芯片的细分市场，即电子应用产品所依据标准中的带专利权的核心技术；内生核心技术是企业设计这类芯片所使用的带专有权的技术架构和电路模块，设计企业集中于芯片设计和测试工作，主要依靠在模块和布线等设计环节里的知识产权赚取利润。

第二，集成电路芯片流片制程环节工作主要由机器来完成，设备等硬件资源的资金投入较多，智力投入相对少于设计环节，但仍需要 IP 核方面的智力投入。封测环节智力投入则更少，几乎全部由设备来完成，进入门槛最低。

二 支撑我国 IC 芯片产品生产的国内自有技术资源现状

我国的 IC 产业经历了过去的纵向一体化企业（integrated IC manufacturer，IDM），到今天的集成电路设计企业，芯片制造企业，封装企业，以及制造和封装一体化企业分立的过程。我国目前 IC 设计业、芯片制造业、封测业占 IC 产业的比重为 18∶31.8∶50.2（国际公认比重为 30∶40∶30）。

（一）设计环节技术资源及竞争力

我国 IC 设计企业数量较多，大概有 500 余家，这是因为设计环节无需昂贵的设备和环境投入，只要几百万美元就能运作起来，进入门槛相对低，而流片制程工厂动辄就要几亿美元的投资。我国 IC 设计公司大多为初创公司，规模较小；在中低端芯片技术领域已经具有一定的竞争优势，并取得了一定成果；主要经营范围是通信芯片、智能卡芯片和消费电子芯片。之所以在这些领域取得突破，主要是因为这些芯片产品在国内有强大的市场需求，另外国外公司在这些领域尚未形成绝对的专利垄断。我国 IC 产品所需设计环节技术资源及其竞争力情况见附表 8。

附表 8　我国设计环节技术资源竞争力概述

<table>
<tr><th>设计环节技术资源</th><th colspan="3">我国相应技术资源的竞争力</th></tr>
<tr><td rowspan="4">IP 核</td><td>概况</td><td>● 尚无纯粹靠 IP 核经营的公司，相关公司经营谨慎；
● 能满足约 40%的国内需求</td><td rowspan="7">与国外同类技术资源相比，具有绝对的价格优势</td></tr>
<tr><td>功能</td><td>● 少数公司的 CPU IP 核功能接近国际水平；
● 多数公司在开发难度低，验证过程简单的低端 IP 核领域取得了进展；
● 高端模拟和混合信号 IP 核的开发能力有待培养</td></tr>
<tr><td>验证的工艺节点</td><td>● 多数已经通过硅验证的 IP 核是基于 0.13 微米、0.18 微米、0.25 微米工艺的</td></tr>
<tr><td>围绕 IP 核的整体解决方案</td><td>● 从 IP 核开发到芯片整体解决方案的链条尚不成熟，成为制约我国 IP 核竞争力的重要原因</td></tr>
<tr><td>EDA 开发软件工具</td><td>功能</td><td>● 已能够提供基于 0.13～0.18 微米的中低端设计工具；
● 暂时缺乏高端 SoC 芯片设计工具；
● 国外高端软件价格高昂、甚至存在对我国企业的封锁现象</td></tr>
<tr><td colspan="2">专利和标准</td><td>● 拥有自主专利产品的 IC 设计公司已占 50%以上；
● 微米级技术专利较多；
● 多数专利是在国外已公开的模块专利基础之上改进形成的外围专利，知识产权价值相对较低，引发的知识产权争议较多，受到外方基础专利的制约较大；
● 在通信、数字多媒体等关键领域国家标准已形成，并上升为国际标准</td></tr>
<tr><td>自我积累的专有技术新的智力资源</td><td>概况</td><td>● 全部采用了国内资源；
● 存在高端 IC 设计人才流失现象</td></tr>
</table>

1. IP 核

受市场选择的强力推动，我国多数 IC 设计企业的芯片产品都在向由 IP 核集成的 SoC 芯片过渡，IP 核成为我国 IC 设计公司研发 SoC 产品必须具有的要素之一。截止到2007年为止，国内纯粹依靠IP核经营的公司屈指可数，多数公司在涉足IP核行业时极为谨慎，经常是ASIC经营、IP核经营、设计服务经营同时进行。我国国内以IP核为主打产品的公司有四川登巅微电子有限公司、芯原微电子（上海）有限公司、苏州国芯科技有限公司、智芯科技（上海）有限公司、南山之桥微电子有限公司、龙芯中科技术有限公司等。赛迪顾问2007年数据显示，目前国内购买的IP核产品，18%来自境外，40%来自境内代工厂和IP供应商，53%来自境外IP供应商和代工厂，有7%是共享交换IP核。

IP核功能方面。我国IC设计企业在低端IP核资源方面具有一定的供应能力。之所以在低端IP核领域首先取得突破，主要是因为低端的IP核开发难度低，验证过程简单。但国内现有的设计公司大多没有设计高端模拟和混合信号IP核的能力。少数公司如龙芯中科技术有限公司、北大众志微系统科技有限责任公司开发的CPU IP核在功能上已经达到国际水平。

IP核验证的工艺节点方面。国内多数已经通过硅验证的IP核是基于0.13微米、0.18微米、0.25微米工艺的。

围绕IP核整体解决方案方面。我国IC企业在从IP开发到芯片设计的开发链的环节没有很好的支撑，没有合适成熟的编译仿真工具，及平台开发工具的强有力支持，使国内的CPU IP核难以跨越商业化的鸿沟。这是造成我国IC设计企业会选择国外的IP核而不选用国内的IP核的主要原因。因此，我国IC设计公司在设计中、低端IC产品时，可以选择国内IP企业提供的IP核，但设计高端芯片主要还是选择国外的IP核。例如，上海龙晶微电子有限公司在开发AVS标准的芯片中，购买了美国Tensilica公司的音频处理器IP核许可。展讯通信为开发国产TD-SCDMA 3G标准的芯片，也向美国CEVA公司购买了DSP、无线和数字多媒体平台IP核。若关键技术采用别人的IP核实现，我们就只能赚取一点组装费。

2. 专利和标准

2008年的统计结果显示，我国已经开始采用自有品牌进行销售的IC设计公司已占到了所有设计公司总数的70%。

我国内地企业主要是在一些相对优势明显的微米级技术分支上进行专利知识产权保护，重点涉及单一器件结构和工艺。造成的结果是，保护范围和内容相对较窄。与境外大企业在强大技术实力支持和系统的专利布局战略指导下围绕核心技术进行族群式专利申请和知识产权保护不同，我国内地机构在基础专利之上的系列申请很少，尚未形成针对集成电路核心技术的专利群体保护规模。由于内地大规模集成电路设计起步较晚，工艺落后，缺乏相关人才，大量设计方面的工作需要依赖国外公司提供的IP包，即使设计出的集成电路能够获得相关专利授权，也是在国外已公开的模块专利基础之上，进行一些技术改进形成的外围专利，受到外方基础专利的制约较大，知识产权价值相对较低，由此引发的知识产权争议对于企业发展产生的干扰甚多。我国集成电路行业中的后起之秀如中星微和中芯国际等，前者的专利申请主要集中在多媒体芯片、简单数码设备、通信终端设备等方面；后者的技术多涉及半导体器件的外围制造工艺。正是由于我国内地企业和研究机构在集成电路产业的主流、主干技术方面的知识产权拥有量低、技术门槛低，才导致我们在全球激烈的知识产权竞争中处于被动的不利地位。

本书围绕在我国 IC 芯片市场中应用广泛的芯片领域，对我国目前拥有的自主 IC 行业标准和规范，或参与制定国际标准的情况进行了调研，调研结果如附表 9 所示。

附表 9　我国 IC 产品相关行业标准情况①

应用领域		国际标准	自主标准
通用计算机		英特尔 X86 硬件标准	龙芯架构标准
移动存储	存储	存在诸多标准，尚未形成垄断	暂无
	控制	无	朗科公司主推的 U－SAFE 标准
	接口	USB 标准	与国际标准统一
数字电视	信源	第一、二代 MPEG	国家 AVS 标准
	信道	美日欧三大标准	国家 DTTB 标准
移动多媒体广播		DMB 移动多媒体广播标准	TMMB 国家标准
第三代通信		WCDMA，CDMA2000，TD－SCDMA	TD－SCDMA
电子标签		ISO/IEC 15693 标准	部分标准已出台
无线网	局域网	IEEE 802.11	国家 WAPI 标准
	个域网	IEEE 802.15	国家无线个域网（传感网）标准

附表 9 中，智能卡芯片尚未形成国家标准，但上海地方政府已经依托复旦大学的技术制定地方标准，可望上升为行业或国家标准。北京威讯紫晶科技有限公司自主研发的短程无线收发器芯片方案，已成为国际 IEEE802.15.4b 标准的重要组成部分。移动存储领域并无统一的国际标准。MMC、SD、索尼记忆棒都只是“事实标准”——即几家企业根据技术互补性成立联盟，达成标准，之后对外授权获取利益，形成事实上的市场规模。国标即将出台。我国已经开展的中国移动存储标准主要包括《信息技术移动存储闪存盘通用规范》、《便携式数字音频播放器通用规范》、《便携式数字音视频播放器通用规范》、《信息技术移动存储移动硬盘通用规范》、《信息技术移动存储闪存卡通用规范》、《新一代智能移动存储技术规范》和《新一代安全移动存储技术规范》。

我国拥有的自主标准在提高国内 IC 企业竞争力方面发挥了重要作用。以我国

① 国家 AVS 标准：《信息技术先进音视频编码标准》；国家 DTTB 标准：《数字电视地面广播传输系统帧结构、信道编码和调制》。

的移动多媒体广播电视 CMMB（China mobile multimedia broadcasting）标准为例，该标准出台后，英特尔将通过支持中国移动互联网设备（mobile internet device，MID）和超便携移动个人电脑（ultra mobile PC，UMPC）的平台产品来支持 CMMB 技术的发展。多普达、三星、摩托罗拉、华硕电脑、联想、海尔，三星电子以及富士通等 IT 厂商业也计划推出兼容 CMMB 标准的 MID 或者 UMPC 产品。

3. 自我积累的专有技术体系和智力资源

从依存度角度来看，我国 IC 企业自我积累的专有技术体系应该全部属于国内技术资源，新的智力基本全部来自国内。

智力资源方面，我国 IC 设计公司目前平均员工数量为 125 人，平均拥有 IC 设计工程师为 53 人，工程师人数超过百人的公司占所有公司的 13%。虽然我国智力资源不存在对外技术依存问题，但优秀智力资源流失的问题较严重，造成设计企业缺乏高端 IC 设计人才。这主要表现在以下两个方面：一是高水平的各类 IC 人才数量本来就不多，二是国内集成电路产业的各类 IC 人才待遇偏低，致使有限的高技术人才流向国内的外资企业甚至国外。

4. EDA 开发软件工具

我国高端 SoC 芯片设计采用的都是国外的 EDA 软件工具，主要由 SYNOPSYS、MENTOR GRAPHICS 和 CADENCE 几家公司垄断。这些产品价格非常高昂，大大地超出了多数 IC 设计企业的承受能力，因此在我国 IC 设计领域，也出现过使用盗版 EDA 工具的现象。这种现象的存在，影响了我国自身 EDA 产业乃至整体 IC 设计工具的发展。高端 EDA 工具昂贵也是我国绝大多数 IC 设计企业难于涉入高端芯片领域的原因之一。例如，符合 45 纳米工艺条件的设计工具，国外公司是不向我国 IC 设计企业提供的。

我国约 90%的企业当前对于 EDA 工具的要求并不高。在中低端市场，如北京中电华大电子设计有限公司、北京华天中汇科技有限公司、芯愿景软件技术有限公司等能够提供自主开发的 EDA 工具。功能上基本上能够支持 0.18～0.13 微米的 IC 设计，其功能涵盖了 IC 设计全流程，价格上也具有相当的竞争力。

（二）流片制程环节技术资源及竞争力

因为 IC 流片制造环节的特点是工艺线投入成本高，因此，只有少数拥有雄厚资金规模的企业才能够承担芯片制造的任务。我国流片制造企业主要有中芯国际集成电路制造有限公司、上海宏力半导体制造有限公司、上海华虹集成电路有限责任公司、和舰科技（苏州）有限公司、上海贝岭股份有限公司等。2007 年电子工程专辑的一项调查显示，我国 92%的本土 IC 设计公司使用代工服务。在这些使用代工服务的 IC 设计公司眼中，本土的代工厂商最受青睐，其次是中国台湾地区，再次是韩国。80%以上的国内 IC 设计公司选择国内的代工厂完成芯片制造。

1. 工艺线宽

工艺线宽是衡量IC流片环节技术资源水平的重要标准。我国流片制程企业掌握的工艺线宽技术情况如附表10所示。

附表10　我国流片制程企业工艺线宽能力

企业名称	量产技术节点
中芯国际	90纳米及以上
上海宏力	0.15微米及以上
上海华虹	0.13微米及以上
和舰科技	0.18微米及以上
上海贝岭	1.2微米及以上

2006年，我国拥有的可以量产的最高工艺技术水平是中芯国际拥有的90纳米技术节点工艺。目前，中芯国际正在通过技术引进等方式向65纳米和45纳米技术进军，将核心技术向高端芯片转移。流片工艺线普遍处在0.13～0.25微米水平。总的来讲，我国流片环节的工艺节点能够满足部分高端芯片和中低端IC芯片的流片要求，多数生产线非常适合生产对工艺节点要求相对较低的产品。

2. 加工晶片尺寸

我国IC产业流片环节能够提供的晶圆加工面积主要在4～8英寸范围，拥有少量12英寸工艺线。而国外主流晶圆面积是12英寸，并且正在向18英寸延伸①。一片18英寸晶圆所产出的晶粒数是12英寸晶圆产出的2倍以上（附图10）。

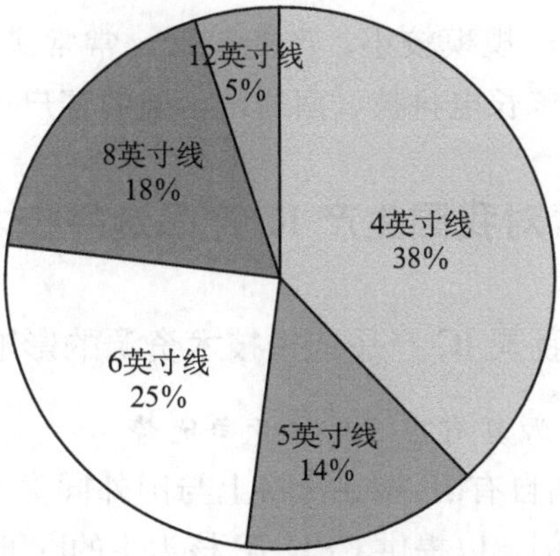

附图10　我国晶圆制造能力的分布

因此，从降低成本角度考虑，我国芯片设计企业可能更倾向于选择国外的流片技术资源，导致流片环节的对外技术依存度提高。

① 英特尔、韩国三星与中国台湾积体电路制造股份有限公司共同宣布，为了促进半导体产业的持续发展，并保持未来芯片制造及应用的合理成本结构，三家公司达成共识：2012年将是半导体产业进入18英寸晶圆制造的适当时机。

（三）封测环节技术资源及竞争力

我国IC封测环节技术资源发展速度较快。2007年上半年，我国封测业销售额327亿元，同比增长36%，竞争力情况如下。

1. 技术情况

中国内地IC封装以中低端DIP、SOP（SSOP、TSOP）、QFP（LQFP、TQFP）为主，高附加值、多引脚数QFP（LQFP、TQFP）、MCM（MCP）、BGA、CSP、SiP、PiP、PoP等中高端IC封装刚刚起步，或正在研发中。近年来，中国内地IC封装在技术上的某些领域有所突破，如江苏长电科技股份有限公司自主研发FBP（平面凸点封装），有30多项专利（含15项发明专利和4项国际发明专利），它可替代所有QFN、CSP，并实现SiP、MCM效果；南通富士通微电子股份有限公司开发出MCM（MCP）和BGA；中国电子科技集团第十三所研制成功CBGA等。目前长电科技正在以DIP、SOP、SIP系列为基础，朝着QFN、FC BGA 、SiP、TCP、COF、COG、DFN、FBF等中高端IC封装方向发展。南通富士通针对市场热门的数字电视机控制IC芯片、3G手机基频芯片分别开发出MCM/MCP和BGA，前者包括音频、视频处理器和存储器（ROM或闪存）的堆叠。

2. 产能情况

由于中国内地封测厂规模较小，产能较低，常常满足不了用户的要求，甚至连本土封测业的领头羊长电科技、南通富士通的客户也抱怨他们的产能不足。

三 非技术因素对我国生产IC产品选择技术资源的影响

（一）市场竞争对我国IC产品选择技术资源的影响

1. 我国部分技术资源具有市场价格竞争优势

以IP核为例，我国自有IP核在价格上与国外同类IP核相比有一定的竞争优势。以CPU IP核为例，以提供CPU IP核为主的欧洲公司和美国公司向中国IC设计公司收取的授权费相当高。他们主要向用户授权使用其16位、32位CPU IP核，授权的模式主要有单次使用授权，多次使用授权，就单次授权费用而言，对大多数中国设计公司而言已是难以承受，如欧洲A公司入门级32位CPU IP硬核单次授权成交价一般在二十万美元；而带有16k×16k指令和数据cache（缓存）的中级32位CPU IP硬核单次授权成交价一般达三十万美元；美国M公司相当性能的32位CPU IP单次授权费用则大致是欧洲A公司的一半左右。相比之下，中国设计公司提供的同一档次的32位CPU C＊Core（基于

Motorola 的 M＊Core）单次授权费只有欧洲 A 公司的十分之一。

我国 IC 产品上游智力资源的竞争优势也比较明显。中国内地具备丰富的人力资源，我国研发人员的薪资水平与国外研发人员相比具有相对竞争优势。

2. 国外部分技术资源先入为主占据市场大部分空间

以 IP 核为例，国外 IP 核市场起步较早，发展的比较成熟，占有了大部分市场。以微处理器 IP 核为例，采用美国 ARM 公司（ARM）核心 IP 核的微处理器，已遍及工业控制、消费类电子产品、通信系统、网络系统、无线系统等各类产品市场，基于 ARM IP 核的微处理器应用约占据了 32 位 RISC 微处理器 80％以上的市场份额。其中，在手机市场，ARM 更是占有绝对的垄断地位。世界各大半导体生产商从 ARM 购买其设计的 ARM 微处理器核，根据各自不同的应用领域，加入适当的外围电路，从而形成自己的 ARM 微处理器芯片进入市场。目前，全世界有几十家大的半导体公司都使用 ARM 的授权，包括英特尔、IBM、三星、LG 半导体、NEC、索尼、飞利浦等公司，这也使得 ARM 技术获得更多的第三方工具、制造、软件的支持，又使整个系统成本降低，使产品更容易进入市场并被消费者所接受，更具有竞争力。相比之下，龙芯 IP 核是类 MIPS 架构，围绕其架构的板卡、系统、软件等都尚未形成成熟的市场，IC 处理器开发商还有一段路要走。

3. 终端产品要求提高考验我国技术资源市场竞争力

终端产品体积、节能方面的发展趋势需要降低芯片尺寸，这对上游 IP 核、EDA 工具、制程环节的工艺节点提出了更高的要求，将考验我国这些技术资源的市场竞争能力。例如，设计一个 SoC 芯片，可以用国内的 180 纳米的制程线流片，价格也便宜，但芯片面积大，也可以用台湾的 90 纳米的制程线流片，价格比较高，但芯片面积小，而客户和市场要求用小面积的芯片，所以不得不放弃国内技术而采用台湾的流片技术。

（二）成本控制对我国 IC 产品选择技术资源的影响

降低 IC 芯片成本是增加 IC 芯片利润的必由之路。所有企业都在想尽办法降低 IC 产品的成本，如中芯国际的口号就是“cost down（压低成本）”。国内流片和封测公司开出的代工价格决定了国内的设计企业是否选择其作为流片和封装测试环节的技术资源。而流片和封测企业的代工成本是由 IC 流片企业的芯片生产率和 IC 芯片良率决定的。

影响芯片生产率的因素主要是工艺技术节点和晶圆尺寸。而从本书分析我国流片环节技术资源时得到，我国 IC 流片企业的工艺节点多数处在 0.13 微米以上，晶圆面积多数处在 4～8 英寸范围，拥有少量的 12 英寸工艺线。而国外主流晶圆面积是 12 英寸，并且正在向 18 英寸延伸。因此，我国芯片产品制造过程中流片环节的高成本问题会造成对外依存度偏高。

（三）政策导向对我国 IC 产品选择上游技术资源的影响

没有一个国家的集成电路产业是通过自由竞争取得成功的，它们的竞争优势都无一例外地来自政府人为创造的产业政策和贸易政策优势。我国政府一直对 IC 产业发展给予政策上的鼓励和帮助，使我国 IC 产业面对国际大厂商的竞争也能够得以快速发展。国家对集成电路产业的支持主要有便利的融资政策、税收激励、对教育的投入和人力资源的培训等政策。这里重点讨论几项作用较突出的产业政策对 IC 产品选择上游技术资源的影响。

1. 公共技术平台的建立，提高了自有技术资源的利用率

我国建立了能够提供 EDA 软件、IP 核等技术资源共享的 IC 公共服务平台，促进 IC 设计企业之间、企业与高校、企业与研究机构之间的交流，为实现国内知识产权等技术资源利用的最大化、降低对外依存度发挥了作用。

例如，工业和信息化部建立的国家软件与集成电路促进中心（CSIP）及地方分中心，通过租用的方式向 IC 设计企业提供 EDA 软件共享，开放设计室。降低中小型 IC 企业的设计成本，一定程度上解决了我国 IC 企业买不起高端 EDA 技术资源的问题。一方面，联络众多设计公司和科研机构，将中国 IC 行业基本单元库、IP 核和专利进行整合，提供相关检索、交易、IP 开发的服务，有效地整合了资源，为提高我国 IC 企业对国内自主开发的 IP 核等技术资源的充分利用发挥了重要作用。例如，CSIP 与中科院计算机研究所合作，结合 CSIP 在 IP 与嵌入式系统方面的技术资源，提高龙芯产品的稳定性与成熟度，加速龙芯的产业化进程，扩大龙芯产品的市场份额，帮助龙芯获得微软徽标认证。另外，IC 公共服务平台可提供多项目晶圆等服务，降低企业和科研单位的流片成本，在一定程度上为降低流片环节对外依存度贡献了力量。

2. 坚持首购政策，促进了 IC 产品采用国内技术资源

在我国 IC 设计企业面临国际价格竞争的压力之下，《自主创新产品政府首购和订购管理办法》的出台，给国内 IC 企业带来了新的机遇，企业真正享受到“首购订购政策”带来的好处，带动整个 IC 产业链发展。

第二代居民身份证模块产品就是国家战略部门安全产品采购一个很好的典型。第二代居民身份证项目从一开始就确定了选用国内自主创新产品的方针。在这个方针下，IC 企业在设计、制程、封装、测试、埋线、制卡等环节的整个产业链必须尽量选用国内关键技术，自然能够最大限度降低身份证卡芯片对外技术依存度。这个案例说明在 IC 产品上游技术资源的竞争力不如国外资源时，政府首购、订购所起的作用是关键性的。类似的产品在国内还有各地的社保卡以及其他政府部门主导的智能卡类产品。

在满足需求和“够用”的前提下，对自主创新的产品实施首购政策会给国内 IC 技术资源带来更多被采用的机会，十分有利于自主品牌在发展初期的壮大和成熟。

3. 坚持知识产权保护政策，为企业发展自有专利、IP 核资源提供动力

知识产权保护政策的作用主要有两个，一是通过支持企业与国外同行进行专利争夺，保证我国 IC 产业专利资源的自主性；二是通过培养国内企业遵守知识产权规则的意识，为国内技术资源发展培养公平竞争环境。

近几年来，我国 IC 设计企业遇到国外公司专利方面的诉讼越来越多，主要原因是我国 IC 产品的竞争力威胁到了国外公司的利润。这些诉讼事件直接影响到我国 IC 产品最重要的上游技术资源——专利。在我国芯片设计产业起步初期，企业经济实力较弱，加之缺乏此类诉讼经验，面对这类诉讼绝大部分企业都会选择退避。随着我国政府在知识产权保护方面给企业提供有利后盾支持，加之企业对自主知识产权的认识逐步加深，这一现象正逐渐转变。对保护我国 IC 产品上游技术资源的属性起到了重要作用。例如，2007 年 10 月 25 日，美国闪存存储公司 SanDisk 起诉芯邦科技侵犯了 SanDisk 专利。对于此类让很多中小企业如临大敌的 337 诉讼案，芯邦科技花了不到一年时间就圆满地了结此案件，结果是 SanDisk 撤诉与和解。这证明了我国 IC 企业自主创新的能力，为芯邦科技以及芯邦科技的客户、乃至整个行业创造了良好的发展环境。也证明了自己专利技术的国际含金量。

在国内培养良好的知识产权保护环境，有利于我国 IC 企业充分发挥主动性开发自主技术资源。例如，在本书“设计环节技术资源的 EDA 设计工具”中讲到，我国已拥有一些 IC 设计企业能够开发自主的中端 EDA 设计工具，这对我国降低设计环节对外技术依存度是非常重要的。加强这方面的知识产权保护能够对鼓励这些企业发挥主观能动性开发更高水平的 EDA 工具起到促进作用。

4. 坚持高端技术鼓励政策，促进企业向高端领域技术资源的开拓

出台鼓励高端技术发展的政策有利于培养我国 IC 产业高端技术资源的发展。例如，2008 年 2 月，财政部、国家税务总局出台了《关于企业所得税若干优惠政策的通知》，IC 线宽小于 0.25 微米和 0.8 微米的 IC 生产企业，可享受一系列的税收优惠政策，刺激 IC 企业向线宽更小的方向努力。

四 我国 IC 产业典型产品对外技术依存度的测度

（一）依存度计算公式在 IC 产品中的具体形式

产品层对外技术依存度的计算式如下：

$$\text{技术对外依存度}K=\frac{\text{使用国外技术资源创造的价值}}{\text{使用国外技术资源创造的价值}+\text{使用国内技术资源创造的价值}}\times 100\% \quad (1)$$

我们测度的对象是 IC 设计企业，应根据 IC 垂直产业结构特点将制程环节和封测环节作为两个整体上游资源考虑。加之我国 IC 产业自我积累的专有技术资源、新的智力资源肯定属于国内资源。因此，我国对外技术依存度公式在 IC 产品领域中具体的表达式为

$$\text{IC产品对外技术依存度}=\frac{\text{购买国外技术资源的投入}\left[\begin{array}{c}\text{(IP核+专利+}\\\text{EDA软件)}\end{array}+\begin{array}{c}\text{流片制}\\\text{程代工}\end{array}+\begin{array}{c}\text{封测}\\\text{代工}\end{array}\right]}{\text{全部技术资源的投入}}\times 100\% \quad (2)$$

（二）典型企业与典型产品的选择原则

我国 IC 设计公司有 500 余家，若对每一个企业一一进行测度，其工程量相当大，因此我们选择典型企业作为代表进行测度。对典型 IC 设计企业的选择遵循如下两个原则。

1. 能够反映我国 IC 产业平均发展水平的 IC 设计企业

虽然我国有小部分 IC 设计企业的设计能力已经进入到 90 纳米、超过 5000 万门级的先进水平，但这些企业比重较小。总体来讲，相当比例的企业设计能力处在 0.18～0.13 微米、百万门至千万门规模的水平。所以，本书测度的对象也集中在这个范畴。

2. 拥有独立知识产权产品的本土 IC 设计企业

我国最初的一批 IC 设计公司几乎都是以智能卡芯片起家的，国内设计厂商在应用最为广泛的 IC 卡芯片（电话 IC 卡、GSM 手机专用 SIM 卡、CDMA 手机专用 UIM 卡、3G 网络专用 USIM 卡）、市政交通（第二代身份证、社保卡、水电表卡、公交卡等）以及后来的 3G 手机卡芯片领域占有重要的市场比重，为我国 IC 产值做出了重要贡献。随着国际上其他同类公司进入我国智能卡市场，迫使我国 IC 设计公司不得不另觅商机寻求突破。消费电子产品需求的增加给我国 IC 产业提供了新的发展机遇。

（三）企业调研数据与计算结果

1. 大唐微电子

大唐微电子是我国最早进入手机 SIM 卡市场的 IC 设计公司，目前的主要经营方向是移动通信智能卡（第三代移动通信芯片）和身份证模块产品，同时也关注有线电视条件接收卡市场等。大唐微电子是目前全球智能卡领域中生产规

模最大、产业链最完整、生产设备最先进的智能卡企业之一；是全球唯一一家能够同时在芯片级、模块级、卡片级向客户提供全方位产品、服务与解决方案的企业；也是指定的第二代居民身份证 IC 卡芯片设计及模块加工企业。目前，公司模块年生产能力达 4 亿只，智能卡年发行能力 15000 万张，销售收入已经超过 1 亿美元。附表 11 是大唐微电子的反馈信息。

附表 11　大唐微电子有限公司调查表回复

产品名称/类别	产品成本中支付给外资和港澳台企业的技术资源的费用（用 A 表示）	产品成本中支付给中资企业（包括本企业研发投入等）的技术资源的费用（用 B 表示）
依据财务账目进行估计	25 043 万元	9 342 万元
对外技术依存度估算	$A\div(A+B)\times 100\%=72.8\%$	

从附表 11 可以看出，大唐微电子反馈的对外技术依存度为 72.8%。为了弄清这个数值结果的来源，本书对大唐微电子研发、生产 IC 卡芯片所需上游技术资源资金使用情况进行了详细的分析。附表 12 是大唐微电子完成的技术资源财务数据统计表。

附表 12　大唐微电子完成的技术资源财务数据统计①

环节		使用的技术资源	使用技术资源支付的开销/万元：国外部分	使用技术资源支付的开销/万元：国内部分	各环节开销总计/万元	各环节开销站总投入百分比
设计环节	设计	专利、外公司提供的协作开发服务资源		342	2 946	8.6%
		协会、联盟提供的服务资源		29		
		人才资源		1 510		
		工作场地、水电资源		291		
	试验	试验片制程技术资源	129	605		
		试验片测试技术资源		40		
制程环节		投片费	20 855		20 855	60.1%
封测环节		金丝	204		10 584	31.3%
		条带	2 154			
		胶/塑封料	1 389			
		卡基		5 437		
		其他材料（劈刀、工业胶带等）		720		
		备品备件	312	368		
合计			25 043	9 342	34 385	100%

通过对大唐微电子的财务数据进行分析，可以的出以下几条重要结论。

制程环节支出对技术依存度数值影响最大。大唐微电子制程环节支出占到

① IC 卡芯片封装是与 IC 卡制作连续完成的。因此，封测环节包括了条带、卡基等资源。

全部技术支出的60%以上；由于大唐微电子将这部分环节外包给境外公司，所以对外技术依存度主要部分来源于该环节。如果制程使用境内代工企业，对外技术依存度将变成12.2%。

实际产品设计环节中可能会有小规模的制程和测试工作。为了验证设计产品方案的可行性，IC设计公司会在正式投产之前在制程公司进行小规模试生产和测试，但相对于正式生产投入资金规模较小，大唐微电子试生产资金投入不到正式量产资金投入的4%。

大唐微电子设计环节的部分小规模制程代工选择了国内企业，主要是因为试验流片只看产品设计的可行性，投入小，可不计算成本，并且选择国内代工企业还是比选择国外代工企业更方便。

2. 清华同方微电子有限公司

清华同方微电子有限公司（清华同方微电子）是目前我国完全以智能卡为核心的设计公司，目前主要产品有接触IC卡芯片、非接触IC卡芯片、第二代居民身份证专用芯片、非接触卡读写解决方案、UHF RFID电子标签芯片及其读写解决方案，2003年，清华同方微电子的IC卡芯片产品通过了信息产业部组织的“第二代居民身份证专用芯片和模块”的生产定型等各项鉴定，2004年向我国公安部批量供货，销售额已经超过1亿美元。2005～2007年，清华同方微电子连续三年被评为“中国十大集成电路设计企业”。

附表13是清华同方微电子对本次调研函的回复情况。

附表13　清华同方微电子调查表回复

产品名称/类别	产品成本中支付给外资和港澳台企业的技术资源的费用（用A表示）	产品成本中支付给中资企业（包括本企业研发投入等）的技术资源的费用（用B表示）
依据财务账目进行估计	250万元	1000万元
对外技术依存度估算	$A\div(A+B)\times100\%=20\%$	

从清华同方微电子回复的情况可知，该公司产品的对外技术依存度为20%。我们了解到，清华同方微电子与国内制程代工企业有着广泛的合作，这是其依存度较低的主要原因。

3. 芯邦科技

芯邦科技是一家致力于消费电子产品中的移动存储和多媒体相关控制芯片设计及其整体解决方案开发的创新型科技企业。从2003年创立到2007年，累计销售额达5000多万美元，累计出货量超过1亿片，单月销售量占全球市场份额约40%，成为U盘控制芯片全球最大供货商，改变了该行业一直被国外厂商垄断供应的历史，被评为2008年“十大中国最具发展潜力IC设计公司”。附表14是芯邦科技反馈的情况。

附表 14　芯邦科技调查表回复

产品名称/类别	产品成本中支付给外资和港澳台企业的技术资源的费用（用 A 表示）	产品成本中支付给中资企业（包括本企业研发投入等）的技术资源的费用（用 B 表示）
依据财务账目进行估计	11 992.21 万元	728.00 万元
对外技术依存度估算	$A\div(A+B)\times100\%=94.28\%$	

芯邦科技是以一件USB控制芯片产品的开发进行测算的，其对外技术依存度为94.28%。之所以得到如此高的依存度数值，主要是选择了国外代工厂进行芯片制造。

4. 北京九方中实电子科技有限责任公司

九方中实电子的主要产品是支持一种国际DVB-C标准的有线数字电视信道接收解调芯片。该公司成立于2002年5月，致力于完全自主知识产权的有线、地面传输调制解调SoC芯片设计和相关ASIC设计的研发及市场推广。参与了国家数字电视产品标准组和数字电视关键件组“数字电视性能规格参数标准”、“数字电视的测量方法”、“数字电视调谐器参数和测量方法”、“双向数字电视调谐标准”等一系列国家标准的编写和制定。九方中实电子回复的情况见附表15。

附表 15　九方中实电子调查表回复

产品名称/类别	产品成本中支付给外资和港澳台企业的技术资源的费用（用 A 表示）	产品成本中支付给中资企业（包括本企业研发投入等）的技术资源的费用（用 B 表示）
依据财务账目进行估计	50 万元	450 万元
对外技术依存度估算	$A\div(A+B)\times100\%=10\%$	

九方中实电子回复的对外技术依存度为10%。

5. 上海高清数字科技产业有限公司

上海高清是国内最早从事数字电视核心技术研发的队伍，是国内地面数字、高清晰数字电视领域最主要的国标系统及芯片研发基地和主导力量，曾先后参与研制开发了中国第一代、第二代高清晰度电视系统，为中央电视台成功提供全方位的系统及芯片支持服务。作为国标核心企业，上海高清在提供高品质芯片、解调器等器件外，对国标应用系统的建设一直很关注，是中国数字电视地面传输标准（GB20600-2006）核心起草及研发企业。其解调芯片产品的应用领域包括国标高清、标清、家用、车载地面机顶盒、国标高清地面电视一体机、国标移动、便携式多媒体播放终端、USB电视接收棒、国标笔记本电脑。上海高清数字科技产业有限公司的回复情况见附表16。

附表 16　上海高清调查表回复

产品名称/类别	产品成本中支付给外资和港澳台企业的技术资源的费用（用 A 表示）	产品成本中支付给中资企业（包括本企业研发投入等）的技术资源的费用（用 B 表示）
依据财务账目进行估计	12.59 万元	28.95 万元
对外技术依存度估算	$A\div(A+B)\times100\%=30.31\%$	

上海高清回复的对外技术依存度为 30.31%。该公司与中芯国际有着密切的合作，这是其依存度不高的主要原因。

五　我国 IC 产业对外技术依存度的分析

（一）我国 IC 产品对外技术依存度测度的统计结果

通过对以上典型企业依存度的测度结果统计分析，我们可以得出如下结论。

1. 目前我国 IC 产品对外技术依存度可分两类情况

根据我国 IC 设计企业选择流片制程代工厂的情况，可以将我国 IC 设计企业对外技术依存度分为两类，一类是我国 IC 设计企业选择国外流片制程企业负责代工，这种情况下设计企业的 IC 产品对外技术依存度为 10%～30%；另一类是由我国 IC 设计企业选择国内流片制程企业负责代工，这种情况下设计企业的 IC 产品依存度为 70%～95%。

2. 我国 IC 设计企业对外技术依存度主要受 IP 核、EDA 工具、流片制程技术资源的影响

一方面，选择国内流片制程企业做代工对降低对外技术依存度起着非常重要的作用。另一方面，在选用国内制程企业及封测企业做代工的情况下，我国 IC 设计企业 10%～30%的依存度主要来自于 IP 核、EDA 开发软件工具的对外依赖。这 10%～30%的依存度不容忽视，首先，IP 核、EDA 软件的对外依赖势必造成我国要想发展高端芯片技术受制于人，因为目前国外高端芯片的 IP 核和 EDA 工具是不会卖给我们的；其次，IP 核等资源从国外引进对我国信息安全不利；再者，IP 核、EDA 软件等技术资源附加值高，这些资源依靠国外将使我国 IC 设计企业变成简单的“组装”厂，为别人创造利润。

3. 本书对外技术依存度测度方法基本得到 IC 设计企业认同

从 IC 企业对调研表的完成情况看，企业对该测度框架是比较认同的，对测度框架中各项指标内容都能够理解，基本能够从公司实际财务架构中分出国外技术资源和国内技术资源，计算式比较简单易懂。

（二）我国 IC 产品对外技术依存度未来短期趋势分析

根据 IC 产品上游技术资源的国内外发展趋势比较，可推测 IC 产品对外技

术依存度的短期走向。

1. IC 芯片复杂度提高、产品周期缩短的趋势对 IP 核、EDA 设计工具提出了更高的要求

一方面，IC 设计公司正在向更小的技术节点转换，增加了芯片的设计复杂度要求。例如，针对 65 纳米以及 45 纳米的 IC 设计，其设计规模极其庞大，动辄上千万门以及成百上千个 IP 宏模块。另一方面，我国 IC 设计公司还面临着产品上市时间的压力，设计周期不断缩短。为此，对 EDA 工具提出了几大要求：一是提供高容量、高性能的数字集成设计能力，完成更先进产品的设计；二是做到面向测试的设计，具有可预见性，并对可实现性能够尽早反馈。我国国内中低端 EDA 工具资源尚未达到普及的水平，高端工具尚不具备国际竞争力。

2007 年，我国内地 IP 销售额为 6850 万美元，仅占全球的 4%左右。国内 IC 设计公司在 IP 的引入和使用过程中遇到的主要问题有：一是 IP 评估和验证方法不完善，IP 的质量和可靠性得不到保障；二是 IP 标准和应用推广力度不够，致使不同 IP 的整合、复用和集成性能难以满足高端产品的需要；三是 IP 的价格过高，造成 IC 产品开发成本高，影响了企业应用 IP 的积极性；四是 IP 技术展示和商务洽谈缺乏良好的氛围。

2. IC 芯片微型化、薄型化的发展趋势对流片制程和封测技术提出了更高的要求

目前电子产品，尤其是消费电子产品便携趋势对芯片的体积、功耗提出了更高的要求，芯片向着微型化、薄型化的方向发展。附图 11 是我国国内芯片代工厂最高特征线宽水平与国际最高水平的发展走势图。

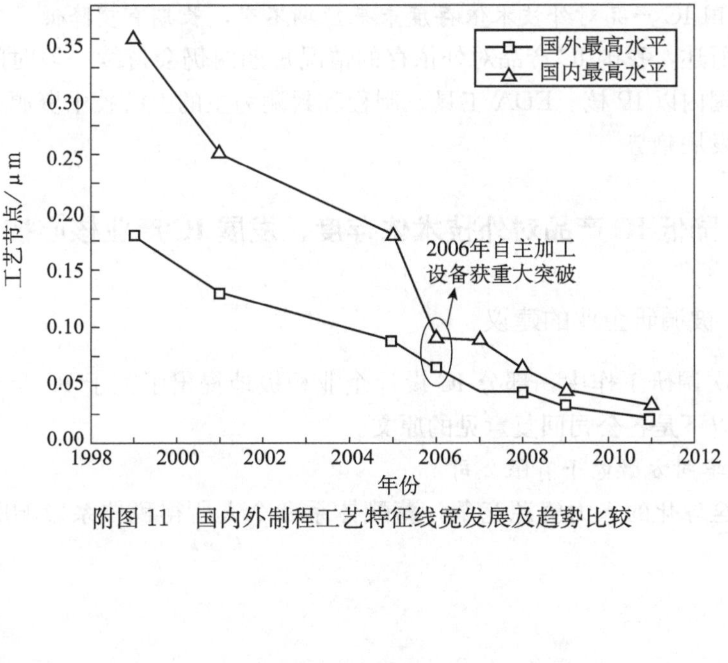

附图 11　国内外制程工艺特征线宽发展及趋势比较

从附图11可以看出，在2006年之后，我国芯片代工厂的加工特征线宽与国际先进水平的差距有了大幅度的缩小。这是因为在2006年我国IC制造装备取得重大突破，由北京北方微电子公司和中科信公司共同攻关的100纳米刻蚀机与离子注入机设备达到了与国际同步的“8英寸100纳米”装备水平，技术水平跨越了5代，并向中芯国际供货。到2008年，中芯国际量产技术能力已经达到了65纳米的水平，另外，2008年国际先进加工特征线宽已经先我们一步达到了45纳米的水平，之后要求更小的特征线宽完成芯片的制造，因此，我国IC产品是否选择国内代工厂作为技术资源的因素之一取决于未来几年内，我国加工特征线宽能否赶超国际其他代工厂。

新技术方面，新型纳米级器件及工艺技术。EUV、nano－imprint等有望成为下一代主流纳米工艺的技术也在研究当中。纳米压印等新技术逐步实现产业化。我国纳米压印等新技术仍处在实验室研究阶段。

封装技术方面。未来10年BGA、CSP、FC将成为IC封装的主流，尤其FC将越来越受PCB市场的欢迎，采用FC（含FC BGA和FC CSP）进行互连的PCB产量占总产量的比例将从2006年的3.22%增加到2011年的9.1%，这与65/45纳米工艺量产有关。另外SiP越来越引起业界的关注，它能弥补SoC的不足，2005年全球SiP市场为11亿美元，2010年将达41亿美元，SiP手机芯片应用市场年复合增长率为13%。三星于2007年二季度量产SiP DRAM；英特尔存储器与MPU的堆叠采用SiP；台积电也跨入65/45纳米SiP服务。测试方面，拥有高速多器件并行测试技术的企业将收到青睐。

3. 我国IC产品对外技术依存度未来短期不变，长期有望降低

综上所述，我国IC产品对外依存的情况短期内仍会持续一段时间，能否降低取决于国内以IP核、EDA工具、制程和封测为主的上游技术资源的发展能否跟上国际发展趋势。

六 降低IC产品对外技术依存度，发展IC产业核心技术的建议

（一）被调研企业的建议

在本次调研工作中，部分IC设计企业积极地提出了关于IC产业发展的宝贵意见。以下是各公司回复意见的原文。

1. 清华同方微电子有限公司

（1）全球化的人力资源竞争，薪酬体系和个人所得税体系影响吸引人才的竞争力。

(2) 创新资金投入的不足。

2. 芯邦科技

(1) 公司办公场地问题始终未得到解决，对我公司上市筹备工作有阻碍。希望能够尽快得到深圳市软件园12栋7层的产权，有利于我公司的上市工作。研发、办公场地不能彻底解决，使我公司感觉在“漂浮”，不知道将来“根”扎在哪里。

(2) 在行业内，人才竞争非常激烈，深圳市对软件IC从业研究人员个人所得税方面没有特别的优惠政策。国内很多城市，为支持这个行业的发展都推出了留住人才、稳定人才的政策。如离深圳最近的珠海，对软件和IC行业的从业人员个人所得税有30%的补贴返还，使人才直接得到实惠，缓解了企业成本上升的压力，最终有利于留住科技人才。

3. 北京九方中实电子科技有限责任公司

(1) 困难

——经费紧张：芯片设计从预研开始，需要较长的周期才能见效，在生产出成品期间，还需要进行多次流片，整个研发周期所需费用较高。

——人员培养难：因为在芯片研发中资金紧张，而一款高端SoC芯片，需要优秀的前端设计队伍、后端设计队伍、软件开发队伍、测试队伍共同完成，资金紧、周期长将直接导致芯片研发各个环节中人员经验增长速度慢，解决问题能力的积累也较为困难。

(2) 建议

IC尤其是高端SoC芯片设计是国家科技发展的制高点，希望国家加大资金扶持力度，为国家积累一批有用的技术和人才，从而在大国竞争中占领有利地位。

通过对众多被调研企业提出的意见的统计得出，目前企业对下面两个问题最为关心：一是开发新型高端芯片急需资金方面的政策帮助；二是急需人才引进方面的政策帮助，“人才是第一资源”、“发展我国IC产业最关键的因素是人才”已成为业内人士的共识。

(二) 本书对降低IC产品对外技术依存度，发展IC产业核心技术的建议

1. 更大限度地发挥公共技术平台的作用，提升知识产权资源的竞争力

实践结果已经表明，成立产业联盟和公共技术平台，促进了IC企业在专利、IP核方面知识产权资源的共享。进一步的目标，应通过平台的作用促进各个IC设计企业进行联合技术研发和成果共享，加快摆脱专利分散、IP核分散的局面，促进专利池的形成，增强我国IC设计企业对外知识产权谈判筹码。

2. 继续坚持首购政策，对IC产品对外技术依存度提出更高要求

我国第二代身份证等产品的首购政策极大地促进了我国IC卡产品的市场拓

展，为我国IC设计企业积累自有技术资源起到了孵化器的作用。因此，建议坚持政府及公共部门相关IC产品的首购政策，扩展首购产品范围，同时对首购产品的对外技术依存度提出更高的要求，推动我国IC设计企业采用自有技术资源。

3. 继续坚持知识产权保护政策，鼓励企业发展自主专利产品和IP核产品

知识产权保护分为对外和对内两个方面。对外，即针对我国IC设计公司面临越来越多国际知识产权争端的形式，发挥政府的作用，调动一切能够调动的力量，为我国IC设计企业参与国际知识产权竞争提供有力支持。对内，即在国内要增强IC设计企业的知识产权意识，一方面要鼓励国内企业创新，另一方面要监督国内企业相互尊重知识产权，为国内IC产业发展创造公平、有序、健康的竞争平台。

4. 支持前沿新产品的发展

IC产品的核心技术资源在设计和制程环节，而这两个环节中IP核、专利的附加值最高。我国IC产业在这两个方面比较薄弱是技术对外依存的重要原因。由于美国、日本、韩国等IC产业发展较早，在比较成熟的产品领域已经占据了IP核和专利池领地，我国IC产业在这些领域与其竞争肯定吃力。所以，应抓紧发展前沿新产品领域的开发，这是我国IC产品上游技术资源竞争力追赶上国际水平的机会。

目前，我国IC设计企业正以IP核和SoC产品设计为突破口，力争提高我国设计业专利竞争力。但现在是多个小企业单打独斗的方式，竞争力非常薄弱，迫切需要政府的支持。所以，政府方面应提高政府基金绩效，优先扶持设计业的专利与IP核产出。在标准制定方面，绘制专利地图应成为公共服务平台建设的着力点。

5. 以典型龙头产品带动产业链发展

从对外技术依存的角度讲，我国IC产品从设计、制程到封测各环节的上游技术资源竞争力都存在一定程度的不足。

从技术资源结构方面看，在IP核、专利等高附加值的技术资源被作为关注重点的同时，其他如人才资源、EDA设计工具、半导体工艺设备、原材料等技术资源对降低依存度也起着不可忽视的作用。然而在集成电路产业分工全球化的形式下，不可能对每一个环节的每一项技术资源都进行重点培育。从产业结构方面看，我国IC设计公司数量众多，但规模小，每一家的竞争力都不能与国外大企业抗衡。目前各企业对政府的资金支持都有着强烈的愿望。然而，如果政府对每一家企业都进行资金支持，势必造成扶持力度分散，效果不佳。

因此，将产业支持的着力点放在重点IC产品上，以重点IC产品的发展带动整个产业链条的发展。比如，政府集中资金对某几类关键芯片进行项目招标，

对芯片的性能指标、IP 核等核心技术资源的国产化率指标，以及芯片产品对外技术依存度指标等方面提出具体要求。有实力承接项目的 IC 设计企业根据政府提出的指标要求，自行寻找国内外最优化的上游技术资源进行设计和生产。这样，更利于将政府扶持和市场自由选择相结合，推动 IC 产业发展，将对外技术依存度降低到合理的水平。

重点领域（三）：我国计算机产品对外技术依存度实证研究

一　计算机产业发展所需的技术资源与核心技术

（一）本书所研究计算机产业的基本概况

1. 计算机产业的范围界定

计算机制造业与计算机服务业一起构成计算机工业，计算机制造业是生产各种计算机系统、外围设备、终端设备以及其他有关装置的产业。本书围绕计算机制造业中的台式机、笔记本以及服务器展开研究。

计算机制造业的产品与一般工业产品不同，完整的计算机产品是“复合产品”，包括硬件、软件以及多种服务支援在内。因此，计算机制造业必须与计算机服务业协调发展，多数计算机公司兼营制造和服务两种业务。由主机、外部设备和终端等构成的硬件子系统，只不过是“不完全的产品”，为使系统有效地发挥效能，软件子系统（包括系统软件和应用软件）担负着极其重要的作用。从计算机安装开始，直到运转和使用，软件支援是极其必要的。计算机厂家必须与用户保持密切的联系，并提供维护和咨询等全面服务，才能发挥计算机这一复合产品的使用效果。因此，计算机制造业必须把保护用户的利益放在重要位置，才能建立自己的信誉，取得自己的发展。一些有代表性的计算机厂家，直接面向用户的销售、维护、咨询及培训等服务部门人员约占全体雇员的 30%。

2. 计算机制造业现状

经过 50 多年的飞速发展，计算机产业不断向各个领域、不同行业渗透，形成了新的技术融合应用和更广阔的产品门类，已经成为全球电子信息产业的第一大支柱产业。2007 年，全球计算机产业保持了稳定的增长态势，全行业已进入成熟期，寡头垄断的局面正在形成。在中国、印度、拉丁美洲和东欧等新兴市场以及笔记本市场的推动下，全球计算机产业迎来了黄金发展时期，整个计算机市场呈现良好的发展态势。据各大权威机构预测，2007 年全球计算机出货量将达 2.69 亿台，比 2006 年同比增长 14.3%，实现近两年来的最快增长，其中笔记本的销量更是首次突破1亿台大关，达到了1.1亿台，比2006年同比增长33.8%。而整个产业的总产值将达到了4583.16亿美元，比2006年同比增长10.2%，2003～2007年全球计算机市场产业规模见附表17。

附表17　2003～2007年全球计算机产业总产值　单位：亿美元

	2003年	2004年	2005年	2006年	2007年
产值	3180.61	3545.86	3843.43	4158.95	4583.16
增长率	3.0%	11.5%	8.4%	8.2%	10.2%

数据来源：赛迪顾问。

随着技术的进步，笔记本和台式机的性能差异逐渐缩小，价格也更加接近，越来越多的商用采购开始选用笔记本替代原有的台式机，而在个人消费领域，不少消费者也将目光锁定笔记本，尤其是对于购买第二台计算机的用户，笔记本取代效应将更加明显。来自多家调研机构的数据均显示，虽然在计算机整体市场，台式机依然高于笔记本，但在品牌计算机市场，笔记本的销售已经超越台式机。自2007年开始，笔记本已成为计算机厂商利润的主力军。

（二）计算机的产品结构

计算机主要由主机系统、输出设备和输入设备三部分组成。主机系统是计算机的主体，其主要部件有CPU、主板、内存、硬盘、功能卡（显卡、声卡、网卡）及机箱电源组成；输出设备主要是显示器、打印机等；输入设备主要是键盘、鼠标、摄像头、麦克风等。

1. CPU

目前世界上主流的CPU芯片有英特尔的Pentium Ⅵ，Itanium，AMD的K10架构四核心Opteron服务器处理器Barcelona，IBM的PowerPC及Power4，SUN的UltrasparcⅢ和SGI公司的MIPS芯片。目前，高性能通用CPU的单片处理能力最高已达到每秒80亿次浮点运算。

2005年双核计算机正式进军市场，由英特尔的至尊版奔腾840处理器（主频3.2GHz的90纳米芯片）拉开帷幕。同期，AMD集成了优秀的内存管理器，推出了90纳米双核Athlon 64×2产品线获得广泛的追捧。紧随其后的就是走向主流的奔腾D 800系列CPU，英特尔的第二代双核处理器奔腾D 900系列在2006年年初发布，并且开始将英特尔的制程工艺全面转向65纳米。

在2008年下半年面世的Nehalem引入了全新的架构，据英特尔所公布的发布计划，在Nehalem之后将会有进一步的计划。2009年将会提供能效比更加出色的32纳米工艺芯片，开发代码为Westmere，而在2010年，将会再次引入新的芯片架构设计，开发代码则为Gesher。

AMD于2007年下半年推出采用K10架构的Barcelona为四核并有4.63亿

晶体管。Barcelona是AMD第一款四核处理器，原生架构基于65纳米工艺技术。和英特尔Kentsfield四核不同的是，Barcelona并不是将两个双核封装在一起，而是真正的单芯片四核心。2008年下半年，Barcelona投入量产上市，发布的Opteron为双路2200系列，主频1.9GHz、2.0 GHz，2.1 GHz和2.4 GHz。

2. 主板

主板是计算机最基本的也是最重要的部件之一。目前市面常见的有华硕、微星、技嘉、精英、富士康等，几乎占据了整个市场的80%以上。

华硕是主板业当之无愧的老大，产品的整体性能强劲，设计也颇具人性化，开发了许多独特的超频技术。主流的P45芯片组相比之前的P35有更长的生存周期，凭借硬件节能技术EPU、真16相电源以及全日系固态电容等多项无与伦比的“金牌”技术，华硕P45系列主板已然占据了英特尔45nm系列主板全球市场份额的五成。

精英也是一线大厂中产量非常大的巨头，是系统科技股份有限公司最主要的合作伙伴，但产品没有太多的技术特点，超频能力较差。微星是传统的主板一线大厂，出过不少的经典之作，产品线丰富，而且推出新品速度很快，主板附加功能较多，微星主板以稳定性著称，做工和用料一直受到用户的信赖。技嘉产品以做工优良，性能稳定著称，台湾生产做工用料较好，后期的产品超频能力较强，附加功能较丰富，产品线也较丰富。富士康是全球最大的代工厂，产品都以OEM为主，推出自有品牌用料与做工还算可以，不过没有特色。

3. 硬盘

作为存储设备中的重要一员，硬盘起着极其重要的作用。目前，国外硬盘的主流厂商包括希捷、西部数据、三星、日立等。

希捷成立1979年，现为全球最大的硬盘制造商。希捷在设计、制造和销售硬盘领域居全球领先地位，提供用于台式机、移动设备和消费电子的产品。2005年底，希捷以19亿美元并购迈拓，进一步巩固其全球硬盘领域的霸主地位。2007年，希捷推出了全球最快的硬盘——Savvio 15K，给Savvio系列的2.5英寸串行SCSI（SAS）企业级硬盘解决方案增加了15K-rpm速度级别。Savvio 15K硬盘提供最高的硬盘性能密度和可靠性，同时保证超低的功耗，降低了数据中心的热负荷。

西部数据创建于1970年，1988年进入硬盘制造领域，在马来西亚建有装配厂，其生产的西部数据硬盘，具有独有的资料保护技术，有数据卫士之称，其主要产品有鱼子酱、Expert和Enterprise系列。其中，鱼子酱系列是面向普通桌面用户，Expert系列是面向高端个人计算机，Enterprise则是面向高端个人计算机及企业服务器。

日立于2003年收购IBM的硬盘（HDD）业务部门，并成立新公司——日立环球存储科技公司，作为硬盘专业公司，不断开发与硬盘相关的技术。日立推出一款容量为4GB（gigabytes）的1英寸微型硬盘——体积仅为1英寸，最高容量可达4GB，支持“仙尘（Pixie Dust）”和Femto磁盘应用技术。

三星针对小型笔记本、平板电脑，以NAND型闪存架构发展出储存装置，即固态硬盘。通过运用8GB NAND型flash芯片，三星已经可打造容量高达32GB的SSD固态硬盘，适合应用在笔记本等便携型装置上。

4. 内存

内存对于计算机发展的贡献不言而喻，从最初的第一代SIMM内存、EDO DRAM内存到DDR2甚至DDR3内存，内存已经走过了几十个春秋。目前，国外内存的主流厂商包括三星、现代、英飞凌、美光等。

三星是全球最大的内存芯片制造商，他的512 PDRAM值得注目之处在于其密度和功能集——即密度、读和写性能及耐久力——使之直接与大批量应用如移动电话中的闪存竞争。

现代已推出超低电压快闪内存，进入低电压与超低电压闪存领域，市场目标为移动电话、视讯转换器（STB）、个人数字助理（PDA）等消费性产品与工业电子应用产品，以及网络和通讯设备等。

英飞凌是德国内存制造企业，推出容量为512MB、1GB与2GB的DDR2 VLPDIMM（小型内存模块）。英飞凌VLP-DIMM的高度只有18.3毫米，比常用于服务器的1U寄存式DIMM的高度低40%，专门面向高容量刀片式服务器应用。更小的外形将空间要求降低了一半以上，改善了空气流通，为刀片式服务器中其他额外功能或更多的内存模块创造了空间。

美光是美国内存厂商，成立于1978年，主要生产DRAM、快速SDRAM、闪存及其他半导体组件和内存模块。

DDR2能够在100MHz的发信频率基础上提供每插脚最少400MB/s的带宽，而且其接口将运行于1.8V电压上，从而进一步降低发热量，以便提高频率。此外，DDR2将融入CAS、OCD、ODT等新性能指标和中断指令，提升内存带宽的利用率。从JEDEC组织者阐述的DDR2标准来看，针对计算机等市场的DDR2内存将拥有400MHz、533MHz、667MHz等不同的时钟频率。高端的DDR2内存将拥有800MHz、1000MHz两种频率。DDR2内存将采用200-、220-、240-针脚的FBGA封装形式。最初的DDR2内存将采用0.13微米的生产工艺，内存颗粒的电压为1.8V，容量密度为512MB。

DDR3相比DDR2有更高的工作电压，从DDR2的1.8V降落到1.5V，性能更好更为省电；DDR2的4bit预读升级为8bit预读。DDR3目前最高能够达到1600MHz的速度，由于目前最为快速的DDR2内存速度已经提升到800MHz/1066MHz的速度，因而首批DDR3内存模组将会从1333MHz起跳。

在台北国际电脑展览会上大展我们看到多个内存厂商展出 1333MHz 的 DDR3 模组。

5. 功能卡

1）显卡

显卡，又称绘图卡，是计算机主机里的一个重要组成部分，承担输出显示图形的任务，对于喜欢玩游戏和从事专业图形设计的人来说显得非常重要。目前显卡图形芯片供应商主要包括 ATi（现在 ATI 已经被 AMD 收购）和 Nvidia 两家。

2）声卡

声卡，也叫音频卡，是计算机进行声音处理的适配器。它有三个基本功能：一是音乐合成发音功能；二是混音器（mixer）功能和数字声音效果处理器（DSP）功能；三是模拟声音信号的输入和输出功能。新加坡创新（Creative），是独立声卡的发明者。目前中国台湾的瑞昱（Realtek），是世界最大的集成声卡厂商。

3）网卡

计算机与外界局域网的连接是通过主机箱内的网卡实现的。网卡不仅能实现与局域网传输介质之间的物理连接和电信号匹配，还涉及帧的发送与接收、帧的封装与拆封、介质访问控制、数据的编码与解码以及数据缓存的功能等。

由于网卡技术的成熟性，目前生产以太网网卡的厂商除了国外的 3Com、英特尔和 IBM 等公司之外，中国台湾的厂商以生产能力强且多在内地设厂等优势，其价格相对比较便宜。

6. 光驱

目前国外光驱主要生产企业有索尼，先锋，三星，东芝等。

索尼为主导的蓝光 DVD 技术将成为主流发展趋势。HD-DVD 技术的主要卖点是，它能和目前市场占主流的标准 DVD 共享部分构造设计，DVD 制造商并不用投入庞大资金，更新生产设备。而蓝光技术则要求制造商添购全新的生产设备。不过蓝光技术的优势在于光盘的容量非常大，最高可以是现在红光 DVD 光盘的 6 倍，足以存储超过 2 小时的高清晰数字视频内容。

全球光驱产业近几年兴起一股异国“联姻”热潮，从最早期 1999 年日立（Hitachi）与乐金（LG Electronics）合并成立 HLDS，2003 年年明基、飞利浦（Philips）成立 PBDS，到 2003 年年底东芝（Toshiba）与三星电子（Samsung Electronics）共同合资成立 TSST，跨国联姻的结合的确为上述业者带来不少利益，其中，HLDS 稳居全球龙头已有 6 年之久，东芝与三星在合并后迅速站稳全球前三大的地位。

7. 显示器

目前的显示设备有 CRT 显示器和液晶显示器两类，全球 CRT 显示器生产企业主要有中华映管、LG、三星、松下、东芝、飞利浦，液晶显示器生产企业有三星、夏普、东芝、LG等。

CRT显示器已基本淘汰，在一些高端应用领域还有使用，液晶显示器是目前的主流显示设备，计算机用液晶显示器尺寸在10～24英寸，由显示面板模组和外围接口电路组成，由于液晶显示面板是由专业厂家生产，液晶显示器整机设计制造较为简单，生产厂家较多。

8. 软件

计算机的运行离不开操作系统和底层的基本输入输出系统（BIOS）。目前操作系统主要有微软Windows、IBM的OS/2、UNIX以及Linux等。

计算机上使用的BIOS软件根据制造厂商的不同分为：AWARD BIOS程序、AMI BIOS程序、PHOENIX BIOS程序，以及其他的免跳线BIOS程序和品牌机特有的BIOS程序，如IBM等。当前PHOENIX已经被AWARD收购，所以最新的主板BIOS只有AWARD和AMI两家提供商。因此在台式机主板方面，其虽然标有AWARD-PHOENIX，其实际还是AWARD的BIOS。PHOENIX BIOS多用于高档的品牌机和笔记本上，其画面简洁，便于操作。

操作系统是一个庞大的管理控制程序，大致包括五个方面的管理功能：进程与处理机管理、作业管理、存储管理、设备管理、文件管理。目前计算机上常见的操作系统有Windows、OS/2、UNIX、XENIX、LINUX、Netware等。但所有的操作系统具有并发性、共享性、虚拟性和不确定性四个基本特征。

操作系统的主要功能是资源管理，程序控制和人机交互等。计算机系统的资源可分为设备资源和信息资源两大类。设备资源指的是组成计算机的硬件设备，如CPU，主存储器，磁盘存储器，打印机，磁带存储器，显示器，键盘输入设备和鼠标等。信息资源指的是存放于计算机内的各种数据，如文件，程序库，知识库，系统软件和应用软件等。

（三）计算机产品设计制造流程

计算机设计制造流程由产品设计、产品制造、产品测试三部分组成。

1. 产品设计

计算机产品属于通用产品，系统架构和部件连接已经标准化，计算机产业链分工细致，从核心芯片制造到板卡生产到整机制造都由单独的企业完成。计算机整机产品设计，主要是外观设计、功能集成、产品可靠性设计等工作。

2. 产品制造

计算机产品制造主要是整机组装过程，由于主要部件都依赖外购，整机制造以装配和测试为主。

3. 产品测试

由于计算机产品接插件多，部件来源复杂，所以产品测试是保证计算机产品质量的主要环节之一。

（四）计算机产品核心技术

对整个计算机来说，核心技术不仅仅是CPU、操作系统，还有外围逻辑芯片、硬盘、图形卡、内存等。

CPU和操作系统是整个计算机制造业的龙头，是产业的技术和工业标准发布地，属技术密集型，具有很强的行业壁垒。全世界只有几家是龙头企业，而且都在计算机制造业的发源地美国，其典型代表就是英特尔和微软。英特尔的中央处理芯片（CPU）和微软的视窗操作系统（Windows）联手，形成了计算机硬、软件工业标准，具有很强的技术密集型特点。

外围逻辑芯片组也是计算机的核心部件。如果说CPU是整个计算机的大脑，那么外围逻辑芯片组将是整个身体的心脏。在计算机行业称设计芯片组的厂家为core logic。对于主板而言，芯片组几乎决定了这块主板的功能，进而影响到整个电脑系统性能的发挥，芯片组是主板的灵魂。芯片组性能的优劣，决定了主板性能的好坏与级别的高低。这是因为目前CPU的型号与种类繁多、功能特点不一，如果芯片组不能与CPU良好地协同工作，将严重地影响计算机的整体性能甚至不能正常工作。

作为存储设备中的重要一员，硬盘起着极其重要的作用。我们大多数的数据都是通过硬盘来存储。尽管在外部结构方面，各种硬盘之间有着一定的区别，但是其内部结构还是完全相同的，毕竟硬盘的本质工作方式不会改变。其核心部分包括盘体、主轴电机、读写磁头、电机马达等主要部件。

图形计算能力比较强的图形芯片被称为GPU，即“图形处理单元”。GPU具有专用性的特点，擅长图形计算和处理。GPU的前身就是显示卡的主芯片。显示卡和显示器等组成计算机系统中的图形子系统。最早的显示卡功能比较简单，所以也叫显卡，它是连接主机与显示器的接口卡。现在的显卡都是3D图形加速卡，主芯片也被冠以GPU。

内存也是计算机的主要部件，主要功能是暂存资料（data）及指令（instructions）。如果没有高速内存的配合，CPU或GPU运算能力再强也无济于事。CPU、外围逻辑芯片更多的讲究研发能力，产品升级换代快，而内存更偏重于规模和产量，产品升级换代较慢。

计算机制造业的流程从整机方案设计，外观设计，到最后的测试阶段，产品的核心技术集中在产业链的上游环节，高端芯片设计和存储技术的发展左右了计算机制造业的整体发展。

（五）典型计算机产品的成本结构

计算机产业链可以分为三个层次：处于最高层次的是芯片制造商和芯片技

术，如英特尔和AMD；中间层次的是部件级制造商和部件技术，如显示器、显卡、主板；处于最底层的则是整机组装商。最初是芯片制造商在主导着计算机市场的发展，也就是CPU的变革在主宰着台式机市场的走向。但近年来，越来越多的零部件厂商也开始加入到这一行列。2007年的“19英寸宽屏风暴”、“大屏显示器大战”都表明了这一点。而计算机厂商对微软Vista系统、NV新款显卡的追捧也同样证明了这一点，单纯的整机组装厂商已经在市场上已经越来越失去话语权，只能无奈地跟随在上游厂商的背后进行残酷的竞争，赚取低廉的利润。

本书以主流台式机为例，分析计算机产品的成本结构（附表18）。

附表18　主流台式机成本结构

序号	主要组成部分	其成本在整个计算机中所占比重
1	CPU	20%
2	主板	15%
3	内存	2.5%
4	硬盘	6%
5	显卡	6%
6	声卡	3%
7	光驱	4%
8	LCD	20%
9	机箱	5%
10	电源	3%
11	鼠标	1.4%
12	键盘	1.5%
13	音箱	3.2%
14	操作系统	9.5%
总　计		100%

通过附表18可以看出，上游的CPU和操作系统的成本约占到整个计算机成本的30%左右，中游的主板、内存、硬盘、显卡、光驱、显示器的成本占整个计算机成本的55%左右，下游的机箱、电源、键盘、鼠标以及整机组装的成本占整个计算机成本的15%左右。

二 支撑我国计算机产业发展的国内自有技术资源现状

我国计算机的产业规模发展很快，计算机微机是我国计算机产业的主导产品，我国微机的生产和销售始终保持快速、平稳、健康发展。市场是产业发展的土壤，虽然国际计算机市场近几年较为疲软，但由于我国计算机尤其是PC机市场仍处于成长阶段，社会保有量仍相对不足，远没有达到类似于欧美市场的成熟度，市场有很大的上升空间。因此我国以微机为主导产品的计算机产业能够在国际市场一片低迷的环境下，以庞大的内需市场牵引为拉动力量，保持着稳定的增长趋势。

除少数关键前端产品外，生产计算机所需的全线产品都可以在我国本土生产。我国计算机外设和零配件行业正在迅速形成大规模生产能力。在外设生产方面，我国已成为全球最大的显示器生产基地之一；计算机用的主机板、显卡、机箱、键盘、鼠标等配套零部件几乎都在国内生产，产量已形成一定规模，产品大量以出口为主。在计算机整机生产方面，我国在全球的地位也日益重要。

支撑我国计算机产业发展的国内自有技术资源主要有中科院的龙芯、京东方和上广电的液晶显示器、长城的硬盘和中科红旗 Linux 等。

(一) 部件资源

1. CPU

2002 年我国有 200 多家芯片设计公司（1999 年只有 70 多家，近两年增加了 100 多家），华虹、华晶等 7 家芯片生产骨干企业和十几家封装厂。2000 年国内 IC 销售 201 亿块（约 600 亿元人民币），其中，国产芯片 58.8 亿块，国产芯片大多数是集成度较低的芯片，多数用于通信和家电产品，计算机用的 CPU 芯片几乎全部进口。

从 2001 年开始我国研发单核心处理器，之后自主研发的单核心处理器诞生了，代号为 Godson－1，就是著名的 Dragon 芯片（龙芯）。有关部门从 ICT 吸纳 200 多名专业人才，准备开发第三代龙芯——Godson－3。Godson－3 将会采用四核心设计，预计在年底完成流片，有望于明年（2009 年）正式登场。

此外，还将推出八核版本的 Godson－3，八核版本则计划在明年流片。四核与八核版本的 Godson－3 都采用 65 纳米工艺，时钟速度为 1 GHz。设计采用分布式可扩展的架构，具有可重构的 CPU 核及 L2 缓存。

国家计划在“十一五”期间，研制出两台百万亿次超级计算机，并掌握千万亿次超级计算机的研发能力。

2. 硬盘

在计算机产品的众多核心技术中，硬盘技术含量也是非常高的。国内硬盘厂商有长城科技股份有限公司、深圳易拓科技有限公司以及生产微硬盘的南方汇通世华微硬盘公司等。

改革开放初期，由于受到技术封锁，国内最早的硬盘是从保加利亚引进的。随着改革开放的不断深入，长城与 IBM 等国际知名计算机制造厂商的合作不断加强，从中学到了很多新的技术和管理经验。长城凭借自己在计算机制造业多年积累的经验建立起在世界上排名前列的硬盘生产基地，终于实现了中国人自己生产硬盘的目标。硬盘作为一件高科技产品，绝不是拥有了厂房设备和原料就能够开始加工组装生产的。长城从一开始就清楚地认识到了这一点，因此，长城不仅在国内，也在国外引入了许多优秀的技术工程师，配置了一支强大的技术团队，并开展了对相关人员的培训工作。经过一番紧锣密鼓的筹备，1999年5月，凝结着长城人的智慧与汗水的第一块由中国人自主生产的硬盘（8.6GB高容量高速硬盘）诞生了！长城硬盘的诞生成为中国计算机制造史上的一个里程碑。

易拓科技自主研发的Jupiter木星家族硬盘已赢得海内外市场较高认可，最新3.5英寸硬盘系列产品——单碟250GB硬盘：木星系列Jupiter J9250，及金星系列Venus V9250，在2008年投入量产。

该系列硬盘采用了业界认可具有高可靠度的垂直磁性记录（PMR）技术，容量达到单碟250GB，并持续采用独创的“神奇飞机头技术”（ramp load/unload technology），实现350GB高防震设计，改进了硬盘防震能力，同时通过这项技术降低磁头飞行高度，大大提高了读写数据效率。在接口上，除仍继续采用IDE ATA-133的接口外，在串行接口上则采用SATAII-3G，易拓科技单碟250GB的木星系列与金星系列产品的推出，进一步扩大了易拓硬盘系列产品线。

双星系列运用目前市场高度认可的单碟双头技术作为基础。单碟双头的硬盘在各项性能指针上确实证明其稳定度最高，单碟设计的双星系列为高容量硬盘的稳定质量，卓越性能提供了可靠保障。

在1.8英寸以下的微硬盘领域，全世界还只有屈指可数的几家厂商，南方汇通是中国第一家生产微硬盘的自主技术工厂。南方汇通成立于2002年8月，占地面积15 000平方米，结合国内外资源组成了中国最专业的，以硬盘开发、生产为核心技术的科技公司。目前该公司拥有现代化厂房包含全厂区超净10级净房，防静电环境，自动化生产线，先进的净水系统，自行研发的完整测试设备，以及海外和国内科技精英组成的制造团队，确保了产品的高品质水准以及竞争力。该公司研发中心为美国磁源公司，设立于美国加利福尼亚州的Milpitas，为数十年来国际硬盘科技的主要发展重镇，研发团队拥有多位资深工程人员，硬盘设计经验总和超越200年以上，是一家世界级的研发机构。Magicstor 1.0英寸微型硬盘的技术属于尖端技术领域，包含了磁性材料、精密机械、微动力马达、光电材料、先进芯片封装与电子模组加工，以及核心软件、硬盘控制技术与组装技术等近十种以上专业技术。

3. 内存

进口内存条大量充斥国际、国内市场，成为内存条市场的主流，主要产品来自韩国和中国台湾等地。国内有中芯国际在进行内存生产，但为代工，且国内技术仍旧停留在DDR2阶段，国际主流技术已向DDR3迈进。存储颗粒等技术掌握在上游芯片厂商手中，由上游芯片厂商直接影响内存市场价格及发展趋势。

4. 显示器

中国 IT 产业走过了 26 个年头，同时中国显示器产业也发展了 26 个年头，拥有长城显示器、AOC、上广电、京东方、中华映管等成熟的显示器产业链的生产厂家。在技术上，都采用与国际接轨的质量体系，内在质量基本可以和国外品牌的显示器媲美，能生产目前主流的低端的显示器、面板。

5. 其他零配件

联想、紫光、清华同方、京东方等笔记本厂商都成立了笔记本研发部门，致力于主板级和部件级研发，主要涉及笔记本内部的散热电路、无线模块的设计。

笔记本自主研发的门槛非常高，不仅需要世界一流的芯片级、主板级研发人才，更需要长期的巨大资本投入。在这方面，我国计算机企业的差距还比较大。例如，有企业经过努力，终于自己研发出笔记本样机，并通过代工企业生产出来，不过，该产品却出现了应用上的问题，并且，样机的技术水平落后国际品牌产品一两年，如果把这些样机投入到生产中做出产品，那是销售不出去的。

最终，大多数笔记本厂商都选择了参与式研发，即与 OEM 代工厂商共同研讨，提出样机的性能、配置规格和模型要求，并在代工厂商以后的研发过程中提出修正请求。在这一过程中，技术实力强的厂商，还可以在代工企业设计的主板上，自行加入具有特色的部分功能设计，例如，自己的散热设计、自己的外形设计、自己的外部存储介质部分设计等。

2003 年 5 月，联想成功研制了内地第一款拥有自主知识产权的笔记本主板，并同时研发成功了底层软件。紧接着，联想推出第一款由内地厂商主导设计开发的笔记本电脑昭阳 E600，该产品的整机散热设计、结构设计、产品外观全部由联想主导开发。此外，该产品还包括联想独有的关联任意通和 I-key 安全方案研发技术。此外，联想还与英特尔联合推出了一款概念型笔记本。从某种程度上看，联想在自主研发方面，已经接近了主板级的笔记本研发水平。

6. 操作系统

中国已研制出以中科红旗 Linux、中标普华 Linux 等产品为代表的 Linux 产品，并具有一定的技术创新。尤其是中科红旗软件系列产品使 Linux 系统在安全性方面增强了紧密牢靠的控制能力，其核心技术尤其是安全技术大大提高，病毒数量仅以个位计算，优越的安全性将成为打击微软，进入桌面市场的最有力的武器。中科红旗软件也因其丰厚的技术底蕴和自由软件相结合，成为国产软件的一面旗帜。

中科红旗 Linux 的销售价格极低，意在抢占市场占有率，推广产品，故基本可以不记入成本。

（二）设计资源

计算机产业的精细分工已使该产业高度上游化（高性能计算机例外），台式机、笔记本和低性能服务器的整机设计基本没有什么可称为“核心”的技术，剩下的只是满足不同使用要求和审美要求的系统集成和工业设计，整机制造的技术含量就更低，连电装、螺装都不用了，剩下的只是插装。但高性能计算机由于使用多核并行架构（多的可达成百上千个 CPU 并行工作），一是在协同方面需要独到的技术，二是在供电、冷却方面也需要特殊考虑，所以，高性能计算机技术不可能上游化。

1. 台式机

所用核心部件和重要部件几乎都依赖国外产品。其中，CPU 来自英特尔和 AMD；内存条来自 Kingstone、Kingmax、现代、三星等国外厂商及部分中国台湾厂商；内存颗粒主要来自三星、现代、英飞凌等国外厂商；主板主要来自华硕、微星、技嘉等台湾的厂家，国内企业昂达、联想也开发主板，但高端芯片只能依赖英特尔、Nvidia、ATI 等国外芯片厂商，小部分由台系厂商如 VIA 威盛、SIS 矽统等提供。其他重要配件如显卡芯片、硬盘、光盘驱动器等产品也主要来自于国外和台系厂商，国内基本没有这方面的自主研发能力。

2. 笔记本

国内笔记本研发只是工业设计和模具设计，以及人机工程、散热系统、电池性能等方面。联想曾研发成功一款拥有自主知识产权的笔记本主板，并申请 20 多项国家发明专利，但高端芯片仍依赖英特尔。

据海外媒体报道，英特尔微处理器技术实验室主管 Shekhar Borkar 表示，虽然中国设计的“龙芯 2 号”处理器短期内无法与英特尔展开竞争，但该产品所使用的技术却表明，中国的 CPU 设计能力已取得长足进步。

（三）知识产权

我国计算机产业虽然整体规模较大，但是核心技术和基础专利较少。国内硬件企业基本上不掌握核心技术，尤其在高端 CPU、操作系统软件、大容量存储器、平板显示器、打印头等关键领域缺少发明专利。现在国内企业申请的专利多是技术含量不高的实用新型和外观设计方面的专利。

龙芯 2E 是我国区第一个采用 90 纳米设计技术的处理器，最高主频达到 1.0GHz，峰值运算速度达到每秒 40 亿次双精度浮点运算，在单处理器设计方面已达国际先进水平，是具有自主知识产权的 CPU 芯片。曙光 4000A 高性能计算机的研制成功，实现峰值 11.2 万亿次、Linpack 值 8.06 万亿次，使我国成为继美国、日本之后第三个能制造和应用10万亿次商用高性能计算机的国家。我国自行研制成功的具有自主知识产权的"BE12000"核心路由器，性能指标达到国内领先水平，个别技术创新达到国际领先水平，标志着我国已经基本掌握下一代互联网的核心路由器关键技术，对于保障我国互联网安全运行具有重要战略意义。

三 非技术因素对我国计算机产业选择技术资源的影响

（一）市场竞争对我国计算机产业选择技术资源的影响

国内在计算机相关产品自主研发环节与国外相比较还比较薄弱，仍然处于发展中阶段，达不到国际高端技术水准，并不掌握上游核心技术。这一现状导致了产品的性能跟不上国际发展步伐，甚至有的高端精密产品如CPU无法生产，虽有研究的产品但性能跟不上并且成本较高，性价比远远不如国外进口产品，使得国内整机厂家以及国内的众多买家放弃选择国内自主生产的产品。

另外，国内市场上长期充斥了大量的外来品牌，国内计算机配件产品的宣传和推广工作不够，国人对其了解不多，也成为限制自主产品市场销售的一个重点因素。例如，大量的国内自主生产的机器所配套的均为进口的显示器及面板，国内自主生产的显示器及面板已经达到了国际水平，但是由于品牌力度不够等原因，丧失了大部分市场。

作者在联想调研时了解到，虽然国内计算机产业凭借自身技术资源能够提供CPU（龙芯）、操作系统（Linux）等上游产品，但是考虑到市场上用户的选择问题——长期建立起来的对计算机主流产品的认可和信赖，国内整机企业为增强本企业产品在市场上的竞争力，满足消费者的偏好，大多数是选择产业内主流产品进行配套，如CPU主要是选择英特尔和AMD的，操作系统主要是选择微软的。所以说，市场竞争因素也影响着我国计算机产业的对外技术依存度。

（二）成本控制对我国计算机产业选择技术资源的影响

我国计算机产业位于世界计算机产业链的下游环节，上游核心技术都掌握在计算机发达国家和地区手中，导致了国内自主研发生产计算机产品的投入大大增加，直接增加了产品成本。

（三）政策导向对我国计算机产业选择技术资源的影响

政府的大力支持，可以为计算机民族产业发展开辟新的空间。计算机核心产品涉及国家政治、经济、军事、安全的要害领域，核心技术能否掌握在自己手中，是关系到国家安全的重大问题。我国政府始终高度重视计算机产业的发展，并把计算机产业列为战略性产业之一，国家为计算机产业的发展建立了优良的政策环境。

四 我国计算机产业典型产品对外技术依存度的调研与测度

（一）典型企业与典型产品的选择

计算机属于整机产品，在计算机产业对外技术依存度调研与测度中，本书主要是根据行业的集中度、企业规模及市场占有率来选择典型企业，而对于被调研产品，主要是根据产品的产量、销量及其对我国计算机产业安全、技术安全及经济安全的角度来选择典型产品。

1. 典型企业的选择

近五年来，我国计算机产业结构、市场情况附表 19、附表 20 所示。本书调研选择我国计算机行业中的 20 家企业，包括 3 家行业排头兵企业，即联想、方正和同方。

中国市场品牌计算机企业有联想、惠普、方正、戴尔、同方，其中国内企业为联想、方正、同方。根据行业集中度情况，选择计算机行业中前三位的企业，个人计算机的典型企业：联想、方正、同方。

2007 年，中国市场的前三甲分别为联想、方正和同方。2008 年第一季度中国计算机市场排名第一的是联想，其市场占有率为 31.3%，第二至第四位的为方正、戴尔和惠普。可以说，中国计算机市场三强的格局已经基本稳定。

2007 年中国计算机市场增长率为 19.6%，出货量达到 1900 万台以上。2008 年中国计算机市场增长率达到 17.6%，市场增长略微放缓。但是增长率的下降标志着中国计算机市场逐步进入了成熟阶段，而不简单是市场需求疲软。

附表 19　2003～2007 年中国计算机产业结构　　单位：亿美元

产值	2003 年	2004 年	2005 年	2006 年	2007 年
PCs 与外设	480.00	670.00	830.00	1015.7	1254.75
零配件	275.00	350.00	415.00	453.4	531.67
合计	755.00	1020.00	1245.00	1469.1	1786.42

附表 20　2003～2007 年中国计算机市场结构　　单位：亿美元

销售额	2003 年	2004 年	2005 年	2006 年	2007 年
PCs 与外设	183.94	215.45	247.24	287.53	339.92
零配件	207.5	248.75	288.3	312.28	343.85
合计	391.44	464.2	535.54	599.8	683.77

2. 典型产品的选择

计算机产业包括的主要产品，其中台式机、笔记本、服务器产品所占比例。

附表 21　近两年我国计算机主要产品产量

产品名称	单位	2008 年 1～10 月	2007 年
台式机	万部	3215.8	3375.6
笔记本	万部	8714.0	6809.6
服务器	万部	171.0	299.9

随着我国经济快速稳定发展，个人消费水平的逐渐提高，笔记本持续降价，双核、宽屏、大尺寸液晶显示器的普及导致了笔记本需求的大幅上升，从而带动了国内整体计算机市场的快速增长。2007 年，PCs 产品（包括台式机、笔记本、服务器）整体销量同比增长 19.4%，其中笔记本销量大幅增长 43.6%，销售额占全部计算机市场比率达 32%，成为拉动 PCs 市场的主要动力（附表 21)。

对于典型产品，本书调研主要选择联想的台式机、笔记本，方正的台式机、笔记本，同方的台式机、笔记本。由于服务器在整个计算机产业中所占份额较小，因此不作为调研的典型产品。

（二）计算机产品对外技术依存度测度公式

1. 对外技术依存度的定义

一个国家，在核算期内的经济发展对外国技术资源的依赖程度，包括依赖外国拥有知识产权的技术和其物化形态。

2. 对外技术依存度的计算公式

根据对外技术依存度的定义式，确定计算机产业的对外技术依存度计算公式如下：

$$\text{技术对外依存度 } K=\frac{\text{使用国外技术资源创造的价值}}{\text{使用国外技术资源创造的价值}+\text{使用国内技术资源创造的价值}}\times 100\% \tag{1}$$

式中：

$$\text{使用国外（内）技术资源创造的价值}=\sum_{1}^{n}\text{设计环节转移的国外(内)技术价值}+\sum_{1}^{n}\text{上游环节转移的国外(内)技术价值}+\sum_{1}^{n}\text{生产环节转移的国外(内)技术价值}+\sum_{1}^{n}\text{销售环节转移的国外(内)技术价值} \tag{2}$$

公式中的“国家”以知识产权权属为边界，而不以地理国界为边界，包括这个国家的投资人在境外的权属。例如，在计算机制造过程中，上游的零部件如 CPU 主要是由英特尔、AMD 这两家美国企业提供，内存条是由现代、三星等国外企业及部分中国台湾企业；主板主要来自华硕、微星、技嘉等中国台湾的企业，在这些提供计算机上游零部件的国外企业和中国台湾企业中，有很多在我国的苏州、东莞等地区设厂，以便于计算机生产的就近配套，按照知识产权的地域属性，这些在国内配套的零部件也是属于外部技术资源。

3. 计算机产品对外技术依存度的测度

产品层对外技术依存度的测度是多层测度的基础，所需数据需从被调研企业直接调查获取，被测度企业的被测度产品的对外技术依存度计算如下：

$$K_{\text{计算机产品}}=\frac{q_{\text{产品}i}p_{\text{外}}}{q_{\text{产品}i}p_{\text{总}}}\times 100\% \tag{3}$$

式中，q 产品 i 表示被测度产品的产销量；$p_{\text{外}}$ 表示被测度的单位产品的外国技术资源价值；$p_{\text{总}}$ 表示被测度的单位产品的外国和中国技术资源价值总和。

产品的对外技术依存度的“核算期”可以是一年，数年。在计算机产品对外技术依存度的实证分析中，本书采用 2007 年这一年作为核算期。

（三）调研数据与计算结果

公式（2）虽然将对外技术依存的内容分解为设计、上游、制造和销售四大环节，公式（3）也将其分解到产品，但仍属理论性公式，不便统计操作，还需将其进一步细化为统计报表科目。在设计统计报表时，以下两种情况必须予以注意。

1. 技术上需考虑的问题

要针对产业实际细化科目，以计算机整机为例。计算机产品量大面广，频繁换代，计算机制造业垂直分工越来越精细，甚至精细到计算机品牌与计算机制造分家，但无论怎样分工，知识产权仍然归属计算机品牌企业，我们的统计也针对计算机品牌。

第一，分解设计环节。计算机设计有三种情况：一是品牌企业自行设计，二是购买专业设计公司的设计，三是委托 ODM 设计。不论哪种设计都需要投入费用：设计设备折旧、设计软件摊销、设计人员工资、设计物资与器材采购、设计协作支付等以及购买专利、技术咨询等的投资。若是自行设计，统计报表应列出较详细的统计科目；若是委托设计或购买设计，问题就简单多了，只需列出购买费用的摊销。

第二，分解上游环节。若是自行组装计算机，则需列出各项关键物资；若是委托 OEM 企业采购物资无法分解的，则不需要分解，只需列出总支出。

第三，分解制造环节。若是自行组装，则需列出关键设备折旧费，若是 OEM 加工，只需列出总支出。

第四，分解销售环节。若出厂产品还需安装其他公司软件，如操作系统，或向其他公司缴纳专利费，则按实际支出列支。

2. 财务上需考虑的问题

对外技术依存度的原始数据统计，要尽可能地利用现有财务数据，但由于现有的财务数据不区分资金是使用在国外还是国内，这就需要从现有数据中分离出购买国外技术资源的部分。

我国企业的财务管理模式已呈多元化态势，有美国上市、香港上市、国内上市、有限责任等多种形态。例如，联想在香港上市，按照香港股市规定，当期发生的研发费用需在当期摊销；而国内上市企业的研发费用，依照我国税务规定要分期摊销。从信息化维度考察，有企业资源计划（ERP）和财务电算法等形态，这都会影响财务数据的分拆。因此，我们要根据企业不同的财务管理模式、产业组织形态和技术价值形态等多种因素，给调查统计留出灵活设计科目的余地，以便企业填报。

附表22和附表23是我国计算机产业中典型企业台式机、笔记本的对外技术依存度问卷调查反馈结果。

附表22　典型企业台式机对外技术依存度

被调研企业	对外技术依存度
联想	0.75
方正	0.8
同方	0.8

附表23　典型企业笔记本对外技术依存度

被调研企业	对外技术依存度
联想	0.7
方正	0.85
同方	0.85

（四）被调研企业对统计报表科目设置的反馈意见

通过与被调研计算机企业之间的沟通和对调研表格反馈情况分析可以看出，被调研企业认可计算机产品对外技术依存度测度框架，对测度框架中各项指标内容都能够理解，基本能够从企业实际财务架构中分出国外技术资源和国内技术资源，计算公式比较简单、易懂，具有可操作性。

五　我国计算机产业对外技术依存度的测度方法与结论

我国计算机产业经过多年的快速发展和激烈的市场竞争洗礼，行业集中度不断提高并趋于稳定。目前，我国计算机产业中前三位的企业，联想、方正、同方的产值之和占国内计算机产业产值的80%以上。因此，我们可以通过这三个典型的计算机企业的产品对外技术依存度数据，以及国内产值、产品结构信息加权得到国内计算机产业各小行业，如台式机、笔记本小行业对外技术依存度，然后对台式机、笔记本小行业对外技术依存度加权平均可得到我国计算机产业对外技术依存度。

（一）我国计算机产业对外技术依存度的测度

对于计算机产业各个小行业的对外技术依存度，如台式机小行业、笔记本小行业，采用对各重点企业生产的该小行业产品的对外技术依存度加权平均的方法计算：

$$K_{小行业}=\frac{\sum w_{企业i}K_{产品i}}{\sum w_{企业i}} \tag{4}$$

式中，$w_{企业i}$为各重点企业的权数，具体数值可根据各企业产品在该小行业中的份额来确定。

1. 台式机小行业对外技术依存度测度

2007年，我国计算机产业的典型企业联想、方正、同方的台式机产品的国内市场份额分别是36.1%、13.4%和10.3%，结合附表22的调研数据进行估算我国笔记本行业对外技术依存度：

$$\begin{aligned}台式机小行业对外技术依存度=&\frac{36.1}{36.1+13.4+10.3}\times 0.75\\&+\frac{13.4}{36.1+13.4+10.3}\times 0.8\\&+\frac{10.3}{36.1+13.4+10.3}\times 0.8=0.769\end{aligned}$$

2. 笔记本小行业对外技术依存度测度

2007年，我国计算机产业的典型企业联想、方正、同方的笔记本产品的国内市场份额分别是30%、9%和5%，结合附表23的调研数据进行估算我国笔记本行业对外技术依存度：

$$\begin{aligned}笔记本电脑小行业对外技术依存度=&\frac{30}{30+9+5}\times 0.7+\frac{9}{30+9+5}\\&\times 0.85+\frac{5}{30+9+5}\times 0.85=0.747\end{aligned}$$

3. 计算机产业对外技术依存度测度

对于计算机产业对外技术依存度，可采用对台式机、笔记本小行业对外技术依存度加权平均的方法计算：

$$K_{计算机产业}=\frac{\sum w_i K_{小行业i}}{\sum w_i} \tag{5}$$

式中，w_i 为各小行业的权数，具体数值可根据该小行业在计算机产业中的份额来确定。

具体测度数据如下。

2007年，我国计算机产业中台式机的销售额为810亿元，笔记本的销售额为675亿元，结合前面计算出的台式机、笔记本小行业的对外技术依存度进行估算，可得出我国计算机产业对外技术依存度：

$$\text{计算机产业对外技术依存度}=\frac{810}{810+675}\times 0.769+\frac{675}{810+675}\times 0.747=0.759$$

4. 计算机产业对外技术依存度的另一种测算方法

产业对外技术依存度＝产业的进口额/产业的产值

以2007年我国计算机产业的数据为例进行测算，具体数据如附表24所示。

附表24　2007年我国计算机产业进口情况

序号	进口产品	进口额/亿美元
1	显示器	7.296
2	光驱	33.957
3	硬盘	82.131
4	CPU	1000×0.9=900（亿元）
5	内存	90（亿元）
6	操作系统	400（亿元）

2007年我国计算机产业硬件产值为2157亿元，因此：

$$\text{产业技术依存度估算值}=((7.296+33.957+82.131)\times 6.8+900+90+450)/(2157+400)=2278.44/2607=0.87$$

采用进口额与国内产业产值的方法进行测算得出，我国计算机产业的对外技术依存度为87%。

与基于典型企业的问卷调查数据的估计结果相比，可以看出采用进口额与国内产业产值的方法所估算出的对外技术依存度偏高。

（二）我国计算机产业对外技术依存度发展趋势分析

根据世界计算机技术发展趋势和结合我国计算机技术发展状况，分析我国计算机产业对外技术依存度的发展趋势。

计算机产业进入成熟期，产业发展所需的各种技术资源及其提供方格局相对稳定，在未来一段时期内我国计算机产业对外技术依存度将保持较为平稳的发展态势，即在当前的80%左右对外技术依存度水平上下波动，主要原因分析如下。

第一，总体来说，世界计算机制造业已经进入了成熟期。这主要表现在计算机的基本功能已经成熟，价格日趋稳定，产业链、价值链上游的技术垄断企业变化很小，行业集中度较高并相对稳定，尤其是提供芯片（CPU）和软件（操作系统）的国外企业将处于长期垄断地位。

第二，计算机产业创新模式已实现重心转移，销售方式和制造模式的创新取代技术创新为计算机产业的发展注入活力。随着计算机基本功能的日趋成熟，技术创新带动计算机产业发展的力量逐渐变小，通过直销模式和全球制造模式能为计算机产业带来新的推动力量，非核心技术的计算机企业也有机会通过规模和品牌来反向控制产业链。

第三，计算机产业的发展动力由速度需求向功能需求过渡。20世纪的消费者更换计算机的原因在于市场不断推出运算速度更快的微处理器，摩尔定律主导着20世纪的个人计算机市场的发展规律；21世纪的计算机市场将更加注重计算机所具有的应用功能，新的应用功能将吸引消费者购买新电脑，也会培育新的消费群体。如计算机与家电的结合，会拓展出新的应用功能，也会拓展新的消费群体。

六 被调研企业对降低计算机产业对外技术依存度、发展核心技术的建议

本书调研选择我国计算机行业中的20家企业，包括3家行业排头兵企业，即联想、方正和同方，共发放调查问卷20份。通过对众多被调研企业所提出意见的统计分析发现，目前对我国计算机产业发展核心技术的建议主要集中在以下三个方面。

第一，考虑目前计算机产业核心技术国际格局和我国的技术资源状况，应坚持技术引进和自我研发相结合的原则，力争掌握计算机产业的核心技术。

第二，建议政府积极引导国内计算机企业形成产业联盟，共同进行核心技术的研发和标准的制定。对于计算机产业核心技术，政府应建立有效的研发机制，并给予包括资金在内的各种支持。

第三，鼓励计算机产业中的大企业通过各种方式向产业价值链中利润丰厚的上游环节延伸，实现产业层次升级。加大技术创新，掌握属于自己的应用核心技术以及产品在全球市场的分销渠道，减少对国外技术的依赖，提高利润率。

重点领域（四）：我国手机产品对外技术依存度实证研究

一 手机技术分析

世界上第一款手机（移动电话）由美国摩托罗拉Cooper博士于20世纪60年代研制出来，属于第一代手机。当时使用得技术为模拟调制技术、频分多址技术等。由于电池容量限制和模拟调制技术需要硕大的天线和IC的发展状况等制约，体积比较大，携带不方便，被人戏称为“砖头”和“黑金刚”。到

了 90 年代，数字技术的突飞猛进及 IC 和软件系统的规模发展，促成了先进且业已成熟的第二代手机，具备携带方便，信号稳定，外观新颖，功能多样化等特点。使用的技术主要有数字调制技术和时分多址及码分多址，分为 CDMA 和 GSM 两制式手机。随着多接收天线和编解码芯片等硬件和软件的改进，第三代手机特别是我国制式的 TD-SCDMA 手机正逐渐进入中国用户手中。

国外手机厂商倚重其技术的长期积累和外观的新颖设计，长期占据着我国手机市场的绝大份额。由于手机用户的群体性和高频率的使用率，国外手机在我国的强势发展势必对我国经济安全、产业安全、信息安全等提出了严峻挑战，也决定了研究和发展我国手机自有知识产权技术的必要性和紧迫性。在此背景下，开展我国手机对外技术依存度实证研究具有重大的现实意义。

（一）手机的结构分析

经过近十年发展，手机已由过去国际若干大厂的“专利”产品，演进到目前低门槛的结构化设计和组装。手机结构越来越简单，主要有两部分组成：手机硬件部分和手机软件部分。

1. 手机的硬件构成

手机硬件主要由四大类组成：主动器件、被动器件、功能组件和结构组件。主动器件，指有源器件（所谓“源”指电流源或电压源等），主要包括基带处理器、射频处理器、内存、电源管理、相机模组、应用处理器等；被动器件指无源器件，主要包括电容、电感、电阻等；功能组件包括电池、天线、显示屏、电声元件、振动马达等；结构组件则包括手机外壳、PCB 板等，如附图 12 所示为手机硬件结构图。

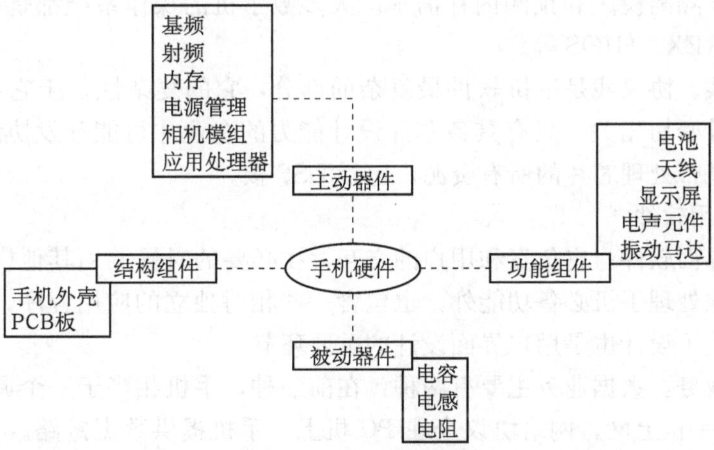

附图 12　手机硬件结构

2. 手机的软件构成

手机软件包括两大类：系统软件和应用软件。系统软件主要由启动模块、操作系统、协议栈等构成；应用软件主要由数据业务、本地存储、驱动程序、用户界面及第三方软件等构成。附图 13 为手机软件构成图。

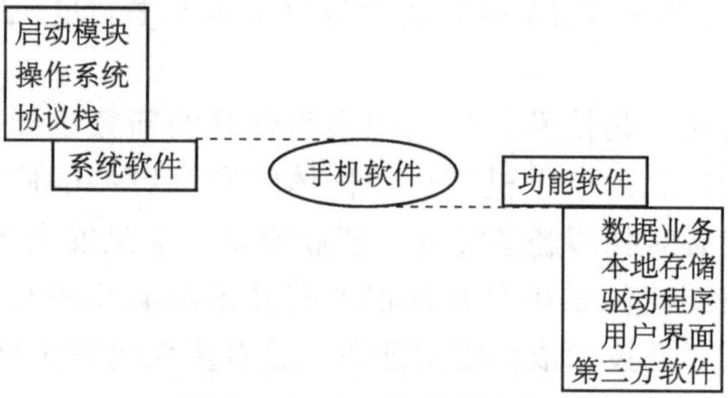

附图 13 手机软件结构图

1）系统软件

启动模块。中断向量表的第一个跳转指令当然是跳到复位的处理程序，后面是中断处理、错误处理的跳转指令。一上电，手机就跳转到复位的处理程序，开始检查内存、初始化 C 运行环境，然后创建第一个任务。这个任务会按顺序创建、启动其他任务。绝大多数手机程序都是多任务的，但也有一些小灵通的协议栈是单任务的，没有操作系统，它们的主程序轮流调用各个软件模块的处理程序，模拟多任务环境。

操作系统。操作系统在手机软件只占很小一部分。它的主要功能就是提供多任务调度、通信机制。有的操作系统会提供动态内存分配、定时函数，但这些都不是必需的。例如，需要动态内存分配的模块，可以自己管理一个内存池，这样更易于隔离模块和预测内存需求。大多数手机的操作系统都是一个很小的内核，如 REX、HIOS 等。

协议栈。协议栈是手机软件最复杂的部分，它的复杂性在于它和基带处理芯片的设计密切相关。只有具备芯片设计能力的企业才可能开发协议栈。协议栈会使用基带处理芯片的所有资源，包括 DSP 核。

2）应用软件

人机界面软件。它负责和用户的交互，在必要的时候调用其他模块的功能。用户界面除处理手机必备功能外，也包含一些相对独立的应用程序，如日程表、游戏等。美工设计也是用户界面设计的重要环节。

数据业务。数据业务主要有两种：在前一种，手机相当于一个调制解调器，PC 机通过手机上网，网络协议全在 PC 机上，手机提供数据链路。另一种是嵌入式数据业务，手机内部包含 TCPIPPPP 等协议，有时还要实现 HTTP 和嵌入式浏览器，不需要 PC 机就可以接入 Web 或 Wap 网络。

本地存储。手机都有本地存储功能，存储电话本、短消息、用户设定等。一般手机都有一个基于 flash 的文件系统。早期的手机存储是基于 EEPROM 的。

驱动程序。硬件驱动一般是指外设驱动，但也有一些设备是集成在基带处理芯片中的。驱动程序包括键盘、电源管理模块、LCD、flash、RTC、串口、USB、SIM 卡或 UIM 卡、射频驱动等。

第三方软件。第三方软件是指手机可以通过数据线或者网络下载一些可执行文件到文件系统中。然后有一个装载器可以装载、执行这些文件。这样第三方就可以开发一些应用程序，下载到手机中来扩充手机功能。这些可执行文件现在主要有两种格式：Java 程序和 BREW 程序。

（二）手机的关键技术分析

手机的关键技术是芯片、协议栈、操作系统和设计，四者密不可分。芯片是基础，是完成所有手机所有功能的物理器件。协议栈则要充分利用芯片提供的性能，支撑各种复杂应用。通过操作系统，手机用户可以轻松地操作手机，灵活简便。手机设计的好坏决定了手机性能的优劣和美观。

1. 手机芯片

芯片是手机的核心部件，负责处理各种信号的运算和处理。它的性能好坏直接决定了手机功能的强弱。芯片又包括基带芯片、射频芯片和多媒体处理芯片、照相芯片等应用处理芯片。附图 14 为手机芯片。

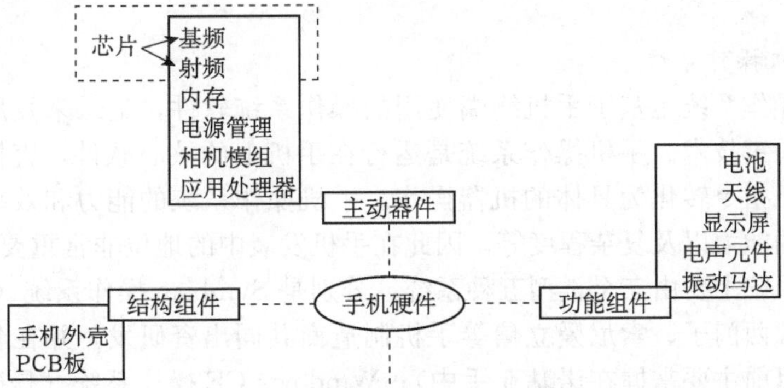

附图 14　手机芯片

基带处理芯片用于选择适当的移动通信网络，建立和维持网络连接，实现话音和数据通信，是手机构件的核心。射频处理芯片用于把基带信号变为射频信号发送出去并接收射频信号转化为手机器件可处理的基带信号。应用处理器用于采用嵌入式操作系统，加载多种应用协议以提供各种业务。2008 年，TI、Qualcomm、Freescale 和 STMicro 占据全球基带芯片市场中超过 70% 的份额，其中，TI 和 Qualcomm 的总占比近 60%。2G/GPRS/EDGE/WCDMA 路线的基带芯片占比超过 70%，处理器内核的两大阵营如附图 15 所示。

指令集	CISC	RISC
内核架构	X86	ARM \ MIPS \ SH3
处理器厂商	英特尔	ARM
处理器市场份额	移动终端方面尚在样机阶段	目前已有超过 85%的无线通信设备采用 ARM 处理器
运营模式	“Intel Inside”	作为 IP 供应商，不直接从事芯片生产，靠转让设计许可由合作公司生产各具特色的芯片
芯片厂商	英特尔	包括 TI 等全球 200 多家半导体生产商，截至 2008 年 CortexA8 已授权 10 家 IC 公司，而 ARM11 的授权则已达 57 家
终端厂商	Aigo、Asus、富士通、海尔、HTC 和三星等	诺基亚、三星、索尼爱立信、摩托罗拉、LG 等各大终端厂商
终端举例	UMPC	iPhone 采用三星生产的 S3C6400 型处理器，基于 ARM11

附图 15　处理器内核的两大阵营

2. 手机协议栈

协议栈软件在物理层软件之上，是手机系统的神经枢纽，是控制手机通信的信令系统，直接影响手机的整体性能。所谓协议栈就是对信息进行多次封装和解封的过程，以便能够在不同的实体间传送信息。协议栈是手机软件最复杂的部分，它的复杂性在于它和基带处理芯片的设计密切相关。只有具备芯片设计能力的企业才可能开发协议栈。协议栈会使用基带处理芯片的所有资源，包括 DSP 核。

3. 手机操作系统

手机操作系统是基于手机终端使用的操作系统软件，是未来发展移动互联网业务的关键技术。手机操作系统是运行在手机上的核心软件，直接与硬件相关，将手机指令转化为具体的机器操作。手机操作系统的能力和效率直接影响业务实现的能力以及复杂程度等，因此在手机发展中的地位非常重要。2009 年，全球操作系统主要由三个类型五种系统，分别是 Symbian 操作系统（由诺基亚、摩托罗拉、西门子、索尼爱立信等手机制造商共同出资研发，并在各厂商中广泛应用，目前主要掌握在诺基亚手中）；Windows CE 操作系统（是微软自行开发的手机操作系统，目前包括中文版都已很成熟，多家厂商均支持该系统）；基于 Linux 的手机操作系统（比如，Linux 开发推进团体利莫基金会的“LiMo Platform”，美国 Google 的“Android”，美国苹果的“Mac OS X”等）等共计三个类型五种系统。

4. 手机中间件

“中间件”最早出现在 20 世纪 80 年代后期，但它并没有严格的定义，目前普遍认为中间件是介于操作系统和应用软件之间的软件层，提供身份认证、鉴权、定向和安全等功能，管理计算资源和网络通信。2007 年国际市场上主要分两种，一是 SUN 主推的 J2ME，二是支持机器码动态装载的二进制兼容平台。国内市场诸如波导、TCL、联想等企业都采用了从“中间件”的平台上突破手机软件的方式，逐步深入手机软件核心层面。

（三）手机的发展趋势分析

1. 手机多功能化

手机传统功能有发布照片、电子邮件、文字消息、Twitter 消息以及博客文章、高像素拍照、手机电视等功能，还有最新 GPS 导航、视频、天气预报、交通路况等特性，更进一步地扩展了手机的功能领域。2008 年我国公司更是推出了全球首款可正式上市销售的投影手机。

2. 手机的实用化

手机已成为某些人赖以谋生的手段，在人们日常生活中手机已摆脱单一的通信需求，更加贴近生活服务生活。这在全球许多地区已经成为现实。在印度南部，渔民使用短消息查看当天哪里最适合捕鱼。在南非，农民通过短消息了解如何灌溉农作物最合适。这一趋势将在未来得到加强，手机将更多地参与经济发展。

3. 手机的智能化

智能手机以其强大的可扩展性、更多的功能和全面的操作系统等优势，在手机市场领域中呈现出稳步增长的趋势。未来几年智能手机也将出现差异化，具体体现在两大方面，一为体验界面的优化，二为内容方面的个性化。对于内容方面，未来终端发展的方向主要在用户对随区的定制，计算机互联网、无线互联网、广播电视网在应用方面会得到融合和交互，未来在这三个平台上的内容都会逐渐的迁移到手机当中来，并且可直接定制内容传送到手机当中，无需搜索。

4. 手机与电脑的融合

手机、智能手机或智能 PDA 产品，与笔记本产品之间产生融合，2.8 英寸乃至更大尺寸屏幕的智能手机具备基本的计算、办公等计算机功能，而笔记本则朝超小型 UMPC、MID 发展方向。手机与笔记本之间的功能界线不再分明。在可预见的时间内，用户出差时将不再需要携带笔记本电脑，智能手机可直接满足用户需求。

二　支撑我国手机发展的国内自有技术资源现状

下面从技术视角诠释我国下游企业为什么弃国内已经开发出的上游核心技

术产品不用而坚持选用国外核心技术进行产品配套。

（一）主要硬件供应现状

我国移动通信发展的20年，也是手机芯片、测试、显示等技术与产品不断成长进步的20年。本土手机基带芯片企业从无到有，从弱到强，在竞争激烈的国内市场，新兴的我国企业与老牌国际公司展开了残酷的竞争并取得骄人的业绩，如今已经占据中国市场的一定份额。以展讯通信和大唐电信为代表的我国企业抓住2G移动通信的机遇，同时提前介入3G研发，我国企业在基带芯片领域的话语权不断增加。与此同时，半导体制造工艺的提升促进基带芯片朝着“三高两低”的方向发展，也为我国的TD-SCDMA产业发展推波助澜。

基频是手机中最核心的部分，也是技术含量最高的部分，全球只有极少数厂家拥有此项技术，国外厂商有德州仪器、NXP、飞思卡尔（主要供应摩托罗拉）、杰尔、联发科、ADI、高通等，它们不仅完全占据国外市场，国内市场也处于绝对领先地位。国内基带厂商主要有中兴、华为、中芯国际、展讯通信、大唐电信、重庆邮科等企业，具有一定的基频设计生产能力。本土产商也具备了设计TD芯片的能力，其中包括大唐电信、展迅通信等。

2006年我国本土企业锐迪科发布了全球首颗TD－SCDMA标准的射频芯片，标志着中国TD产业在终端核心技术领域已完全自主，直接弥补了TD标准下本土3G终端产业链，在多种测试中，领先国外产品，且具有成本优势。

手机里用的电容是特殊的MLCC电容，电阻和电感也是特殊的片式电感和电阻。主要供应厂家是日本和中国台湾厂商，包括日本厂家村田、TDK、京瓷、太阳诱电、松下、罗姆，台湾厂商国巨，大毅、旺诠、奇力新和华新科技等。中国的材料工程技术较先进国家落后，原材料的质量和一致性较差，高端产品的原材料多需要进口，增加了产品成本。

（二）主要软件供应现状

手机软件可大致分为系统软件和应用软件。系统软件目前国内主要供应商数量还非常少，操作系统国内属于空白，完全引进国外的；协议栈经过近几年的发展，我国部分企业已能由主要芯片厂商提供，分别为展讯通信、大唐电信等。

应用软件在我国则得到很大的发展。随着3G即将大行其道，目前手机软件最为重要的领域，如视频、图书、股票、音乐等都蕴藏着以亿为单位的商业价值。国内手机软件厂商起步虽晚，却显现出巨大的发展潜力。进入手机终端软件行业的百家企业近年来基本上都获得过金额大小不一的风险投资，小的几百万美元，大的有几千万美元。与此同时，中国移动等运营商也在不遗余力地加大对于该行业的投入。

（三）手机设计技术现状

在2009年之前，我国主流手机为2G/2.5G制式手机，在全球各手机大厂的支持和培育下，我国相关手机设计技术逐渐成熟，但是核心技术仍然掌握在国外厂商手里，仍处于劣势地位。

相对应的，我国自有知识权的TD-SCDMA标准手机，其手机除了软件和硬件均可由我国自有企业提供外，手机设计也多在国内进行。但是，由于市场特别是国外主流厂商对TD的前景仍有所保留，导致了TD产业链显得略为单薄。目前，从事TD设计的公司不外乎德信无线、上海希姆通、中兴等，直接导致我国TD的手机“手机款式供选择的余地太小，而且外观设计远不如现在2G手机的好”的境地。

在中国移动的第二轮TD手机招标中，事实上已经有40余款TD手机通过入网检测，然而最终进入中国移动榜单的却只有25款。因为这40多款TD手机中同质化现象非常严重，甚至有些手机连软件都如出一辙。

（四）专利申请和使用现状

由于2G时代我国明显落后于世界的发展，所以自主知识产权的申请和专利都非常少。所以，对于关键技术和器件的使用，我国厂商都要支付非常高的专利费。进入3G时代，我国厂商在吸取以往的教训后，积极申请国内外的技术专利，避免过多地依赖国外厂商削弱我国厂商的技术竞争力。目前，中兴在手机专利申请上，一直采取积极态度面对，申请手机专利871项，国际专利70项，居中国手机厂商之首。

三　非技术因素对我国手机企业选择技术资源的影响

非技术因素，是指除技术外的一些因素，如产品质量、成本控制、风险控制、国家政策环境等，其对我国手机企业选择技术资源有较大影响。

（一）质量因素

随着全球化的深入发展，技术全球化、资本全球化、采购全球化等已经成为现实。技术全球化表明在某一项技术得到全球市场的认同后，对技术的掌握与否已不是主要问题，重要的是技术的可靠性和优势项目。资本全球化和物流全球化为零部件全球性采购也提供了支持。

通过对企业的调查显示，手机厂商在选择技术资源时，放在第一位的是质量。产品质量的好坏，决定了产品在消费者心中的地位，决定了厂商推广品牌的成功与否。通信、物流的便捷，使得对内采购和对外采购在成本、运输等方面已不是难以逾越的障碍。当然，在同质、性价比相差无几的情况下，手机厂商基于对民族产业的支持，还是会优先选择国内技术资源。

（二）成本控制

如上所述，随着物流的全球化和技术的全球化，以及跨国公司的全球布局，技术资源和零部件的成本因素对手机厂商而言，也早已不是考虑的重点。而且，手机作为普遍存在的电子消费品，它的盈利在于“量”。数量的大小，决定了手机技术资源成本的摊销。当手机数量达到一个数值，成本因素已显得微不足道。

国内的几家品牌手机，立志于创建自身的优质品牌。这就要求手机厂商有稳定的技术资源供货方，双方建立某种协定，在供货、技术合作、产品开发等方面结成战略联盟，从而进一步减低成本的支出。

相对品牌手机厂商，国内众多的山寨手机，在成立初期考虑到自有资本的有限性，相对会更注重成本的控制，选择低价技术资源。但随着业务量的不断提升，逐渐从山寨黑名单过渡到品牌手机时，成本控制也不会是其考虑的重点。

（三）风险控制

手机厂商在选择技术供应时，对风险的分析往往在于技术质量的稳定性、供货的稳定性、资金周转的稳定性等，很少会涉及政治、军事等因素。世界经济的全球化，跨国企业等大公司在国际事务中的话语权越来越重，对各国政府政策制定的影响力越来越大。所以，手机厂商在选择技术资源供货方时，除考虑质量因素、成本方面，风险性大小也是一个重要的方面。从事情的因果关系分析，质量、成本、风险又是相辅相成的。选择国际技术大厂，对上述因素的影响往往是积极的。而选择国内技术供货方，因为规模小、技术竞争力差等原因，手机厂商面临的风险或许会更大。综合考虑，手机厂商选择国内技术资源的风险要高于选择国外技术资源大厂所面临的风险。

（四）政策环境

国家电信监管部门在放开手机拍照后，催生出了众多山寨手机。他们凭借对国内市场的准确把握、对手机的二次开发、对新产品功能的不断优化等，逐渐占据了国内二、三级市场，而随着手机质量的不断提高和高性价比，大有农村包围城市的可能。山寨手机市场不断膨胀，国家相关部门先打压后招安的做法，其实是默认了山寨手机的生存权利。他们规模小，多施行家庭作坊式组装加工，资金有限，对成本控制敏感，同时间接扶持了国内技术企业的发展。政府执政思路的转换，也正逐渐摆脱计划经济的政策管制因素，逐步向服务型政府过渡。今后相关技术政策的出台，只会起到促进作用和鼓励作用，将不会成为一个产业发展的绊脚石。

四 我国手机产品的对外技术依存度的调研与测度

(一) 典型手机企业与产品的选择

2008 年年初，联想手机被上市公司联想集团剥离，并转卖给联想控股旗下的弘毅投资。波导手机也只能面对冬天到来的事实。继从 2007 年巨亏 5.93 亿元后，波导股份 2008 年上半年又亏损 2208 万元；为了回笼资金填补巨亏，波导股份今年以来已先后出售了宁波波导萨基姆电子公司和杭州波导软件公司。科健、深圳桑达、振华科技、七喜控股和深康佳等上市公司的毛利率呈持续下滑的态势。可以看出，在国外品牌手机品牌效应和山寨手机快速市场反映的夹击下，我国品牌手机当前面临的困境，较前几年更加艰难。

但自 2007 年年底至今，海尔通信进行了一系列区域并购，进入全面挺进各区域市场的“阵地战”，实属于手机行业的逆市扩张。对于即将到来的 3G 时代，海尔也早就做好了准备，对 TD 手机的研制投入了重金和众多的人力，并且已经取得了可喜的成果。2007 年，海尔已经推出 HT－T100、HT－T160、HT－T200 和 HT－T300 共四款 TD 手机，以时尚靓丽的外形、人性化的功能和成熟的 3G 技术，当仁不让的成为国产 TD 手机的机中翘楚。

(二) 典型手机企业调研数据与计算结果

目前海尔通信在手机成本方面的投入如下（一季度内费用统计）：支付给外资和港澳台企业的技术资源的费用为 6.17 亿元，支付给中资企业（包括本企业研发投入等）的技术资源的费用为 4.54 亿元。海尔通信手机产品总的对外技术依存度为 4.54/（6.17＋4.54）＝57.56％。其中，关键器件对外技术依存度在 70％左右，普通器件对外技术依存度为 50％左右。

(三) 我国手机产业对外技术依存度的统计处理

在我国移动通信开始由 2G 时代向 3G 时代发展的历史转折点，增值业务开始成为移动通信的主营业务，手机终端随即成为整个移动通信产业链上的最重要一环。2008 年，我国芯片产业的快速发展，以及我国国内市场的稳步扩大，为支持手机创新和差异化设计奠定了坚实的基础。例如，展讯通信在美国纳斯达克成功上市，并成功地收购了开发 CMOS 射频模块的 Quorum Systems 公司，使展讯通信得以成功地实现其无线解决方案平台。许多领先的主导着国内手机产业的ODM和设计公司目前也加强了与芯片行业地深入合作，如国内近年来高速发展的上海闻泰科技电子有限公司与展讯通信就建立了联合实验室，进而推动手机终端的快速发展和更新换代。

2008年，我国手机市场规模继续保持低位增长，国内手机销售总量达1.486亿部，同比增长1.4%。国内手机厂商天宇和联想位居前两位，CDMA终端以华为、中兴领衔国内众厂商。有3G进入市场对终端的需求和国内众多手机相关技术企业的快速发展，我国手机产业对外技术依存度会逐渐降低。在未来3～5年时间，我国手机产业依存度会由目前60%左右降为40%左右，从而保证我国手机产业在国内外的竞争力。

五 被调研企业对降低手机产品对外技术依存度和发展核心技术的建议

（一）发展手机核心技术应采用国家主导各单位优势互补的模式

手机核心技术，即手机产业的基础技术，是决定手机产业集群技术升级和结构升级的关键性因素。手机核心技术具有技术和市场前景不确定的特点，面临巨大的前期投资风险，这种风险超越了我国单个企业所能承受的范围。同时，手机核心技术属于基础公共技术，大企业开发出的成果在缺乏知识产权积极保护的情况下，将会大量外溢，使得企业缺乏创新的动力，而绝大多数中小企业也不具备产业共性技术开发的技术实力，进而形成了恶性循环——没有企业再去投入大量人力物力研发手机核心技术。

因此，在现阶段，依靠政府、企业、高校、科研院所等任何一种力量单独进行手机核心技术的开发，实力都显得有些薄弱。联合政府、相关企业、高校、科研院所等力量，以政府为主体，其他单位优势互补、高效整合各方面技术资源，构建基于手机核心技术研发的官产学研联盟。这一形式在世界很多国家已经得到了广泛的实践，如日本的超大规模集成电路计划，台湾工业研究院参与的半导体研究，韩国组织研发平板显示技术等都是由政府作为主体，依靠多方合作进行核心技术开发的实例。

（二）发展手机核心技术应注重发展下一代手机核心技术

下一代手机的趋势要落实手机用最小的屏幕、最快的速度、随时随地都可以上网，不只靠处理器芯片，还得更加借重开放原始码软件，帮助手机开发人员设计多元化的手机上网装置产品。

下一代手机更多地为多核处理器。随着处理器或DSP核的功耗随着不断增加的频率呈指数增长（由于频率和稳定系统所需电压的关系），使CPU频率尽可能低至关重要。因此，满足对处理性能日益增长的需求的解决方案不是增加CPU频率，而是采用多个DSP核/或处理器，这通常称为多核处理器。

下一代手机趋于便携式电脑功能，文件系统管理成为关键的技术。手持设备上使用百万像素照相机拍摄的多个静止图片、移动视频、下载或传输移动电视、移动音乐和其他格式内容，所有这些使用案例都对下一代手机的文件系统性能提出了极高要求。由于目前的处理能力较低，数据速率较高，文件系统已经成为手机中最关键的软件部件之一。

下一个技术趋势是软件到手机的空中下载技术（FOTA/SOTA）。这将方便手机制造商推出新更新、新功能或者已经投放市场的手持设备的错误校正，而不需要消费者亲自光临服务站。瑞典ENEA嵌入式技术有限公司的OSE实时操作系统支持应用软件的动态下载和实时安装。程序甚至可以直接安装到芯片内执行（execute-in-place）的闪存（NOR）中。

下一代手机的内存技术要求其具有小巧的物理尺寸、较低的成本和较便宜的制造工艺。目前，比较有开发前景的是NAND。然而如果没有来自内核操作系统的非常成熟的软件支持，NAND内存无法很方便地执行代码。这种操作系统技术基于按需调页（demand paging）技术，可以通过将当前正在使用中的页面拷贝到RAM中的临时页面，来执行几乎所有媒体（如NAND）中驻留的程序。

在实现阶段，主要的设计挑战在于预测下一代手机的瓶颈，以及集成有助于解决这些瓶颈的使能技术。2007年还没有一家手机制造商能够自己开发出所需要的所有技术，这将使得他们通过外界寻找商业解决方案。

（三）发展手机核心技术应促进手机相关技术的快速发展

手机在未来能否做到更新换代，有能力支撑更多功能，真空管、半导体、模拟信号、DSP、信道编码、加密解密、人机接口控制、基因工程等相关技术则需要得到更大的发展。只有这些技术得到真正的发展，在此基础上，通过后续的手机相关研究和开发，更具高性能的手机才被开发出来，形成一系列的新行业和新服务。

1. DSP技术

在手机基带芯片的发展历程中，最初主要采用通用架构完成计算和处理工作，DSP成为最重要的选择。而随着多媒体等更多应用的兴起，单独的DSP开始显得勉为其难。DSP＋ARM的架构逐渐成为手机基带芯片市场的主流架构。而随着多媒体等应用需求的增长，一个DSP加一个ARM的架构越来越不能满足需求。因此，对于采用ARM加几个DSP或者是DSP加几个ARM，还是采用DSP＋ARM的单芯片都将值得关注。

2. CMOS工艺

CMOS工艺将成为适合于IC的主流工艺。随着手机产品向着消费电子领域转化，对产品成本的要求也越来越高，高性价比的IC将无可争辩地占据市场。CMOS将以其成本方面的优势替代硅锗BiCMOS工艺和硅BiCMOS工艺成为芯片的主流工艺。当然，CMOS工艺除了成本优势以外，另一个逐步显现的优势是其易于实现在数字域对射频信号进行处理，这对于提升芯片性能及开发多模芯片具有重要的意义。随着TD-SCDMA终端朝着多媒体平台和PDA方向发展，对于终端成本和功耗的要求将会进一步提高，更为先进的CMOS工艺更加重要。

3. 集成技术

手机芯片集成度的不断提高是推动手机终端不断向前发展的重要力量。作为手机芯片中最核心的部分，基带芯片的集成在不断的演进过程之中。随着数字射频技术的发展，射频部分被越来越多地集成到数字基带部分，电源管理则被更多地集成到模拟基带部分，而随着模拟基带和数字基带的集成越来越成为必然的趋势，射频可能最终将被完全集成到手机基带芯片中。应用处理器的出现给手机基带芯片带来的既是挑战也是机遇。虽然对于未来手机发展将以基带芯片还是以应用处理器为中心，主流厂商之间存在不同的意见，但是，集成技术已成为大家的共识，只是在于方式的不同。

重点领域（五）：我国电视产品对外技术依存度实证研究

一 电视产品发展所需的技术资源与核心技术

我国是电视生产大国，电视产业是我国的支柱产业之一，近几年平板电视的快速发展使电视产业格局发生巨大变化，我国平板显示技术发展较慢，平板电视产业尚不掌握核心资源，产业发展处于转折阶段，本书将对电视产业技术资源分布和当前我国电视产业技术对外依存度状况进行考量。

（一）电视产品的范围界定

电视产品根据显示技术的不同，分传统CRT电视、平板电视（TFT-LCD液晶、PDP等离子）、背投（DLP微显、LCD液晶、LCOS硅晶）电视等。本书选择目前主流的CRT电视和TFT-LCD液晶电视作为研究对象。

（二）电视产品的构造

电视（接收机）是视频信号接收回放产品，从结构上看，主要分为显示部件和控制电路两部分。由于显示原理的不同，CRT电视与TFT-LCD液晶电视的显示部件和控制电路差异很大，以下我们分别叙述。

附图 16　CRT 电视部件组成图

1. CRT 电视结构

一部 CRT 电视机主要是由机壳、显像管和控制电路等部分构成（附图 16）。显像管是 CRT 电视的显示部件，如附图 17 所示，显像管内部结构复杂，主要有荧光屏、荫罩组件、内磁屏蔽罩、电子枪、玻椎、防爆组件、偏转线圈、色纯会聚组件等主要部件构成。

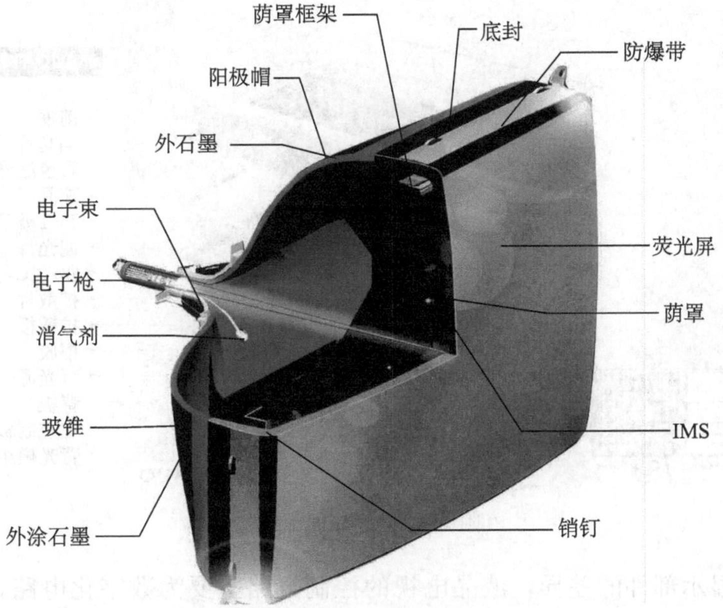

附图 17　显像管结构图

显像管是 CRT 电视机的核心部件，电视画面由显像管显示出来，图像质量的好坏直接由显像管决定，电视机产品档次也取决于显像管技术。

控制电路用来控制显像管的画面显示，电视信号经由控制电路接收处理，并输送到显像管显示。CRT 控制电路为模拟电路，分为调谐器、中频通道、亮度、色度电路、伴音音频电路、系统控制电路、行扫描电路、场扫描电路、显像管电路和开关电源等部分。由于传统电视信号是模拟信号，电路质量对电视信号还原质量影响很大，因此，电路质量也是影响图像显示质量的重要因素之一。设计者通过在控制电路中加入各种图像优化电路，以实现图像信号的完美还原。目前，图像信号处理电路的集成化程度极高，通常单一芯片就可完成信号处理全过程，而其他电路因为分立元件较多无法实现芯片化。

2. 液晶电视结构

平板电视与传统CRT电视结构有很大不同。液晶电视的显示部件是液晶面板模组，相比显像管液晶面板的内部结构更为复杂。如附图18所示，面板模组是平面层级结构，由TFT液晶面板、背光模组和驱动电路组成三大部分构成。其中，TFT液晶面板主要由偏光片、彩色滤光片、液晶、TFT玻璃等组成；背光源模组主要由扩散片、扩散板、背光源、反射板、增透膜等主要部分构成；面板模组内包含驱动电路，为液晶面板和背光模组提供电流驱动输出控制，因此，面板模组的独立性很强，不要外围电路就可实现完成显示功能。

附图18　液晶面板结构

由于显示部件的差异，液晶电视的控制电路主要为数字化电路，除调谐器和电源模块外，其信号处理电路部分与CRT电视控制电路有很大不同。液晶电视信号处理电路包括音视频解调、视频滤波、图像增强、逐行转换、比例控制、音效处理、辅助控制等部分，这些模块通常集成在一到两片芯片中。如附图19所示，由于控制电路不再负责显示部件驱动，控制电路的分立元件较少。

(三) 电视制造流程

电视制造技术可分为核心部件制造和整机制造两部分。CRT电视的核心部

附图 19　液晶电视主控电路板

件是显像管，因此显像管的制造成为了 CRT 电视制造的核心。

1. 显像管制造

显像管是电视机的核心部件，显像管制造是电视机制造中技术最复杂的过程。显像管企业将上游的玻壳、荫罩材料和电子枪等零件，经过荫罩组件加工、荧光屏加工和显像管模组装配三个加工流程，制造成可以显示图像的显像管。

荫罩是决定整管色纯度的重要部件，荫罩保证了三电子束着屏的准确性，使电子束正确地打到对应的粉条上起“选色”作用，同时在生产制作过程中，荫罩作为涂屏曝光的模板使用。荫罩组件由荫罩网板、框架、双金属弹簧片、定位片构成。加工过程将平面荫罩材料通过退火、冲压成型、黑化、焊接等工艺步骤，加工成符合贴合显像管外形的组件，并固定在玻壳中。

荧光屏是电子接收器，并把电能转换为光能，起“显色”作用。荧光屏包括玻屏、黑底石墨、三色荧光粉、铝膜等多层结构，它由在玻屏内表面涂覆了按红、绿、蓝顺序排列的三色荧光粉条后再蒸上铝层而成。荧光屏加工通常由涂覆、蒸铝、焙烧、销钉涂覆几个工序组成。

荧光屏的涂覆是彩色显像管制造工艺中最关键的工艺之一，彩色显像管的主要参数，如亮度、对比度、色纯与会聚等性能都同涂覆有关。荧光屏的涂覆包括荧光屏的涂覆工艺工序和曝光显影工艺，其中涂覆工艺包括注入、旋涂、甩胶、干燥、吹风几个步骤，涂覆工序依次将黑底、RGB 三色荧光膜、有机膜均匀涂覆在玻璃屏上；曝光显影工艺用于荧光粉条的制作，荧光膜经曝光，显影后能获得足够的黏结力，从而获得条状屏。

荧光屏上的铝膜起到平衡电位、反射显示光线、保护荧光膜、抗干扰等作用，铝膜由蒸铝工序制作，该工序通过蒸镀工艺，将铝膜镀在荧光屏上。焙烧工序是将荧光粉涂覆及有机膜涂覆时，所用的有机高分子聚合物材料进行加热，分解去除烧涂屏过程中使用的所有有机物质的过程；销钉石墨的涂覆使荫罩通过接触弹簧片与锥体石墨相连，实现阴极高压对屏与荫罩的电气导通。

最后通过屏锥封接、封口排气、老炼、外涂石墨和阳极漆、安装防爆带、屏表面涂膜、ITC调整等工序，使之成为一个可以直接投入电视生产线的显像管。

目前，显像管的制造工艺已十分成熟，整个显像管的制造过程在流水线上全自动完成，自动化程度很高。

2. 液晶屏制造

液晶屏幕制造同样是液晶电视制造流程的核心。液晶屏幕制造过程相对显像管制造过程复杂很多，工艺流程对生产设备依赖程度很大，对上游原材料和组件性能要求很高，具体制造过程在“我国液晶大屏产品对外技术依存度实证研究”中有详细叙述。

3. 整机制造

电视整机制造主要分控制电路板制作和整机装配调试两个阶段。电路板制作工序包括元件安装、焊接、电路板检测几个步骤。CRT电视控制电路板基本都为立式元件，元件主要用插装工艺和波峰焊接工艺固定，大规模生产中，自动元件插装机完成，保证了元件插装速度和准确性。液晶电视控制电路多为贴片元件，元件主要以SMT表面贴装和回流焊接工艺完成。整机组装过程将显像部件和电路板安装入机壳内，经过连线、整体调试、检测、包装等工序，成为完整电视产品流向市场。

（四）电视的核心技术

电视作为音视频信号的接收与显示专用设备，其满足消费者视觉信息需求的娱乐性功用的产品特性，决定了对产品技术在显示效果和功能两方面的综合要求，使得电视技术的发展同时向两个方向迈进：显示技术和专用集成电路技术。前者主要是满足视觉显示效果，技术的发展具有跳跃性，对行业的影响深远而快速，带动整个产业链的变革；后者是对功能的提升，技术的发展具有连续性，对行业产生持续连贯的影响，成为扩展和提升功能的决定性因素，与内容和应用环境关联密切（附图20）。

1. 显示器件制造技术

显示技术体现在显示器件上，如何制造出成像质量更好、显示面积更大、分辨率更高和体积更清薄的显示器件一直是显示技术的发展方向。

CRT显示技术经过几十年的发展，显像管制造工艺技术已经十分成熟，显像管技术的核心在于设计技术。通过玻壳和偏转电路的设计不断增大显示面积、减短显像管长度，通过电子枪和荫罩设计以及荧光材料改进提高画面的质量。显像管经历了从球面到平面直角再到纯平，显示面积从8英寸逐渐增

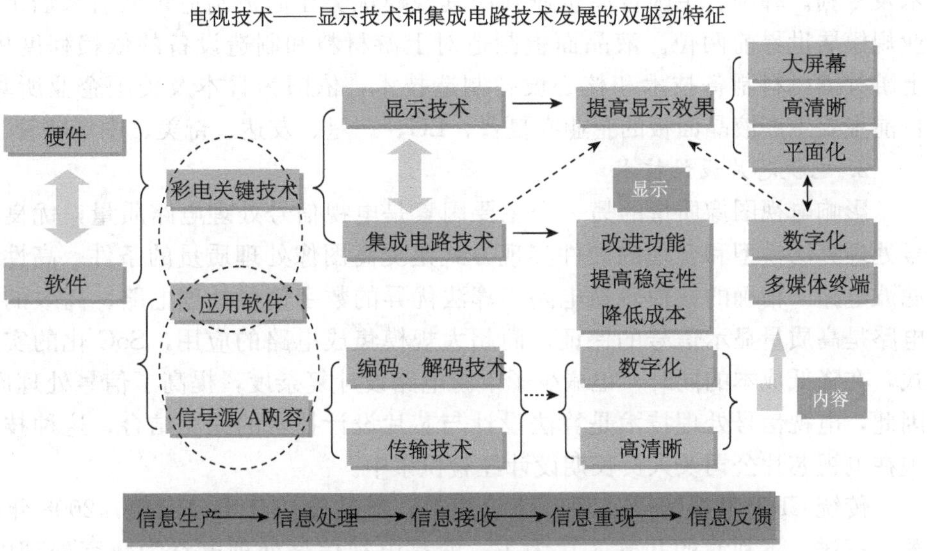

附图 20　电视技术发展趋势分布图

长到 32 英寸，电子枪由三枪三束到单枪三束，荫罩由孔网式变成栅栏式，图像亮度、对比度、色彩饱和度不断提高，以索尼特丽珑和三菱钻石珑为代表的显像管显示技术已达到最高水平。由于体积限制，显像管无法满足更大显示面积和更清薄体积的需要，逐渐开始被平板显示器件所取代，但无可否认，CRT 显示技术仍是 2008 年画面质量最好的显示技术。并且，现在显像管企业也在积极开发超薄、短管、宽屏、高清的显像管，并开始逐步进入市场。我国是显像管生产大国，拥有完整的显像管生产技术体系，但显像管制造的最高水平依旧在日本企业。

TFT-LCD 液晶显示技术是近几年发展起来的一种平面显示技术。TFT-LCD 液晶面板制造是材料技术、半导体加工技术、光学技术、电子技术的综合运用，制造过程涉及上游原材料制备、专用设备制造、产品设计及工艺方案等产业链各级技术。TFT-LCD 显示技术发展时间较短，产品性能在一些方面与成熟的 CRT 显示技术相比还有一定差距，工艺制程还不完善，产品设计技术和制程技术的升级速度很快。目前，通过新原理新材料的应用提升产品质量，通过生产工艺的升级降低生产成本，是液晶面板技术的发展方向。在产品设计上，由最初的 TN 型发展出 MVA 型和 IPS 型，可视角度、图像质量、响应时间等性能指标稳步提高。在制程上，目前液晶面板生产线已到第 8 代，玻璃基板面积达 220 厘米×250 厘米，最大切割面积不断增大，单位面积成本下降很快。

TFT-LCD 液晶显示技术源自日本企业，日本掌握着显示面板制造的核心技术及专利。韩国、中国台湾企业利用其规模优势在面板制造领域后来居上，产业规模居世界前两位。液晶面板制造对上游材料和制造设备的依赖程度极高，上游关键材料制备技术和核心设备制造技术，依旧为日本及美国企业所掌握。目前主要生产液晶面板的企业有夏普、LG、三星、友达、奇美、中华映管等。

2. 电视芯片设计技术

影响电视图像质量的另一个主要因素是电视信号处理电路质量，优良的信号处理算法模型和合理的硬件实现方式是提高图像处理质量的条件。高性能的滤波电路，精确的数模转换电路，算法优异的数字信号处理电路、高效的驱动电路是高质量显示信号的保证，而超大规模集成电路的应用，SoC 化的实现方式，在降低成本的同时，也减少了下游电路设计复杂度，提高了信号处理质量。因此，电视信号处理技术是算法设计与芯片设计技术的完美结合，这种技术体现在电视芯片公司及人员长期设计经验积累中。

传统 CRT 电视信号处理电路较简单，产品设计已十分成熟，2008 年以东芝、三洋、飞利浦的几款芯片为主。液晶电视信号处理电路为数字处理电路，模块多、功能复杂，随着高清标准、数字电视传输标准的引入，还不断有更多的模块引入。设计企业既有老牌电视芯片设计企业，也有传统监视器芯片设计企业，还有图像处理芯片设计新贵。2008 年液晶电视信号处理芯片的主要厂家有 Trident、Pixelwork、Genesis、MRT、Mstar 等。

值得一提的是，液晶电视主控电路的集成度极高，两三块甚至一块芯片，就已包含信号处理的全部功能，而芯片企业在提供芯片的同时也提供电路设计方案，甚至板图设计方案，电路设计技术完全掌握在芯片企业手中。

（五）电视产品技术价值结构

产品技术最终通过实物形态的原材料、零部件、制造设备，无形的产品专利、产品设计方案、产品工艺方案以及相关研发人员的工作来实现。产品成本是产品各类技术资源价值的货币化表现形式，可以直接反映产品技术的价值和产品中的技术成本构成。

附图 21 是 CRT 电视产品的生产成本构成饼图，可以看出，显像管作为电视的核心部件，所占成本超过 60%。

附图 22 是液晶电视面板的产品生产成本构成饼图。

相比 CRT 电视，液晶显示面板制造所含的产业链更长，技术门类多，技术复杂度高，显示面板所占电视成本进一步加大，并且显示面积越大，面板比重越大。在电子部分中，核心芯片模组占据了主要部分。CRT 电视和液晶电视的结构件基本相同，但在 CRT 电视中，结构件成本比例较高，而液晶电视的比例较低。其原因在于液晶面板和电路价格远高于 CRT 电视，因此显示部件和电路

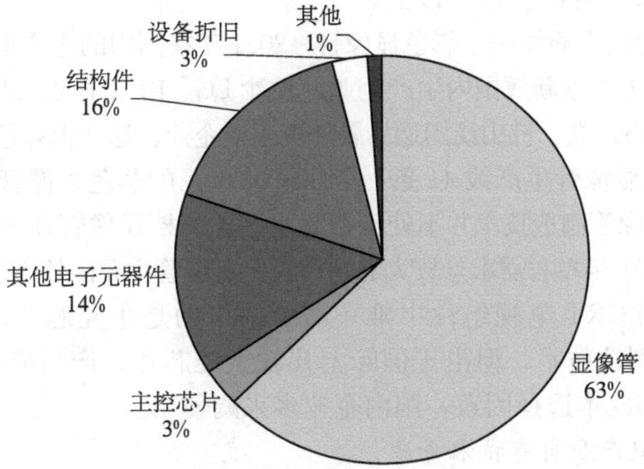

附图 21　CRT 电视成本结构图

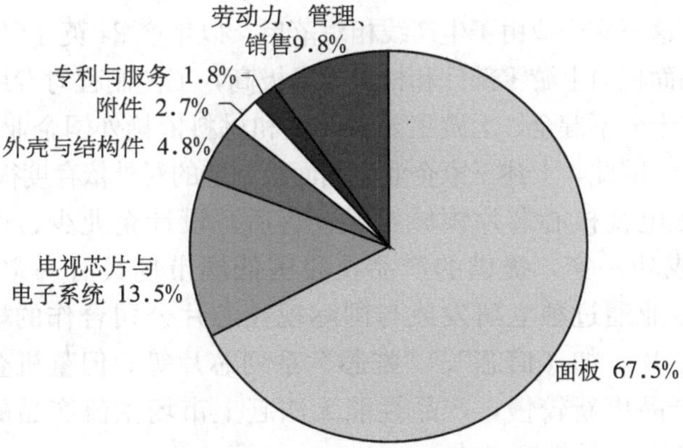

附图 22　32 英寸液晶电视成本结构

成本所占比例大大高于其他成本。

二 支撑我国电视产业发展的国内自有技术资源现状

（一）关键组件供应现状

1. CRT 电视产业自有技术资源

中国 CRT 电视产业经过 50 年的持续发展，其规模在全球可谓首屈一指，形成了配套完善的产业群。通过实施彩电国产化“一条龙”工程，引进为彩电配套的电子元器件生产线共 286 条，建立了整机、彩管、彩管玻壳、荫罩、荧光粉等相关配套厂商组成的产业群，形成了以 CRT 彩电整机为主体、配套元器件为支撑，品种规格齐全、技术水平不断提高、具有一定规模的较完整的工业体系，国产化水平达到了95%以上。

CRT电视的核心部件——彩色显像管，2004年在国内的生产企业多达8家，其中，咸阳彩虹和上海永新属国内生产企业，长沙LG、南京华飞、北京松下、深圳三星SDI、深圳赛格日立、佛山汤姆逊均属外资生产企业。这8大彩色显像管生产企业共拥有各类彩色显像管生产线44条，全球超过80%的彩色显像管在中国生产。然而，我国彩色显像管制造技术并不处于领先水平，高档显像管领域一直以为外资企业产品为主，2007年左右需求量较大的超短管、宽屏管主要由外资企业生产。

目前，我国CRT电视组件中唯一需要进口的是主控芯片，虽然我国具备CRT电视芯片制造技术，但由于国际上几款主控芯片，产品成熟度高、价格低廉，出于性能和成本选择因素，国内企业多采购使用。

2. 平板电视产业自有技术资源

我国大屏幕平板显示产业发展较晚，尚未掌握核心技术，电视用显示面板基本依赖进口。目前，国内生产TFT-LCD显示面板的企业有京东方、上广电、昆山龙腾三家企业，但是这三家企业由于生产线相对落后，以生产24英寸以下的计算机用显示屏为主。液晶面板对上游零部件和材料要求极高，工艺制程对专用设备依赖很大，我国液晶产业链十分不健全，上游主要零部件和材料依赖外国企业，核心生产设备也完全依靠进口。因此，上述三家企业液晶面板制造的对外依存度很高。

我国在平板电视核心芯片领域发展较落后，设计企业少、产品档次低，四川威士达是较成功一家，提供的产品在我国低端市场具有一定竞争力。此外，传统彩电整机企业通过独立研发或与国际视频芯片公司合作的模式，也开发成功了一些电视芯片，如“信芯”、“虹芯”系列芯片等。但整机企业由于资金与技术的局限，产品更新较慢，产品性能无法赶上市场主流产品的高速发展，只能少量用在本企业的低端产品中。

（二）整机产品设计能力

随着电视技术在模块化、芯片化、上游化的趋势，产品设计越来越依靠上游企业。电视整机产品设计由外观设计和电路设计构成，传统CRT电视电路已经定型，基本不存在设计问题；液晶电视电路设计主要依靠上游芯片企业和板卡设计公司。外观设计属于工业设计范畴，通常由整机厂商自行完成。

（三）生产线建设能力

电视生产线建设主要由控制电路生产线和整机组装线构成。目前，控制线路生产线多为大型插装设备和波峰焊接设备，以及SMT平面贴装设备；整机组装多依靠人工完成，生产线以立体传送系统为主。我国电子制造业发达，在生产线设备制造和生产线建设管理方面实力很强。

（四）专利授权状况

电视整机技术经过长期发展已较为成熟，主要专利授权已无效或过期，电视产品专利主要来自新型显示器件和核心芯片。我国 CRT 电视产业成熟，主要专利早已掌握；液晶电视产业中包含专利较多，来自生产制造各个领域，我国液晶电视经过多年发展，核心技术依旧缺乏，几家液晶面板生产企业通过专利授权和购买的方式拥有部分生产专利。

数字电视是电视发展的必然趋势，一些国家利用数字电视传输标准，对进入本国的电视产品加收专利标准授权费用（如美国对进入市场的数字电视进行强制专利收费）。我国已于 2007 年颁布了数字电视地面传输标准，这一标准的实施为我国数字电视产业发展奠定了坚实的基础，同时也为我国电视产品在国际市场中标准授权，提供了规避途径。

三 非技术因素对我国产业选择技术资源的影响

产业技术资源的选择，除了产品性能、产品质量等技术因素外，还包括很多如市场竞争、发展策略等非技术因素。

（一）市场需求的变化使我国 CRT 产业资源优势不再

我国是电视生产大国，在传统 CRT 电视领域具备完整的产业链和技术资源体系。然而我国显示产业核心技术发展较慢，伴随显示平面化、轻薄化的消费需求变化，我国电视产业不能及时跟进。一方面，在 CRT 领域，市场对短管、超短管、超平面的大量需求使我国原有的显像管产业优势不再；另一方面，平板电视以其显示面积巨大和体积轻薄的优势迅速占领市场，我国 CRT 电视产业这一优势技术资源面临淘汰的危险。我国平板显示产业发展较慢，核心技术尚未掌握，产业链十分不完整，因此，市场对平板电视的选择必然导致产业技术向外资掌控的平板显示技术转移，从而引起电视产品对外技术依存度快速提高。

（二）风险控制选择使我国自有技术资源难于很快被市场接受

技术的发展具有很大的传承性，市场对新企业新技术的接受是一个过程，企业对新技术的选择需要很大的转换成本，市场对新产品的认可需要一定应用规模的检验，在没有明显的性能或价格优势的情况下，新企业新技术很难被市场所接受。

我国平板显示产业进入较晚，发展时间较短，由于平板显示产业规模小、产量低、技术发展时间短，自主研发的技术产品虽然在性能上可以替代国外同类产品，但由于应用种类少、规模小，出于风险控制因素（技术成熟度、产品质量稳定性、供应源稳定性等）考虑，下游企业极少选择这类新技术产品。企业甚至不敢使用自己开发的新技术，这种现象在国产液晶材料、国产电视芯片、国产 LED 背光技术中都有表现，国产技术要获得市场的接受还需时日。

（三）产业链不完备使我国平板显示产业不具价格优势

现代产品的市场竞争不是单一产品的竞争，而是整个产业链的竞争，不具备产业链优势就不具备价格优势。国际显示产业巨头，同时拥有产业链的上中下游的多部分企业，通过产业链整合，可以实现整体利润的最大化。对面板制造业而言，面板制造环节处于整个产业链的利润的最低端，由于激烈的市场竞争环境，甚至经常处于零利润甚至负利润状态，但对于拥有整个产业链的国际企业，可以通过上游材料和下游整机以及销售环节获得整体的收益。而对于现阶段我国企业而言，仅有三家相对独立的面板企业，不具有上下游产业资源，生产成本受上游资源价格控制，产品价格也无法降低到具备产业链优势的面板企业的低水平，价格缺乏竞争力。

四 我国电视产业典型产品的对外技术依存度的调研与测度

（一）典型企业和典型产品

1. 典型产品的选择

目前，我国电视产品主要由 CRT 电视、液晶电视、等离子电视、背投电视四大类。

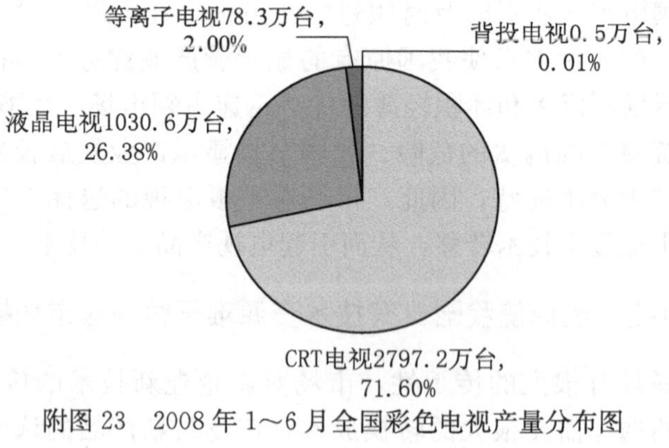

附图 23　2008 年 1～6 月全国彩色电视产量分布图

如附图 23 所示，2008 年 1～6 月全国彩色电视产量 3906.6 万台[①]。其中，

① 本段数据来源自工业和信息化部网站，《2008 年 1—6 月电子信息产业主要指标完成情况》。

CRT电视2797.2万台，液晶电视1030.6万台，等离子电视78.3万台、背投电视0.5万台，CRT电视和平板电视所占份额接近100%。此外，从成本结构分析，等离子电视技术构成与国产化率与液晶电视相似。因此，选择CRT电视和平板电视产品作为典型产品可以代表电视产业的基本情况。

2. 典型企业的选择

我国电视生产企业众多，年产超过500万台的大型电视整机企业有TCL、创维、康佳、长虹、海信、海尔、厦华，由于整机企业处在产业链下游，主要技术来自上游转移，所以这些企业的产品线、技术水平、供应链状况基本相同，一家企业的调研结果可以较全面地反映全行业的技术状况。海信，作为我国家电产业的龙头企业，产品涉及CRT、液晶、等离子、背投多种类型，并拥有自主的电视芯片和液晶模组生产线，海信在电视产业中极具代表性，因此选择海信作为电视产品的调研企业。

（二）调研数据与计算结果

1. 海信CRT电视对外技术依存度

海信反馈数据（2007年数据）整理如附表25所示。

根据附表25提供的数据，海信CRT电视产品的的技术对外依存度为：

国外合计÷(国内合计＋国外合计)×100%

＝10295÷(249526)×100%＝4.13%

附表25 海信CRT电视相关数据

填表企业	青岛海信电器股份有限公司	产品名称	CRT电视机
年产量	360万台/年	年销售额	42亿元
技术价值明细		国内/万元	国外/万元
设计环节转移价值科目	1. 专利费摊销		
	2. 研发费用摊销	1 860	
	3. 样机制作费用	41	
	4. 试验费用	800	
	小计	2 701	
上游环节转移价值科目	1. 结构件采购费	39 682	
	2. 显像管采购费	156 500	
	3. 电子元器件	35 880	
	4. 主芯片		7 870
	小计	232 062	7 870
生产环节转移价值科目	1. 关键设备折旧	4 468	2 143
	小计	4 468	2 143
销售环节转移价值科目	1. 支付专利费		224
	2. 支付软件费		58
	小计		282
等效价值科目	1. 运用免费开发平台等效转移的价值		
合计（设计小计＋上游小计＋生产小计＋销售小计）		239 231	10 295

2. 海信平板电视对外技术依存度

附表 26　海信液晶电视相关数据

填表企业	青岛海信电器股份有限公司	产品名称	平板电视机
年产量	200 万台/年	年销售额	100 亿元
技术价值明细		国内/万元	国外/万元
设计环节转移价值科目	1. 专利费摊销		
	2. 研发费用摊销	4 757	
	3. 样机制作费用	93	
	4. 试验费用	1 862	400
	小计	6 712	400
上游环节转移价值科目	1. 结构件采购费	43 640	
	2. 屏采购费	68 245	461 324
	3. 电子元器件	46 382	8 593
	4. 主芯片		13 748
	小计	158 267	483 665
生产环节转移价值科目	1. 生产线体	12 500	16 240
	2. 生产调试设备	639	8 947
	3. 测试设备	352	13 800
	小计	13 491	38 987
销售环节转移价值科目	1. 支付专利费		98
	2. 支付软件费		22
	小计	0	120
等效价值科目	1. 运用免费开发平台等效转移的价值		
合计（设计小计＋上游小计＋生产小计＋销售小计）		176 470	562 039

海信 CRT 电视产品的的技术对外依存度（附表 26）为：

国外合计÷(国内合计＋国外合计)×100％

＝176470÷(738 509)×100％＝76.10％

五 我国电视产业对外技术依存度的测度结果

在得到企业电视产品对外技术依存度数值后，根据公式逐层加权平均的方法，可对电视子类行业和全产业的对外技术依存度进行推演测度。

(一) 我国 CRT 和液晶电视产品子类对外技术依存度推演测度

在行业数据采集中，本书采用了海信提供的产业数据，海信作为国内电视企业的代表性很强，国内电视企业供应链状况基本相同，技术来源和上游资源成本也相近。对海信的电视依存度数据和其他渠道收集的公开数据比较，获得我国电视行业对外依存度的近似值。

我们认为，国产 CRT 电视产品的技术对外依存度为 3％～5％，国产液晶电视产品的技术对外依存度为 70％～80％。

（二）我国电视产品大行业对外技术依存度推演测度

大行业层面对外技术依存度计算公式如下：

$$K_{\text{大行业}}=\frac{\sum w_i K_{\text{小行业}i}}{\sum w_i}$$

式中，w_i 为推演测度的权重，在本书中采用与 $K_{\text{小行业}i}$ 相对应的产值。

为了计算我国电视产品大行业的对外技术依存度，我们需要知道 CRT 电视和液晶电视这两个子类的权重。这里需要全国 CRT 电视和液晶电视产值数据，由于这种分类数据很难统计，为得到更贴切的子类比重，这里采用“平均价格×产量=产值”的方法计算全国各子类电视产品产值。在平均价格的选择中，电视产品出口价格更接近产品出厂价格，因此，我们选择电视产品出口统计数据作为平均价格计算依据。

2007 年，中国电视 CRT 电视出口量为 2279 万台①，出口额 18.21 亿美元，平板电视出口量为 1583 万台，出口额为 48.48 亿美元。根据出口数据，我们得到每万台 CRT 出口价格约为 799034 美元，万台平板电视出口价格约为 3062536 美元。

根据 2008 年 1～6 月统计数据②，全国彩色电视产量 3906.6 万台，其中，CRT 电视 2797.2 万台，液晶电视 1030.6 万台，等离子电视 78.3 万台、背投电视 0.5 万台。我们计算 CRT 电视为 2797.2 万台，平板电视为 1108.9 万台。由此计算全国电视产值比重：

$$w_{\text{CRT}}=\frac{\text{产值}_{\text{CRT}}}{\text{产值}_{\text{CRT}}+\text{产值}_{\text{平板}}}\times 100\%\approx 40\%$$

$$w_{\text{平板}}=\frac{\text{产值}_{\text{平板}}}{\text{产值}_{\text{CRT}}+\text{产值}_{\text{平板}}}\times 100\%\approx 60\%$$

根据大行业计算公式：

$$K_{\max\text{电视产业}}=\frac{\sum w_i K_{\text{小行业}i}}{\sum w_i}=w_{\text{CRT}}K_{\max\text{CRT}}+w_{\text{平板}}K_{\max\text{平板}}$$

$$=40\%\times 5\%+60\%\times 80\%=50\%$$

$$K_{\min\text{电视产业}}=\frac{\sum w_i K_{\text{小行业}i}}{\sum w_i}=w_{\text{CRT}}K_{\min\text{CRT}}+w_{\text{平板}}K_{\min\text{平板}}$$

$$=40\%\times 3\%+60\%\times 70\%=43.2\%$$

由此，我国电视产品对外依存度在 43.2%～50%。

① 本段数据来源自赛迪顾问“2008 中国消费电子年会”数据发布。

② 本段数据来源自工业和信息化部网站，《2008 年 1—6 月电子信息产业主要指标完成情况》。

六 被调研企业对降低电视产业对外技术依存度、发展核心技术的建议

电视产业对外依存度的降低离不开电视产业自主创新能力的提高。而电视产业是技术密集型、资金密集型同样也是政策密集型产业，电视产业核心技术的发展，电视产业自主创新能力的提高，需要社会各部门的全力协作配合。

电视产业是我国信息产业的支柱产业，应对电视产业发展予以特别的重视。电视产业的发展离不开国家的强力支持，然而，我国是发展中国家，虽然近年来国家实力不断增强，但在基础研究积累、工业化能力、资金实力上仍不及发达国家。伴随经济体制改革，我们也无法复制彩电“一条龙”的产业引进模式，而大规模技术引进模式，在电视技术的快速发展的今天，已没有意义。产业技术发展不能一蹴而就，日韩电视产业今天的辉煌是长期技术、资金、经验、管理机制积累的成果，只有建立完善的技术创新机制，提高电视企业技术创新能力，引导产业沿着正确的技术方向演进，才能保证我国电视产业健康发展。

（一）确立电视产业技术发展重点

制定国家电视产业发展战略，制定产业技术发展规划，对支持电视产业发展的关键支撑技术和具备未来市场前景的新型显示技术重点攻关，实现产业化突破。

关键支撑技术是产业技术发展的基础，是实现新型技术产业化的保证，实现关键支撑技术的突破，才能提高显示技术创新的研发速度和成果转化水平。关键支撑技术主要包括关键器件、关键材料、关键工艺以及关键制造设备的研发与制造。例如，平板显示用玻璃基板，作为平板显示技术的基础材料，应用广泛、制备难度极大；LTPS 半导体材料加工工艺，是未来平面显示驱动技术的发展方向；高精度、大面积半导体平面工艺技术及设备，如涂覆、沉积、溅射、光刻、印刷等多种平面膜制备工艺技术；核心信号传输、处理标准；信号处理芯片、大功率驱动芯片设计技术等。

电视产业技术发展日新月异，由于技术滞后性和专利壁垒，单纯对现有成熟技术的追赶，无法实现产业技术的根本性突破。通过自主研发或技术引进处于产业化前期的新型显示技术，集中精力解决相关的关键工艺、关键材料和核心结构的产业化问题，才能实现我国电视产业跨越式发展。例如，刚刚进入产业化前期的 OLED 显示技术、TDEL 显示技术，还有极具发展潜力的激光投影技术等。

(二) 推动产业整合、提高产业集中度、打造实力雄厚的创新主体

电视产业是技术密集型、资金密集型产业，需要人力物力财力的集中投入。我国电视生产企业众多，行业竞争激烈，对上游，企业议价实力弱，对下游，企业利润低，产量最大的CRT电视产品企业利润只有0.5%，竞争内耗使我国电视企业无力从事技术创新活动。同时，企业众多也不利国家产业战略的组织实施。提高行业准入门槛，推动大型企业的整合，提高行业集中度，集聚产业实力，才能为产业技术创新建立实力雄厚的企业创新主体。

(三) 建立国家引导、核心企业负责、全行业参与的产业创新机制

长期以来，我国技术创新活动一直存在产学研脱节的问题，电视产业也不例外。科研机构技术研究产业目的不强，不能为产业提供急需的技术支持，产业结合能力弱，科研成果转化程度低、过程长，都是长期困扰我国电视产业技术创新的严重问题。因此，应建立政府管理引导、核心企业负责，产业链上下游共同参与的产业创新机制，通过国家重大工程联合、工业实验室联合、产业联盟联合、企业联合入股组建新公司等多种企业联合方式，建立全行业参与的产业创新机制，集中行业力量实现产业突破。

重点领域（六）：我国应用软件产品对外技术依存度实证研究

一　应用软件发展所需的技术资源与核心技术

(一) 现有的软件技术资源

1. 系统软件

位于最底层的是系统软件，它为上层软件提供了运行环境，主要由操作系统和数据库两类软件构成。操作系统有效地管理控制着计算机硬件设备，提供高效、稳定的软件运行环境，是其他软件的运行基础。数据库专职负责数据的存储管理，它以特殊的数据组织结构和高效数据存储算法，为上层软件提供稳定的数据存储管理服务。

操作系统和数据库软件的系统结构十分复杂，算法开发难度极大，对产品稳定性、兼容性、执行效率要求极高，成熟的产品较少。在操作系统产品中，主要有微软的Windows系列和Unix/Linux系列。在数据库产品中，甲骨文的Oracle、IBM的DB2、微软的SQL Server及SUN的My SQL是主流产品。

2. 中间件

位于中间层的软件称为中间件，中间件是位于底层平台（操作系统和数据库）和上层业务应用之间的通用服务，这些服务具有标准的程序接口和协议。针对不同的操作系统和硬件平台，它们可以有符合接口和协议规范的多种实现。它为上层应用软件提供了核心通用功能，从而使应用软件开发者可专注于业务功能的定制开发。中间件提供的是软件的核心服务，它的运行效率直接决定了整个应用软件的运行效率，所以，中间件的重点是执行效率，高效的软件结构和算法是中间件开发的核心。

由于标准接口对于可移植性和标准协议对于互操作性的重要性，中间件已成为许多标准化工作的主要部分。对于应用软件开发，中间件远比操作系统和网络服务更为重要，中间件提供的程序接口定义了一个相对稳定的高层应用环境，不管底层的计算机硬件和系统软件怎样更新换代，只要将中间件升级更新，并保持中间件对外的接口定义不变，应用软件几乎不需任何修改，从而保护了企业在应用软件开发和维护中的重大投资。

根据软件规范及开发语言的不同，中间件分为 .Net 和 J2EE 两个系列，中间件开发技术难度中等，开发企业较多，IBM Websphere、BEA Weblogic、Oracle Fusion 是占有率最高的三种。

3. 应用软件

最上层的是应用软件，它是在各种中间件的基础上搭建的面向用户业务流程的定制化应用平台，提供了符合用户业务需求的信息交流协作服务。由于中间件已提供了核心通用服务，应用软件开发的技术开发较小，它关注的是如何为用户提供高效便捷的使用体验，业务流程设计、交互界面设计是应用软件开发的重点，对用户的本土化、行业化、专业化知识的掌握和理解是应用软件企业的核心价值。这些业务知识体系存在于企业资深软件开发人员的经验中，并固化为各类设计文档和企业业务应用基础框架。

应用软件的门类很多（附图 24），相关开发企业也很多。业内最大的企业是系统分析与程序开发公司（SAP），业务涉及制造业、金融服务业、零售业等，由于各应用领域的本土化、行业化差异很大，各个地区各个行业都有自己的应用软件专门企业。

4. 软件开发环境

软件开发环境是指在基本硬件和宿主软件的基础上，为支持系统软件和应用软件的工程化开发和维护而使用的一组软件。它由软件工具和环境集成机制构成，前者用以支持软件开发的相关过程、活动和任务，后者为工具集成和软件的开发、维护及管理提供统一的支持。

其中，工具软件为软件开发者提供的方便快捷的开发环境、需求管理、系统建模、开发流程管理、信息协作和开发平台都属于开发工具软件，他们提高了开发者的工作效率，是开发高质量软件产品的保障。工具软件开发基于对软件工程的深刻理解，技术难度和业务设计难度都较大，提供者主要为业内 IBM 、BEA、Oracle 等几大主力企业。

（二）应用软件范围界定

软件产品包含的范围很广，分类方式也很复杂，本书的研究对象是在通用计算机上使用的运行于操作系统之上的应用软件系统。企业应用软件完成企业日常办公、管理、生产、物流等过程的信息交流协作功能，如附图 24 所示，是社会信息化的主要实现方式。本书将以企业软件为例研究应用软件供应链结构、开发流程，进而分析软件对外技术依存状况。

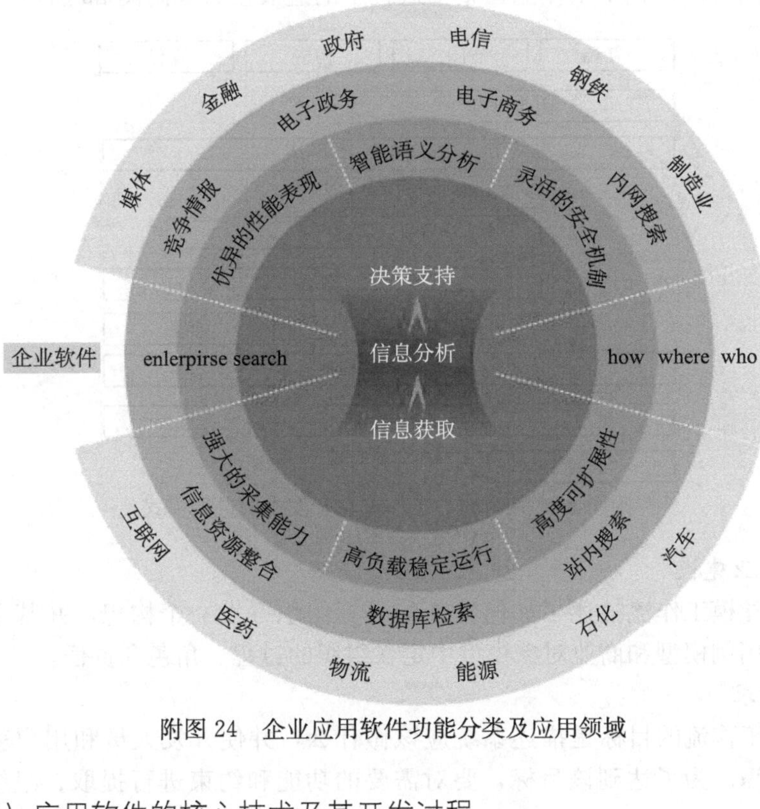

附图 24　企业应用软件功能分类及应用领域

（三）应用软件的核心技术及其开发过程

从技术结构中可以总结出，应用软件的核心技术，即为软件开发过程中设计的架构、算法以及编码。在产品生成过程中，最初设计并且最终要形成的，就是自主的架构和算法，是一个软件产品的灵魂所在。根据架构和算法所形成的软件代码，也是每个软件产品所特有的部分，虽然有部分模块和包是既定的，但最终形成的完整代码，就是一个软件企业自有的产品。

软件开发过程是随着开发技术的演化而随之改进的。从早期的瀑布式（waterfall）的开发模型到后来出现的螺旋式的迭代（spiral）开发，以至最近开始兴起的敏捷开发方法（agile），它们展示出了在不同的时代软件产业对于开发过程的不同的认识，以及对于不同类型项目的理解方法。

不论是哪种开发模型，都包含统一软件开发过程的九个核心工作流，其中分为六个核心过程工作流和九个核心支持工作流。这些工作流在整个生命周期中一次又一次被访问，九个核心工作流在项目中轮流被使用，在每一次迭代中以不同的重点和强度重复。其中，配置和变更管理、项目管理、环境为三个核心支持工作流。如果将一个应用软件的开发过程划分为初始、细化、构造、交付四个时间阶段，九个工作流在整个过程中的进展模式如附图 25 所示。

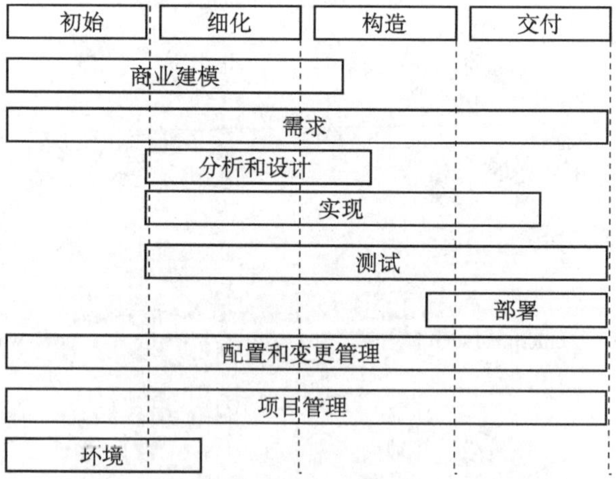

附图 25　九个核心工作流在开发中的进展模式

1. 商业建模

商业建模工作流描述了如何为新的目标组织开发一个构想，并基于这个构想在商业用例模型和商业对象模型中定义组织的过程、角色和责任。

2. 需求

需求工作流的目标是描述系统应该做什么，并使开发人员和用户就这一描述达成共识。为了达到该目标，要对需要的功能和约束进行提取、组织、文档化；最重要的是理解系统所解决问题的定义和范围。

需求管理恰如裁缝的量体裁衣，它直接关系到最终产品的成型。仅从字面出发，如果一个产品满足了客户需求，那它无疑就是成功的。需求管理的过程，从需求分析开始贯穿整个项目始终，力图实现最终产品同需求性的最佳结合。

需求管理所产生的效益或许并不明显，或许要日后才能体现，但是无序的、没有经过精心策划的需求管理是不可能产生效益的。

国内软件生产企业的需求阶段，多数为销售人员和售前人员共同完成，这个阶段主要是客户沟通联系以确定产品的功能，这个过程在软件的生产开发过程中占了将近一半的时长，业务部门需要与软件企业反复沟通才能最终确定需求，所需人数比核心业务所需更大。

3. 分析和设计

分析和设计工作流将需求转化成未来系统的设计，为系统开发一个健壮的结构并调整设计使其与实现环境相匹配，优化其性能。分析设计的结果是一个设计模型和一个可选的分析模型。设计模型是源代码的抽象，由设计类和一些描述组成。设计类被组织成具有良好接口的设计包和设计子系统，而描述则体现了类的对象如何协同工作实现用例的功能。设计活动以体系结构设计为中心，体系结构由若干结构视图来表达，结构视图是整个设计的抽象和简化，该视图中省略了一些细节，使重要的特点体现得更加清晰。体系结构不仅仅是良好设计模型的承载媒介，而且在系统的开发中能提高被创建模型的质量。

分析和设计是一个软件生产流程中，最为重要的环节之一，是软件企业的核心业务阶段。

4. 实现

实现工作流的目的包括以层次化的子系统形式定义代码的组织结构；以组件的形式（源文件、二进制文件、可执行文件）实现类和对象；将开发出的组件作为单元进行测试以及集成由单个开发者（或小组）所产生的结果，使其成为可执行的系统。

一般来说，实现与分析设计是两个相互承接的环节，设计人员进行功能确定和平台及开发模型流程的选择，由开发人员实施；而开发人员在编码中遇到的问题，包括需求不断改变时遇到的问题，报至设计架构人员进行模型或算法的核心调整。

5. 测试

测试工作流要验证对象间的交互作用，验证软件中所有组件的正确集成，检验所有的需求已被正确的实现，识别并确认缺陷在软件部署之前被提出并处理。常见的是利用迭代的方法在整个项目中进行测试，能够尽早地发现缺陷，从根本上降低了修改缺陷的成本。测试类似于三维模型，分别从可靠性、功能性和系统性能来进行。

6. 部署

部署工作流的目的是成功的生成版本并将软件分发给最终用户。部署工作流描述了那些与确保软件产品对最终用户具有可用性相关的活动，包括软件打包、生成软件本身以外的产品、安装软件、为用户提供帮助。在有些情况下，还可能包括计划和进行 beta 测试版、移植现有的软件和数据以及正式验收。

7. 配置和变更管理

配置和变更管理工作流描绘了如何在多个成员组成的项目中控制大量的产物。配置和变更管理工作流提供了准则来管理演化系统中的多个变体，跟踪软件创建过程中的版本。该工作流描述了如何管理并行开发、分布式开发、如何自动化创建工程，同时也阐述了对产品修改原因、时间、人员保持审计记录。

8. 项目管理

软件项目管理平衡各种可能产生冲突的目标，管理风险，克服各种约束并成功交付使用户满意的产品。其目标包括为项目的管理提供框架，为计划、人员配备、执行和监控项目提供实用的准则，为管理风险提供框架等。

9. 环境

环境工作流的目的是向软件开发组织提供软件开发环境，包括过程和工具。环境工作流集中于配置项目过程中所需要的活动，同样也支持开发项目规范的活动，提供了逐步的指导手册并介绍了如何在组织中实现过程。

（四）应用软件开发所用资源

软件开发，通常遵循分层的原则下层为上层提供运行环境，上层扩展具体的应用。根据在运行系统中的分工不同，软件产品通常可以分为基础软件、中间件、应用软件三层。开发流程及其各步骤涉及的主流资源如附图 26 所示。

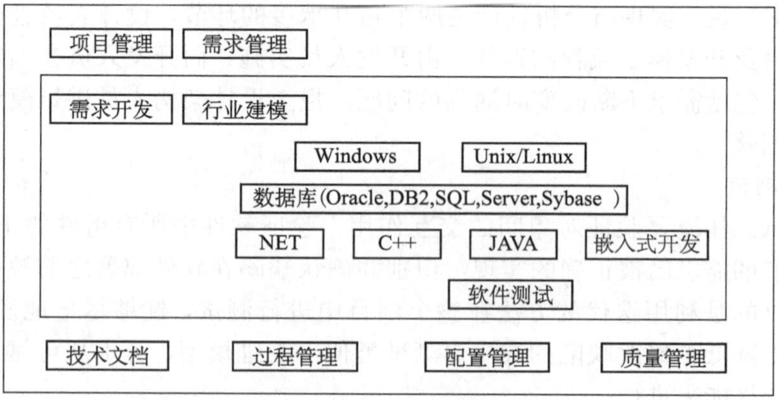

附图 26　开发流程及其各步骤涉及的主流资源

在这些过程中所用到的技术资源如附表 27 所示。

附表 27 应用软件开发过程所用技术资源

	内容	功能	来源
上游技术资源	各种中间件	提供软件核心功能代码	外购
开发工具	需求管理、系统建模、编码、测试、管理及协作工具、	提供高效的软件开发辅助支撑	外购
运行环境	操作系统和数据库	产品目标运行环境的开发测试环境	外购
业务知识模型体系	业务知识文档、资深开发业务经验及基础业务框架		自身积累

（五）应用软件的技术价值结构

软件产品技术形态，最终以各种代码来实现，除了软件开发公司本身的业务代码外，还有开发环境代码，服务器代码、中间件代码、数据库服务器代码、辅助工具代码等。

这些代码有些是开源的，有些是商业的，有些原码，有些是二进制码，他们的技术最终通过成本来体现。在开发过程中，涉及的各部分代码技术价值按比例分配如附图 27 所示。

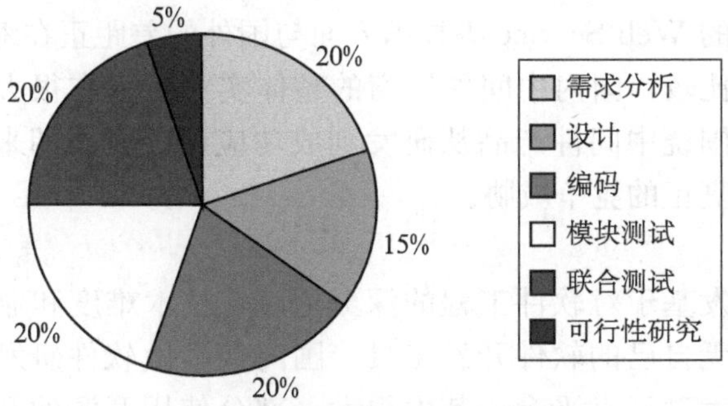

附图 27 开发中的技术价值架构

二 支撑我国软件产业发展的国内自有技术资源现状

通过几十年的发展，我国在软件技术发展取得了一定的成就，但与世界先进国家相比还存在很大差距。以下分别就上游技术资源、开发技术资源、人力技术资源以及产业环境资源这几个部分，介绍我国软件产业技术发展的现状。

“十五”以来，国家致力于计算机操作系统、数据库和中间件等平台软件的发展。国家高技术研究发展计划设立软件专项，大力推进操作系统、数据库、办公软件及相关应用软件的研发及产业化。经过几年的研发和推广，平台软件基本成熟，有的甚至超过国外水平，完全能够满足市场特别是电子政务市场的需求，为软件产业发展奠定了坚实的基础。我国软件产业正在逐步转变“以模仿、跟踪和应用产品开发为主”的路线，实施“前沿突破，市场牵引，组织创新”的新战略。

（一）上游技术资源

1. 中间件

我国已经形成了包括中创软件商用中间件股份有限公司、金蝶国际软件集团有限公司、北京东方通科技股份有限公司、中关村科技软件有限公司、中和威软件有限公司等在内的一批中间件专业厂商，国产中间件已经形成了比较完整的产品体系，还有大量的公司投入到中间件开发平台和构件库的建设中。国产中间件已经广泛成功应用于我国政府、交通、金融、证券、保险、税务、电信、移动、教育、军事等行业或领域的信息化建设，并成为大型应用系统建设不可缺少的一环。

国内中间件技术领域的研究与国外厂商基本处于同一条起跑线上。国内在基础中间件领域已经形成丰富的技术积累，并在国防科技大学与中创软件的CORBA技术、中国科学院软件研究所的消息中间件技术、北京大学的J2EE应用服务器、北航的Web Service等技术方面与国外的差距正在缩小。

同国外厂商比较，国内中间件厂商的整体实力还存在很大差距，产品的功能差异较小，但围绕中间件产品从研发到成功应用的全周期来看，暂时还很难对国外产品形成真正的竞争威胁。

2. 开发工具

工具软件开发基于对软件工程的深刻理解，技术难度和业务设计难度都较大，我国目前尚无自己的软件开发工具。国内众多做软件研发的企业大多使用现今流行的几种大型开发平台，其中很大一部分使用开源的开发平台为基础进行研发，或根据自身需求改造后进行研发。

3. 操作系统

我国目前的拥有自主知识产权的操作系统是基于开源Linux代码的自行定制封装的Linux产品，中软Linux、北京中科红旗软件技术有限公司的Linux等都是较成熟的产品。尽管核心代码相同，但与国外相比还存在着相当大的差距，国产操作系统自主创新技术含量不高，接口差异始终存在，成为阻碍Linux及开源软件发展的首要问题。

4. 数据库

据中国软件评测中心近年来的数次测评结果显示，国产数据库在军工行业、制造业信息化、电子政务和教育信息化获得成功运用，目前已经达到商用水平。现已具有多个产品及原型系统，主要包括东软集团OpenBASE、北京人大金仓信息技术有限公司 KingbaseES、武汉华工达梦数据库有限公司北京神州航天软件技术有限公司数据库。

其中以东软集团的 Open BASE、北京人大金仓信息技术股份有限公司研制的 Kingbase ES 通用数据库管理系统为代表的国产数据库管理系统产品在技术上取得了较大进步，其应用功能和综合性能与国外主流数据库的差距明显减少。

在核心技术方面，国产数据库虽然在 SQL 语言符合性、ODBC/JDBC 等标准符合性方面有一定建树，但在高负载下的系统性能、系统的高可靠性，以及产品的成熟度方面与国外商业数据库相比仍有较大差距。

(二) 智力资源

在软件生产销售的流程中，各个环节需求量最大的即为人力资源，究其根本划归为智力资源，人的成本大约占到总成本费用的 70%左右。

软件产业逐步发展国际化，增强国际竞争力。其中，软件公司从技术、经营体系、管理、人才、机制都要国际化。目前已经培养出一批优秀的软件人才队伍，全国软件行业从业人员总数达到 90 多万；确定了 11 个国家级软件产业基地和 6 个软件出口基地；试办了 35 所软件学院和 35 所软件职业技术学院；建设了国家软件和集成电路产业公共服务平台等。

根据软件产品行程过程、开发流程来确定各个阶段所需的不同技术型人才，大体分为以下几类：需求分析及系统设计人员、架构人员、开发人员、测试人员、质量控制、项目管理、售后服务等为主流。目前在国内软件行业高速发展的背景下，人才的发展是首位的，虽然还有很大的需求缺口，但是现阶段国内所需要的各类型资源，都可以在本土找到相应的解决方法。

不论企业是使用自有人才来进行生产销售环节，还是雇佣代工公司的人力进行部分环节，总体而言，人力资源的投入是对我国现有的人才市场进行的投入，不依赖于国外力量。

(三) 测试平台

软件测试作为软件工程后期最重要的工作，是软件产品质量保证的核心，软件测试平台是软件产业发展不可或缺的技术资源。发展软件产业，必须强化行业管理，严格质量控制。除加强软件产品管理外，还要开展信息系统集成商与软件开发商的资质认证，以及对信息系统工程实行工程监理制度。

在加快发展我国软件产业的大环境下，由信息产业部和国家质检总局共同领导建立了中国软件评测中心，该中心是国内首家通过中国国家合格评定委员会认可和国家计量认证的软件测试机构，中心已按 ISO/IEC17025 建立了完备的质量管理体系并能有效实施，是国家级计算机软件、硬件与网络安全质量检测机构。

随着国家对软件产业的大力推进，众多中小软件评测企业纷纷成立，解决了很大一部分市场需求。但是同时，由于软件评测行业没有完善的市场规范，在国际国内市场竞争日趋激烈、信息技术突飞猛进的今天，我国软件平台建设尚不能满足产业发展所需。

三 非技术因素对产业选择技术资源的影响

当前中国软件产业处在一个质变期。在这个质变期中，技术与应用的矛盾、市场与厂商的矛盾、本国企业与跨国公司的矛盾、国内各个发展区域之间的矛盾都在不断演化，酝酿着软件产业的新突破。我国自主的软件技术体系基本上已经构建起来了，接下来面临着自主技术体系能否生存和发展的关键时期。

（一）来自开发企业内部的非技术因素

外国上游软件资源面市较早，产品升级的衔接性也很出色，开发企业在以往的开发过程中，基于外国上游软件资源开发了大量的基础框架、代码库，并积累了丰富的开发经验。虽然原则上不同产品遵循标准一致、接口统一，但实际开发中还存在很多问题。因此企业在选择国产替代产品时，不得不考虑技术衔接问题。

此外，国外主流产品的应用示范较多，代码库、典型事例、开发社区讨论很多，这大大降低了开发的技术难度。

虽然国产资源相对外国资源价格优势明显，但在目前开源软件蓬勃发展的企业软件领域，开源产品质量很高，价格基本为零，这使很多小企业选择免费的国际开源产品。

软件业内技术、规范、架构更新速度非常快，继承性好、升级快的上游资源是企业在进行资源选择时的另一个考虑因素。相比较而言，国内资源的升级速度不及国际产品。

（二）市场环境

在软件企业的发展中，资本不是万能的，而产品和市场才是企业获得长久发展的根本所在，是企业发展命脉，形成软件企业核心竞争力。

目前软件企业的开发，多是由客户提出功能需求，然后软件企业进行开发投产，变成产品。往往在做需求和架构阶段，是与客户沟通协调一起完成的，在选择产品的底层架构方面，基本上以客户的意见为主导，由企业提供几种主流选择，客户最终决定所采纳的方案。

在这样的背景环境下，加之国产软件的技术应用口碑远远不如国外产品，客户为了确保所购产品的耐用性，大多会选择价格偏高但稳定性良好的国外产品。

国内的软件市场长期被国外品牌占据，同时国产软件的宣传和推广工作做得不够，国人对国产软件了解不多，也制约了国产软件的发展。而市场渠道和品牌影响是发展平台软件的关键要素，市场渠道意味着销售机会和同盟军力量，品牌则直接影响集成商和最终用户的购买倾向。

（三）其他因素

政策因素是影响资源选择的另一个主要因素，出于保护国内软件产业、提高自主创新能力以及国家安全的需要。我国在诸多政策上鼓励企业和用户优先选择国产上游技术资源，特别在一些重点工程中，要求必须使用国产上游技术，加强我国的版权保护和扶持民族软件业。我国建立了一套完善的软件市场培育体系，通过政策扶持选取一些有条件的政府部门和相关领域建立国产软件试用基地，加速软件的成熟过程，增强我国国产软件的市场竞争力。

四 典型产品的对外技术依存度的调研与测度

（一）典型企业与典型产品的选择原则

由于我国应用软件产业上游技术资源多依赖国外，研发阶段基本为自主研发，各企业情况雷同，在开发过程中对外依存状况基本相同，通过对几家企业的调研结果所反映的状况基本上代表了全行业的对外技术依存度。在此，我们选择了中软作为重点调研企业，它作为中国软件产业链形成的标志，包含了从操作系统、中间件、安全产品到通用软件、行业软件等全方位的应用软件产品。

（二）企业调研数据与计算结果

1. 中软

中软是国家规划布局内重点软件企业，总资产超过20亿元，拥有包括香港上市公司中软国际在内的三十余家控参股公司和境内外分支机构。中软是国内唯一可以为用户提供系统软件、安全软件、平台软件、政府信息化软件、企业信息化软件和全方位服务的综合性软件公司。主营业务包括自主软件产品、行业解决方案及服务、软件外包服务。多年来，先后承担了数千项国家重大工程项目，在全国税务、信访、审计、安监、烟草、金融、交通、能源、卫生、工商等国民经济重要领域拥有上万家客户群体（附表 28）。

附表 28　中软应用软件相关数据　　单位：万元

技术价值项目	国内	国外	合计
成本	35 171	780	35 951
研发费	6 921		6 921
合计	42 092	780	42 872
依存度	1.82%		
研发费构成如下：		其中：国外	
人工费研发投入	4794	0	
房租，物业等研发投入	346	0	
其他研发投入	1 782	0	
合计	6 921	0	
成本构成如下：			
软件产品成本	3 814	0	
系统集成成本	32 136	780	
合计	35 950	780	

附表 28 中数据说明：

(1) 技术价值分为成本和研发费两部分，其中成本占到 83.86%，研发投入占 16.14%。

(2) 研发费用主要为人工费投入，占到研发费比重的 69.27%，占总费用的 11.18%；房租、物业投入占研发费比重的 4.99%；其他研发投入占研发费比重的 25.74%。

(3) 成本投入分为软件产品成本，以及系统集成成本。软件产品成本占成本比重的 10.61%；系统集成成本占比重较大，为 89.39%，占总费用比重的 74.96%，其中有 2.17%占成本比重是购自国外的。

根据附表 27，我们计算得出：

中软应用软件对外技术依存度＝780÷42872×100%＝1.82%

2. 万达信息股份有限公司

万达信息股份有限公司（万达信息）是一家以“公共事务”为核心的城市信息化领域的软件和服务提供商，汇聚了一批原上海计算机软件研究所的软件精英，是中国最早从事软件出口和国际项目开发合作的机构之一。十余年来，万达信息逐渐成为国内城市信息化领域的龙头企业。

万达信息是国内最早专业从事城市信息化领域服务的企业之一，公司在城市信息化领域具有突出的行业优势，在大型应用软件开发、复杂系统集成和先进软件架构等方面占据领先地位，专业的 IT 服务获得了国际高标准的质量管理体系认证。

附表 29　万达信息应用软件相关数据

软件分类	所占比例	对外依存度
行业应用软件	90%	20%
嵌入式软件	10%	40%
合计	100%	

如附表 29 所示占据公司 90%软件开发业务的行业应用软件分为：已经成熟的传统项目，对外技术依存度 10%；新开发的机场信息导航项目，对外技术依存 20%。由于投入多发生在新开发的项目上，技术对外依存通过计算，更接近于 20%。

五 我国软件产业对外技术依存度的测度结论

(一) 应用软件产品技术对外依存度测度结论

通过对重点产品以及重点企业的技术对外依存度进行分析，总结出以下结论。

1. 类别区分明显

通过对重点企业的调研结果，可以看出在企业进行应用软件开发中，技术对外依存度在嵌入式软件与传统应用软件中区分明显。传统应用软件普遍在 10%左右，甚至在一些成熟的大型开发企业中远低于 10%，只有部分创新研发产品的依存度达到了 20%。

嵌入式软件作为当前最热门最有发展前景的 IT 应用领域之一，目前在我国面临许多瓶颈，由于人才匮乏，国有嵌入式软件测试条件不完善，以及嵌入式软件与电子产品的联系紧密性导致的技术问题，使得嵌入式软件产品在开发环节中，技术对外依存度是传统的应用软件产品的两倍，接近于 40%。

2. 应用软件产品技术对外依存的特殊性

应用软件的形成流程与其他工业化产品在成本分配上有一定的差别，导致了其产品对外依存度的特殊性。由于在应用软件的开发过程中，部分基础平台可以用开源的平台所替代，并且随着开发时间的增加，所购买的基础平台可以重复利用在多个产品开发过程中，开发投入会逐渐下降；而开发阶段涉及的包括人力成本的研发费用会随着时间的增加而增长，在此基础上进行计算，对外技术依存度将会随着时间的增加而降低。软件公司随着项目积累与公司发展，依存度变化状态如附图 28 所示。

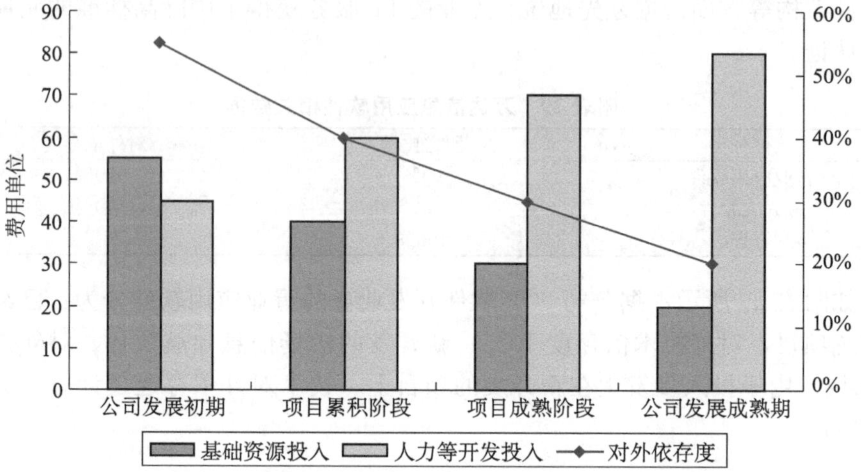

附图 28　软件公司依存度发展现状

（二）核心技术对外依存度与我国软件产业水平之间存在差异

从上述产品的对外依存度来看，我国应用软件产品的对外技术依存度不高于50%，在软件开发过程中，核心技术是架构、算法、编码，基本上为软件企业自有知识产权。但实际影响我国软件产业发展最大的，恰恰是比例不到50%的基础软件平台。

我国在操作系统、数据库、软件开发工具等方面，虽然有部分成果，但以作为支撑我国软件产业发展的角度而言，差距仍然存在并且问题严峻。在我国的应用软件开发过程中，由于自主开发的平台稳定性等问题，基本上以购买国外的基础平台投入研发为主。同时软件产品生成的特殊性使得这部分对外的投入，会逐渐淡化在软件企业的发展过程中，在进行应用软件的对外技术依存时并不十分明显，以至应用软件的技术对外依存度并不高，实际并不能完全代表我国软件产业的发展水平。

六 被调研企业对降低软件产业对外技术依存度、发展核心技术的若干建议

（一）加大基础软件平台建设的投入

由于缺乏对于基础性软件技术和产品开发的引导和投入，激励技术成果转化的机制尚未建立，缺乏具有自主知识产权的关键核心技术和产品，我国还没有自己独立产权的有影响力的操作系统，导致我国基础软件市场被国外大型软

件公司垄断。从长远看，软件业的发展必将受制于人，一方面使我国丧失了巨大经济利益，另一方面也严重威胁着我国的信息和国家安全。

由于开发系统软件需要大量的人力、财力、物力投入，并且市场风险较大，应形成由政府牵头，多家企业参与共同开发，成果共享的形式开发有独立产权的系统软件。

（二）实施软件产业自主发展的知识产权战略

国外知识产权管理、分析软件已经比较成熟，国内同类企业也初具规模，发展势头良好，他们推动了企业知识产权工作的开展，促进专利信息的有效利用，为提升我国创新效率、创新价值、知识产权应用管理水平做出了贡献。但是，国内同类企业还没有形成产业规模，软件功能仍需不断改进，宣传力度有限，尚需要知识产权先进理论及技术支持，需要国家的统一引导扶持。

企业对知识产权工作的重视程度逐年递增，但是知识产权相关知识不足，缺乏知识产权工作制度、方法的指导，缺少专业知识产权软件工具的辅助，在知识产权、专利管理及分析等问题中苦苦不得其法，迫切需要寻求适合自身的知识产权管理、分析软件，建立企业知识产权管理制度及流程。

同时加强知识产权保护，进一步调整相关法律、法规，采取惩罚性手段，建立专业执法队伍，整顿盗版市场，规范市场秩序，提高软件业创新的积极性；组织软件企业联手抵制和打击盗版；加强社会监督，发挥行业协会在行业自律和规范市场秩序中的作用，制止不正当竞争。

（三）提高软件产业集中度

国际经验表明，一国合理的软件产业结构应是骨干企业占有相当市场份额，中型企业占有一定的市场份额，同时还具有一定的规模较小的软件企业。发展壮大软件企业特别是骨干企业，是满足国内市场需求的基础，也是开拓国际市场、提高国际竞争力的关键。但是，目前我国软件产业结构不尽合理，小型企业占有相当大比重，缺乏具有一定影响力和号召力的软件骨干企业，导致我国软件产业难以与国外实力强劲的竞争对手相抗衡。所以应明确主攻方向，整合部门资源，集中力量发展。

在体制创新、技术创新和市场体系建设等方面，为软件企业发展创造条件。要深化体制改革，整合软件产业资源，形成符合市场经济要求和软件产业发展规律的企业成长机制。充分发挥市场机制的作用，规范软件行业竞争秩序，打破部门、行业垄断和地区封锁，为企业创造良好的市场环境。以行业应用为重点，引导软件企业联合、上市、兼并和重组，发展专业性产品和增值服务，加快形成一批具有行业特色、产业优势、规模效应和品牌形象的龙头企业。

（四）规范政府采购

国家在支持具有自主知识产权的软件研发方面投入了较大资金，但是至今尚未收到实效。究其原因，国产软件的质量还不稳定、性能还不优越、产品还没有形成体系是一方面，但更为重要的是缺乏支持国产自主基础平台发展的应用环境。由于软件具有自然垄断性质，如果在软件核心技术和关键技术研发和产业化方面不体现政府意志，仅仅依靠市场的调节和选择作用，国产基础软件平台将举步维艰，市场拉动政策明显滞后于技术推动政策，无法将研发优势转变为产业优势。

加强政府采购，出台软件政府采购的目录、标准规范，以及操作规则，通过政府采购为本国发展创造市场空间，要优先采用国产软件产品和服务。利用财政性资金建设的信息化工程，用于购买软件产品和服务的资金原则上不得低于总投资的一定比例。鼓励企事业单位在信息化建设中，与软件企业合作开发或积极采购国产软件产品和服务。

（五）促进软件出口

我国软件业发展以应用软件为主，应用软件开发进入壁垒低，是发展我国软件业的中坚力量。目前，我国应用软件仅占国内市场30%的市场份额，出口量更小，尚有广阔的市场空间。

促进软件出口，使我国的软件企业到国际市场上去锻炼，熟悉国际软件市场行情，体验国际软件行业的各项标准和要求，提高自身项目管理水平，提高软件产业的国际化程度。加大对软件出口的扶持力度，提出促进软件出口的具体措施。发挥软件行业协会和进出口商会等中介组织的作用，支持出口软件企业在境外开展宣传、推介和参展活动。

（六）积极创造软件人才脱颖而出的环境

目前，我国软件人才不仅在数量上供不应求，人才结构也存在一定缺陷，我国缺少既熟悉专业又精通业务的高级复合性软件人才和国际软件管理人才。另外，我国软件人才供应渠道比较单一，过分依赖于传统高校、科研院所，社会办学尚未发挥应有的作用，软件人才教育体系尚需进一步完善。尽管2001年成立的35所国家级软件学院，招生工作已逐渐步入正轨，但还存在诸如运作模式、教学方式、资金来源等方面的一系列问题，还需在办学过程中不断摸索和完善。

同时，为进一步满足日益国际化的国内市场需求，进一步开拓国际市场，软件产业需要引进国际化的软件项目管理人才。

参考文献

艾凯数据研究中心．2006-2007 年世界计算机产业发展研究年度报告．

北京技术市场管理办公室．2007 年北京技术市场统计年报．http：//www. cbtm. gov. cn/scjc _ show _ ids260monitorTypes1. html［2008-05-01］．

薄文广．2007. 外国直接投资对中国技术创新的影响——基于地区层面的研究．财经研究，33（6）：4－17.

杜传忠．2006. 网络型寡占市场结构与企业技术创新——兼论实现中国企业自主技术创新的市场结构条件．中国工业经济，（11）：14－21.

高昌林．2008. 不能把技术对外依存度指标绝对化、简单化．http：//www. casted. org. cn/web/index. php? NewsID＝3101［2008－04－03］．

高昌林．2008. 如何理解对外技术依存度指标．科技管理研究，（9）：85，86.

高晓齐．2007. 对中国的专利产业化的思考．时代经济论坛．

工业和信息化部．2008. 2008 年 1-6 月电子信息产业主要指标完成情况．

郭铁成，张赤东．2012. 我国对外技术依存度究竟是多少——基于全球化视角的测算．中国软科学，（2）：35－41.

国家科技部办公厅调研室，中国电子信息产业发展研究院．2008. 关键电子元器件的技术安全问题研究．

何锦义．2010. 对外技术依存度若干问题研究．统计研究，（11）：57－61.

何锦义．2009. 技术国际收支与技术依存度实证研究．学术问题研究，（2）：23－29.

黄海洋，陈继祥．2012. 国家技术创新体系建设与创新政策的策略选择．毛泽东邓小平理论研究，（9）：32－39.

蒋殿春，夏良科．2005. 外商直接投资对中国高技术产业技术创新作用的经验分析．世界经济，（8）：3－10.

金碚．2004. 中国工业的技术创新．中国工业经济，（5）：5－14.

科学技术部发展计划司．2009. 科技统计报告．

李婷，董慧芹．2005. 科技创新环境评价指标体系的探讨．中国科技论坛，4：30，31.

李晓力．2005. 对外技术依存度与自主创新．科学与管理，（3）：8.

罗亚非，蔡乾龙．2010. 对外技术依存度的多角度分析．科技管理研究，（3）：42－45.

马虎兆，唐家龙，李春成．2007. 我国对外技术依存度的测算及分析．科技进步与对策，（9）：1－4.

毛泽东．1975. 矛盾论．北京：人民出版社．

美国国际教育技术协会．2003. 美国国家技术教育标准．黄军英等译．北京：科学出版社．

美国科学促进协会．2001. 面向全体美国人的科学．中国科学技术协会译．北京：科学普及出版社.

孟韬，罗亚非.2011. 我国对外技术依存度测算及国际比较. 科技管理研究，(8)：20－31.

山东省商务厅.2007 年山东省技术引进基本情况及工作建议. http://www.shandongbusiness.gov.cn/index/content/sid/36739.html [2008-04-25].

商务部服务贸易和商贸服务业司.2008. 2007 年全国技术引进创历史新高. http://tradeinservices.mafcom.gov.cn/i/2008-02-08/25084.shtml [2008-02-08]

商务部服务贸易司.2007 年前三季度广东省技术引进稳步发展. http://fms.mofcom.gov.cn/article/c/200712/20071205263974.shtml [2007-12-04].

韦影.2007. 企业社会资本与技术创新：基于吸收能力的实证研究. 中国工业经济，(9)：119－127.

吴辰，高昌林.2007. 从对外技术依存度看高技术产业的技术创新. http://www.sts.org.cn/fxyj/zcfx/documents/0706121.htm. [2007－06－12].

吴晓波，章威.2007. 对技术依存度的再认识. 浙江经济，(4)：12，13.

吴晓波，郑素丽，章威.2007. 我国对外技术依存度的现状解析及对策建议. 中国科技论坛，(4)：90－94.

信息产业部.2008. 2007 年电子信息产业经济运行公报.

佚名.2008. 中芯 45 纳米光刻设备到位. 半导体科技，7/8：12.

余泳泽.2009. 我国高技术产业技术创新效率及其影响因素研究——基于价值链视角下的两阶段分析. 经济科学，(4)：62－74.

郑宏彩.2003. 我国专利现状及其对策研究. 法制与经济，(3)：50－53.

中国光学光电了行业协会液晶分会.2008. 中国光学光电子行业协会液晶分会 2007 年鉴.

后　　记

《技术对外依存与创新战略》由财政部和原信息产业部重大软科学研究课题“我国信息技术领域对外技术依存度调查及提高产业创新能力的战略研究”的主要成果汇集而成。

本书是在课题负责人罗文的带领和统一部署下，全体课题组研究人员历时三年、历尽艰辛、辛勤耕耘、通力合作得出的硕果。本书共包括十二章和两个附录，其中，第一、二章由黄光绍撰写，第三至五章孙星撰写，第六至九章由罗文撰写，第十至十二章由何颖撰写，附录一由王存肃撰写，附录二由顾成奎、王雅楠、樊睿、孔明撰写。何颖负责全书统稿。

罗文现任中国电子信息产业发展研究院院长，他在百忙之中，全程参与了课题的研究和本书的写作。孙星、何颖、黄光绍等同志均是中国电子信息产业发展研究院的研究人员，主要从事技术创新和产业发展战略规划方面的研究。

在课题的实施和书稿的整理写作过程中，得到了工业和信息化部科技司韩俊副司长、常利民处长的多次指导，提供了非常宝贵的思路和建议，谨借此书出版的机会，向他们表示衷心感谢。同时，在本书的撰写过程中，还得到了王秉忱、许金寿、孙以林、汤万金、刘卓军、吴晓华、胡江云等领导和专家的帮助，对此，我们深表感谢。

最后还要感谢熟悉的或者不熟悉的读者朋友们，是你们使得这本书有了它的存在价值，并且因为有了你们的支持以及督促，才使得我们不敢懈怠，不断努力。

著　者

2013 年 1 月

“中国软科学研究丛书”已出版书目

《区域技术标准创新——北京地区实证研究》

《中外合资企业合作冲突防范管理》

《可持续发展中的科技创新——滨海新区实证研究》

《中国汽车产业自主创新战略》

《区域金融可持续发展论——基于制度的视角》

《中国科技力量布局分析与优化》

《促进老龄产业发展的机制和政策》

《政府科技投入与企业 R&D——实证研究与政策选择》

《沿海开放城市信息化带动工业化战略》

《全球化中的技术垄断与技术扩散》

《基因资源知识产权理论》

《跨国公司在华研发——发展、影响及对策研究》

《中国粮食安全发展战略与对策》

《地理信息资源产权研究》

《第四方物流理论与实践》

《西部生态脆弱贫困区优势产业培育》

《中国经济区——经济区空间演化机理及持续发展路径研究》

《研发外包：模式、机理及动态演化》

《中国纺织产业集群的演化理论与实证分析》

《国有森林资源产权制度变迁与改革研究》

《文化创意产业集群发展理论与实践》

《中国失业预警：理论、技术和方法》

《黑龙江省大豆产业发展战略研究》

《中小企业虚拟组织》

《气候变化对中国经济社会可持续发展的影响与应对》

《公共政策的风险评价》

《科技人力资源流动的个体选择与宏观表征》

《大型企业集团创新治理》

《我国小城镇可持续发展研究》

《食品安全法律控制研究》

《中国资源循环利用产业发展研究》

《新兴产业培育与发展研究——以安徽省为例》

《中国矿产地战略储备研究》

《中国经济增长可持续性——基于增长源泉的研究》

《归国留学人员的高技术创业》

《城市能源生态化供应与管理》

《技术对外依存与创新战略》

《高技术服务业创新：模式与案例》

《中外文化创意产业政策研究》